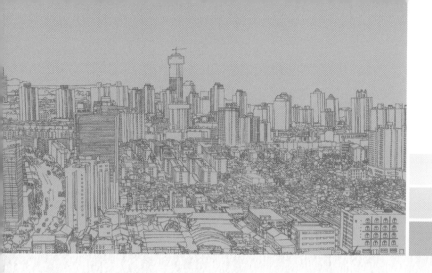

城市化视角下的农民工报道问题研究

李道荣 徐剑飞 袁满 等著

中国社会科学出版社

图书在版编目 (CIP) 数据

城市化视角下的农民工报道问题研究/李道荣等著. —北京：
中国社会科学出版社，2018.5
ISBN 978－7－5203－2104－4

Ⅰ.①城… Ⅱ.①李… Ⅲ.①民工—新闻报道—研究—中国
Ⅳ.①G219.2

中国版本图书馆 CIP 数据核字 (2018) 第 033683 号

出 版 人 赵剑英
责任编辑 陈肖静
责任校对 季 静
责任印制 戴 宽

出 版 中国社会科学出版社
社 址 北京鼓楼西大街甲 158 号
邮 编 100720
网 址 http://www.csspw.cn
发 行 部 010－84083685
门 市 部 010－84029450
经 销 新华书店及其他书店

印 刷 北京明恒达印务有限公司
装 订 廊坊市广阳区广增装订厂
版 次 2018 年 5 月第 1 版
印 次 2018 年 5 月第 1 次印刷

开 本 710×1000 1/16
印 张 32.75
插 页 2
字 数 508 千字
定 价 138.00 元

目　录

2

3

5

第一章　总论:以城市化视角研究我国农民工报道问题

　　农民工是我国改革开放后出现的庞大社会群体,为我国城市建设与经济发展做出了巨大贡献。国家统计局的数据显示,2015 年我国农民工总量已达 27747 万人,[①] 今后数年还将以每年二三百万人的速度递增。按照2014 年国务院《关于进一步推进户籍制度改革的意见》要求,到 2020 年,我国将实现 1 亿左右农业转移人口和其他常住人口在城镇落户。农民工市民化是我国城市化的核心内容,国家已把城市化与新型工业化、信息化和农业现代化的同步发展作为实现现代化的基本途径,把农民工的市民化纳入国家现代化的发展战略,相继推出了一系列政策解决农民工的市民化问题。

　　自有农民工以来,我国新闻媒体便对该群体给予了应有的关注。随着21 世纪以来我国城市化进程的加快,农民工数量的不断增长,农民工政策的不断调整完善,我国新闻媒体对农民工报道的力度也不断加大。我国新闻媒体在宣传解读农民工政策、推动农民工的权益维护、建构农民工的媒介形象、引导社会正确对待农民工、促进农民工的城市融入等多个方面都取得了引人瞩目的实绩。但是,我们也应看到我国农民工报道还存在诸多问题,这些问题主要体现在对城市化视角重视不够以及由此引起的议题结构有失均衡、日常报道机制缺乏、农民工的主体地位有待提升等一系列问

---

　　① 国家统计局:《2015 年农民工监测调查报告》,http://www.stats.gov.cn/tjsj/zxfb/201604/t20160428_ 1349713. html,2016 年 4 月 28 日。

题上。因此，以城市化为视角，研究我国农民工报道的历史与现状，分析总结我国农民工报道的特点与成绩，指出其不足，并提出改进建议，对促进我国农民工报道的发展和农民工报道研究的深入，都有着重要的现实意义。

第一节　城市化是国家现代化的必由之路

一　城市化概述

（一）城市化概念辨析

1. 城市化概念的由来

"城市化"一词是英文"urbanization"的中文解释，"urbanization"是由词根"urban"演化而来，单词后缀"– ization"，表示行为的过程或结果，译为"……化"。根据《牛津高阶学习词典》，"urban"意为 city（城市的）或者 town（城镇的）。"urban"与"rural"是反义词，rural 意为乡村，因此"城市化"一词中的"城市"指与乡村居民点相对的各种城镇居民点的总称，包括城镇、城市、大都市、大都市群、城市带等城市发展过程中的各种不同形态。

"城市化"这一概念最早出现在马克思的著作中。在柏林敦克尔出版社于 1859 年 6 月出版的《政治经济学批判》中，他提出了"现代的历史是乡村城市化"的论断。[①]

在我国学术界，"城市化"概念的首次提出是在改革开放之初的 1978年。清华大学建筑学家吴良镛院士在中国建筑学会城市规划学术委员会的成立大会上做学术报告，报告题为《"纵得价钱，何处买地"——浅谈城市规划中的节约用地问题》。后来，此报告刊登于 1978 年第 6 期的《城市规划》上。这篇文章提出了城市化概念，并对其做出解释："城市发展了，人口从乡村移居到城市来，这种现象称之为'城市化'，这是历史发展的必然趋势，是生产的一种进步表现。"[②] 而第一篇系统研究中国城市化问题

---

① 顾朝林：《中国城市化：格局过程机理》，科学出版社 2008 年版，第 3 页。

② 吴良镛：《"纵得价钱，何处买地"——浅谈城市规划中的节约用地问题》，《城市规划》1978 年第 6 期。

的学术文章，则是南京大学吴友仁教授于 1978 年发表的《关于我国社会主义城市化问题》一文。文章开头即指出："所谓城市化，简单地说，就是指变农村人口为城镇人口的过程，或是指变农业人口为非农业人口的过程。"① 文章系统介绍了中华人民共和国成立以来至 1978 年改革开放前这段时间的城市化经验，对我国城镇人口增长分布及城镇建设的规模问题做出了分析与预测。

我国城市化进程由来已久，但在政府官方文件上首次明确提出城市化概念并对其做出解释，是在由中华人民共和国建设部组织制定，于 1998 年 8 月颁布，1999 年 2 月 1 日施行的《中华人民共和国国家标准城市规划基本术语标准》中。《标准》第 2.0.6 条对城市化做出解释，"城市化 urbanization：人类生产和生活方式由乡村型向城市型转化的历史过程，表现为乡村人口向城市人口转化以及城市不断发展和完善的过程"。②

2. 城市化、城镇化、都市化辨析

英文单词 "urbanization" 有城市化、城镇化和都市化三种不同译法。我国学术界大多喜欢使用城市化的译法，而我国政府官方文件中一直使用的是城镇化，在我国台湾地区又叫都市化。仔细辨析，这三种译法之间是有区别的。赞同"城市化"的学者认为，城市化不仅是具体的有形的过程，更是一种抽象的无形的乡村生活方式向城市生活方式的转变。小城镇和都市都只是城市发展到某一阶段的形态，并不能概括城市化的整个过程，所以城市化的译法更能体现其本质。同意"都市化"译法的人认为，都市化是城市化的现代形态，现代城市较古代城市已发生了质的变化，其区别就在于都市的建立与发展。都市化以建设发展国际化大都市、世界级都市群为主要形态，都市在现代城市化进程中起到至关重要的作用，因此当代的城市化应当称为都市化。地理学家周一星认为"城镇化"的译法更为准确严谨。因为 "urbanization" 是人口从农村向各种类型的城镇居民点转移的过程，这些居民点包括镇（town）和城市（city）。城市细分还有一般的城市（city）、大都市（metropolis）、特大城市和大都市带（megalopo-

3

---

① 吴友仁：《关于我国社会主义城市化问题》，《城市规划》1979 年第 5 期。
② 邵士官：《小城市发展的阻滞因素及消解机制研究》，博士学位论文，华东师范大学，2012 年，第 12 页。

lis）。因此，应译作城镇化，而不能是城市化，更不能是都市化。①

我国官方文件之所以称城镇化而不称城市化，是由我国城市现状和城镇布局的实际和今后城镇化建设的要求所决定的。只依靠大中城市不足以容纳我国农村需要向外转移的人口，必须坚持大中小城市和小城镇协调发展的多样化城镇化道路。本课题之所以使用城市化这个概念，是考虑这样几个因素：一是本课题的申报是在 2010 年，当时"城市化""城镇化"这两个概念是混用的，在学界并没有形成统一的认识，即使是当前，许多学者还是喜用"城市化"这个概念；二是本课题研究的是外出在城市务工的农民工报道，不包括在小城镇务工的人员；三是我国城镇化的主体形态是都市城市群。基于这几个方面的考虑，本课题的结项成果还是使用"城市化"这个概念。但这个概念在使用过程中，在一般情况下，并不与城镇化这个概念相冲突，只不过更侧重于在大中小城市尤其是一、二线城市打工的农民工报道问题。

（二）城市化的定义

城市化是什么？不同学科对这一概念的界定各有侧重。

人口学认为理解城市化概念主要有三个要点：第一，总人口数中城市人口比重的上升；第二，农村人口向城市人口的转移和聚集；第三，人口和非农产业的聚集使城市规模扩大，城市数量增加。

经济学认为城市化是人类社会的现代化和经济增长的伴随产物。由于经济发展，第一产业的经济要素向第二、三产业转移，这些经济要素不仅包括农村劳动力，还包括非农产业的投资、技术和生产能力等，城市化实质上是一个产业结构转变的过程。美国著名经济学家西蒙·库兹涅茨曾精辟地论述："过去一个半世纪内的城市化，主要是经济增长的产物，是技术变革的产物，这些技术变革使大规模生产和经济成为可能，从而导致了人口向城市的转移。"②

地理学认为城市化实质上是具有完全不同性质和形态的地域景观的转

4

---

① 汪冬梅：《中国城市化问题研究》，博士学位论文，山东农业大学，2003 年，第 19—20 页。
② 邵士官：《小城市发展的阻滞因素及消解机制研究》，博士学位论文，华东师范大学，2012 年，第 12 页。

型，即由农村景观转变为城市景观。① 具体来说，一方面是在劳动地域分工不同的背景下，以前的农业人口开始从事非农产业，曾经以农田为主要地域景观的农村居民点逐渐转变为以工商业为主的城镇居民点；另一方面，在一个区域范围内，城市的总数增加以及城市规模的扩张，都是城市化在地域空间烙下的痕迹。

社会学则侧重从生活方式的角度定义城市化。在这一过程中，农村人口不断被吸引到城市，纳入城市的生活组织中，逐渐脱离曾经的农村生活方式，融入新的城市生活方式中。社会结构因此发生变化，城市的生活方式不断扩大和强化。同时，社会价值观、态度、行为等方面由传统向现代演化。

以上不同学科从不同角度对城市化的定义做出了解释，这些解释正是我们全面、准确把握城市化内涵的基础。

综合以上各学科的表述，可以明确城市化包含了多方面内涵：由于生产力的发展，第二、三产业在产业结构中的比重增加；大量农村人口向城市集中，从事非农工作；城市面积不断扩大，数量有所增长，在总人口中，城市人口的比重上升；农村生活方式逐步发展转变为城市生活方式。城市化是社会进步的必然历史阶段，其本质是人口分布、生产生活方式及地域景观由传统向现代发展的过程。

明确了城市化多方面的丰富内涵，我们在课题研究中，就可以从城市化内涵的不同方面、不同角度去审视农民工报道中的成绩与不足，提出有针对性的改进建议。

（三）城市化与工业化、信息化、农业现代化的相互关系

党的十八大报告提出了走中国特色的新型工业化、信息化、城镇化和农业现代化（以下简称"新四化"）的道路，并主张"新四化"的同步发展。"新四化"同步是我国现代化建设的大思路。推动"新四化"同步，是我国实现现代化的基本途径。

1. 工业化和城镇化良性互动

新型工业化是相对于传统工业化而言的，新型工业化的特点是科技含

① 周一星：《城市地理学》，商务印书馆1995年版，第93页。

量高、经济效益好、资源消耗低、环境污染少、人力资源优势得到充分发挥。① 就工业化的过程而言，一方面工业产值或收入在国民生产总值或国民收入中的占比持续攀升；另一方面在总就业人数中，从事第二产业的劳动力数量占比不断扩大。工业化的发展通过工业集聚效应实现资本、技术、人才、劳动力和人口向城镇的集中，从而带动城镇化进程。而城镇化促进工业化进程的方式，则是通过城镇的产业聚集优势、交通通信优势、人口规模优势为工业化的发展降低成本，提供资源和产品销售市场。

2. 城镇化和农业现代化相互协调

"城乡一体"是新型城镇化的基本特征，也是新型城镇化建设的重点。要实现城乡一体化就必须改变长期分割的城乡二元结构。在经济上，形成工业与农业互补，将工业发展的新成果引进农业生产中，实现现代化生产，提高农业生产效率；同时，农业现代化能够大大提高产值，支持城镇的发展。在需求上，城市规模与人口的不断扩大，创造出对工农业源源不断的需求，成为市场经济持续发展的推动力。在社会福利上，公共服务、基础设施、城乡规划是城乡一体化建设的突破口，农村可借鉴城市公共管理经验，最终实现一体化的新型工农和城乡关系。

3. 农业现代化为工业化和城镇化提供保障

农业现代化是指实现现代农业后的一种状态以及从传统农业向现代农业的转变过程。其内容不仅包括生产手段、劳动者、组织管理、运行机制等方面的现代化，还包括资源环境的优良化以及在开放经济条件下的国际化。② 农业现代化的实质就是把建立在直接经验和手工工具基础上的传统农业，转变为以现代科学技术、先进生产资料和管理方法、高素质的劳动者为特征的现代农业的过程。

农业衰退、农村凋敝、农民贫困绝不是城镇化建设的目的，协调发展才是通往现代化的正确道路。现代化农业的生产效率和产值与传统农业相比得到了大幅度提高，工业化建设因此拥有了充足的生产资料。现代化农

---

① 张琳、邱少华：《新型工业化、信息化、城镇化和农业现代化协调发展评价研究》，《山东社会科学》2014 年第 4 期。

② 白跃世：《中国农业现代化路径选择分析》，博士学位论文，西北大学，2003 年，第 35—36 页。

业大大减少了农业所需的劳动力人口，使农村的大量剩余劳动力涌入城镇，成为第二、三产业的劳动者，推动了城镇化的进程。农业现代化为工业化、城镇化的发展提供了保障，是实现现代化的基础。

4. 信息化推进其他"三化"

"信息化"这一概念出现在第三次科技革命之后。在第三次科技革命中，以智能化工具如计算机为代表的新生产力产生。信息化就是培养、发展这种新生产力，并使之造福于人类社会的历史过程。它包括信息技术的产业化，传统产业、基础设施、生产生活方式的信息化等几个方面。信息技术可以提高产业资源利用率和质量，推动经济发展转型。合理运用现代信息技术，能带动工业化发展，在提高经济效益的同时，减少生产资料的消耗与污染。在这个信息技术已成为重要生产力的时代，共享与开发信息资源，促进知识的交换与流动，对加速其他"三化"的发展进程，都具有重大的意义。

二　国外城市化的历史进程

（一）城市化在西方发达国家的发展过程

综合各种研究，西方城市化以 18 世纪中叶的工业革命为起点，其过程可分为三个阶段。

1. 18 世纪中叶至 19 世纪中叶：城市化的兴起阶段

18 世纪 60 年代，第一次工业革命首先在英国兴起，英国也成为世界上第一个开始城市化的国家。在工业革命的推动下，机器大生产取代了工场手工业，劳动力人口因此大量集中，形成了工业城镇。随着工业和城市的繁荣和发展，农村人口大量转入城市，城市人口猛增。1850 年，英国的城市人口数量首次超过总人口的一半，成为第一个基本实现城市化的国家。[①] 而同年，世界城市人口占总人口比重仅为 6.4%。[②]

与此同时，随着产业革命的扩散，城市化也逐渐在欧洲大陆和北美地区兴起。法国、美国、德国、加拿大等国家先后开始了城市化进程。

7

---

① 何志扬：《城市化道路国际比较研究》，博士学位论文，武汉大学，2009 年，第 73 页。
② 谢文蕙：《城市经济学》，清华大学出版社 1996 年版，第 58 页。

早期城市化阶段的"城市病"① 问题相当突出，其根源在于城市化初期，城市规划和管理的水平还很落后。

2. 19 世纪中叶至 20 世纪中叶：城市化的基本实现阶段

19 世纪 40 年代，第二次工业革命在美、德、英、法等主要资本主义国家兴起，重工业取代轻工业成为主导产业，进一步推进了工业和人口持续的、大规模的集中，并形成了成熟的城市布局和城市体系。在此阶段，城市化在欧洲和北美的一些发达国家全面展开，进入加速阶段，最终西方发达国家基本实现了城市化。1851 年，美国城市人口比重只有 12.5%，到了 1965 年达到 72%。日本城市化的起步较晚，但发展迅速，1920 年全国城市人口比重仅有 18%，到 1975 年城市人口比重已增至 76%。到了 20 世纪中叶，西方国家城市人口占总人口比例已普遍达到较高水平。1951 年，英国城市人口的比重已达 79%。1965 年，加拿大城市人口的比重为 73%，英国为 87%，联邦德国为 79%，荷兰为 86%，澳大利亚为 83%。②

这一阶段城市化进程加快，出现了国际化大都市、都市群等新的城市形式。城市的功能更加丰富，基础设施基本修葺完备，第二、三产业快速发展提供了大量就业机会，吸引了更多人口涌入城市。但这一阶段的发达国家由于社会变迁过速，不仅过去的"贫民窟"等"城市病"没有从根本上解决，又出现了"过度城市化"的新困扰。

3. 20 世纪中叶至今：高度城市化阶段

从 20 世纪四五十年代开始的、以计算机的应用为代表的新科学技术革命，被称为"第三次科技革命"。第三次科技革命迅速在西方发达国家展开，极大地推动了这些国家的城市化进程。在这一时期，发达国家的城市化进程进入新的阶段，实现了高度城市化，并同时实现了城市的现代化。城市人口的分布形态也出现了全新的变化，至 2000 年，发达国家的城市化水平达到了 73.2%，而全世界的城市化水平为 46.7%。

从城市人口分布的发展趋势来看，这一时期又可以分为两个阶段：

8

① "城市病"是指由于城市人口、工业、交通运输过度集中而造成的种种弊病。它给生活在城市的人们带来了烦恼和不便，也对城市的运行产生了一些影响，所以被人们形象地称为"城市病"。

② 李强：《农民工与中国社会分层》，社会科学文献出版社 2012 年版，第 296 页。

第一阶段是 20 世纪 60 年代后,出现了"市郊化"的趋势。这一阶段的区域发展模式表现为,大批在市中心居住的市民开始搬迁到郊区居住,市中心居民人口数量不再明显上升,甚至出现了"逆城市化"现象。城市边界范围不断向外扩张,以大城市为中心的"都市圈"和"城市群"发展较快。但市郊化并不是城市化进程的倒退。从本质上看,市郊化是城市人口分布的自我调整完善。

第二阶段是 20 世纪 80 年代以来,城市人口再集中,即"再城市化"阶段。一些发达国家在经历了"逆城市化"阶段后,市民又开始从市郊返回中心城区居住。产生这一现象的原因在于"逆城市化"使曾经的城市中心走向衰弱,于是老城市开始积极调整产业结构,改善居住环境,增加城市"拉"力,使居住在市郊的市民回城。在各种相关因素的影响下,城市人口在动态调整中实现均衡布局。

(二) 英国与美国的城市化历程

1. 英国的城市化历程

与其他西方发达国家相比,英国的城市化是自然而然地完成的,没有可供参考借鉴的经验。所以,英国城市化的历程能帮助我们了解城市化的基本规律。

14、15 世纪,欧洲土地大都盛行敞地制 (open field system)。封建领主的自营地(又叫直领地)和农民的份地都分作春种、秋种和休耕三部分,均为条田,每年依次轮作。凡休耕的都作为牧场,供公共使用。由于农民获得的条田都较为分散,不便于耕种和封建领主管理,就有人通过交换将分散的土地合并起来。但到后期,情况逐渐发展为英国新兴资产阶级完成资本原始积累的过程。他们通过暴力强占农民份地及公有地,把强占的土地圈占起来,变成私有的大牧场、大农场,使农民失去了赖以生存的土地,这就是英国历史上的"圈地运动"。圈地运动直接导致了土地的集中,推动了农业机械化生产,使农村出现了大量的剩余劳动力。这些剩余劳动力流入城市,他们流动的规律是先向附近的中小城镇迁移,然后与中小城镇的居民一起,再就近向大城市迁移。农村剩余劳动力满足了城市工业发展的劳动力需求,英国的城市人口日益增多。圈地运动客观上推动了英国从农业社会转化为工业社会的进程。

9

在工业革命的推动下，18 世纪中叶英国城市化进程进入了快速发展阶段。1811 年，英国农村人口占 35%，到 1851 年时，英国已有 580 座城镇，城镇人口占总人口的 53.87%，基本上实现了城市化并成为世界上第一个城市化国家。① 到 1870 年，农村人口仅占总人口的 14.2%，城镇人口则增加到 85.8%。轻工业是英国城市工业发展的先导，随后才是能源、工矿、冶金、交通等工业的兴起。伴随工业的发展出现了各种具有不同功能和特点的城市。如以曼彻斯特为代表的主要发展棉、毛纺织业的制造业城市，以伯明翰为代表的矿业城市，以利物浦、古尔为代表的港口、铁路交通枢纽城市，以伦敦为代表的集政治中心、经济中心、文化中心、交通枢纽、贸易集散地等多种功能于一身的综合性城市等。工业飞速发展的同时，英国的农业却走向衰退。在 19 世纪 50—70 年代，英国小麦进口供应比从 26.5% 上升到 48%，接近全国小麦消费量的一半。进入 20 世纪后，这一状况更加严重。20 世纪初，英国仅仅只有 35.6% 的粮食自给率。实际上，支撑英国开始城市化进程的原始资本中，对其他国家的侵略所得占到了绝大部分，而不是主要依靠本国的农业财富。

2. 美国的城市化历程

美国是一个高度城市化的国家，据美国人口普查局公布的《20 世纪人口统计趋势》显示，美国人口由 1900 年的 7600 万增至 2000 年的 2.81 亿；其中美国城市人口占总人口的比例由 1900 年的 28% 增至 2000 年的 80%。该数据足以证明在 20 世纪的 100 年间，美国城乡人口结构发生了翻天覆地的变化，城市人口增长了近 3 倍，实现了高度的城市化。

10　美国的城市化历程可分为三个阶段：第一个阶段是 1840 年之前的起步阶段；第二个阶段是 1840 年至 1920 年的基本实现阶段；第三个阶段是 1920 年至今的大都市区化阶段。美国建国初期的城市化率只有 5%。18 世纪末工业革命在美国兴起，带来了经济的首次腾飞。1790 年美国城市化率为 5.1%，东北部地区为 8.1%，到 1830 年全国的城市化率为 8.8%，东北部地区为 14.2%，2500 人口以上的城市数目为 90 个，一个城市系统在美

---

① 毕琳：《我国城市化发展研究》，博士学位论文，哈尔滨工程大学，2005 年，第 39 页。

国初步形成。① 1840 年，美国城市人口占总人口的比例达到 11%，标志着
美国完成了城市化的起步阶段。19 世纪中叶，第二次工业革命在美国迅速
展开，工业化进程突飞猛进，西部得到大规模的开发。1861 年至 1865 年
的南北战争废除了奴隶制，带来了大量自由劳动力，美国城市化进入快速
发展时期。1860 年至 1920 年是美国历史上的移民高峰期，国内农村人口
与国外移民纷纷涌向城市。在美国的城市化历史上，外来移民起到了不可
忽视的作用。1890 年，纽约 250.74 万人口中，外来移民占 81%。芝加哥
109.88 万人口中，外来移民占 78%。旧金山 29.89 万人口中，外来移民占
78%。可见，外来移民涌入城市加速了美国城市化进程。② 1920 年以后，
美国的城市化进入大都市区化阶段，城市人口比重达到 51.2%，城市人口
总数超过乡村人口总数，标志着美国基本实现了城市化。这一阶段的特点
是：城市中心区人口向郊区迁移，城市区域不断扩大，出现了越来越多的
大都市区和城市圈。20 世纪 20—40 年代，美国大都市的数量经历了一次
飞涨。20 年间，从 58 个增加到 140 个，增加了两倍多。40 年代时，美国
大都市区人口总数几乎已占到全国人口总数的 1/2。到了 20 世纪末，已经
有 79.6% 的美国人居住在全国 268 个大都市区。

美国城市化发展过程与欧洲国家有一个明显的不同之处，那就是农业
现代化与城市化同步实现，而不像欧洲国家那样出现农业衰退的现象。美
国农业在 1860 年实现了以畜力为动力的半机械化，1910 年实现了基本机
械化，1950 年后实现了高度机械化，农业生产效率与产值急剧提高，出现
了数量巨大的剩余劳动力。美国现代化农业的快速发展，为城市化进程提
供了粮食、生产原料、资金积累和广大的国内市场。③

（三）拉美国家的城市化历程

拉美地区的大部分国家与我国同为发展中国家，其城市化过程中的经
验教训对我国城市化建设具有借鉴意义。

20 世纪 30 年代，拉丁美洲开始了工业化进程，作为工业化的一种伴
生现象，城市化也开始启动。1930 年拉美国家城市人口占总人口数的

11

---

① 朱攀峰：《中国新型城市化道路选择研究》，博士学位论文，中共中央党校，2009 年，第 44 页。
② 毕琳：《我国城市化发展研究》，博士学位论文，哈尔滨工程大学，2005 年，第 39 页。
③ 汪冬梅：《中国城市化问题研究》，博士学位论文，山东农业大学，2003 年，第 29 页。

32%，仅仅过了 30 年，到 20 世纪 60 年代，拉美地区的城市化率就超过 50%，1975 年超过 60%，1990 年超过 70%，2013 年达到 80%。其中，南美洲地区更是高达 84%。这意味着，自 20 世纪 60 年代初至 2013 年，在 50 年左右的时间里，拉美地区的城市化率跨越了 60%、70%、80% 三个台阶，实现了"三级跳"。前两次均仅用了 15 年左右的时间，第三次用了 23 年左右的时间。

拉美国家的城市化速度非常快，城市以爆发式的态势增长。如 1970—1990 年间墨西哥新增城市人口多达 2476 万，增长了 112.13%，而同期全国总人口仅增长了 65.65%。城市数量由 1940 年的 55 座增至 1990 年的 416 座。巴西在 1950 年到 1980 年间，人口大于 2 万的城市从 96 座上升为 496 座。在 1950 年，有 11 座城市的人口超过 10 万，其中有 3 座人口超过 50 万，2 座人口达到 100 万以上；到了 1980 年，有 95 座城市人口超过 10 万，15 座人口超过 50 万，7 座人口超过了 100 万。[①] 但拉美国家城市化发展的核心动力往往不是经济因素，而是政策性因素。例如，厄瓜多尔沿海城市人口的迅速增加是因为那里被指定为向宗主国出口农产品的基地。

飞速的城市化进程，也带来了很多负面效应。大量农村人口往大城市聚集，而城市无法提供足够的就业机会，出现了过度城市化现象。过度城市化现象是指城市人口超过经济发展的要求，经济发展不足以支持庞大的城市人口的现象。最典型的是城市贫民窟的出现。大量无业人口在城市的集中，就产生了繁华的城市中的贫民窟。20 世纪末的 20 年中，巴西城市人口增长了 24%，贫民窟人口增长了 118%，居住在城市贫民窟中的有 3500 万人，占全国城市人口的 25.4%。[②] 21 世纪初，巴西城市中已有 3905 个贫民窟。[③]

导致这一现象的原因在于拉美国家城市化建设中忽略了小城镇与农村的建设。拉美国家城市人口的大幅度上升，主要来自农村人口向城市的迁

_12_

---

① 简新华、何志扬、黄锟：《中国城镇化与特色城镇化道路》，山东人民出版社 2010 年版，第 154—155 页。

② 袁中金：《中国小城镇发展战略研究》，博士学位论文，华东师范大学，2006 年，第 38 页。

③ 韩俊、崔传义、赵阳：《巴西城市化过程中贫民窟问题及对我国的启示》，《中国发展观察》2005 年第 6 期。

移，而农村剩余劳动力又过度集中于大城市。由于小城镇和农村经济规模较小，无法容纳太多的劳动力人口，人们便涌向大城市。因此对于城市化起步较晚的国家，在城市化建设中，应注意大中小城市、小城镇与农村的协调发展，在政策资源的分配上，不能过分倾向于大城市，而忽略小城镇和农村。不仅要关注城市人口对生产的贡献，也应考虑到城市对人口的容纳能力与成本。应该明确不同规模城市各自不同的分工，中小城市与城镇应主要发展标准制造业，而大都市与城市圈则应为服务业与高新技术产业的会聚地。

三　我国城市化的历史进程

（一）城市化在我国的发展过程

1949 年中华人民共和国成立后，我国建立了社会主义基本制度，城市化的外部环境稳定，城市化的发展道路具备了连贯性，由此开始了我国的城市化进程。从建国初期的"控制大城市、发展小城镇"到改革开放后"控制大城市规模，合理发展中等城市，积极发展小城镇"的方针，[①] 我国的城镇化政策经历了一系列的调整。至今中国城市化进程已历经 60 多年，可以改革开放为界分为两个阶段：1949—1978 年的曲折发展阶段；1978 年至今的改革发展阶段。

1. 1949—1978 年的曲折发展阶段

这一阶段的城市化又可以分为三个时期：1949—1957 年的起步发展时期；1958—1965 年的不稳定发展时期；1966—1978 年的停滞发展时期。

（1）1949—1957 年：起步发展时期

1949 年，我国共有城市 69 座，城镇人口 5765 万人，城市化率 10.64%。到 1957 年，我国城市数量增长为 176 座，比 1949 年增长 1.55 倍；城镇人口上升到 9949 万人，比 1949 年增长 72.58%；城市化率达到 15.39%，比 1949 年增长 4.46%。[②]

1949 年中国共产党七届二中全会明确提出："从现在起，开始了由乡

13

---

① 易永卿：《当代中国城市化进程中外来务工人员道德观念的嬗变及其引导》，博士学位论文，湖南师范大学，2014 年，第 18 页。

② 中国统计局编：《中国统计年鉴 1984》，中国统计局 1984 年版，第 81 页。

村到城市并由城市领导乡村的时期。党的工作重心由乡村转移到了城市。"① 这一时期，为了恢复国民经济，巩固新生政权，国家制定了优先发展重工业的战略。"第一个五年计划"期间，由于城市建设的需要，中央采取开放的农民进城政策，大量农民进入城市成为第二、三产业的劳动者。我国首个市镇建设法规《国务院关于市、镇建制的决定》于 1955 年 6 月颁布，使城市发展步入了规范化轨道。《决定》确定了设置市镇的标准：聚居人口 10 万以上的城镇，可以设置市的建制，市的郊区不宜过大；可以设置镇的建制，必须是聚居人口在 2000 以上，有相当数量的工商业居民时方可设置镇的建制。同年 12 月又颁布了《关于城乡划分标准的决定》，市镇设置标准的确定，使中国的城镇数目增加，提高了市镇人口占总人口的比重，有力地推动了城市化进程。

（2）1958—1965 年：不稳定发展时期

这一时期，我国城市数量先增后减，1960 年城市数量较 1957 年增加了 32 座，达到了 208 座。但之后城市数量便呈现下降趋势，1965 年我国城市数量仅 171 座。与之相应，城镇人口也呈现出先升后降的态势。1958 年我国城镇人口为 10271 万人，城市化率为 16.25%；1960 年城镇总人口升至 13073 万人，城市化率为 19.75%；但到 1963 年下降到 11646 万人，城市化率也降到 17.98%。②

这一阶段城市化的不稳定发展，与中央限制农村人口向城市流动的政策有关。1958 年 1 月 9 日通过的《中华人民共和国户口登记条例》规定："公民由农村迁往城市，必须持有城市劳动部门的录用证明，学校的录取证明，或者城市户口登记机关的准予迁入的证明，向常住地户口登记机关申请办理迁出手续。"③ 1964 年颁布的《关于户口迁移政策的规定》，进一步加强了对农民进城的控制，最终产生了在福利、就业机会和社会保障等方面界限清晰的城乡二元结构。需要说明的是，我国户籍制度为农民在农

14

---

① 牛文元：《新型城市化建设：中国城市社会发展的战略选择》，《中国科学院院刊》2012 年第 27 卷第 6 期。

② 牛文元：《中国新型城市化报告 2012》，科学出版社 2012 年版，第 4 页。

③ 胡春娟：《中国农民分化的不彻底性及对城市化进程的影响研究》，博士学位论文，武汉大学，2010 年，第 69 页。

村保留了土地，如果农民不留在城市务工，还可以退回农村从事农业生产劳动。这也是我国城市化过程中未出现类似其他发展中国家"贫民窟"问题的一个重要原因。

中共八大二次会议通过了建设社会主义的总路线并提出了"赶英超美"的口号，来激励全国大力发展重工业和钢铁产业。会后，全国掀起了"全民大炼钢铁"和"人民公社化"运动的高潮。这些运动使中国工业化盲目快速发展，[①] 农业生产严重受损，城乡经济衰退，出现了1959—1961年人民生活的"三年困难时期"。

为了应对国民经济比例大失调的状况，1963年，《关于调整市镇建制、缩小城市郊区的指示》发布。提出对市镇人口必须严格控制，对现有的市逐个进行审查，撤销了部分市制。《指示》提高了建镇标准，部分原本属于城镇的区域又被划归为农村，城镇数量和人口骤降，城市化率降低。

（3）1966—1978年：停滞发展时期

1966—1977年，中国的城市数目从171个增加至188个，年均增长不到1.5个，市镇人口年均增长2.06%，低于同期市镇人口的自然增长率。从市镇人口比重来看，由1966年的17.9%下降至1972年的17.1%，然后逐渐上升至1977年的17.6%，但仍未超过1966年的水平，城市化处于停滞阶段。[②]

1966年开始的"文化大革命"造成了国民经济的长期徘徊不前。许多企业停工停产，全国各地大搞串联，经济形势迅速恶化，工农业生产大幅度下降。而在农村和集镇，多种经营被当作资本主义的尾巴，集市贸易也受到严格限制，许多建制镇逐渐萎缩。1968年，"上山下乡"运动大规模展开。"文革"期间约2000万的知识青年，连同城镇干部、专业技术人员及其家属共约3000万城镇居民下放落户到农村。这一时期，十分之一的城市人来到了乡村，出现了城市人口向农村反向流动的大迁移，城市化进程因此受阻。

15

---

① 牛文元：《中国新型城市化报告2012》，科学出版社2012年版，第4页。
② 王放：《中国城市化与可持续发展》，科学出版社2000年版，第99页。

2. 1978 年至今的改革发展阶段

1978 年改革开放以后，中国的城市化进入了新的发展阶段。这个阶段的城市化可划分为三个时期：1978—1984 年的恢复发展时期；1985—1991 年的稳步发展时期；1992 年至今的快速发展时期。

（1）1978—1984 年：恢复发展时期

1978 年党的十一届三中全会拉开了农村经济体制改革的序幕，1979 年 9 月 28 日党的十一届四中全会提出"有计划地发展小城镇建设和加强城市对农村的支援"。① 1980 年国务院确定了"严格控制大城市规模，合理发展中等城市，积极发展小城镇"的方针。②

1984 年，小城镇的发展第一次受到中央的肯定与支持，该年 1 月的《中共中央关于 1984 年农村工作的通知》和 10 月的《国务院关于农民进集镇落户的通知》，标志着与乡镇企业发展相匹配的城镇化战略进入人们的视野。③

这一时期，我国城市数量、城镇人口和城市化率均有显著上升。1979 年我国共有 203 座城市，城镇人口共 19495 万人，城市化率为 18.96%。到了 1984 年，城市数量增加到 300 座，城镇人口共 24017 万人，城市化率为 23.01%。④

（2）1985—1991 年：稳步发展时期

从 1984 年党的十二届三中全会到 1992 年中共十四大召开以前，以城市改革为重点的经济体制改革推动着城镇化的发展。

城市经济体制改革的不断深入，以及深圳等几个经济特区的设立和广州、上海、天津等 14 个沿海城市的开放，我国工业化进程开始加速，劳动力市场紧缺。在这样的背景下，出现了农民在农村从事工商业的"离土不离乡、进厂不进城"形式，还出现了农民离开农村进入城市务工的"离土又离乡、进厂又进城"形式。但是在这一阶段农民进城还存在很多限制和

---

① 牛文元：《新型城市化建设：中国城市社会发展的战略选择》，《中国科学院院刊》2012 年第 27 卷第 6 期。

② 易永卿：《当代中国城市化进程中外来务工人员道德观念的嬗变及其引导》，博士学位论文，湖南师范大学，2014 年，第 18 页。

③ 宋三平、饶江红主编：《中国特色城镇化道路研究》，江西人民出版社 2008 年版，第 46 页。

④ 牛文元：《中国新型城市化报告 2012》，科学出版社 2012 年版，第 5 页。

障碍，我国的城镇化并未进入快速发展阶段。

1985 年全国共有 324 座城市，城镇人口共 25094 万人，城市化率为23.71%。到 1991 年，全国城市数量增加到 479 座，城镇总人口共 31203万人，城市化率为 26.94%。建制镇的数量由 1985 年的 9140 个上升到1991 年的 12455 个。[①] 这一时期，我国的城市化进程稳步前进。

（3）1992 年至今：快速发展时期

1992 年邓小平南方谈话和中共十四大的召开，确立了我国社会主义市场经济的经济体制。同年，中共中央、国务院决定对部分城市实行沿海开放城市的政策。这一政策的施行大力推动了我国的城市化进程。在政策上，1998 年中共十五届三中全会提出 "发展小城镇，是带动农村经济和社会发展的一个大战略"，进一步提升了发展小城镇的重要地位。[②] 2001 年颁布的《中华人民共和国国民经济和社会发展第十个五年计划纲要》第一次把城镇化作为国家战略。2002 年中共十六大又提出 "坚持大中小城市和小城镇协调发展，走中国特色城镇化道路"，中国城市化发展进入了一个新的发展阶段。对于农村剩余劳动力，国家采取鼓励和支持农民向城市流动的态度，"推进户籍制度改革，放宽中小城市落户条件，使在城镇稳定就业和居住的农民有序转变为城镇居民"。[③]

这一时期，国家城市化进程发展迅速。1992 年我国城市数量为 517座，城镇总人口达 32175 万人，城市化率为 27.46%。到 2010 年，城市数量增长到 661 座；城镇总人口上升到 66978 万人，增加了一倍多，城市化率达到 49.95%，城镇人口接近总人口的一半。建制镇的数量由 14539 个上升到 19410 个。2011 年，我国城市人口首次超过农村人口，城市化率达到 51.3%，基本实现城市化。

国务院 2014 年 7 月发布的《关于进一步推进户籍制度改革的意见》，提出我国城乡居民统一实施居住证制度："统一城乡户口登记制度，全面实施居住证制度。"城乡居民统一实施居住证制度，可以消除农村居民户

17

---

① 牛文元：《中国新型城市化报告 2012》，科学出版社 2012 年版，第 5 页。

② 牛文元：《新型城市化建设：中国城市社会发展的战略选择》，《中国科学院院刊》2012年第 27 卷第 6 期。

③ 同上。

籍身份的制度歧视，有利于城市化进程的快速推进。对于农民工来说，有利于市民身份的转换和在城市的工作生活。但是，我们也应该看到，农民工是一个庞大的社会群体，外出农民工多数在大城市工作，而在大城市尤其在特大城市落户，有严格的积分落户限制，即使在中等城市落户，也有一个先解决存量后解决增量的问题，所以，农民工完全真正彻底的市民化还有很长的路要走。

我国的城市化不仅极大地推动着我国经济社会的发展，促进着我国经济结构和产业结构的转型升级，而且对世界经济也有着重大影响。正如诺贝尔经济学奖得主斯蒂格利茨所说，"美国的新技术革命和中国的城镇化，是 21 世纪带动世界经济发展的两大引擎"。①

（二）我国城市化与西方国家城市化的异同之处

与西方国家相同，我国的城市化历程同样要遵循城市化的发展规律，如由以农业为重心的经济结构转向为以工业为重心，大力发展工业，推进工业化进程；实现人口由农村向城市的转移与集聚；扩大城市的规模与数量等；也同样会面临西方国家城市化发展中的一些城市病，如人口膨胀、交通拥堵、环境恶化、住房紧张、就业困难等。我国城市化的发展模式可以适当借鉴西方经验，选择适合我国国情的城市化发展战略。但总体来说，我国的城市化与西方国家还是有许多不同之处。

1. 我国城市化起点与同时期西方国家的差异

西方国家城市化始于 18 世纪 60 年代的工业革命，而我国只有到 1949 年中华人民共和国成立，消除了内忧外患，建立了社会主义制度，具备了发展城市化的各种外在条件后，才真正开始持续的城市化进程。1950 年中国的城市人口占全国总人口的 11.2%。同期，世界的城市人口占世界总人口的 28.4%，西方发达国家为 51.8%。老牌资本主义国家英国，在 20 世纪 50 年代，城乡人口比例已高达 80.5%，成为首个城市化率超过 80% 的国家。可以看出中国城市化刚刚起步之时，西方部分国家就已经进入了高度城市化阶段。因此在同一时期中国与西方国家处于城市化发展的两个不同阶段，并且是相差甚远的两个阶段。中国城市化的起点水平与西方国家

18

① 于平：《城镇化进程与文化科技融合创新》，《艺术百家》2014 年第 6 期。

当时的城市化水平差距很大。

我国城市化起步时的背景与西方国家也不相同。国际上，我国城市化起步时期，世界已经历过两次工业革命，取得了丰硕的工业化成果，而第三次信息化产业革命正在悄然兴起。英国等城市化起步较早的西方国家，是在以蒸汽机为标志的第一次工业革命的时代背景下，开始工业化和城市化的进程的。从发展工商业所必须的运载工具的比较中，就可以看出我国与西方国家城市化起步的明显差别。18世纪中叶，最常见的运输工具是马车或者帆船；而我国城市化起步时，已出现了飞机、巨轮等多种现代化的运载工具。所以我国城市化起步时，若能充分利用工业化的成果，对推进城市化进程是极为有利的。但在国内，当时所面临的经济、社会、文化背景是生活水平低，劳动生产力低，人口增长率高，失业率高，对农产品和初级产品出口严重依赖。又由于当时一系列的政策因素，如农产品的统购统销、城乡分割的户籍制度、逆城市化的"上山下乡"等对我国的城市化进程都产生了一定的阻碍，使得我国改革开放前的城市化进程充满曲折。

2. 我国城市化发展速度与西方国家的差异

由于城市化起点和所面临的国际国内背景不同，我国与西方国家相比，城市化的发展速度也不相同。我国城市化起步晚，发展速度快。1949年到1989年，中国用了40年的时间，使城市化水平由10.6%提高到30%左右，提高了19.4%。同样也是40年，1850—1890年发达国家城市化率从11.4%提高到25%，提高了13.6%；1900—1940年，世界城市化率从13.3%提高到24.8%，提高了11.5%。西方发达国家中，英国由1760年的10%以上提高到1801年的26%；美国由1851年的12.5%提高到1891年的35.1%。从数据可以看出，我国城市化速度相较西方是比较快的。但必须指出的是，我国城市化的快增长是一个加速的过程而并不是一个匀速的过程，因此短期内急剧增长的城市化水平，可能会造成许多社会、经济问题，带来一些潜在的危机，必须予以重视。

3. 我国城市化过程特点与西方国家的差异

城市化是工业化的促进器，工业化是城市化的发动机，二者关系密切，互为因果，相互制约。城市化的进程通常是与工业化同步的。西方国

19

家由于没有城乡二元户籍制度的限制，农民在进城工作的同时，也就自然成为城市的市民，因而西方国家在工业化的过程中，城市化得以同步推进，没有我国工作在城市，户籍在农村的农民工现象。我国在改革开放前，农民被禁止进城谋生、打工，即使改革开放以后，政策逐渐允许直至倡导农民进城工作，但由于我国长期实行二元户籍制度，农民工在工作的大中城市落户困难，由此造成了具有中国特色的农民工问题，使我国的城市化滞后于工业化。解决我国农民工市民化的问题，将是我国城市化进程中的最大难题。

4. 我国城市化任务与西方国家的差异

目前，西方发达国家的城市化水平已经超过 80%，进入自我完善阶段。主要以实现城乡结合的高级城市化为下一阶段的主要任务，即实现乡村内部的城市化和提高城市自身的质量。而我国城镇化率于 2011 年才达到 51.27%，人口城镇化率超过 50%，刚刚进入城市化的基本实现阶段。所以，我国与西方国家所面临的任务是不同的。我国现阶段的城市化发展任务是从过去 30 年的高速增长阶段，转入增长速度相对放缓、质量稳定提高的新阶段。我国应积极稳妥地推进城市化，完善发展机制，调整方针政策，认真"做实"城市化，① 实现与工业化、信息化和农业现代化的同步发展。

第二节　农民工在我国城市化进程中的作用

一　农民工与城市化

（一）农民工的概念

农民工是我国改革开放进程中涌现出来的一支新型劳动大军，是我国现代化建设进程中一股强大的推动力量。

农民工这一概念在我国并无法定义，只是一种约定俗成的提法。农民工有狭义、广义之分，狭义农民工是指外出在城市务工而户口在农村的劳动人口，广义农民工还包括在乡镇或农村内部从事第二、三产业的劳动

20

---

① 陈甫军：《中国城市化发展的新阶段与新任务》，《社会科学研究》2012 年第 1 期。

人口。本课题由于研究的是城市化视角下农民工的报道问题，故在农民工概念的使用上偏重狭义的农民工，尤其是在大中城市务工的农民工。

农民工这一概念是个"混搭"的复合性概念，农民工的户籍身份是农民，职业身份是工人，这种户籍身份与职业身份的不统一，造成了农民工在城市工作生活的种种困难，遭受着与城市市民不一样的种种不公平对待。农民工问题的根源在于我国城乡二元户籍管理制度。我国城乡二元户籍管理制度的功能不仅仅在于反映人口基本信息的户籍登记、统计、档案、证件等内容，更反映在与户籍密切相关的一系列社会管理制度的分割，如附着在户籍上的粮油供应制度、医疗保健制度、教育制度、劳动就业制度等十几项制度，形成了一整套城乡分隔体系，占全国人口大多数的农民实际上处于"二等公民"的身份地位。改革开放重新启动了中国城市化进程，原先被强行束缚在土地上的农村剩余劳动力纷纷涌入城市打工，这就是农民工群体的出现。"就业在城市，户籍在农村；劳力在城市，家属在农村；收入在城市，积累在农村；生活在城市，根基在农村"，成为我国农民工的显著特征。[①]

（二）农民工与城市化的关系

农民工是在我国城市化背景下产生发展起来的，农民工与城市化的关系可以从两方面来看，一方面他们是城市化进程的有力推动者，另一方面又是城市化利益的分享者。

1. 农民工是城市化进程的有力推动者

首先，农民工是支撑我国第二、三产业的重要劳动力。无论是在农村乡镇企业工作，离土不离乡的农民工，还是在城市从事第二三产业工作，离土又离乡的农民工，其作为劳动者的性质都是第二、三产业的劳动力。据国务院研究室发布的《中国农民工调研报告》显示，至 2006 年在第二、三产业从业人员中农民工占半数以上。在我国第二、三产业从业人员中农民工分别占 58% 和 52%，已成为推进我国城市建设与经济发展的关键力量。农民工为第二、三产业的发展提供了源源不断的廉价劳动力，让制造业、餐饮服务业、建筑业等劳动密集型产业的劳动力缺乏情况得到了改

21

---

① 廖文根：《辜胜阻：新型城镇化的难点是人的城镇化》，《人民日报》2013 年 12 月 20 日。

善。农民工在建筑业、加工制造业从业人员中已占到 68% 和 80%，成为产业工人的主体。① 农民工对我国第二、三产业 GDP 的贡献率也在逐年增加，有数据显示，农民工对非农产业的贡献率由 1991 年的 10.5% 上升到 2010 年的 19.4%。我国经济社会的繁荣离不开广大的农民工。

其次，农民工群体的大量存在提高了我国的城市化率。2011 年我国城镇人口达到 6.91 亿，城市化率达到了 51.27%，中国城市化进入关键发展阶段。中国城镇人口占总人口的比重数千年来首次超过农业人口，达到 50% 以上。② 城市化率是按照城镇人口数量除以总人口数量来计算的，其中的城镇人口是指城镇中的常住人口。按照常住人口计算，城镇人口占总人口比率达到了 51%；而按户籍人口计算，城镇人口占总人口比率为 35%。这一数据表明，农村中有大量人口到了城市，而农民工就是其中的主力军。调查显示，29.7% 的农业户籍人口已经居住在城镇，他们不再务农。这部分进入城镇居住的农民工成为城市的常住人口，实现了人口从农村向城市的转移，大大提升了我国的城镇化率。

2. 农民工是城市化利益的分享者

在研究人口流动的原因方面，人口学上最重要的宏观理论是"推拉理论"。③ 根据该理论，农民工进入城市是因为通过迁移可以改善生活条件。有调查显示，排在影响农民工外出因素中前五位的是：城市收入高，外出见世面，农村收入低、挣钱机会少，农村太穷、生活太苦，农村发展机会受限。这五个因素中"城市收入高"和"外出见世面"，属于城市"拉"的因素；"农村收入低"，"没挣钱机会"和"生活太苦"属于农村"推"的因素。从事非农工作给农民工带来了比务农更高的收入。2005 年至 2013 年，全国农民工月均工资由 875 元提高到 2609 元，增长了近两倍。2013 年，全国农民工总量达到 2.69 亿人，比 2010 年的 2.42 亿人增长了 2700

22

---

① 国务院研究室编：《中国农民工调研报告》，中国言实出版社 2006 年版，第 7 页。

② 王茜：《中国城镇人口首次超过农村人口 社会结构发生历史性变化》，新华网，2012 年 8 月 14 日，http：//news. xinhuanet. com/2012 –08/14/c_ 112722956. htm。

③ "推拉理论"：20 世纪 60 年代，美国学者 E. S. Lee 提出了系统的人口迁移理论——"推拉理论"。他首次划分了影响迁移的因素，并把它分为"推力"和"拉力"两个方面。他认为，前者是消极因素，因为这些因素促使移民离开原居住地；后者是积极因素，因为这些因素吸引怀着改善生活愿望的移民迁入新的居住地。

多万人。2013 年外出打工的农民工达 1.66 亿人,农民人均收入的一半来自外出务工。从以上数据可以看出,城市容纳了越来越多的农民工;农民工收入大幅升涨;农民工工资性收入成为农村居民的主要收入来源。除收入增加外,农民工还逐步融入到城市生活中,接触到更先进的文化、生活方式、习惯与价值观念,更加关注社会动态,更加注重子女的教育及自身素质的提升。据调查,农民工市民化意愿强烈,多数农民工希望在城市(镇)定居,新生代农民工的意愿更为明显。经济条件好、专业技能和受教育水平高的农民工,融入城市的意愿更为强烈。① 2001 年《关于推进小城镇户籍管理制度改革的意见》发布后,农村户口的居民落户到城镇更为容易,而 2010 年广东省实施的农民工积分入户制度,也为农民工更好融入城市,共享城市化的利益提供了动力。

但农民工在分享城市化利益的同时还存在着许多突出的需要解决的问题。如工资被拖欠、工作环境恶劣、缺乏社会保障、社会偏见歧视等。另外我国城乡二元分割的户籍制度也是制约农民工融入社会的主要障碍之一。城市化的最终目的是实现城乡共享城市化利益,共享高度发达的物质文明与精神文明。因此,保障农民工的各种社会权益和福利,是城市化进程的必然要求。

二　农民工在城市化进程中的作用

我国农民进城务工已有 30 多年的历史。据国家统计局数据显示,2012 年全国农民工总量已达 2.62 亿人。数量巨大的农民工涌入城市,会对城市与农村带来正负两方面的作用。负面作用主要表现在:大批农民工进城会加重城市管理压力,如交通拥挤、住房紧张、水电供应不足、犯罪增加等;大量农民工外出会影响农村的生产生活,如出现了空巢老人、留守儿童等社会问题。这些问题都有待妥善解决。尽管如此,农民工进城的积极正面作用远远大于其负面影响。

李克强总理曾多次强调农民工对我国经济建设的巨大作用,在 2014 年 7

23

---

① 国务院发展研究中心课题组:《农民工市民化制度创新与顶层政策设计》,中国发展出版社 2011 年版,第 273 页。

月 30 日主持召开国务院常务会议，部署做好为农民工服务的任务时说："我们要正视这样一种现实：农民工不仅过去、现在而且将来，始终是中国经济功勋卓著的一支重要力量，是支撑中国迈向小康社会的生力军。"①

具体来说，农民工在城市化进程中的积极作用主要体现在以下三个方面。

一是农民工促进了城市经济、市政服务的发展。

农民工为城市经济的持续发展提供了充裕的廉价劳动力，降低了工业化成本。从 20 世纪 80 年代中期开始，东部沿海地区城乡经济的迅速发展使劳动力剩余变成劳动力不足，大批农民工涌入珠三角、长三角和环渤海等新兴经济圈，降低了发达地区用工单位的劳动力成本，实现了资本和劳动力的优化配置。农民工带来的人口红利成为区域经济发展的强大推动力。

农民工还是城市市政建设的主力军，建设基础设施，美化市容市貌，提供公共服务等方面都能见到农民工忙碌的身影。2003 年北京市建筑业、制造业和批发零售业，由农民工创造的产业增加值达 233 亿元、301.8 亿元和 123.1 亿元。其中建筑业总增加值为 279.83 亿元，农民工创造的增加值占总增加值的 83.26%；制造业的总增加值为 1032 亿元，农民工创造的增加值占总增加值的 29.24%；批发零售业的总增加值为 248.86 亿元，农民工创造的增加值占总增加值的 49.46%。除此以外，涉及市政建设的其他职业，如家政人员、餐饮服务人员、环卫工人绝大部分也是农民工。农民工为城市居民生活的方便、舒适，做出了巨大的贡献。

二是农民工推动了社会主义新农村的建设。

党的十六届五中全会指出："建设社会主义新农村是我国现代化进程中的重大历史任务。要按照生产发展、生活宽裕、乡风文明、村容整洁、管理民主的要求，坚持从各地实际出发，尊重农民意愿，扎实稳步推进新农村建设。"②

经济建设是社会主义新农村建设的中心，农民收入持续增加的一个重

---

① 《李克强：让农民工逐步融为城市"新市民"》，中央政府门户网站，2014 年 7 月 30 日，http：//www. gov. cn/xinwen/2014 - 07/30/content_ 2727251. htm，浏览日期：2016 年 4 月 20 日。

② 陆益龙：《乡村社会治理创新：现实基础、主要问题与实现路径》，《中共中央党校学报》2005 年第 5 期。

要途径就是农村富余劳动力进城务工。据农业部信息，2002年全国外出打工农民工寄、带了其总收入的62.03%回乡，数额约3274亿元。世界银行扶贫协商小组（CGAP）公布的《中国农民工国内汇款服务问题报告》预计全国农民工汇回各自家乡的款项在未来5至10年内还会继续增长。如劳务输出大省河南省2005年劳务收入达730亿元，农民外出务工收入已占到农民人均纯收入的40%以上，在局部地区已经超过了一半。① 农民工的收入大大提高了其来源地农民的总体的收入，为改善农村生产、生活条件提供了资金支持。另外，外出打工的农民工将相当比例的工资寄、带回家，使其家庭在农村生活更宽裕的同时，也提高了农村本地的消费水平。还有一部分返乡创业的农民工，引进了资金、技术、项目和人才，为不发达地区注入了发展经济和农村建设的新力量。

在精神文明方面，农民工进城务工接触到相对先进的城市文化，将城市文明的观念带到了农村，在农村传播了科学知识和文化，丰富了农民文化生活。作为农村的一分子，随着农民工将城市观念的传入，使农村在男女平等、宗法关系、婚姻观念等方面发生了改变。农民工对消除陈旧农村文化，建设文明的社会主义新农村有着积极的推动作用。

三是农民工加强了农村与城市间的联系。

在城乡一体化建设的新阶段，农民工是城乡联系最直接的桥梁。出生成长在农村，工作生活在城市的农民工本身就是城乡联系的一种体现。农民工必然在和家乡的接触上，带回由打工获得的技能本领，见识到的新生活方式和习俗；能更好地帮助家乡建设美丽乡村，更好地传承发展乡土文化，支持家乡旅游业等的新发展，大力促进社会主义新农村的发展；农村建设好了就能进一步地支持城市实现现代化。农民工联通了城市和农村、市民和农民、工业和农业，对推动城乡协调发展、缩小城乡差别和工农差别，推进城市化进程功不可没。

第三节　我国农民工报道的发展历程

新闻媒体作为时代的感应器官，其农民工报道也随我国户籍制度的变

25

---

① 赵新浩：《重视并发挥农民工在新农村建设中的作用》，《学习论坛》2006年第12期。

迁和城市化进程的变化而变化，可以说，我国农民工报道的历史就是一部改革开放前后两个不同阶段"三农"政策的演变史，是一部新中国成立以来城市化的发展史。为了准确把握我国农民工报道的发展脉络，我们选择《人民日报》为研究样本，以中华人民共和国成立初至 2013 年的有关农民工报道为研究内容，主要以内容分析法中的主题分析来探讨我国农民工报道的发展脉络。由于我国二元户籍制度的特殊性，农民工在我国是指外出在城市务工经商而户口在农村的劳动人口，是一个介于传统农民和普通市民之间的特殊群体，故研究农民工报道的发展脉络必须以掌握我国户籍制度的变迁为前提。本文将我国户籍制度的变迁分为三个阶段：新中国成立到改革开放之前（1949—1977）；改革开放到 20 世纪末（1978—2000）；21 世纪以来（2001—至今）。根据这三个阶段我国户籍制度的发展变化，我们可以窥到我国新闻媒体农民工报道大致的发展演变脉络，因为这些户籍政策不仅深深地影响着我国农民和农民工的生产和生活，也深深地影响着我国农民工报道的内容选择和立场态度。

一　改革开放前的农民工报道（1949—1977）

我们对改革开放以前的《人民日报》的资料进行搜集整理时发现，"农民工"一词并没有在改革开放前的报纸上出现过，《人民日报》经常以"进城务工人员""民工""流民""城市务工者""城市农民""盲流"等词语来称呼进城务工人员，因此，我们只能以这些词来考察当时农民工报道的情况。这里要说明的是，我们把改革开放前以这些词为核心的报道放入农民工报道之中来考察，主要是出于两方面的考虑：一是因为那时所说的"民工"有两种人，一种是"在政府动员或号召下参加修筑公路铁路堤坝或帮助军队运输等工作的人"[①]，这种人外出从事的不是纯粹的第二、第三产业，我们可以称为准农民工；另一种是进城务工经商的人，这种人那时虽然不称为农民工，却是实实在在的当代意义上的农民工。至于"流民""盲流"这一类的称谓，大部分是指那些想在城市中谋生或是进城寻

26

------

① 中国社会科学院语言研究所词典编辑室编：《现代汉语词典》，商务印书馆 1991 年版，第 883 页。

找发展机会的农民,即农民工。二是用农民工来指称这部分人,便于考察农民工的源头,说明农民工的渊源与承继关系。

在中华人民共和国初到改革开放之前的这一时期,《人民日报》的农民工报道随着国家户籍政策的变化和形势的发展体现出从正面肯定到负面批评的态度变化。

(一)自由流动时期(1949—1952):以正面报道为主

1949 年 9 月 29 日,《中国人民政治协商会议共同纲领》在中国人民政治协商会议第一届全体会议上通过,成为新中国的根本大法。作为第一部有着宪法职能的共同纲领,在第三章"公民的基本权利和义务"中第九十条规定:"中华人民共和国公民有居住和迁徙的自由。"①

在中华人民共和国成立初期三年的国民经济恢复时期,新中国刚刚从硝烟弥漫的战火中走出,多年战争导致经济衰退,城镇就业形势严峻,国家百废待兴。1950 年 6 月,土地改革在农村地区开始全面推行,一些长期生活在外地的农民都回到家乡,参与分田,"耕者有其田"落到实处。这一时期,就生活水平和质量来讲,城市和农村之间的差距不大,城市对农民进城的拉力和农村对农民离乡的推力较弱。加上安土重迁观念的影响,农民进城务工数量并不多,所以国家并没有颁布限制农民进城就业的政策。在这一时期,农民是可以自由流动的。

但到了 1952 年,情况发生了变化,农村已出现了剩余劳动力,而这些剩余劳动力已开始向城市流动,由此增加了城市中的失业半失业现象。1952 年 7 月 25 日,政务院第 146 次政务会议发布《政务院关于劳动就业问题的决定》,该决定在指出这种现象的基础上,对农村剩余劳动力的出路做了指示,② 要求有计划、有步骤地向东北、西北和西南地区移民,进行垦荒,扩大耕地面积。由此可见,中华人民共和国成立之初的三年里,农村经济社会已逐步稳定并得到了发展,农村的剩余劳动力已出现并开始向城市转移。

这一时期是党和政府有关经济社会发展的探索期,国家的大政方针直接影响了媒体对农民工问题的关注,最直观的表现就是报道数量较多和新

27

① 陈成文、廖文:《从制度困境看农民工共享社会发展成果问题》,《甘肃社会科学》2007 年第 1 期。

② 何爱国:《中国农民工问题研究论述》,《当代中国史研究》2009 年第 4 期。

闻品种较为丰富。对《人民日报》这一时期的农民工及相关报道进行汇总，得出以下数据（见表1-1）。

表1-1　　1949—1952年《人民日报》农民工报道数量统计

年份	1949	1950	1951	1952
数量（篇）	8	23	23	5

这一时期，《人民日报》的农民工报道总体上以为正面报道为主，其主要内容是在政府的号召组织下农民工的修堤、挖河、筑路和支援抗美援朝，构建了良好的农民工群体形象。如1951年4月6日第4版的《英雄的志愿援朝的中国民工》，1951年8月7日第2版的《工农联盟的伟大力量》，1952年4月29日第1版的《淮河流域二百万民工展开爱国劳动竞赛　春季治淮工程加速进行》等。

这一时期农民进城务工和基层政府阻挠的现象在《人民日报》中也有反映。如1951年9月29日第2版刊登的读者来信《壶关、长治某些政府机关不应阻挠农民进城就业》，在这封信中，作者提到农民进入城市的原因和他们能够发挥的积极影响："农村劳动力已有剩余。这是农民组织起来进行生产，和战争勤务已经免除的结果。因此，目前有好些农民到城市中寻找职业，以解决剩余劳动力的问题。农民到城市中寻找职业，必须持有原籍区、县政府的证明文件。这是必要的。但是，有些区、县的领导机关，却故意阻挠农民进城，这是错误的……农民是工业生产的后备军，工厂如能容纳农村的剩余劳动力，各级人民政府应该帮助农民就业，而不能以任何借口加以阻挠。"这就说明，当时的农民进城务工虽然要有当地政府的证明，但大体上还是被允许的。

（二）控制流动时期（1953—1957）：从正面报道转为负面报道

由于向城市转移的人口中农村剩余劳动力所占比重越来越大，一系列的问题随之产生。1953年4月，中央政务院颁发《关于劝止农民盲目流入城市的指示》，"盲流"的概念由此产生。该文件提出要企业不得自行招收外来农民在本单位打工，政府也不得为农民流动出具介绍信之类的证件，动员农民还乡。

1955年6月，国务院颁发《国务院关于建立经常户口登记制度的指示》。这个指示的发布是我国开始实行严格的户籍制度的标志。对中央有关农民进城问题所发布的大部分文件，《人民日报》都进行了报道，并宣传解读。

除此之外，《人民日报》也对农民进城的原因进行了客观的分析。如1953年4月7日刊登在头版的报道《各地大批农民盲目流入城市　各省县人民政府和党委应采取妥善办法加以劝阻》，就从多个方面分析了农民流入城市的原因。例如，不少农民不安心农业生产，想进城寻找工作；不少建筑工程单位盲目地乱拉乱招工人；有些区乡政府在春荒之际，为了应付地方经济压力，盲目动员当地农民外出务工；涉及违法乱纪行为的乡村干部也趁机到外躲避；由于不适应农村地区生活条件，一些退伍的荣誉军人还乡转业也选择在城市生活工作等，这些都构成了农村人口大幅度向城市流动的原因。应该说，这些原因的分析是系统的、客观的，同时也说明了当时城乡生活水平的差距，农村的推力和城市的拉力对农民的迁移已经发生作用。

这个时期，《人民日报》的农民工报道开始出现泾渭分明的两种态度。当报道由政府号召组织民工进行国家的基础设施建设时，《人民日报》所构建的农民工形象都是积极正面的，如《人民日报》1953年7月12日第2版的《拉萨河谷的藏族民工修路队》，1954年8月2日第2版的《淮河沿岸广大民工紧张防汛抢险》等；当报道农民到城镇购物或务工经商时，他们的形象则是消极负面的，如1956年8月15日第4版刊登的《柳州读者的呼声　希望我们的城市整洁一点》，文中这样描写农民："有些农民进城后，忙着买东西，把粪桶在街头巷尾到处乱放。有的粪桶没有盖，苍蝇便成群地在上面飞舞，这实在有碍城市的观瞻和卫生。"1956年11月22日第3版的《北京市放宽市场管理后出现新问题　一些农民专门经商投机贩运　商业部门组织工作组调查研究解决这个问题》，报道说："他们在刚来到城市的时候，有些农民在城市贩卖地方特产谋生，特产销售完之后他们会就地做一些小生意，大部分都选择在城市到处摆摊或推小车经营。还有相当多的农民先空手到城里再选择合适的产品投机经商，获取利润……这些进城的农民由于无人管理，特别是缺乏有领导的交易场所，贩运带有很大的投机性。"如果说前面那篇报道描写了农民进城的"脏"，那么后面这

29

篇报道则写了农民进城的"乱"和"差"。

这一时期的《人民日报》有关农民工报道的具体数量如下（见表1-2）。

表1-2 　　　　1953—1957年《人民日报》农民工报道数量统计

年份	1953	1954	1955	1956	1957
数量（篇）	10	3	7	8	3

这段时间《人民日报》农民工的相关报道，不仅数量上不断减少，趋势上逐步下降，而且报道态度上也从前期的正面报道为主变成了后期的负面报道占据主导地位。这段时间，也有一些文章理性地探讨了城市的就业岗位不足、生活的基础设施跟不上因而必须控制农民进城的问题。如1957年11月27日第3版署名孙光的理论文章《必须控制城市人口》，分析了中华人民共和国成立以来城市人口猛增的原因：出生的人口多；生产和建设事业迅速发展，职工人数相应地增加；大批的农村人口涌向城市。文章认为，在1950—1956的七年间，就有15万左右的农村人口到北京市就业，这么多人搬进城里来，要吃饭、住房、坐车、游览，要看戏、看电影、买东西……于是使城市生活各个方面更加紧张，因此对农民进城要加以控制。

（三）禁止流动时期（1958—1977）：以负面报道为主

1958—1977年，中国经历了"大跃进"、三年困难时期和十年"文化大革命"。这时期户籍制度的管理特点是严格控制农村人口流入城市，压缩城市人口。1958年1月，《中华人民共和国户口登记条例》在全国人民代表大会常务委员会第九十一次会议通过。该项条例很明确地以法律形式改变了1949年《共同纲领》中关于公民居住、迁徙自由的规定。其中第10条第2款规定："公民由农村向城市迁往，必须持有城市劳动部门的录用证明、学校的录取证明，或者城市户口登记机关的准予迁入的证明，向常住地户口登记机关申请办理迁出手续。"① 1959年中共中央又发布了《关于制止农村劳动力盲目外流的紧急通知》《关于制止农村劳动力流动的指示》等文件。1960年以后，我国严格的户籍制度已经成型，按当时内部规定，我国"农转非"人数每年不得超过当时农业总人数的0.15%，这种

————————

① 俞玲：《户籍制度与我国劳动者平等就业研究》，博士学位论文，浙江大学，2013年，第38页。

局面一直持续到"文化大革命"结束。

这段时间《人民日报》有关农民工的报道承续了前一时期的特点。一方面，对农民工在政府组织号召下参加国家基础设施建设持赞许的态度，如1960年1月12日的《民工身体健壮工效日高》，1968年9月25日的《七万民工用毛泽东思想统帅施工奋战两年》，等等；另一方面，强化了对农民进城务工的批判态度，对农民进城流动彻底否定，如1967年2月25日的《贵州省革命委员会、贵州省军区向全省人民发出紧急通令　粉碎阶级敌人煽动大批农民进城的阴谋》。在这漫长的20年时间里，农民已被城乡二元户籍的分割制度牢牢地束缚在土地上，体现在农民进城流动问题的报道上，则少之又少，其题材也主要限于这样几个方面：一是对农民进城问题的政策报道和解读；二是城市居民动员非城市户口的亲属返乡；三是用工单位清退在城市打工的临时工；四是批评"文革"中到城市串联的农民。

表1-3　　　　1958—1977年《人民日报》农民工报道数量统计

年份	1958	1959	1960	1961	1962	1963	1964	1965	1966	1967
数量（篇）	3	2	3	1	1	1	0	0	2	3
年份	1968	1969	1970	1971	1972	1973	1974	1975	1976	1977
数量（篇）	3	0	1	0	1	2	2	2	2	5

这里要指出的是，这段时间有关农民工和户籍政策的报道意识形态色彩浓厚，对政策的宣传解读僵硬。如1958年1月10日的评论《让户口登记工作更进一步为人民服务》，文章不仅颂扬了当天发布的《中华人民共和国户口登记条例》体现了我国社会主义制度的优越性，而且批判了我国历代封建政权和西方资本主义国家的户籍制度。此文认为户口制度在帝国主义国家，不管采取什么样的形式，都是服务剥削阶级的，也都是为了稳固反动统治；而我国的户口制度，则是服务于人民、服务于社会主义的一项重要措施。"文革"中对农民工赞许式的报道，同样也充满了政治化的意味，个人崇拜和阶级斗争色彩浓烈，如1975年4月23日的《河北省今春续治海河工程全面开工，各级党委领导成员和广大民工认真学习毛主席关于理论问题的重要指示，极大地焕发了加速根治海河的积极性》，1976年4月26日的《党中央决议像春雷激荡黄河两岸　四十多万民工同仇敌忾深入批邓》，等等。

31

二 改革开放至 20 世纪末的农民工报道（1978—2000）

据统计，在 1979 年的《人民日报》中，出现了 6 篇有关"农民工"的报道；在 1980—1989 年的 10 年间一共出现了 15 篇有关"农民工"的报道；而到了 1990—2000 年的 11 年间一共出现了 54 篇有关农民工的报道，报道数量有了明显的增长（如表 1-4、表 1-5 所示）。

表 1-4 　　**1978—1989 年《人民日报》农民工报道数量统计**

年份	1978	1979	1980	1981	1982	1983	1984	1985	1986	1987	1988	1989
数量（篇）	0	6	1	1	1	1	0	1	1	0	1	8

表 1-5 　　**1990—2000 年《人民日报》农民工报道数量统计**

年份	1990	1991	1992	1993	1994	1995	1996	1997	1998	1999	2000
数量（篇）	1	2		3	5	9	3	8	8	11	4

农民工报道数量的增加，直接反映出媒体、政府和民众对"农民工问题"关注程度的提高。这种关注的背后，显示的是时代的发展变化。改革开放从 1978 年到 2000 年的 23 年间，中国的城市建设发生了翻天覆地的变化。由于城市建设需要大量劳动力，大批农民工因此涌入城市，成为城市建设的主力军，而一系列问题也随之而来。媒体作为时代的记录者，对农民工问题的报道，也成为这个时代政治、经济、社会变化的缩影。本节把这一时期的农民工报道分为三个阶段，分别是限制农民工流动时期、允许农民工流动时期、控制与规范农民工流动时期。

（一）限制流动时期（1978—1983）：在限制中赞美

1977 年 11 月，国务院批转《公安部关于处理户口迁移的规定》，明确指出"严格控制市、镇人口，是党在社会主义时期的一项重要政策"。① 这是第一次正式提出严格控制"农转非"，严格控制农村人口进入城镇。我国在 1978 年进入改革开放的新时期，户籍制度管理也逐渐形成了半开放格局，小城镇户籍制度改革逐步开展。② 这一时期我们称为限制农民流动时

---

① 李宗奉：《生态学视角的农民问题研究》，博士学位论文，山东农业大学，2010 年，第 66 页。

② 周楠：《河南户籍制度改革的现状评析及对农民工市民化的影响》，《北方文学》（下半月）2012 年 9 月刊。

期。限制农民流动时期的政策主要是鼓励农民向乡镇企业转移，限制农民进城就业。这一时期是"上山下乡"知青的返城高峰期，城市面临着很大的就业压力，国家不支持农民进城，媒体对农民进城务工也持批判态度。

这一时期，《人民日报》对于农民所创造的"离土不离乡，进厂不进城"的当地转移就业模式给予了肯定，并做了相关报道。如1982年2月16日第2版的《"四个轮子一起转"——江苏省吴江县农村生产责任制调查》，1983年1月6日第2版的《允许农民合法贩运 实行多种渠道经销——安徽省委肯定汪全精是劳动致富》、1983年2月27日第2版的《让农民办的企业真正属农民所有 南马乡公社社办企业全面改革》等。仔细分析这些报道，不管是农民进入乡镇企业当工人，还是跨区域的长途贩运，或是合股经营办厂，都可算是当时活跃在乡镇的经营第二、第三产业的农民工了，这类报道都可纳入农民工报道的范畴之中。

值得注意的是，这一时期的《人民日报》中"农民工"这个词已开始出现。第一次出现是在1980年的8月19日第5版的《小议"全面的物价利益原则"》，作者为李德章，这是一篇讨论性的文章，作者就常州市解决居民就业的情况做了介绍，其中一条措施是："去年一年，通过减少征地农民工进城，从严控制征用郊区土地等方式，压缩城市中计划外农民工数量，清退近65%约有9000多农民工。""农民工"一词在这篇文章中共出现四次，这是《人民日报》在报道的文章内容中第一次出现"农民工"的提法。《人民日报》在报道的标题中首次出现"农民工"一词则是在1982年1月31日的报道《干部带头清退自己安排的亲友 安徽十万多农民工返乡务农 城乡配合做好思想工作 解决农民工回乡后的困难》。仔细分析这两篇文章，有两个共同的特点：一是使用"农民工"一词时都是指在城市就业而户口在农村的农民；二是使用"农民工"一词时其语气基调都是负面的，是指在城市流动的农民，是计划外用工的农民。这种用法为后来媒体报道中对农民工的"污名化"做了铺垫。

这里必须指出并纠正的是，学界一般认为"农民工"的称谓是由中国社会科学院社会学家张雨林教授首先提出来的，认为张雨林教授在1984年《社会学研究通讯》上发表的《县属镇的农民工》中第一次提出了"农民工"的概念，[①] 而实际情况是《人民日报》在 1980 年的 8 月 19 日刊登的李德章的评论文章《小议"全面的物价利益原则"》中首先使用了"农民工"一词，并且《人民日报》在这个时期的报道中使用的"农民工"一词与后来张雨林教授所提的"农民工"一词的含义是有差别的。张雨林教授所说的"农民工"是指"离土不离乡，进厂不进城"的乡镇企业职工，并且持肯定的态度，而《人民日报》在这一时期使用的"农民工"一词是指进入城市务工经商的农民，并且持否定的态度。

这一时期，《人民日报》对农民工的报道多数情况下使用的还是"民工"一词。就民工报道来说，这一时期的报道内容主要在三个方面：一是对"对越自卫反击战"中支前民工的报道；二是对在乡镇企业工作的农民工报道；三是对参加国家基础设施建设、抢险救灾的民工的报道。这三个方面的报道，《人民日报》的倾向都是正面的、积极肯定的，而对那些农民进入城市打工的现象，《人民日报》不仅报道的数量少，而且持否定的态度。

（二）允许流动时期（1984—1988）：在流动中劝阻

1984 年 10 月，国务院发布了《关于农民进入集镇落户问题的通知》，该通知规定了凡在集镇务工，经商，办服务业的农民及其家属，有经营能力，在乡镇企事业单位长期务工，或在集镇有固定住所，准落长期户口，口粮自理。[②] 就在这一年，深圳市结合两年多物价体制改革试验的经验方法，在全国率先取消了一切票证，粮食商品敞开供应，价格放开。1985 年，公安部取消了 3 个月暂住期限的上限规定，并发布《关于城镇暂住人口的管理暂行规定》。

34

这一阶段，城市经济体制改革拉开序幕，第二、三产业得到发展，一些沿海开放城市经济快速发展，产生了大量的劳动力需求。而在 1984 年，农业大丰收，农村却出现了卖粮难的现象，农民收入下降。城市的拉力和农村的推力又开始发挥作用，而先前横亘在农民进城务工经商的几大中间因素开始松动，有些已经消除。如农村已实行家庭承包责任制，农民获得

---

① 陆学艺：《农民工称谓解析》，《人民日报》2007 年 4 月 30 日第 10 版。
② 刘颖：《户籍制度与身份建构——从户籍制度变迁透视对农民身份的建构》，《才智》2008 年第 23 期。

了劳动自主性，劳动的内容和时间由农民自己安排；农民可以居住在城市，还能在市场上自由购粮，生活资料没有了后顾之忧；农民能够在城市寻找到工作岗位，挣钱比农村快。于是，农民除了大部分人在家务农和在乡镇企业务工外，还有一些有一技之长的人开始进入城市打工。据统计，从 1985 年到 1988 年，全国产生了 5000 万流动人口，其中 2/3 是外来务工人员，① 他们成了城市建设的生力军，与此同时也造成了城市人口的拥挤、市容环境的恶化、犯罪案件的增加等一系列问题，这些问题让原有的城市居民产生了怨言和质疑。面对城市日渐增多的农民工，城市管理部门采取了相关措施，首先是广州、海口等地开始采取紧急措施疏散农民工，同时各地开始发布有关"打工不易，请勿听信谣言"之类的消息，劝阻农民不要轻易外出打工。

　　这个时期，《人民日报》对农民工大量进入城市寻找工作的行为经历了从认可到劝阻的态度变化。在 1986 年之前，《人民日报》对大量农民涌入城市进行了客观报道，如 1984 年 6 月 18 日第 2 版的《广东民工进城多》，1984 年 7 月 12 日第 2 版的《十万民工进天津》，并且对农民进城工作给家乡经济发展所带来的变化进行了肯定，如 1986 年 7 月 13 日第 2 版的《林县十万农民工匠走出太行　建房筑楼带回"三宝"建设家乡》。但在 1986 年下半年之后，《人民日报》对农民工的负面报道开始增多，如 1986 年 9 月 4 日的《一段公路三道卡，要钱要物要西瓜》，报道了北京市延庆县公路管理所雇用的农民工设卡索要财物的劣行；1988 年 2 月 24 日的《招工广告：吹得天花乱坠　正式上班：民工大呼上当》，报道了农民工寻找工作过程中受骗上当的事件。在各地城市管理部门采取疏散农民工的相关措施之后，《人民日报》为配合政府的工作，报道了一些城市、用工企业所采取的劝阻、清退农民工的做法，如 1988 年 8 月 13 日的《旅游客流剧增　车站列车爆满　暑期每天约 70 万人站着乘车　铁道部呼吁刹住公费旅游、会议，劝阻民工盲流》，1988 年 8 月 16 日第 2 版的《招聘固定工　顶替农民工　南京氮肥厂挖掘厂内劳务潜力》。

35

---

　　① 陈辉、熊春文：《关于农民工代际划分问题的讨论——基于曼海姆的代的社会学理论》，《中国农业大学学报》（社会科学版）2001 年第 4 期。

这一时期，《人民日报》在总体的农民工报道中已出现了一些明显的变化，除继续对参与国家基础设施建设的民工进行报道并持赞许的态度外，增加了对城市农民工的报道，以"农民工""务工者""务工人员""盲流"等为核心词的报道总量超过了以"民工"为核心词的报道总量。由此说明，《人民日报》的农民工报道在这一时期已偏重于入城打工的农民工报道。

（三）控制与规范流动时期（1989—2000）：从批评转为包容

中国当代的民工潮始于1989年。如果说1989年之前的农民涌入城市打工是民工潮的一种萌动，那么到了1989年，这种萌动则演变成了席卷全国的浩浩荡荡的潮流。造成这种情形的原因是多方面的，首先是1984年国家对农民进城务工经商政策的松动；其次是自1988年开始国家对经济的治理整顿，乡镇企业发展迟滞，城市基建压缩；再次是一部分先前入城打工的农民赚钱返乡后所制造的示范效应。于是，1989年春节刚过，从全国各地出发的数百万农民工，爆发性地集聚迁徙，去广东、东北、西北谋生，把全国的铁路、车站挤得前所未有的爆满。有的农民工因找不到工作而流落街头，给当地的社会治安造成了不良影响。

农民工大量涌入城市，城市政府并没有做好接纳的准备，并试图加以控制。《人民日报》对这次民工潮给予了高度重视，除了1989年3月6日刊登新华社稿件《国务院办公厅紧急通知各地严格控制民工外出 组织力量做好劝阻、疏运和动员返乡工作》外，在报道国务院办公厅紧急通知的前后，对民工潮的各个方面都进行了充分报道并进行了分析，如1989年2月20日第2版的《外省数万民工滞留广州》，1989年3月4日第2版的《民工潮涌到西北 兰州站人满为患》，1989年3月14日第5版的《他们为什么涌进城？——北京站前与民工的对话》，1989年5月23日第6版的《民工浪潮的困扰》等。

难能可贵的是，《人民日报》对1989年民工潮的报道并未持一味的批评态度，而是从实际出发，在劝阻的同时，对如何客观合理辩证地评价农民工，如何提高农民工的素质进行了探讨。如1989年3月25日第2版的《为民工鸣个不平》，作者认为，农民工的流动"虽然给交通运输、城市基础设施以及食物供给造成了压力，但也以他们的劳动促进了经济的发展，包括他们本乡和他们谋业的异乡。因此，对农村劳动力的流动及其带来的问题要予以实事求是的评价和理解，不能采取完全否定的态度"。

政府管控的严格，并没有减少农民工在城市的流动。1992年邓小平同志南方谈话之后，中国确立了社会主义市场经济体制，国家的经济建设驶入快车道，市场的用工需求加大，迫使各地政府放开用工政策；而农民工通过任劳任怨地辛勤工作，为城市建设和服务做出了有目共睹的贡献，使得市民对他们的看法也有所改观。在这种情况下，国家对农民工流动的管理也由单纯的严格控制趋于规范管理。

1992年年底，各个地区先后放开粮食及其他产品价格。1993年，粮票取消，在城市打工的农民不再需要到市场上购买高价粮；1995年，公安部发布《暂住证申领办法》，办法规定，年满16周岁的人员，明确离开常住户口所在地，拟在暂住地居住一个月以上的，应当申领暂住证；[①] 1997年6月，国务院批转公安部《关于小城镇户籍管理制度改革的试点方案》，该方案放开了农村户口转城镇户口的限制，指出已在小城镇居住、就业、并符合一定条件的农村人口，可以在小城镇办理城镇常住户口；[②] 1998年8月，国务院批转公安部《关于当前户籍管理中几个突出问题的意见》，其中规定：婴儿落户可随父母志愿，投靠子女的老人可以在城市落户，户籍制度进一步松动。

在1992年之后的这一时期，《人民日报》对进城农民工的报道主题已从先前单一的劝阻批评转变为多样化的肯定包容，其报道题材也变得多种多样。梳理这时期农民工的报道主题和题材，主要有如下几种。

一是农民工进城务工经商的政策及春运报道。如1993年12月18日第1版的《劳动部推出"城乡就业协调计划""民工潮"将纳入有序渠道　这项计划的首期工程已开始实施》，1994年1月20日第4版的《就做好春节前后民工流动疏导工作　国务院办公厅发出通知要求各地指定领导同志具体负责，层层建立责任制》。

二是输出地与输入地农民工有序流动管理的经验介绍。如1994年1月

---

① 张学军：《身份登记制度研究》，《法学研究》2004年第1期。
② 李超、张超：《高房价收入比形成原因及对中国城市人口聚集的影响：理论与实证》，《华南科学大学学报》（社会科学版）2015年第1期。

21 日第 1 版的《输出有组织输入有管理　南粤大地民工有序流动　广东早作安排让外地民工高高兴兴返乡过春节》，1999 年 3 月 23 日第 10 版的《湖北三百万民工有序流动》。

三是专家和媒体就如何引导"民工潮"提出的建议。如 1994 年 4 月 17 日第 8 版的《专家就引导"民工潮"提出建议：积极疏导协调增加就业机会》，1994 年 4 月 18 日第 2 版本报记者吴长生的专栏文章《"民工潮"十项对策》。

四是对农民工人物的刻画和劳动红利的肯定。如 1993 年 7 月 17 日第 2 版的《国有企业缘何钟情农民工》，1995 年 8 月 3 日第 11 版的《农民工与现代意识》。

五是市民对农民工的评价和市民、政府对农民工的关怀。如 1999 年 6 月 17 日第 11 版的《城里人看民工》，1996 年 2 月 20 日第 1 版的《70 万民工高高兴兴在沪过年　有关领导前往慰问并听取他们的意见》。

六是农民工用工信息与职业培训报道。如 1994 年 11 月 26 日第 1 版《国务院决定沿海和京津沪等民工输入地区春节后一月内停招外地新民工》，1997 年 8 月 14 日第 4 版的《虽是外地农民工要当城市文明人　外来务工青年培训计划扎实推进》。

七是农民工权益受损与权益维护报道。如 1995 年 10 月 13 日第 9 版的读者来信《民工合法权益不容侵害》，1998 年 3 月 11 日第 10 版的《民工依法讨公道》。

八是农民工心声反映。如 1994 年 2 月 15 日第 2 版的《一位民工投书本报吐露心声》，1998 年 2 月 4 日第 11 版的《请为农民工排忧解难》。

38　　九是农民工不良行为和犯罪报道。如 1993 年 2 月 25 日第 4 版的《唐山一百货大楼火灾原因查明　系民工无证上岗违章电焊所致》，1998 年 6 月 17 日第 10 版的《重视民工违法犯罪问题》。

综上所述，《人民日报》这一时期理性看待农民工问题的声音逐渐占了主流，从前期的质疑、排斥转变为理解、关切和包容。《人民日报》对农民工报道态度的转变，反映了媒体和社会大众对农民工在城市建设中贡献的认可。

三 21世纪以来的农民工报道(2001年以后)

据国家统计局发布的报告显示,2013年全国农民工总量已达26894万人。①,其中外出农民工16610万人,增加274万人,增长1.7%;本地农民工10284万人,增加359万人,增长3.6%。进入21世纪以来,国家无论是政治和经济都走在不断发展进步的道路上,《人民日报》的农民工报道在21世纪也显现出了新特点和新态势。突出的表现就是数量和篇幅的增加及题材内容的丰富。我们把这一时期分为引导农民工流动和鼓励中小城市户口放开两个阶段。

(一)引导流动时期(2001—2011):为权利保障呼吁

2001年3月30日,国务院批转公安部《关于推进小城镇户籍管理制度改革意见的通知》,提出了对小城镇常住人员户口的办理,不再实行计划指标管理,② 规定在县级市市区、县人民政府驻地镇和其他建制镇,符合相关条件的农村人口可根据本人意愿办理城镇常住户口,解决农民进城问题。《人民日报》在跟进报道的同时,也对此时的户籍政策能否落实提出许多参考性建议。

如在2001年12月24日第9版《城门一开,农民就能进城吗?》一文中,中国社会科学院农发所所长张晓山认为,要转移农村剩余劳动力,发展小城镇仍是一个重要方向,户籍制度的改革,不会让农村务工者及其家庭进入大中城市工作和定居的机会出现根本性的改变。③

2002年12月17日第4版《切实保证困难群众生产生活(扶贫济困送温暖)》。文中引述劳动和社会保障部的要求:"各地要依法严厉查处克扣农民工工资的违法行为,集中精力开展一次企业支付农民工工资情况专项检查,责令用人单位补清所拖欠的工资。"④

2003年8月,国务院公布的30项便民利民措施中,有7项与户籍制

39

---

① 陈邓海:《农民工参政现状分析与路径优化》,《中国劳动关系学院学报》2014年第6期。
② 傅宏亮:《户籍制度改革:时不我待》,《观察与思考》2005年第22期。
③ 张晓山:《城门一开,农民就能进城吗?》,《人民日报》2001年12月24日第9版。
④ 白天亮:《切实保证困难群众生产生活(扶贫济困送温暖)》,《人民日报》2002年12月17日第4版。

度有关，① 对居民迁移、户籍变更等做出了相关规定。有些地方如北京、广州等地对流动人口试行暂住证管理的模式，浙江、湖南等地酝酿实施户籍一元化管理，河南为吸引人才集聚打破户籍人事关系的限制制定了相关的具体措施。这些情况说明，地方政府对户籍制度进行了试探性的改革。

这一时期，国家取消了原来针对农民工的有关限制性政策，专门针对农民进城就业需要办理的一系列证卡已开始逐步取消，农民工的就业环境得到了极大的改善。城市的就业服务体系逐步向农民工开放，对农民工的流动改变了以往以堵为主的控制方式，转而采取以疏为主的引导措施。《人民日报》关于农民工的报道在数量上又再次呈上升趋势（如表1-6所示）。

表1-6　　　　　2001—2011年《人民日报》农民工报道数量统计

年份	2001	2002	2003	2004	2005	2006	2007	2008	2009	2010	2011
数量（篇）	17	27	89	151	175	150	171	78	66	140	159

总体来说，《人民日报》这个时期的农民工报道在报道政策的同时，开始更多关注农民工的生存情况，包括欠薪、工伤事故和子女的教育等问题，对农民工的权益维护给予了更多的关注，并寻求更好的解决方案。

在这一时期农民工权益维护报道中，影响最大的是对时任国务院总理温家宝为农民工讨薪的报道。《人民日报》2003年11月10日第13版《惊动总理的民工欠薪》讲述了温总理为重庆农民熊德明一家讨工钱的事情，这从一个侧面反映了国家领导人对农民工权益维护问题的关注。此事见诸报端后引起社会各界广泛关注，并对中央和地方政府出台相关政策措施以解决农民工欠薪问题起到了推动作用。

农民工权益涉及政治权益、经济权益、社会权益、文化教育等多方面权益。这时期在《人民日报》的农民工权益维护报道中，报道最多的是农民工的经济权益的保障与维护。以2011年12月的《人民日报》为例，在这个月，《人民日报》刊发了评论《别让盖房人寒了心》（12月15日第17版）、评论《如何跨过讨薪难的"合同门槛"》（12月15日第8版）、通讯《小事情抓得紧　和谐做得实》（12月8日第11版）等13篇有关"讨薪难"方面的新闻与评论，占同月农民工报道的23%。

40

---

① 傅宏波：《户籍制度改革：时不我待》，《观察与思考》2005年第22期。

在农民工经济权益的维护报道中，除了报道农民工的欠薪问题之外，农民工的劳动安全方面的问题也是报道的一个着力点。白剑峰是《人民日报》卫生医疗线的高级记者，关注农民工的医疗维权近10年之久。他在2005年5月26日视点新闻版的《让农民工有尊严地工作》一文中，呼吁各级政府要尽快建立多元健康保障体系，从机制上充分维护农民工切身利益，引导企业建立过渡性互助医疗保险制度。① 后来，白剑峰又在2009年5月2日第7版的《不要"带血"的财富中》中对云南水富县去凤阳石英砂企业打工的农民工，因患硅肺病，导致12人死亡的重大事件进行报道。文章刊出后，得到了积极的社会反响，卫生部在数日内进行调查，得出"企业非法生产致云南返乡农民工患职业病"的结论，要求"切实做好职业病防治工作"。

在农民工文化教育的权益维护上，《人民日报》把关注点放在了农民工职业培训、子女教育和文化生活几个方面。

随着我国经济的转型发展，各个用人单位对农民工的职业技能提出了更高的要求。怎样让农民工专业技能得以提高，让他们更高效地投入经济建设中，成为农民工报道的又一重要话题。2010年，国务院办公厅《关于进一步做好农民工培训工作的指导意见》强调，要"逐步建立统一的农民工培训项目和资金统筹管理体制。到2015年，努力创造条件使有培训需求的农民工都获得技能培训的机会，使他们掌握一项适应就业需要的实用技能"。② 为此，《人民日报》加大了农民工职业技能培训方面的报道，如2010年8月21日第2版《北京公交集团八方达公司为农民工成长插上翅膀》，讲述雇用方不仅给农民工提供优惠待遇，还把农民工培养成合格的公交员工的事例。2011年5月15日第7版《浙江，农民工处处有"娘舅"》，介绍浙江省各级工会通过建立培训基地，两年来免费培训农民工40万人次，让8万名农民工通过培训获得相关职业资格证书。

为了显示职业技能水平对农民工的重要作用，《人民日报》还刊发了一些优秀农民工在职业技能提升方面的事迹。如2011年6月20日第14版

41

① 白剑峰：《让农民工有尊严地工作》，《人民日报》2005年5月26日第5版。
② 梁伟军、李巨存、郝松：《分配正义视角下的中国农民工权益维护研究》，《创新》2015年第2期。

的人物通讯《王钦峰 从农民工到工程师》，讲述了王钦峰从一个"连图纸都看不懂"的学徒，凭借着刻苦钻研，设计出 20 多种专用设备和专用量具，获得 3 项国家专利，成为全国劳动模范的先进事例。类似的报道还有《从农民工到"小巨人"——访中国中铁电气化局集团第一工程有限公司工人巨晓林》。

在农民工子女教育方面，《人民日报》也经常报道农民工子女教育方面的权益维护问题。2011 年 8 月，《人民日报》就刊登了 8 篇农民工子女教育方面的报道与评论，如 8 月 22 日第 8 版的深度报道《从有学上到上好学——怎么实现教育公平》、8 月 3 日第 20 版的通讯《莫忘农村留守姐妹和孩子》、8 月 18 日第 19 版的评论《让留守儿童告别弱势心态》等。

在农民工的精神文化生活的权益维护方面，《人民日报》也相当重视。2011 年，农民工歌手组合"旭日阳刚"以一曲《春天里》亮相央视春晚，在火遍了大江南北的同时，也引起了很多人唏嘘：不能只重视提高农民工的收入，还得关注他们的精神与文化生活。《人民日报》以《春天里》作突破口，陆续刊文。如 2011 年 1 月 13 日第 12 版的《"春天里"的节日》、2011 年 2 月 10 日第 4 版的《每个人都能走进"春天里"》、2011 年 3 月 30 日第 20 版的《为新生代农民工走进春天创造条件》，都对农民工文化生活的缺乏进行了阐述，"春天里"俨然成了新生代农民工对文化渴望的代名词。《人民日报》以此为由头，逐步将关注范围扩展至农民工的文化教育、农民工书屋建设、文艺演出走进农民工群体等方面，如 2011 年 1 月 12 日第 2 版的《"倾注三农 情系农民工"晚会举行》、2011 年 1 月 21 日第 12 版的《杭州图书馆，零门槛"最温暖"》、2011 年 2 月 21 日第 9 版的《新生代，呼唤更多关爱》等，反映各地对农民工文化生活的关怀。

在农民工的社会权益维护方面，《人民日报》对农民工城市居住尤其对农民工的城市户口问题也十分重视。如《农民变市民 生活怎么样——湘鄂粤渝四省市城镇化调查》刊登在 2011 年 1 月 10 日的头版。

农民工的各种权益维护问题是这时期《人民日报》农民工报道的重点。除此之外，《人民日报》还对每年的农民工春运、农民工的优秀典型人物、农民工的农村土地流转、民工潮、民工荒等多个方面进行了报道。

（二）鼓励中小城市户口开放时期（2012 年以后）：人本化趋势增强

2012 年 2 月国务院办公厅发布《国务院办公厅关于积极稳妥推进户籍管理制度改革的通知》，规定了今后出台与就业、教育、培训等相关的政策措施，不能与户口性质挂钩，要求逐步建立城乡统一的户口登记制度，实行暂住人口居住证制度。该通知提出要着力解决农民工实际问题。要求各地的就业、义务教育等新政策不要再与户口挂钩，同时允许来自农村的务工人员获得中小城市的户口。①

2013 年 6 月 26 日召开的第十二届全国人大常委会第三次会议上，国家发改委主任徐绍史作了《国务院关于城镇化建设工作情况的报告》。徐绍史称："我国将逐步开放城市落户限制，有序的由小城市、中等城市、大城市和特大城市依次有序推进农业转移人口市民化，按照因地制宜、分步推进、存量优先、带动增量的原则，以农业转移人口为重点，兼顾异地就业城镇人口，统筹推进户籍制度改革和基本公共服务均等化。"② 这是我国第一次明确提出各类城市具体的农民工城市化路径。围绕农民工市民化的国家新政策，这一时期我国的农民工报道的人本化趋势增强。

表 1 - 7 　　　2012—2013 年《人民日报》农民工报道数量统计

年份	2012	2013
数量（篇）	129	103

围绕国家农民工户籍变动的新政策，农民工的市民化问题是这两年中《人民日报》及国内媒体农民工报道的热点话题。农民工的市民化问题，实质上是个人本化问题，是把农民工作为普通市民来看待的问题。所谓农民工报道的人本化，是指在农民工报道中把农民工作为真正的市民来对待，做到以人为本，尊重和维护农民工在城市工作生活中的主人公地位。在关注报道农民工的各种权益保障和维护的同时，更加关注农民工的理想愿望、思想观念、情感需求和个性心理，即关注农民工在城市工作生活中各种权利的实现和个性的发展，关注农民工的思想方式、工作方式、生活方式向市民的全面转型。

43

---

① 陈义平：《农民工究竟离市民还有多远》，《中国党政干部论坛》2013 年第 11 期。
② 蒋彦鑫：《小城市将全面放开落户限制》，《新京报》2013 年 6 月 27 日第 10 版。

　　这时期《人民日报》农民工报道的人本化趋势增强，体现在除了继续关注农民工各方面权益的维护，还把报道触角延伸到农民工在城市生活工作的各个方面，如农民工的思想观念、对城市生活的态度、对未来的打算、居住饮食状况、婚姻情感、个性心理等。《人民日报》在 2013 年 3 月 19 日第 19 版《新生代农民工婚恋生活经受着诸多无奈与艰辛　他们的幸福港湾在哪里》用近一整版的版面，将农民工分为未婚、已婚、异地分居三大群体，采访了农民工、打工子弟学校校长、农民工心理咨询志愿者、大学教授等 12 位对象，涉及农民工婚恋中十多个常见的问题，全面反映了各年龄段农民工对幸福的渴求。又如 2012 年 12 月 30 第 7 版《农民工养老，难在哪？》，报道分析了农民工社会保障中的养老问题。

　　2013 年 8 月 13 日第 19 版的《内心一直有件事等着我做》，文章描述了一群"80 后""90 后"农民工，他们曾经是电工、泥工、木工，因为都热爱摄影，一起创立了摄影工作室。全篇故事中，只是在讲述出身的时候，提到他们的农民工身份，后面的大篇幅描述中，"农民工"并未再出现。文章作者刻意回避他们的农民工身份，就是希望读者能够把这个群体当作普通的城市青年来对待，重新审视这批年轻人，重视新生代农民工与城市青年无异的思想情感与理想愿望。这种与农民工追逐梦想相关的报道经常出现在这一时期《人民日报》的农民工报道中，如《让青春为中国梦尽情绽放》（2013 年 6 月 15 日第 6 版）、《梦想插上腾飞的翅膀》（2013 年 8 月 16 日第 2 版）、《请注视那些平凡而美丽的梦想》（2013 年 6 月 6 日第 5 版）等多篇报道都以新生代农民工逐梦为题材，在讲述新生代农民工逐梦故事的同时，呼吁读者以新的眼光审视新生代农民工，理解他们，接纳他们。

44

　　《人民日报》在 2013 年改版，改版之后的农民工报道倾向于使用图片与图表描述事件，不仅数据清晰，而且更加细致生动。例如，在 2013 年 1 月，农民工报道有 27 篇，其中采访农民工个人共 11 篇，使用图片 11 张。由此可知，这一时期，《人民日报》在报道方式上趋于灵活，在政策解读层面，也从之前的注重专家学者的权威性到尊重农民工自身的话语权，以农民工自身为出发点，反映他们的政策需求。这说明，这时期《人民日报》的农民工报道亲民化、人本化的趋势增强。

　　在农民工权益保障和维护的报道中，这时期的《人民日报》在继续保持过去对农民工经济权益、社会权益、文化教育权益关注的基础上，加强了对农民工政治权益的保障和维护的报道。农民工的政治权益包括选举权和被选举权、参与工会的权利、民主管理和民主监督的权利。农民工的这些权益在这时期《人民日报》的农民工报道中都有体现。

在中国共产党第十八次全国代表大会上，26 名农民工党员进入代表行列，首次以群体形象出现在全国党代会上。[①] 在第十一届全国人民代表大会上，农民工代表只有 3 人，到第十二届全国人民代表大会，有 31 名农民工成为全国人大代表。与此同时，《人民日报》上农民工参政议政的报道也多了起来。如 2013 年 3 月 12 日第 5 版《31 位代表，身后是 2.6 亿农民工》，2013 年 3 月 12 日第 9 版《掂掂农民工代表建议的分量》。2012 年，《人民日报》农民工参政议政的报道只有 4 篇，2013 年，增加到 17 篇。这充分体现了农民工社会地位的提高及社会开始肯定农民工为我国经济社会发展所做的奉献。

综上所述，通过对《人民日报》1949—2013 年农民工报道的研究，我们发现《人民日报》农民工报道在历史的演进过程中的几大特点：一是在报道态度上，受我国户籍制度的变化左右，随政府的农民工政策的变化而变化，其对农民工报道的主题经历了从肯定到否定到包容再到肯定的变化过程；二是在报道内容上，以党和国家的户籍政策的宣传解读为主体性内容，同时兼顾农民工的工作生活状况；三是在报道形式上，体裁、品种不断增多，手法不断丰富，报道数量由平稳到衰减到增多再到激增，表明农民工成为近些年来的一个热点话题；四是在社会功能上，注重舆论引导，在不同历史时期做好党和政府的农民工政策宣传的同时，也注意发表一些不同的看法，平衡不同的观点，以促进社会的稳定和谐为报道的目的。

45

第四节　以城市化视角看目前我国农民工
报道的成绩与不足

以上我们以《人民日报》为例，梳理分析并归纳了新中国成立以来我

---

① 刘建娥：《农民工政治融入的状况、影响因素及其对策——基于昆明市 2014 份农民工的问卷调研》，《中国名城》2015 年第 3 期。

国农民工报道的发展历程，从中我们可以看出，我国农民工报道的曲折发展历程是与我国城市化的曲折发展历程相一致的，是随我国二元户籍政策的不断调整变化而不断调整变化的，不同历史阶段农民工报道的成绩与问题实际上反映出的是不同历史阶段农民工的政策取向。

下面我们再以 21 世纪以来《人民日报》和其他新闻媒体的农民工报道为例，以城市化为视角，来具体地分析归纳一下目前我国农民工报道所取得的成绩与存在的不足，希冀以此促进我国农民工报道的发展。

一　我国农民工报道的成绩

21 世纪以来我国农民工报道所取得的成绩体现在多个方面，其主要的成绩体现在以下几个方面。

（一）高度重视农民工政策的宣传解读

我国的新闻事业是中国共产党领导的社会主义事业的一部分，党管媒体是我国新闻体制的核心，因此自觉地服从党的领导，宣传解读党和国家的路线方针政策，紧密配合党和政府的中心工作是我国新闻媒体的重要职责。21 世纪以来，城市化已上升为国家现代化的发展战略，农民工政策已由先前的对农民进城的禁止、控制、限制转变为引导、肯定和鼓励，各种对农民工权益的保护性政策陆续出台，在这样的政策背景下，我国新闻媒体对农民工的立场、态度已发生了根本性的转变，尤其在农民工政策的宣传解读上更是高度重视，竭尽全力。

从本课题组对《人民日报》2010—2012 年的农民工报道的统计数据看，农民工政策报道在这三年农民工报道的占比分别为 32%、29%、44%，分别占当年所有农民工报道题材比重的首位。农民工政策报道的类别分为农民工政策确立前的设置议题报道、农民工政策制定过程中的政策决策过程报道、农民工政策确立之后的政策宣传及政策效果报道，在这三种类别的报道中，农民工政策确立之后的政策宣传及政策效果报道占政策报道总量的 74%。这就说明，在农民工的政策报道中，对政策的宣传解读和效果反馈是新闻媒体政策报道的重心。可以说，我国农民工政策的宣布传达和实施效果的反馈主要靠新闻媒体，尤其是权威性的中央媒体，我国新闻媒体在农民工政策的广泛传播方面做出了重要贡献。

从《人民日报》2010—2012 年的农民工政策报道内容上看，涉及了城市化过程中农民工市民化的主要内容，如户籍、就业、居住、社会保障、社会地位、农村人口的退出机制等一系列问题。而在这些政策性问题的报道中，《人民日报》十分注重对各种政策的细化解读，如社会保障的政策报道就涉及农民工的养老、医疗、失业和工伤保险政策；农民工户籍管理的政策报道就涉及取消农民工户籍限制的政策，以及某些地区推行的取得良好效果的农民工户籍管理政策；农民工就业政策的报道就涉及农民工就业引导政策、就业培训及安置政策。

我国城市化的主要内容是农业转移人口的市民化，而农民工的市民化是农业转移人口市民化的主体性人群，农民工市民化的主要保障是农民工政策的不断调整与完善，这是最根本的制度性保障。我国媒体高度重视农民工政策的宣传解读和效果反馈，对促进农民工的市民化，从而推动我国城市化的发展已发挥并将继续发挥重要的作用。

（二）重点关注农民工的权益维护

本课题组对 2001—2010 年的《人民日报》《解放日报》《湖北日报》《南方周末》《北京晚报》《羊城晚报》《新民晚报》《楚天都市报》等八报农民工报道的抽样数据显示，在农民工用工就业信息报道、农民工形象建构、农民工政策报道、农民工工作环境报道、农民工生活方式报道、新生代农民工报道、农民工权益维护报道、农民工媒介素养显示、农民工职业培训与子女教育及家庭报道等九种报道议题中，除了农民工政策报道的比重排在首位外，排在第二位的是农民工权益维护报道。农民工问题的实质是权益维护问题，农民工政策实际上就是围绕农民工的种种权益维护所设定的种种制度安排。为了推动农民工政策全方位地有效实施，我国新闻媒体除了在农民工政策的宣传解读上下工夫外，把关注的重点放在了农民工的各种权益的维护上。

农民工权益维护报道是对维护农民工的正当权益不受侵犯或消除对其权益的非法侵犯等事实和观点的报道。农民工权益维护报道按报道内容的不同分为四个类别：农民工权益受损事件报道、农民工维权事件报道、农民工权益信息告知、农民工权益维护呼吁。本课题组以农民工输入大省广东省的党报《南方日报》和当地的都市报《羊城晚报》2010—2012 年的农民工权益维护报道为例,分析了两报农民工权益维护报道的具体情况。从样本数据的分析可知,农民工权益维护报道四种类型的占比高低顺序为:维权事件报道、权益受损事件报道、权益信息告知、权益维护呼吁。由此可看出,农民工权益维护报道的重点是维权事件报道和权益受损事件报道,而这两类报道最能反映出媒体在农民工权益维护过程中的舆论监督作用。

农民工的权益包括政治性权益、经济性权益、社会性权益和文化教育权益,从课题组对两报的抽样数据看,农民工权益维护报道中占比最高的是经济性权益,为样本总数的 76.8%;其次是社会性权益,占比为 21.6%,政治性权益和文化教育权益占比较少。而在经济性权益维护报道中,占比最多的是薪酬,其次是劳动安全,然后是就业和休息休假等。从两报农民工权益维护报道中的维权主体看,涉及政府和司法系统在内的公力维权报道居多,其次为包括媒体和公益组织在内的第三方维权,再次为农民工自身的私力维权。这些数据说明,在农民工权益维护报道中,农民工的经济性权益是权益维护报道的重点,而公力维权在农民工权益维护中起着主导性作用。

21 世纪以来,随着城市化的加速推进,农民工的各种权益受到重视并得到多方维护,而这其中媒体的农民工权益维护报道和舆论监督也起了重要作用。

(三)不断拓展农民工的报道题材

21 世纪以来,农民工的市民化成为政府推进城市化过程中的一个重点议题。与之相应,农民工题材成为各大媒体竞相追逐的一个持续的热点,报道的频率不断升高,报道的题材范围不断拓展。由此,农民工问题不仅成为一个政府的议题,媒介议题,也成了社会普遍关注的公众议题。

新闻媒体的农民工报道题材的不断拓展主要体现在以下几个方面。

首先,农民工问题的各个方面得到了广泛的关注。21 世纪以来,新闻媒体在继续重点关注农民工的经济权益维护的同时,也把视角伸向了农民工的社会权益、政治权益、文化教育权益等权益的全面维护上。如《人民日报》在关注农民工经济权益维护的同时,2003 年开始关注农民工的生活方式,2006 年开始关注农民工的家庭问题,2007 年开始关注农民工的农村土地流转问题和户籍问题,2012 年后,又相当重视农民工尤其是新生代农民工的精神文化生活和心理健康问题。在我国"十一五"规划提出的"走出去"的国家战略背景下,从 2010 年起,我国新闻媒体在重点报道国内农民工的同时,也把报道的触角伸向我国的海外农民工问题上。本课题成员统计,《工人日报》在 2011—2014 年的农民工报道中,已有 33 篇海外农民工报道。不同于国内农民工报道,海外农民工报道多为负面报道,在报道海外农民工赚取高收入的同时也报道所面临的被骗、绑架、工作环境恶劣等高风险因素,其报道的警钟效果明显。

其次,加强对题材的各种属性的多方挖掘。21 世纪以来,农民工报道的题材种类不仅由少到多,涉及的题材范围越来越广,而且题材的种种属性也得到了多方挖掘,从而使农民工问题的报道不断走向广泛和深入。比如,在农民工工作环境报道的题材选择上,过去媒体仅仅关注农民工的薪酬、讨薪、工作条件、职业病、工作时长、补助和奖励等外部的硬性的工作环境因素,而 21 世纪以来,媒体已把触角伸向农民工工作单位的精神面貌、人际关系、企业关怀等内部的软性工作环境因素上。课题组对《工人日报》2010—2012 年农民工工作环境报道的统计数据显示,在这三年中,已有 13 篇农民工工作环境报道涉及农民工工作的软环境。再如,《人民日报》在报道新生代农民工问题时,在关注他们的工作环境诉求、留城意愿等问题的同时,也关注他们的文化精神生活的诉求和婚恋情感问题。如 2011 年 1 月 12 日的《新生代农民工:如何让梦想变成现实》、2011 年 8 月 12 日的《关注新生代农民工的精神世界》、2013 年 3 月 19 日的《新生代农民工婚恋生活经受着诸多无奈与艰辛 他们的幸福港湾在哪里》,就分别探讨了新生代农民工的精神文化生活、价值观和婚恋情感问题。

49

再次,注意对问题原因的探寻和解决办法的探讨。农民工问题的出现有其历史和现实的原因,其问题的解决也有个依据现实情况,逐一解决的过程。作为负责任的新闻媒体,在农民工报道问题上,不能仅限于各方面事实情况的报道,还应该探究问题的原因,提供解决问题的参考性建议,以此在促进农民工问题的社会关注的同时,也促进种种农民工问题的早日解决。21 世纪以来,随着农民工市民化问题的日益突出,我国的新闻媒体已注意用通讯、深度报道、新闻述评和新闻评论等体裁来表达对农民工问题的深度思考，其中对农民工问题形成的原因和解决办法的探讨已成为报道的重要方面。如《人民日报》2008年2月28日的《留守儿童　重养更重育》，就是由"现状""问题"和"建议"三个部分构成。本课题组在对《南方日报》《羊城晚报》2011—2012年农民工权益维护报道研究中，发现两报三年125篇的农民工权益维护报道中，有75篇报道涉及了解决方案和专家意见，占报道总量的60％。报道中增加原因的探寻和解决办法的探讨，使媒体的农民工报道显得更为丰满和扎实，其为政府解忧、为百姓解难的现实参考价值更为突出。

（四）多方建构农民工的媒介形象

本课题组2011—2012年对城市市民的调查数据显示，城市居民普遍关注农民工问题，而他们实际上与农民工的直接接触并不多，他们对农民工及农民工问题的了解大多来源于新闻媒体，其比例高达52.3％。调查数据显示，城市市民对农民工持"积极正面"印象的比例为19.4％，持"有好有坏"的中性印象的比例为72.5％，持"消极负面"印象的为4.3％，持"说不准"印象的为3.8％。这个数据说明，20世纪80、90年代城市市民对农民工大多持的负面刻板印象在21世纪以来得到了很大程度的扭转。促进城市市民转变对农民工刻板印象的原因有多种，其中媒体的舆论引导和对农民工媒介形象的多方建构也是一大原因。

本课题组以新闻框架理论对2011—2012年的《南方日报》《羊城晚报》共505篇有关农民工形象的报道进行了研究，以类目建构的方式对505篇中的农民工各种形象进行归类，统计结果显示，我国媒体过去对农民工形象建构的模式化、刻板化、扁平化倾向已得到扭转，目前农民工的媒介形象建构更注重全面立体细致地反映现实，注重不同类型的典型选择和个性刻画，农民工媒介形象向圆形、立体、多样化方向发展。勤勉/务实（1.4％）、敬业/奉献（3.0％）、进取/坚毅/睿智（5.3％）、胆识/魄力/侠义（3.6％）等一系列的农民工正面形象的比重明显高于愚昧/无知/落后（0.4％）、偏激/蛮横/道德败坏（1.4％）、藐法/违法/违纪（2.0％）等负面形象。值得注意的是，在当前城市化的大背景下，农民工亟待改善的生存状况已成为构建和谐社会的不和谐音符，孤独/无助/艰辛/不幸的农民工形象（30.5％）成为媒体为农民工群体获取关注的建构重点，而政府、社会也加大了对农民工的帮扶,于是,感恩/沐惠(34.9%)这些符号和农民工联系起来,建廉租房、放宽入户政策、扩大社保覆盖面、解决子女入学等一系列"关爱农民工"的措施成了媒体大量报道的题材。与此同时,社会越来越意识到农民工为城市建设和发展做出的重要贡献,"新市民""新产业工人"等呼声也愈发强烈,农民工转型/融入(16.0%)也成为农民工形象建构的重要方面。

以上农民工媒介形象的众多类目建构是在报道的主题、题材等方面梳理归纳出来的,在阅读分析报道文本的过程中,课题组认为,目前我国媒体所建构的典型的有代表性的农民工媒介形象可分为八种。

一是命运的把握者。如《南方日报》2011年3月3日的报道《精打细算,从农民工到小老板》,《羊城晚报》2012年2月1日的报道《"我们打工是为了学本事"》等。

二是心系他人的善者。如《南方日报》2012年6月12日的报道《"托举哥"周冲:每个路人都会这么做》,《羊城晚报》2012年4月16日的报道《好司机见义勇为被捅成重伤》等。

三是勤勉朴实的劳动者。如《南方日报》2012年6月20日的报道《"托举哥":我是能吃苦的人》,《羊城晚报》2012年1月16日的报道《加水工:为火车注入生命与活力》等。

四是不幸的受难者。如《南方日报》2012年2月27的报道《女工带伤加班3天　送医院不治身亡》,《羊城晚报》2012年5月1日的报道《劳动节,愁对薪水未讨回》等。

五是行为失范的打工者。如《羊城晚报》2012年1月4日的报道《打工太辛苦　不如傍富婆》,2012年2月8日的报道《到事发工厂打工不到10天,外来工家庭发生惨案　烂赌夫杀烂赌妻后跳楼亡》等。

六是被帮扶的沐恩者。如《南方日报》2011年7月1日的报道《关爱劳务工　深圳福彩15.1万资助13名劳务工》,《羊城晚报》2012年1月9日的报道《深圳送外来工免费坐车回家》等。

七是城市的主人翁。如《南方日报》2011年1月28日的报道《他们就是新莞人》,《羊城晚报》2011年7月27日的报道《你好,新广州人……》等。

八是身份尴尬的"边缘市民"。如《南方日报》2011年3月14日的报

51

道《168 户挑选 520 套保障房，25 户放弃选房　新莞人何时住上保障房》，《羊城晚报》2012 年 6 月 6 日的报道《"新生代产业工人身份认同"调查显示　三成陷入迷茫人　近半自认外乡人》等。

新闻媒体建构的丰富多样的农民工媒介形象，有助于社会对农民工群体的多方了解和全面认识，为城市社会对农民工的认知接纳创造了条件。

（五）自觉体现对农民工的人文关怀

从课题组对《南方日报》《羊城晚报》2011—2012 年的农民工媒介形象建构的数据中，我们发现农民工负面形象占比极少，愚昧/无知/落后的形象占 0.4%，偏激/蛮横/道德败坏的形象占 1.4%，藐法/违法/违纪的形象占 2.0%，这三类负面形象的合计仅占全部农民工媒介形象的 3.8%。值得注意的是，这三类农民工负面形象在《南方日报》中只有 1 篇，涉及的是藐法/违法/违纪的问题。这就是说，极少的农民工负面形象主要出现在作为市民化的报纸《羊城晚报》中。课题组对 2013 年 5 月—2014 年 5 月的《湖北日报》《楚天都市报》的农民工报道进行了研究，发现农民工的负面形象占比情况与《南方日报》《羊城晚报》的农民工媒介形象建构的数据相类似，在农民工"违法犯罪"这个类目中的数据显示，《湖北日报》为零，《楚天都市报》有 13 篇，占该报 2013 年 5 月—2014 年 5 月这 13 个月农民工报道总量的 5.9%。

以上数据说明，在农民工报道中，我国新闻媒体对农民工的负面行为的选择相当谨慎，在报道的总量上进行了控制，尤其是党报，对农民工的负面题材的选择进行了有意的规避。新闻媒体对农民工负面题材的控制和规避，反映出媒体在引导社会正确对待农民工，促进农民工的城市融入方面的社会责任，自觉体现了对农民工的人文关怀。

新闻媒体在农民工报道中体现出的对农民工的人文关怀的情愫是普遍的，而这种普遍的人文关怀的情感是建立在对农民工在城市社会中的弱势群体地位认同的基础上的。因此，媒体在农民工的报道中，便自觉地贯穿并显现出对农民工艰难生活的同情、对奋发有为行为的赞美、对农民工理想愿望实现的期待等人文关怀的情感。除了上述对农民工负面题材的选择上进行控制和规避之外，媒体对农民工的人文关怀还体现在诸多方面，下面继续以课题组对 2013 年 5 月—2014 年 5 月《湖北日报》《楚天都市报》

的农民工报道的研究数据为例来说明这个问题。

版面安排和内容选择。《湖北日报》农民工报道最常出现在位于报纸头几版的《要闻》《时政要闻》栏目，一般处在当日报纸的前三版以内。这些栏目的农民工报道，多是农民工政策的宣传解读。除此之外，农民工报道还经常出现在《荆楚各地》《民生关注》《农村天地》等栏目中，这些栏目的农民工报道都是从基层出发，报道农民工日常的工作生活和其留守在农村的子女家属的生活状况，体现了对农民工民生问题的关注。《楚天都市报》中的农民工报道聚集最多的栏目和《湖北日报》相同，也是处于报纸版面头几版的《要闻》《今日关注》《今日焦点》等栏目。但由于两报性质不同，头版刊登的新闻在内容上有较大差别，《楚天都市报》的农民工政策类的新闻报道并不多，且不占主要位置。为了体现都市类报纸农民工报道接地气的特点，《楚天都市报》设置有《呵护留守儿童》《楚天暖冬行动》《记者基层用工探访》三个专题栏目，其中，《呵护留守儿童》主要报道留守儿童的生活状态和政府、社会对该群体的关怀和帮助；《楚天暖冬行动》则是该报以自身为纽带和载体，联合政府、社会力量来帮助农民工讨薪的专题栏目；《记者基层用工探访》栏目则是记者响应"走转改"活动的号召，下到基层，对已经返乡的农民工进行探访，了解其就业动向、进城务工情况等。这些农民工专栏的设置，尤其是以媒体为纽带和载体，联合政府和社会力量帮助农民工讨薪并进行报道，不仅显示出媒体对农民工浓重的人文关怀，更显示出媒体在解决农民工问题上的建设者角色。

称谓用语和叙事方式。课题组把两报对农民工的称谓分为中性、亲切、贬低三种性质。中性色彩的农民工称谓包含了社会上对农民工群体和类似群体约定俗成的称呼。包括农民工、外来务工人员、工人、民工、流动人口等；其他对农民工家属的称呼，如留守儿童、留守妇女、空巢老人等和直接用具体职业称呼代替农民工称呼的如矿工、采茶工、城市环保工等也纳入中性色彩的称谓中。亲切色彩的称谓包括对中性色彩农民工称呼的美化，如最美农民工、农民工朋友等；另外也包括直接用其他更为友好的词语替换农民工一词的称呼，如劳动者、流动花朵、城市建设者等。贬低色彩的称谓暗含着对农民工群体的敌意、不友好和轻视，如打工仔、打

53

工女、打工妹等。两报的统计数据显示，《湖北日报》对农民工的中性称谓占93.8%，亲切性的称谓占6.2%，贬低性的称谓为零；《楚天都市报》对农民工的中性称谓占85.4%，亲切性的称谓占9.1%，贬低性的称谓占5.5%。通过数据统计可以看出，在农民工的称谓上，两报绝大多数是中性称谓，甚少使用贬低性称谓。特别是《湖北日报》，基本不使用贬低性词语来形容农民工群体或个体，在称谓用语上非常谨慎小心。而《楚天都市报》使用的贬低性称谓数量不多，且大多数与农民工的负面报道相匹配。而在亲切性称谓的使用上，两报都一样，大多与农民工的正面报道相联系。在两报农民工报道的叙事方式上，《湖北日报》农民工政策性报道较多，总体追求四平八稳，叙事方式严谨，遣词造句偏向正规的书面语体。但在进行类似于民生类的农民工的新闻报道时，该报善于利用叙事中的情景构建，喜欢直接引用当事人的话语来构建事件场景。《楚天都市报》的农民工报道整体而言更接近民生新闻的叙事风格，倾向于使用有爆发力、生动活泼的语言，鲜活生动的场景建构以及曲折的情节设置来吸引读者的注意力。值得注意的是，《楚天都市报》由于是市民化报纸，在叙述农民工的不幸经历时，喜欢使用市民化的悲情语言，其悲悯同情的人文关怀的情愫浓重。值得肯定的是，《楚天都市报》在报道农民工的违法犯罪行为时，注意了态度的克制，谴责批判的火药味并不浓，更多的是通过对事实冷静客观的叙述，在字里行间透露出对当事人行为的惋惜之情和对社会的警示教育意味。

新闻媒体在报道中自觉体现出的对农民工的人文关怀，显现了媒体人在对弱势群体报道问题上的职业良知，以及对公平正义追求的职业品格，对社会正确对待农民工产生了潜移默化的影响。

二 我国农民工报道的不足

我国新闻媒体在农民工报道中取得的成绩是主要的，但是，我们在肯定成绩的同时，也应看到不足。这些不足主要体现在以下几个方面。

（一）城市化视角重视不够

本课题组对21世纪以来农民工报道的议题研究的结果显示，农民工报道的议题结构是极不平衡的，农民工政策报道、农民工权益维护报道、农民工子女教育报道在农民工报道的议题结构中所占比重最大，分列前三位，其他如农民工用工信息报道、农民工职业培训报道、农民工生活方式报道、农民工农村土地流转报道等报道的议题在农民工报道中所占比例极低或相当低。这种情况的出现固然有农民工问题中的主次矛盾问题，有解决的轻重缓急的先后次序问题，也有媒体议程结构的动态调整问题，但是从媒体的主观认识上说，也有对这些问题的认识不足，城市化视角重视不够的问题。

城市化的内涵是相当丰富的。从经济学的角度说，城市化是国家的经济要素由第一产业向第二、第三产业转移的过程，也是第二、第三产业结构调整升级的过程，农民工要适应第二、第三产业结构的调整升级，就不能再以简单的出卖体力劳动作为生存发展的手段，必须参与相应岗位的职业技术培训，岗前培训，甚至终身学习。从社会学的角度说，城市化是由农村生活方式向城市生活方式发展转变的过程，是价值观、态度、行为等方面由传统向现代演化的过程，农民工要想在城市长久立足并市民化，就必须适应城市的现代生活方式，在价值观、态度、行为等方面向城市公民的素质要求转变。从人口学的角度说，城市化是农村人口向城市人口的转移集聚过程，大多数农业人口向城市转移集聚是现代化进程中的必然趋势，农民工在城市的集聚沉淀过程中，必须在农村的土地流转问题上做出抉择。城市化的这些丰富内涵表现在农民工报道上，就是要加强对农民的职业技术培训、生活方式、农村土地流转等问题的报道。但是，我国新闻媒体对这些问题没有给予应有的重视，在这些方面的舆论引导作用没有得到充分的发挥。

55

以本课题组的农民工就业信息渠道研究、农民工职业培训报道研究、农民工农村土地流转问题报道研究的有关数据为例。在就业信息获取渠道的选择中，农民工从新闻媒体获取就业信息的比例仅占1.9%，亲友关系在农民工就业信息获取渠道中占主导地位。在农民工职业培训报道中，《南方都市报》中的农民工职业培训报道占该报2011年、2012年、2013年的农民工报道总量的比例分别为8.4%、5.9%、5.8%，不仅占比低，而且呈逐年下降趋势。在农民工农村土地流转问题报道中，《楚天都市报》2012年5—7月三个月中，没有一篇与农民工农村土地流转问题相关的报道。

由于媒体在农民工报道过程中对城市化视角重视不够，由此便衍生出农民工报道中一系列不足，下面所要阐述的几方面的不足都与农民工报道中城市化视角的重视不够有关。

（二）报道的时间分布有失均衡

不管从课题组对2000—2010年《人民日报》《北京晚报》等八报的农民工报道的抽样数据看，还是从近几年对《工人日报》等有关媒体的农民工报道的数据看，我国媒体在报道农民工问题时，报道的时间分布有失均衡。报道集中的时间多分布在每年的1—2月、7—8月、12月，其原因为1月是农民工回家过春节与家人团聚的时间，报道的重心是春运开始时农民工的返乡状况，与家人的团聚情景；2月为春运农民工返城高潮时期、两会前后，这段时间报道的重心是农民工的返城状况、求职情况、民工荒或民工潮现象以及两会前后农民工的政策性议题；7—8月是高温时期，也是学生暑假时期，报道的重心是农民工的工作环境问题、子女教育问题、留守老人和留守儿童问题；12月是年末农民工准备回家过春节的时期，报道的重心是农民工的收入情况，工资清欠与讨薪问题以及政府和社会对农民工的关怀。媒体在这些集中报道的时段之外，农民工报道数量很少，如《羊城晚报》2010年1月、2月、7月的农民工报道每个月在20篇以上，而5月、6月、9月、10月这些月份农民工的报道篇数都很少，每个月仅为2—4篇。这就说明，媒体在报道农民工问题时，缺乏日常报道机制，报道的时间分布极不均衡。

56

这种情况的出现，固然有农民工问题集中显现的时间点的问题，但主要还是媒体在农民工报道问题上缺乏日常报道的机制，把农民工问题多作为一种新闻现象来看待。如果媒体重视农民工问题，就应该把农民工作为一个随时被关注的群体，应该是哪里有农民工，哪里就有农民工的新闻报道，让农民工群体在城市市民心目中的形象常态化，从而有利于农民工的城市融入，而不是在几个时间点来突出农民工问题，无形中强化了农民工与市民的区别。

（三）报道的体裁品种较为单一

21世纪以来，虽然农民工问题已成为报道的持续热点题材，报道的体裁品种不断增多，但总体来说，还是以消息为主。课题组对《工人日报》2010—2012年的农民工工作环境报道的文字篇幅进行了统计，统计结果显示，报道篇幅以500字以内的短篇和500—1000字的中短篇为主，占报道总数的76.5%。这就是说，《工人日报》在农民工工作环境报道中，消息占了绝大部分的比重。消息虽然能迅速、准确、简要地报道一个新闻事件，但由于篇幅的限制，不能详细地报道一个新闻事件的来龙去脉和一个新闻人物的所作所为，更不能对事件的原因和本质属性进行多方面的挖掘与呈现。实际上，农民工工作环境问题是复杂的，牵涉到法律法规和多方利益，因此，农民工工作环境报道除了使用消息这种常用的新闻文体之外，特别适合使用通讯和调查性报道、解释性报道等深度报道。但是，纵览《工人日报》2010—2012年的农民工工作环境报道，3000字以上的深度报道只有4篇。深度报道的数量过少，必然导致农民工工作环境报道的深度不足。

我们再以《羊城晚报》2010年的农民工报道为例。从课题组的统计数据看，《羊城晚报》这一年的农民工报道中，消息占所有体裁品种总量的63.5%，通讯和调查性报道、解释性报道三者的总量为25.5%，评论为7%，图片新闻、记者手记、读者来信等为4%。较之于《工人日报》的农民工工作环境报道，《羊城晚报》的通讯和调查性报道、解释性报道等深度报道比重增多，但图片新闻的比重过少。这说明《羊城晚报》在农民工报道中，不大注重利用直观形象的图片来反映农民工问题。

以消息为主报道农民工问题，通讯和深度报道较少，多少反映出媒体把农民工问题看得过于简单，把农民工报道看作是一种速成式的文化消费产品。加上农民工报道中的图片新闻过少，不注意新闻配图，媒体的农民工报道就显得体裁品种较为单一，题材内容的发掘力度不足。

（四）农民工的主体地位有待提升

农民工作为城市的一员，应该享有与城市市民平等利用媒体资源的机会，但课题组的调查结果显示，媒体在资源分配方面给予农民工较少。以广东省为例，2010年广东省农民工总量为2635.89万人，占广东省常住人口的25.3%，而2010年《羊城晚报》农民工报道的总量为148篇，与农民工占四分之一的人口比例极不相称。这就说明，农民工获得的媒体关注

57

度相对较低，缺乏平等的媒体资源分配的市民地位。

农民工作为农民工报道的对象，理应在消息来源中占主导地位，但课题组的调查结果并非如此。课题组对《南方日报》《羊城晚报》2011—2012年的农民工媒介形象建构的研究结果显示，在这两年两报的505篇样本中，除了84篇（16.6%）无法判断消息来源外，来自官方机构的消息最多，为183篇（36.2%），其次的消息来源为媒体记者，为106篇（21%），再次的消息来源为企事业单位，为51篇（10.1%），而作为报道主体的农民工及亲友数量很少，为34篇（6.7%），其余的消息来源为民间机构、专家学者和市民。研究发现，虽然近些年农民工报道逐渐重视引述农民工的话语，但以"他者"陈述的叙述仍然是报道的主要方式。

由此说明，农民工在媒体中的话语权是缺失的，在农民工报道中的主体地位并不显著，课题组对多个媒体的研究结果反复证明了这一点。再以2010—2012年《人民日报》的农民工政策报道为例。在农民工政策实施效果的反馈报道中，《人民日报》善于借农民工之口来凸显政策实施的正面效果，从而使这类报道具有说服力，但是在政策制定过程的意见表达、对政策实施的监督以及对政策评价这几类报道中，农民工的话语表达十分少见，发表意见的主体多为政府官员、新闻媒体和专家学者。虽然政府官员、新闻媒体、专家学者发表的意见能够在很大程度上代表农民工群体的利益需求和政策需求，但是我们还是应该看到，这种情况的出现，一方面固然与农民工的媒介平台参与意识与能力不高有关，另一方面也是因为农民工长期以来话语权的缺失所导致。

（五）媒体的社会责任尚需进一步加强

农民工报道中出现的种种问题与不足归根结底与新闻媒体对农民工问题的认识和对农民工报道的态度有关。为了了解新闻媒体对农民工问题的认识和报道态度，课题组于2011—2012年对新华社、《中国青年报》《农民日报》《21世纪经济报道》《第一财经》《新京报》《南国早报》《法制报》《楚天都市报》《南方周末》《京华时报》以及中央电视台、山东卫视、焦点访谈、经视直播、南海网等媒体或频道的123位从业人员进行了问卷调查。

在对农民工在城市化过程中的作用一项的回答中，有60人觉得非常重要，56 人觉得比较重要，有 7 个人觉得一般，没有受访者认为农民工在城市化过程中不太重要和很不重要。在对农民工身份定位的回答中，除了 11 人表示不清楚农民工到底是什么身份之外，有 55 人认为他们是准市民，23 人认为他们仍是农民，这两项加起来占到了总比例的 63.4%；真正觉得农民工的身份跟市民相同的只有 33 人，占总比例的 26.8%，不到三分之一。以上这些数据说明，媒体从业人员普遍认为农民工在城市化进程中发挥了重要作用，但是在对农民工身份定位上，多数人对农民工作为城市市民的身份并不认同。于是，媒体从业人员在确定农民工报道的新闻取舍标准时，选择最多的是"新闻素材本身的新闻价值"，占总比例的 58.5%；选择将城市化进程中"媒体应担当的社会责任"作为题材取舍标准的只占总比例的 28.5%；另外，有 15 人选择做农民工报道的标准主要是"宣传主管部门的指导"，占比为 13%。以"新闻素材本身的新闻价值"来报道农民工问题，必然导致媒体在报道农民工问题时目标受众的偏离，媒体从业人员多数认为农民工不是其所在媒体的目标受众，在 123 人的受访者中有 85 人认为农民工不是其所在媒体的目标受众，比例高达 69.1%；而认为农民工是其目标受众的媒体从业人员仅 22 人，仅占 17.9%；剩下的 15 位受访者则表示不清楚。总体而言，多数媒体从业人员不把农民工作为农民工报道的目标受众，这几乎决定了多数媒体尤其是市场化媒体在做农民工报道时考虑更多的是市场因素，选材和报道偏重于市民的新闻口味和视角，在重视农民工报道的新闻价值的过程中，忽视了农民工报道的宣传价值和在舆论引导上媒体应负的社会责任。于是我们看到，在媒体的农民工报道中，多数农民工都是属于被同情、被怜悯、被帮扶的对象，媒体在体现对农民工人文关怀的过程中，许多时候忽视了对农民工的人格尊重。更有甚者，有些市场化的媒体为了吸引受众眼球，在农民工报道中毫无节制地展现极少数农民工的失范行为，以此凸显趣味性、猎奇性内容。如凶杀、暴力、犯罪、血腥、肮脏、不礼貌、不文明行为。早期的传统农民工报道在这方面的问题相当严重，21 世纪以来，由于农民工政策的不断改善，媒体的责任意识增加和从业人员素质的提高，这些现象已有所收敛，但并未消除。在这类新闻报道中，本来新闻当事人的身份可以有多种，但是有些媒体时常突出当事人的农民工身份，这种贴标签的做法对农民工的形象产生

59

了极其不利的社会影响，阻碍了城市市民对农民工的正确认知和农民工自尊心的维护，不利于农民工的市民化。

课题组的调查数据显示，媒体从业人员对农民工的了解渠道并非以亲身接触为主。在 123 位媒体从业者中，通过新闻媒介来了解农民工的比例高达 49.6%，有 61 位；以亲身接触来了解农民工的人数有 52 位，占 42.3%，比新闻媒介渠道还要低 7 个百分点。媒体从业人员报道农民工，却不接触农民工，不深入了解农民工的工作生活状况及其愿望诉求、精神情感，报道出来的农民工就难以保证真实、客观、全面。课题组 2011—2012 年对农民工的调查访谈结果显示，多数农民工认为媒体报道的农民工工作生活状态与自身的实际工作生活状态并不吻合，认为自己不是处于一个被同情的状态，因而对媒体的农民工报道产生了接受效果上的心理落差。显然，这种心理落差是由报道的事实的真实性落差造成，正如课题组调查访谈中有农民工说："我们从来没有看见过记者，他们怎么能反映我们的实际情况？"

以上种种情况的出现，说明我国一些新闻媒体尤其是市场化媒体在农民工报道问题上认识的模糊和态度的偏颇。由此导致农民工报道中的一个突出问题，这就是媒体在报道农民工问题时对城市化视角重视不够，在引导城市社会正确认识并接纳农民工，促进农民工与市民的沟通交流、和谐共处方面应尽的社会责任不足。

应当承认，21 世纪以来我国新闻媒体的农民工报道在社会责任的担当上做了多种努力，但是也应该看到农民工报道的许多方面媒体并未尽到应尽的社会责任，媒体必须在正确认识农民工问题，端正对农民工报道态度的基础上，进一步加强农民工报道中媒体的社会责任。

第二章　农民工就业信息获取渠道研究

我国农民工进城就业难在很大程度上体现为信息传播渠道不畅，因此有必要从传播学视角对农民工就业信息获取渠道进行研究，从而促进农民工就业。本章通过多组实证调研数据的纵向和横向分析，得出我国农民工就业信息获取渠道的基本现状，然后从传播学视角将农民工就业信息渠道分为人内传播渠道、人际传播渠道、组织传播渠道和大众传播渠道，并运用多种传播学理论深入考察其作用机制，最后结合实际，提出农民工就业信息获取渠道的优化思路和改进建议。

第一节　农民工就业信息获取渠道的基本现状考察

就业乃民生之本。就业是指有劳动能力且有劳动愿望的劳动者，在社会某　职业领域通过参与某种社会劳动，取得一定形式的劳动报酬或收入，由此获得自己所需生活资料的活动。[①] 农民工的就业问题是当前中国社会一大突出的民生问题，它是我国在特定历史背景下，伴随工业化、城市化和市场化进程出现的一种社会现象，在当前及未来相当长的时间内，将持续影响我国的经济发展与社会稳定。

就业信息是劳动力市场实现就业的基础性资源。就业信息是指就业有关方面的消息和情况，包括经济形势、劳动政策法规、行业与职务的薪金水平、就业岗位供需情况、社会职业变化、用人单位的岗位需求、劳动用

---

① 高月：《我国农民工就业及其制约因素研究》，博士学位论文，吉林大学，2011年，第3页。

工制度等信息。① 求职路上，如何有效获取就业信息是农民工首先面临的问题，就业信息获取渠道的畅通与否成为能否顺利就业的关键因素。那么，我国农民工就业信息获取渠道的现状究竟如何？下面将结合几组有代表性的实证调查数据对此进行纵向和横向的剖析。

一　基本现状的纵向分析

（一）本课题组的自采数据分析

首先以本课题组自采的数据进行分析。2010 年 6 月至 2011 年 3 月，本课题组对北京、上海、黑龙江、广东、河南、广西、四川、海南、湖北、贵州、安徽、重庆等地的 748 位外出农民工进行了专题调研。调查中针对全国范围农民工的问卷有涉及"您主要通过什么渠道获取用工信息？"的设问。如表 2-1 显示的调查结果为：34.7% 的农民工选择老乡推荐的渠道，其次是招聘信息栏为 14.9%，街边小广告为 5.2%，职业中介为 2.2%，新闻媒介为 1.9%，还有 41.1% 的人选择其他渠道。可见，"老乡推荐"是被调查农民工获取就业信息的主要渠道，电视、报纸、广播等新闻媒体作为就业信息渠道的传播作用有限，本次调查并没有涉及政府、学校、企业以及网络招聘等渠道。而之前 2006 年广东珠江三角洲地区的一项调查数据显示，农民工目前从事的工作通过企业直招获取就业信息的占比高达 14.7%，通过政府部门组织的就业渠道了解信息的比重非常小，仅占 0.4%，而由学校组织的劳务流动效果相对好一点，有 1.7%，还有 1.4% 的农民工通过网络渠道获知招聘信息。②

表 2-1	2010 年我国农民工获取用工信息的渠道分布③				单位：%	
信息渠道	老乡推荐	招聘信息栏	职业中介	新闻媒介	街边小广告	其他
所占比例	34.7	14.9	2.2	1.9	5.2	41.1

（二）不同时期的数据分析

更早的数据出现在 20 世纪 90 年代，1998 年南京大学社会学系的暑期农

---

① 李坚：《农民工就业信息服务工具的设计》，《山东财政学院学报》2012 年第 1 期。
② 蔡禾、刘林平、万向东等：《城市化进程中的农民工——来自珠江三角洲的研究》，社会科学文献出版社 2009 年版，第 27 页。
③ 本表根据"城市化视角下的农民工报道问题研究"课题组调查数据绘制。

民工社会调查同样显示中国农民工大多靠亲友找工作，他们打工信息获得的渠道，88.3%是亲戚朋友，在进城之前，有53.7%的人事先已联系好了工作，其中联系工作的主要渠道76.6%是亲戚朋友和老乡介绍。[1]当时还有一个对进入济南市的流动农民工就业信息来源的调查也显示，32.8%的人来源于在同一城市务工的友人和老乡，30.8%的人来源于在同一城市已有房或租房居住的亲戚和友人，12.5%的来源于同一地方的亲戚和友人，信息来源于同一务工单位的占9.7%，而来源于广告、广播、报纸、电视的只占2.8%。[2]

　　不同时期、不同条件下的调查数据似乎呈现同样的结论——我国农民工主要靠亲友老乡获取就业信息。中国社会科学院和清华大学社会学系2006年共同组织的一次建筑业农民工调查数据则更充分、更直观地证明了这一点。其样本包含了在建筑业从业半年至20余年不等的不同个案，但从表2-2看出，无论是30年前或是几年前，建筑业农民工的获取就业信息的途径并没有随时间的变化发生明显改变，信息获取渠道一直以老乡、亲戚、朋友介绍为主。建筑业是我国农民工从事的主要行业之一，他们的就业信息获取渠道很有代表性。

表2-2　　　　不同时期的建筑业农民工就业信息获取途径[3]　　　　单位：%

途径＼进入时间	2001年后	1996—2000年	1991—1995年	1995年前	总计
老乡介绍	38.66	39.08	39.28	38.00	38.64
亲戚介绍	34.26	29.71	32.09	28.34	30.96
中介机构	0.42	0.46	0.27	0.21	0.33
政府组织劳务输出	0.93	1.16	1.33	3.91	2.04
企业公开招聘	2.12	1.73	1.86	4.33	2.73
路边劳务市场	0.59	0.58	0.67	0.36	0.52
自己认识老板	7.87	12.14	8.92	8.95	9.30
朋友介绍	12.77	14.34	13.85	14.35	13.81
其他	2.37	0.81	1.73	1.56	1.66
总计	100.00	100.00	100.00	100.00	100.00

63

[1]　朱力：《中国民工潮》，福建人民出版社2002年版，第143页。
[2]　李培林：《流动民工的社会网络和社会地位》，《社会学研究》1996年第4期。
[3]　微软（中国）有限公司、清华大学社会学系：《农民工：社会融入与就业——以政府、企业和民间伙伴关系为视角》，社会科学文献出版社2008年版，第39页。

不同时期的调查数据一致显示，即使年份不同，宏观经济环境也不同，依靠亲友或老乡等个人关系的就业信息渠道依然占据主导地位，渠道单一。虽然随着改革开放的深入发展以及农民工自身素质的不断提高，农民工找工作的方式和途径呈现多元化趋势，农民工逐渐尝试职业中介所、人才交流市场、网络招聘等市场化的信息渠道，但是，这些渠道的利用程度很低，农民工就业信息获取渠道有待进一步拓宽。

二　基本现状的横向分析

如今，面对信息社会日益多样的传播渠道，不同特征的农民工会有怎样的选择？下文将分别从年龄、性别、区域、行业、就业次数等样本特征的角度，考察不同特征的农民工群体在选择就业信息获取渠道上的差异性，深入挖掘影响农民工就业信息获取渠道的选择因素。

这里主要选取本课题组的调查数据，样本中748位农民工的人口统计学特征如下：男性占比约69%，多于女性；21—30岁之间的农民工最多，占55%；已婚农民工占53%，略多于未婚农民工；初中学历的农民工占53%，高中、中专及以上学历的占28%，小学及以下学历的仅占19%；加工制造业农民工占比最高，为25%，其次为建筑业和服务业；就业地区分布于北京、武汉、上海和广州的较多，其余零散分布于全国各地。由此可见，被调查对象以正在从事劳动的青壮年农民工为主，集中程度最高的是已婚男性，且多为初中文化程度，进城时间大部分在3年以上。为了说明问题，本章将根据侧重点的不同引用多项他人的调查数据进行论述。

（一）年龄、性别与渠道选择

64

不同年龄段的男性农民工和女性农民工对就业信息获取渠道的选择有所不同。从年龄的角度看，不同年龄段的农民工在获取就业信息的渠道上选择老乡推荐的比例都较高；从性别的角度看，农民工中男性和女性的渠道选择逐渐趋同，差异性不断缩小。综合年龄与性别这两点进行具体分析如表2－3所示。在20岁及以下年龄段，男女均以老乡推荐为主，比例各占45.9%和44.6%；其次是通过其他途径获取就业信息，男女分别为29.1%和43.8%；剩下的男性农民工依次选择招聘信息栏、职业中介和街边小广告，剩下的女性有1.3%的选择新闻媒介这一就业信息渠道。在

21—30 岁年龄段，男性仍以老乡推荐为主要渠道；而此年龄段的女性不再以老乡推荐为主，其他途径占比增至 39.9%，居主导地位；选择新闻媒介的女性比上一年龄段有所提高。在 31—40 岁年龄段，男性和女性都是以其他途径为主要渠道获取就业信息，分别占 49.7% 和 38.3%；和前两个年龄段相比，女性通过新闻媒介获取就业信息的比例大幅增至 13.3%。

表 2 - 3　　　　　性别、年龄与就业信息获取渠道选择[①]　　　　单位：%

性别	年龄	就业信息获取渠道						合计
		新闻媒介	职业中介	招聘信息栏	街边小广告	老乡推荐	其他	
男	≤20 岁	—	7.1	14.3	3.6	45.9	29.1	100.0
	21—30 岁	—	—	12.8	4.3	51.1	31.8	100.0
	31—40 岁	—	—	11.3	39.0		49.7	100.0
	41—50 岁	—	—	—	50.0	50.0	—	100.0
	>50 岁	—	—	100.0				100.0
	总体	—	2.2	13.3	7.8	43.4	33.3	100.0
女	≤20 岁	1.3	—	7.7	2.6	44.6	43.8	100.0
	21—30 岁	2.3	4.7	23.3	3.5	26.3	39.9	100.0
	31—40 岁	13.3	—	13.3	13.3	21.8	38.3	100.0
	>50 岁	—	—	—	—	—	—	100.0
	总体	2.8	2.2	15.6	3.9	31.8	43.7	100.0

本课题组在进一步的深度访谈中发现，网络招聘广告成为一些 20 多岁的新生代农民工获取就业信息的渠道，这是因为这个年龄段的新生代农民工大多思想活跃，更容易接受新事物。尤其值得一提的是年轻女性农民工，她们中的大多数表示自己比身边男性更擅长运用网络与传媒广告获取招聘信息。根据访谈资料和相关分析，其原因在于：一方面，30 岁以下的女性受教育程度较高，有条件上网，也有条件接触报纸、电视、广播等大众媒介；另一方面，女性在家看电视、看报纸、上网的时间多于男性，她们有时间去接触到一些间接的信息渠道，而男性在外活动的时间多，更容易直接接触劳动力市场、政府和企业。资料还显示，有些三四十岁的男性农民工经过多年工作积累了社会阅历、经验和资金，能够自办企业实现就

65

① 本表根据"城市化视角下的农民工报道问题研究"课题组调查数据绘制。

业，女性中的这种情况则相对较少。

(二) 区域与渠道选择

农民工打工城市所在的区域也会在一定程度上影响他们选择获取就业信息的渠道。由于本课题的样本采集地点遍布全国各地，为便于统计并找出规律，本章在此将 748 位农民工的就业城市划分在东部、中部、西部三大经济区域之内。参照国家统计局对三大经济区域的划分标准，本次调查中的东部地区包括北京、天津、辽宁、山东、上海、河北、江苏、福建、浙江、广东和海南 11 个省级行政区，西部地区包括重庆、贵州、四川、西藏、云南、甘肃、陕西、宁夏、青海、广西、新疆、内蒙古 12 个省级行政区，中部地区包括吉林、山西、黑龙江、江西、河南、安徽、湖南、湖北 8 个省级行政区。[1] 统计发现，被调查的农民工在东部地区就业的有 379 人，其次是中部地区有 267 人，西部仅有 102 人。

由表 2-4 可知，无论是发达的东部地区，还是正在崛起的中部地区，或是欠发达的西部地区，进城农民工获取就业信息的主要方式仍然是以非正式渠道为主。尤其是在欠发达的西部地区，正式就业渠道如职业中介由于资源少、效率低、成本高、管理难等原因，占比最低，仅 1.6%。在东、中部地区，通过招聘信息栏获取就业信息的农民工比例也较高，分别达到 16.7% 和 17%，这说明经济程度相对发达的区域其信息服务设施比较完善，劳动力市场发展比较成熟。

表 2-4　　　　　区域与就业信息获取渠道选择[2]　　　　单位：%

区域	就业信息获取渠道						合计
	新闻媒介	职业中介	招聘信息栏	街边小广告	老乡推荐	其他	
东部地区	0.8	2.5	16.7	3.3	31.1	45.6	100.0
中部地区	2.3	2.3	17	4.5	40.5	33.4	100.0
西部地区	3.3	1.6	8.2	9.8	33.2	43.9	100.0
总体	1.9	2.2	14.9	5.2	34.7	41.1	100.0

有些农民工在深度访谈中表示曾经使用过网络招聘的渠道来获知就业

---

① 赵岑、冯长春：《我国城市化进程中城市人口与城市用地相互关系研究》，《城市发展研究》2010 年第 10 期。

② 本表根据"城市化视角下的农民工报道问题研究"课题组调查数据绘制。

信息，而且他们大多来自东部和中部地区，尤其是在北京、广东和湖北等地打工的新生代农民工；而在西部地区，自己摆摊、开店、搞运输甚至办厂的现象要比东、中部地区更普遍，自我就业机会更多，这也在一定程度上反映出国家对西部大开发政策支持的效果，由于政策上鼓励引入人才和资金，西部地区便有了更多的创业机会。

（三）行业与渠道选择

农民工在城市工作所在的行业与就业信息获取渠道有极密切的相关性，可以说，各行各业的就业渠道根据自身的工作性质和环境要求而各具特色。本次被调查的农民工有工厂普工、工地建筑工、餐厅服务员、售货员、司机、保安、保姆等职业，为便于统计，这里将其归纳在制造业、建筑业、服务业和其他行业之中进行考察，结果发现，以上四个行业的样本数量分别为189、143、122和284。结合问卷调查与深度访谈的相关资料，我们做出以下分析：

制造业的就业信息通常传播得较为广泛，有受访者感觉招聘信息栏上最常见的就是纺织服装厂、矿山机械厂、食品加工厂等制造厂商发布的招聘广告。表2－5显示招聘信息栏在制造业的比例最高，为20.1%，但亲友介绍依然是多数农民工首先考虑的信息渠道。此外不少刚入社会、初次打工的青壮年农民工表示，政府或学校经常与制造工厂类的企业联手合作向他们提供定向招工岗位信息。

表 2－5　　　　　　　行业与就业信息获取渠道选择①　　　　　单位：%

行业	就业信息获取渠道						合计
	新闻媒介	职业中介	招聘信息栏	街边小广告	老乡推荐	其他	
制造业	1.7	2.8	20.1	5.8	29.1	40.5	100.0
建筑业	—	2.3	5.8	—	78.0	13.9	100.0
服务业	2.3	1.6	18.2	9.8	31.3	36.8	100.0
其他行业	—	2.2	14.9	5.2	33.4	44.3	100.0
总体	1.9	2.2	14.9	5.2	34.7	41.1	100.0

建筑业的就业信息高度集中于老乡推荐这一非正规渠道中，表2－5反

① 本表根据"城市化视角下的农民工报道问题研究"课题组调查数据绘制。

映的建筑业农民工的专项调查数据显示，选择亲戚、老乡、朋友这类社会关系网络渠道的受访者共计占比 83.41%。表 2-5 也显示选择老乡推荐的建筑工高达 78%，远远高于制造业、服务业以及其他行业。访谈中一位王姓包工头的讲述充分说明了这种情况——"六年前我从河南老家南下打工，到广州找了一个建筑工地上的老乡，他是包工头，给介绍活儿，干了一年，过年回家又有一个堂弟和两个老乡要一起出来干，后来每回趟家就带些人出来。现在我自己也成了包工头，手下有三十多号人，全是老乡，大家知根知底的，就像亲兄弟一样"。

在服务业的就业信息获取渠道中，老乡推荐仍然最常见，有 31.3% 的农民工选择；而街边小广告和新闻媒介的信息运用比制造业和建筑业要多，分别为 9.8% 和 2.3%。本课题组成员在湖北省天门市采集的一个案例生动地反映了一位从事过多种服务业工作的农民工是如何获取就业信息的：小丽是天门市岳口镇村民，16 岁初中毕业来到天门城里一个远房表姐家做了两年多的保姆，直到她家小孩上幼儿园了，小丽还想继续留在城里。她在表姐家的电视、报纸上经常看到餐饮业的招聘广告，上面介绍说工资上千、包吃包住还有五险，她觉得这是个机会，就让表姐帮忙打听一下，然后应聘成功，留在天门城区的餐厅一干又是两年。转眼今年小丽快 21 岁了，父母催她回村找对象，可她却想和几个同乡姐妹再去深圳闯一闯……

（四）就业次数与渠道选择

就业次数考察的是就业的稳定性和风险。人类的风险偏好结构表明，大多数人都是不喜欢风险的。[①] 因此，如果农民工刚进入城市就能找到一份能够长期从事的并且自己比较满意的工作，这对于大部分人来说应该是不错的，[②] 这样就业风险很低、稳定性很高。对当前中国农民工而言，这与他们获取就业信息的渠道有着紧密的联系。调查结果表明，样本中有 48% 的农民工"之前没有在其他地方打工的经历"，这说明他们没有更换过所从事的工作。对没有更换过所从事的工作的这部分农民工按就业渠道进行统计分析后发现：通过老乡介绍的方式获取就业信息的比例占 32%，

68

---

① ［美］L. E. 戴维斯、D. C. 诺斯：《制度变革与美国经济增长》，剑桥大学出版社 1971 年版，第 78 页。

② 葛正鹏、王宁：《我国乡城迁移人群就业状况研究》，《社会科学战线》2007 年第 3 期。

其次，招聘信息栏、街边小广告、职业中介和新闻媒介的比例结构与整体农民工获取就业信息的渠道分布结构差别不大。这就说明，通过老乡推荐实现就业的稳定性相对较高，而其余渠道稳定性相对较低。

2006 年广东珠江三角洲地区农民工问卷调查数据（表 2 - 6）比本课题组自采的数据更能体现就业信息获取渠道对就业稳定性造成的影响，它反映了就业风险高的大多数农民工在屡次就业时获取信息渠道的现实情况。调查显示：无论在首次求职还是在之后的多次求职过程中，农民工主要依靠的始终是"亲友介绍"，其比重稳定维持在 60% 左右；相反，一直保持最低比例 0.4% 上下的是"政府组织劳务流动"的渠道，而且到第五次就业时基本就失效了；相比之下，"学校组织劳务流动"发挥了一定的作用，4.7% 的农民工通过学校获得第一份工作，但随着就业次数的增加，其作用效果迅速递减，从第三次开始就不起作用了；此外，从初职到现职，"看到街头广告应聘"和"在劳务市场或中介找工"的人数比例都有约 2 个百分点的上涨，尤其是"企业直招"出现了 5 个百分点以上的迅猛涨势，说明这三种渠道更能吸引工作经验丰富的打工者；"网络应聘"与"新闻媒体广告应聘"也有不到 1% 的极小涨幅，再加上本身基数过小，说明农民工一直较难获得这两种载体上的就业信息。广东珠江三角洲地区是我国农民工的主要聚集地之一，这一地区的样本所反映出来的问题在全国也有代表性。

表 2 - 6 　　　2006 年珠三角地区农民工就业信息获取渠道① 　　　单位：%

就业信息获取渠道	第一次职业	第二次职业	第三次职业	第四次职业	第五次职业	目前职业
学校组织劳务流动	4.7	0.8	0.5	0.0	0.0	1.7
政府组织劳务流动	0.5	0.4	0.2	0.3	0.0	0.4
亲友介绍	64.8	56.1	51.1	51.7	55.6	57.2
在劳务市场或中介找工	4.1	6.1	6.9	6.6	6.2	6.1
网络应聘	0.5	1.0	1.2	1.4	0.5	1.4
新闻媒体广告应聘	0.5	0.9	1.3	1.2	0.3	0.7
看到街头广告应聘	10.6	14.3	14.0	13.5	12.9	12.0
企业直招	9.5	14.4	16.9	15.9	17.7	14.7

69

————————

① 蔡禾、刘林平、万向东等：《城市化进程中的农民工——来自珠江三角洲的研究》，社会科学文献出版社 2009 年版，第 27 页。

续表

就业信息获取渠道	第一次职业	第二次职业	第三次职业	第四次职业	第五次职业	目前职业
靠自己	3.5	5.0	6.3	7.6	5.1	4.5
其他方式	0.3	0.4	0.5	0.8	1.1	0.5
不清楚	0.7	0.4	1.1	1.0	0.5	0.4
漏问	0.3	0.0	0.0	0.0	0.0	0.3
合计	3086	2260	1488	773	372	3086

有农民工在本课题组的深度访谈中谈到城市就业稳定性的问题时提出，从落后的农村来到发达的城市就业，总是带有一定的风险，通过在外工作的亲朋好友传递的就业信息确实显得可靠、实在得多。现实社会中，从其他发展尚未成熟和完善的渠道获取的信息，其风险性要高得多，也更容易遇到不满意的工作甚至侵害农民工合法权益的劳动纠纷，这就迫使农民工频繁更换工作从而徒增其就业成本，造成他们在城市生活的动荡，也不利于社会的和谐稳定发展。但也有农民工直言，出来闯，吃点亏是在所难免的，换个角度看，也算是长点社会阅历和工作经验。

三 调查分析小结

通过上述由近及远的纵向分析与由此及彼的横向分析，我们发现农民工不得不面临的现实问题是：他们一般只能从事普通市民所不愿从事的"脏、累、苦、差、险"的工作，大多数相对较好的就业信息被城里人占有，农民工明显处于信息弱势地位。下面我们试图从不同侧面概括我国农民工就业信息获取渠道的现状，有三点发现。

（一）亲友关系占绝对主导

无论在什么时期、什么条件下做出的调查，也无论是受访者的年龄、性别、区域、行业、就业次数等因素如何影响其信息渠道的选择，亲戚、朋友、老乡等熟人的介绍占据着整体农民工就业信息获取渠道的主导地位，建筑业农民工的情况更明显。这一渠道在他们进行迁移决策之初，提供了很大的帮助，等他们在城市找到了工作，提高了收入，他们又帮助新的人员进入，从而形成了转移农民工群体。这些群体绝大多数成为城市建设不可或缺的现代产业工人，也有的在充分搜集某一行当的信息与资金积累基础后自立门户，自主创业带领他们之中的佼佼者步入高收入阶层，这些人又接着影响着本地的文化及经济，促进新的务工人员进入，加之当前社会工业化、信息化的高速发展，如此反复作用，加快了城市化进程。这就是迁移理论的"拉力作用"，即前期的迁移人口对后期的迁移流有着十分强大的拉力作用。①

（二）其他渠道呈多元趋势

随着时代的进步，农民工到城市就业获取信息的渠道日益多元化，通过其他渠道了解就业信息的比例虽然远低于亲友老乡介绍，但近年来逐渐提高。比如目前制造工厂普工的岗位招聘信息的发布渠道就很多，农民工可通过多种渠道进行了解。多元化的信息渠道各具特色，为不同需求的农民工群体提供了有针对性的就业指导和信息服务。值得关注的是，越来越多的农民工通过新闻媒介、网络传媒广告等现代信息渠道找到了工作，这点在发达地区年轻女性群体中尤为明显。发达地区的劳动力市场发展比较成熟，其职业中介所、人才交流中心、招聘信息栏等一些市场化的信息渠道，与欠发达的西部地区相比更加畅通。这些市场化的信息渠道，包括企业的公开招聘，都更青睐于有工作经验的打工者，而政府和学校组织的就业信息则更能帮助那些没有经验的年轻农民工。

（三）12 种就业信息渠道

参照以上出现的这些典型的、有说服力的农民工实证调研数据中关于"就业信息获取渠道"的类目规定，我们总结出现存的信息渠道有以下 12 种具体形式。①自己上门寻找；②自主创业（办企业、开店、摆摊等）；③老乡、亲戚、朋友等熟人介绍；④企业直招；⑤职业中介服务机构（职业中介公司等）；⑥就业服务专门机构（全国各级人才交流中心、服务中心、职业介绍所、就业市场等）；⑦政府组织劳务流动；⑧学校组织劳务流动；⑨街头小广告；⑩招聘信息栏；⑪电视、报纸、广播等传统媒体；⑫网络等新媒体。

71

第二节　农民工就业信息获取渠道的传播类型分析

传播的本质是信息的交流。传播学家施拉姆说过："当我们从事传播

---

① 葛正鹏、王宁：《我国乡城迁移人群就业状况研究》，《社会科学战线》2007 年第 3 期。

的时候，也就是在试图与其他人共享信息——某个观点或某个态度。"① 就业信息是农民工获得就业机会的基础，当就业信息在农民工与用人单位之间传播时，需要利用各种途径或渠道，各种途径或渠道即为传播学意义上的媒介。媒介是信息传递的载体，是连接传播活动各要素的桥梁、纽带和中介。不同的传播媒介有不同的特点与表现形态，基于传播的不同特点和表现形态，传播学将之划分为四种类型：人内传播、人际传播、群体组织传播和大众传播。本节内容将对上文提到的 12 种具体的传播形式进行传播类型上的归纳并展开分析。

一 人内传播——"内省式思考"中对就业信息的自我优化选择

（一）人内传播的含义

人内传播，又叫自身传播、内在传播或自我传播，指的是我们与自己进行的交流，或自言自语，或促使自己做某件特殊的事情或是决心不做。② 它是个人接受外部信息并在人体内部进行信息处理的活动，是一切社会传播活动的基础。人内传播并非完全封闭在自我的空间内进行孤立的"主观精神"活动，③ 而是与人的社会实践紧密联系，具有鲜明的社会性和互动性。人内传播在本质上是人的社会关系和社会实践的反映，同时会对现实的社会关系和社会实践产生能动性的、创造性的影响，从而推动社会发展。

"自己上门寻找"和"自主创业"这两种渠道就属于人内传播。自己一家一家跑，上门寻找就业信息，这样的农民工大多找的是苦力活，少数人有一技之长，他们所遇到的困难比其他渠道都大些；而自己摆摊、开店乃至自办企业，则是那些更加成熟、更有能力和资金的农民工的选择。前者主要靠体质技能，后者主要靠资本数量，两者都需要个人具有敢于独闯的精神和较强的能力素质。在本课题组设计的调查问卷选项中并没有包含这两种渠道，而其他调查数据（如表 2 - 2 和表 2 - 6）显示，靠自己的农

---

① Schramm, Wilbur, Ed. , and D. F. E. Roberts, "The Process and Effects of Mass Communication. Revised Edition", *Journal of Business Communication*, 1971, p. 997.

② 方艳：《社会关系视野中的传播类型解析》，《媒体时代》2012 年第 4 期。

③ 同上。

民工所占比例在 5%—10%，虽然不算多，但是本课题组成员在深度访谈时也遇到了一些靠自己寻找招工启事的打工者，以及农民出身的个体工商户和私营企业主，他们中的佼佼者不仅自己致富了，而且带动了当地经济的发展。人内传播中的农民工习惯靠自己，在相对充分地了解社会上某个行当的有用信息后，凭借自己的能力和经验，主动思考，主动出击，实现就业。可见这是农民工在自我意识主导下的传播活动。

（二）农民工就业过程中的"内省式思考"

内省式思考是人内传播的一种形式，它是短期的、以解决现实问题为目的的自我反思活动。① 米德认为，内省式思考并不是在日常生活的每个时刻都发生的，而是在一个人遇到困难、障碍等新的状况问题时才会出现，② 因为个人不知道过去的习惯做法是否合适，所以需要通过一段时间的人内传播来做出如何解决新问题、适应新情况的决策。③

本课题组成员在江苏无锡访谈的一位 30 岁出头的农民工小刘正好是利用"内省式思考"获取就业信息的。小刘是一个土生土长的农民，单靠种田无法养活一家六口，家乡的乡镇企业里的工作又都被厂领导的亲戚占据着，而他家没什么消息灵通的人际关系，这时小刘独自面对这些困难，忍辱负重，通过"内省式思考"做出了外出打工的决定。他没有和同村的其他年轻人一起外出，他认为人多挤在一起反而麻烦，还不如一个人独闯，这也是他"内省式思考"后的行动。他完全靠自己摸索，在城里工地、工厂附近四处转悠，寻找招工启事。他找到的第一份工作是在一座窑上拉砖头，条件非常艰苦，一次安全事故后他决定离开。这时他意识到，干苦力风险高又赚不到钱，自己不学点技术是不行了。于是他又找到一家电缆厂，当了电焊工，想从工作中学到一技之长。从放弃苦力活，到寻找技术工，小刘在生活的艰辛磨难中经过"内省式思考"增长了见识，做出了更有远见的职业规划。可是他所在车间技术熟练的工人是个城里人，一开始

73

---

① 郭庆光：《传播学教程》，中国人民大学出版社 1999 年版，第 221 页。

② 郭久麟、王乃考：《从传播学视角看当代传记文学的勃兴》，《荆门职业技术学院学报》2008 年第 2 期。

③ Mead, George H., "The Social Self", *Journal of Philosophy Psychology & Scientific Methods*, 1913, pp. 374-380.

并不屑于教小刘一些技术性问题。遇到这个工作障碍,小刘又成功地运用了"内省式思考":他去书店买了一堆专业书自己每晚钻研,两个月后他的技术终于过关了,后来他在厂里得到了比较好的待遇。

二 人际传播——就业信息互动中形成"意见领袖"

(一)人际传播的含义

人际传播是两个人或几个人之间的传播,通常是面对面的。[①] 打电话、写书信和网络聊天也属于人际传播的范畴,它是一种最常见、最直观、最丰富的社会传播活动。人际传播中传递信息与接收信息的方式多,信息的意义也更为丰富,在一定的社会关系之间双向传播,反馈及时,如夫妻、父子、长幼、朋友和上下级关系之间的互动。人际传播是人们参与社会生活、建立社会关系所必不可少的活动。

农民工目前最主要的就业信息获取渠道——"老乡、亲戚、朋友等熟人介绍"就是典型的人际传播。为寻求关于在外务工的有用信息,老乡之间会专门就此进行咨询和解答,也有人在聊天、闲谈以及道听途说等非正式的交流中获取大量信息。这种由在外工作的亲朋好友传递的就业信息,对内心淳朴、容易上当受骗的进城农民工来说,是最可靠、实在的了。人际传播对社会和农民工个人都具有重要的意义,一方面它是农民工群体与用人单位之间交流信息的重要渠道,是实现就业的重要纽带,另一方面它也是发展和完善农民工自身就业能力的重要途径。

(二)传播农民工就业信息的"意见领袖"

"意见领袖"指的是在人际传播活动中经常为他人提供信息并施加影响的活跃分子,通常由他们将信息传递给受众,形成两级传播。"意见领袖"是拉扎斯菲尔德等人建立的"两级传播"理论中的核心概念,即人们所认识和信赖的人,往往跟他们有相同的社会地位,被认为具有某些专长和对某些问题见解深刻。[②] "意见领袖"能够向人们提供建议和解释,改变他们的态度,影响他们的行为。与社会正规组织的领导人物不一样,"意

---

① 〔美〕斯坦利·巴兰、丹尼斯·戴维斯:《大众传播理论:基础、争鸣与未来》,曹书乐译,清华大学出版社2004年版,第10页。
② 戴元光、金冠军:《传播学通论》,上海交通大学出版社2000年版,第373页。

见领袖"是非正式的领导,给人出谋划策,其影响力常常比大众传媒更大。① 由此可见,"意见领袖"一般颇具人格魅力,具有较强的综合能力与较高的被认同感;人际传播也因此比其他媒介产生更普遍、更有效的影响,这也可以解释依靠个人社会关系渠道获取就业信息的农民工比例为何长期高居不下。

中国社会人们的社交方式和生活状态很容易受到以家庭为核心的亲缘和地缘关系影响,这种影响往往成为一种习惯,这种习惯没有因生活地点从农村到城市的变动而改变,也没有因职业由农民到工人的变动而改变,而是贯穿于进城农民工获取就业信息的整个过程。在这种封闭的价值观下,"意见领袖"作为连接求职者与用人单位之间的中介作用便突显出来。个别打工经验丰富、社会关系较多、善于处理事情和协调关系或者辈分较高、有威信的"能人",便被一些就业信息匮乏的农民工视为"意见领袖",包工头也是"意见领袖"的一种,他们能够与雇主或单位直接打交道,在很多情况下他们的意见能起决定性作用。

三　组织传播——就业信息服务中的社会机构及机制的形成

(一) 组织传播的含义

每个人都生活在一定的群体之中,有的大,有的小,有的联系松散,有的秩序井然。德国社会学家威瑟根据组织性的强弱将群体分为组织群体和非组织群体。非组织群体,即不存在统一管理主体的一般群体,例如一起外出打工的农民工老乡群;组织群体,简称组织,其结构秩序更为严密,有着更为明确的目标、制度、纪律以及严格的分工和统一的指挥管理体系,② 它是一种有固定目标和形式的正式群体,如政府、企业、社团等。

75

这里主要根据组织群体展开讨论,研究农民工就业信息在组织传播过程中的情况。组织传播指的是以组织为主体的信息传播活动,是人类信息传播的一种类型。理查德·法瑞斯、彼得·芒治和汉密斯·鲁塞尔 1977 年

---

① 戴元光、金冠军:《传播学通论》,上海交通大学出版社 2000 年版,第 373 页。
② 方艳:《社会关系视野中的传播类型解析》,《媒体时代》2012 年第 4 期。

的著作《传播和组织》中得出"传播是组织的过程"这一结论，意味着"只有通过传播，组织才能出现并持续生存下去"。① 组织就是一个信息系统，因此，组织传播既是保障组织内部正常运行的信息纽带，也是组织作为一个整体与外部环境保持互动的信息桥梁。② 组织传播包括组织内传播和组织外传播两个方面，二者都是组织生存与发展必不可少的条件。根据信息传播的方向，信息在组织内部呈纵向传播（下行传播、上行传播）和横向传播，在组织外部呈信息输出和信息输入传播；根据传播渠道的性质，组织内传播还存在正式渠道与非正式渠道之分，正式渠道指信息沿着一定的隶属或平行关系环节在组织内流通，而非正式渠道则表现为组织内的人际传播以及小群体传播，同样，组织外传播的渠道也存在这些情况。③

（二）组织传播的社会机构及机制

面向农民工的"企业直招""职业中介服务机构（职业中介公司等）""就业服务专门机构（全国各级人才交流中心、服务中心、职业介绍所、就业市场等）""政府组织劳务流动"和"学校组织劳务流动"这五种形式都属于组织传播的范畴，是组织传播活动在农民工就业信息获取渠道中的具体表现，但均不是当前农民工最常用的方式。在组织传播活动中，无论组织主体有何不同，每种信息渠道里都涵盖了组织内传播与组织外传播相互依存、彼此交融而成的运行机制。

1. 企业直招

"企业直招"是企业不经过别的中介、直接公开招聘员工。企业直接去某村招一批农村剩余劳动力来厂里做工，一般发生在经济不太发达的地区。这种情况下，企业的招工信息直接流向农民工，对该企业而言是组织外传播的信息输出活动。但在企业内部，这些就业岗位需求、职务薪金水平以及各种福利待遇的信息是由高层管理者自上而下传递到人力资源部门的，这是组织内的下行传播。在现实中，企业如果计划直接从农村招人，一般会先在当地找个招工经纪人，此人对该地剩余劳力的供给状况十分了

---

① ［美］埃里克·M.艾森伯格、小 H. L.吉多尔：《组织传播——平衡创造性和约束》，白春生等译，北京广播学院出版社 2004 年版，第 121 页。

② 曾耀农：《艺术与传播》，清华大学出版社 2007 年版，第 120 页。

③ 郭庆光：《传播学教程》，中国人民大学出版社 1999 年版，第 101 页。

解，但是没有劳务中介执照，这时就业信息从企业传播到招工经纪人，再由经纪人传递给当地农民，这就属于组织传播过程中涉及人际传播和小群体传播的非正规渠道了。

目前企业直招还存在一个现实问题，即企业与农民工之间的就业供需信息时常出现不对称的状况，这也是近年来"返乡潮"与"民工荒"并存的现象。由于某些农村劳务输出地与劳务输入地相比，过于偏远、落后，而当地经纪人的沟通能力又有限时，那么它们之间的就业信息就很可能无法在畅通的渠道内进行有效传播，尤其是就业岗位的需求信息和农村剩余劳动力的供给信息就很可能出现偏差，从而使得企业组织在就业信息传播过程中难以发挥应有的功能。

2. 职业中介服务机构

面向农民工的"职业中介服务机构"就是为了弥补市场上企业与农民工之间就业信息不对称的情况而产生的，它是劳动力市场的重要载体，是专门从事人才中介与咨询服务的机构。其中"职业中介公司"经政府相关部门批准成立，依法持有人才中介服务许可证，并收取一定比例的中介费，也属于企业组织。这些组织一方面要与有招工需求的多家企业保持密切联系，另一方面要与寻找就业信息的大量农民工建立关系，是比较复杂的组织传播。它们通过电视、广播、杂志、报纸、宣传手册等多种渠道提供求职、就业信息，纷繁复杂的信息在组织与组织、组织与个人之间进行传播。可以说，职业中介实际上是在企业和农民工就业信息传播需求的基础上产生的。

在有些农民工的输入地或者输出地比较集中的地区还建立了能够提供从家乡到务工单位直送服务的劳务服务公司。对于农民工来说，这是一种方便快捷的方式，能够更快更好地获得务工机会。[①] 不过目前我国针对农民工的职业中介市场发展尚不完善，经常爆出"黑中介"坑蒙拐骗农民工的负面新闻。

3. 就业服务专门机构

就业服务专门机构是指各级人才交流中心、服务中心、职业介绍所、

77

---

① 李坚：《农民工就业信息服务工具的设计》，《山东财政学院学报》2012 年第 1 期。

就业市场等机构，它们一般与上级主管部门联系密切，受主管部门的管理和监督，比如河南省人才交流中心是河南省人力资源和社会保障厅下属机构。以前，这些公共就业服务机构以城市务工人员为主要服务对象，2003年后其服务对象开始改变，2006年，国务院《关于解决农民工问题的若干意见》下发之后，这些城市公共就业服务机构也开始面向农民工提供服务。① 这种组织内传播通常经过较为正式的渠道上传下达、左右传递，程序严格，组织的制度性得以保证。因此，其提供的信息可信度和准确性均较高，便于各类组织和个人有效接收信息，组织传播的效果也得以保证。此外，各类职业介绍所等就业服务机构还经常举办"农民工就业市场""用人单位招聘会""供需见面会"等，农民工可以当场签订协议，针对性和目的性十分强，就业信息因此在用人单位等组织与农民工群体或个人之间得到更加直观且有效的传播。

但是我国现存的有些就业服务机构并没有很好地发挥作用，管理上存在漏洞。例如沈阳的鲁园农民工市场，虽然有 LCD 大屏幕这类高科技服务设施，但由于缺乏专业的管理人员，大屏幕上很少能更新就业信息。来就业服务机构求职的农民工和用人单位都觉得这些设备利用率很低，只不过是摆设，他们这两个群体之间的信息交流仍然主要依靠人际传播，即最原始的随机询问和面谈。

4. 政府组织劳务流动

"政府组织劳务流动"是指各级政府充分发挥服务职能，直接出面组织一定规模的集体劳务转移，这是就业信息在政府这一组织的主导下，与企业组织、务工农民群体之间互相传播的活动。它不同于 20 世纪 70 年代政府组织的指令性计划迁移，而是由劳务转移引发的，政府组织劳务流动是建立在农民自愿的基础上，呈现出"政府开道、市场导向、法律殿后"的特点，是在充分尊重人口流动的市场规律的前提下进行的。② 政府组织的就业渠道占比一直很小，但近年来，一些市场经济不发达、中介组织不完善的中西部地区政府组织型的劳务输出取得了良好效果。

---

① 涂萍：《我国农民工就业信息化进程中的主要问题》，《中国劳动保障报》2012 年 9 月 8 日。
② 祝梅、肖安邦：《政府组织型劳务转移与新疆农村女性的人口流动》，《中共山西省委党校学报》2007 年第 12 期。

这里以 2006 年以来新疆各级政府组织的女性劳务输出为例展开说明其组织传播机制。第一，新疆维吾尔自治区设有"城乡就业与培训工作领导小组"，各级政府到村政权均设有"农村劳动力转移领导小组"，部分地区还初步建立了"农村富余劳动力外出就业管理库"。[①] 这层层组织形成一个严密的工作网络，共同目标即为劳动力转移就业提供机会和信息。大量真实可靠的就业信息在这些大大小小的组织内部与组织之间以正规渠道进行充分传播。第二，由于落后农村的妇女缺乏走出去的勇气，新疆各级政府以干部为骨干，派出某县妇联副主席，作为赴内地劳务输出的带队老师，她在宣传动员阶段，挨家挨户给妇女做思想工作，这又利用了人际传播这种组织内的非正式渠道来传播信息。不仅如此，该县还利用广播、电视以及下乡宣讲等多种渠道进行宣传，更加丰富了组织传播的形式，从而引导农民接受新观念。第三，输入内地的新疆女性工人以一定规模的集体形式存在，兼有组织性与约束性。而当她们所在的组织需要与企业组织进行信息交流时，就需要一位精通汉语和少数民族语言的并且有一定组织管理经验的带队老师，以"女性工人代言人"的身份与企业进行联系和协商，维护务工人员的利益，这就是女工组织派代表与企业进行的组织外传播。一些地方的女性工人组建了工会，工会可以帮助女性工人解决各类问题，信息在组织内部得以更加规范的传播。

5. 学校组织劳务流动

"学校组织劳务流动"主要是指一些职业技术学校对农村毕业学生的就业安排。农村子女中学毕业后，有一部分会选择就读职业技术学校，他们觉得有了一技之长，外出务工更有针对性，高级技工待遇也会更好。学校在招生之初承诺毕业包就业，由学校出面与用人单位沟通并达成一定的劳务合作协议，派遣从该校毕业的农村劳动力前往就业。学校这一组织在农村学生群体与企业组织之间发挥了纽带作用，使这些组织、群体之间的信息传播得以顺畅进行。可以说，职业技术学校就是在这种就业信息传播过程中生存与发展的。据了解，许多新生代农民工都在职业技术学校学习过，他们

79

---

① 刘宁、祝梅、杨虹：《农村劳动力转移中的政府角色与职能——对新疆政府组织型劳务转移的调查与分析》，《国家行政学院学报》2008 年第 1 期。

通过这种渠道进入厨师、汽修、美容美发等技术性较强的工作领域。

此外，各类农民工非政府组织和非营利组织也在努力为广大农民工就业提供信息服务，例如已经成为农民工服务品牌的有北京"小小鸟"打工热线、北京市协作者文化传播中心、北京农家女实用技能培训学校等。① 尽管目前全国这类组织不足百家，力量较为薄弱，但仍可能成长为服务农民工的一支生生不息的队伍，值得关注。

四 大众传播——就业信息传播中的实际影响尚待加强

（一）大众传播的含义

大众传播是现代社会最普遍、最重要的传播活动。斯坦利·巴兰和丹尼斯·戴维斯在《大众传播理论》中对"大众传播"所下的定义为："当消息来源（通常是某个组织）使用一项技术作为媒介与大规模的受众进行沟通时，就被称为大众传播。"② 虽然大众传播基本上是一种单向的信息流动，但所传信息由职业把关人把关，信息经过净化、优化的处理之后，再提供给社会以满足受众的多元需求。③ 可见，通过报纸、杂志、广播、电视、网络等大众传媒进行的信息传播活动在现代社会发挥着至关重要的作用。

虽然目前使用大众传播渠道获取就业信息的农民工人数比例还很小，但是农民工的就业信息同样在大众传播活动中广泛存在。无论是电视、报刊、广播等传统媒体，还是网络等新媒体，都有供农民工获取就业信息的招聘广告，一些新闻报道对农民工获取就业信息也具有参考作用。另外，"街头小广告"和"招聘信息栏"作为户外广告的一种，由于其公开和由点到面的传播特性，笔者也将它们归入大众传播这一类型。

（二）大众传播渠道对农民工就业信息传播的影响

1. 传统媒体

传统媒体包括报刊、广播、电视这三类媒体，它们收集、整理和发布企业的招聘信息，满足农民工通过传统媒体查找就业信息的需要。20世纪

① 李坚：《农民工就业信息服务工具的设计》，《山东财政学院学报》2012年第1期。
② 周鸿铎：《传播学教程》，中国书籍出版社2010年版，第210页。
③ 方艳：《社会关系视野中的传播类型解析》，《媒体时代》2012年第4期。

90 年代以后，电视在农村得到普及，成为农民工接触最频繁的媒介形式，电视上时常播放的招工广告也成为农民工获取就业信息的一种渠道。有相当一部分年轻农民工由于在电视上看到"新华电脑""新东方厨师""万通汽修"等职业技术学校的招生广告，从而获取了这些专业领域的就业信息，这些就业信息以多媒体的形式呈现，令广大有就业需求的农民工耳目一新。此外，报刊、广播以及公共场所的宣传信息栏、公告板上出现的招聘小广告也为农民工获取就业信息提供了参考。

传统媒体上还有一种形式的信息也能为农民工寻找就业信息提供帮助，即新闻报道。目前我国新闻媒体对农民工就业方面的报道规模总体上还很小，但近年来报道数量逐年增长，并逐渐彰显此类选题的报道特色。本课题组在问卷中对农民工报道的满意度做过一番调查，结果显示，受访农民工对"就业信息"方面报道的满意度评价相对较高，约有六成的人选择"很满意"和"比较满意"，可见新闻报道对农民工获取就业信息有一定的帮助。传媒组织采写的新闻报道作为大众传播活动中最典型的传播形式，对农民工就业信息的广泛传播应当具有广泛影响。下面笔者选取了我国部分报刊 2002 年至 2004 年间发表的 6 篇颇具影响力的"民工荒"报道（见表 2－7）来说明这个问题。"民工荒"报道作为就业信息方面的一类新闻报道，对农民工就业信息传播产生了不可忽视的影响。

表 2－7　　　　2002—2004 年六篇颇具影响的"民工荒"报道

发表时间	新闻标题	新闻媒体	字数
2002 年 2 月 2 日	收入低不够消费　杭州五成外来务工者节后不回头	《东方早报》	688
2003 年 5 月 21 日	谁赶走了石狮十万外来工	《21 世纪经济报道》	3981
2004 年 7 月 15 日	中国遭遇到 20 年来首次"民工荒"	《南方周末》	4411
2004 年 7 月 24 日	广东民工荒是真是假　透视工人和工厂的价格博弈	《经济观察报》	4212
2004 年 7 月 31 日	民工告急多米诺骨牌效应揭秘	《温州都市报》	3934
2004 年 8 月 3 日	珠三角惊呼：民工短缺！	《南方都市报》	4355

首先，"民工荒"报道引发了社会对农民工价值的重视，使得农民工开始有意愿进入城市务工，由此，20 世纪 80 年代末，我国出现了首次"民工潮"，而"民工潮"一词每逢春节过后都会频繁见诸报端。然而，2002 年的春节过后，《东方早报》记者敏锐地发现了当年杭州打工的农民

工人数大幅度减少的现象："据介绍，该中心在正月初七、八两天只接待了1224名求职者，是往年的一半，同时却有11800个工作岗位虚席以待。"① 这篇不足700字的短消息首次打破了新闻媒体关于"民工潮"报道的惯例，成为农民工短缺相关信息的最早报道。之后的一两年时间，《21世纪经济报道》等媒体也在个别劳动输入地，如福建省石狮市等地区，发现了外来工大量减少的情况刊发了《谁赶走了石狮十万外来工》等新闻。直到2004年夏天，《南方周末》《南方都市报》和《经济观察报》等各大媒体纷纷集中火力，大篇幅地对不断蔓延的"民工荒"现象进行深度报道——《中国遭遇到20年来首次"民工荒"》② 《珠三角惊呼：民工短缺！》③《广东民工荒是真是假 透视工人和工厂的价格博弈》④ ……一时间"民工荒"成为知名度相当高的热点新闻。"民工荒"报道所传达出的农民工就业信息，在经过各大媒体的争相集中报道之后呈几何倍数增长，这种现象的出现，说明社会越来越重视农民工在城市建设过程中的作用价值，也增强了农民工在城市就业的信心，新闻标题中"工人和工厂的价格博弈"的说法就很能说明这个问题。

其次，引导社会各界集中思考"民工荒"问题，推动农民工用工政策的相继出台。"民工荒"报道取代"民工潮"报道持续占据着各大纸媒的版面，引导着人们对此议题给予高度关注，广大受众不得不重新思考，中国在"源源不断的廉价劳动力"背景下出现这一现象的深层原因和应对措施。不少记者在深入挖掘这些问题时发现，政府、企业以及各路专家学者对这一现象形成的原因众说纷纭，各执一词。这恰好印证了"议程设置功能"理论中的一句名言："在许多场合，报刊在告诉人们应该'怎样想'时并不成功，但是在告诉读者'想什么'方面，却是惊人的成功。"⑤ "议程设置功能"是指大众传播具有的一种为公众设置"议事日程"的功能。

① 杨岷：《收入低不够消费杭州五成外来务工者节后不回头》，《东方早报》2002年2月2日第12版。
② 戴敦峰：《中国遭遇到20年来首次"民工荒"》，《南方周末》2004年7月15日第10版。
③ 王雷、王吉陆：《珠三角惊呼：民工短缺！》，《南方都市报》2004年8月3日第37版。
④ 刘许川、周涛：《广东民工荒是真是假 透视工人和工厂的价格博弈》，《经济观察报》2004年7月24日第17版。
⑤ 李斌：《网络传播中公众自我议程设置的道德预警》，《新闻界》2009年第2期。

可以说，大众传媒上有关"民工荒"的新闻报道成功地影响了越来越多的人注意到企业用工短缺这一就业信息，进而促使人们思考农民工短缺背后的种种原因，思考如何解决农民工在城市生活的种种障碍性因素，从而倒逼政府出台种种农民工政策。我们看到，自"民工荒"报道出现后，各种解决农民工问题的政策不断出台。这些政策，以制度的形式积极有效地影响着农民工就业。

再次，农民工求职受到信息环境"环境化"的影响，一定程度上影响了农民工的就业取向。这点需要引用《温州都市报》的一则农民工报道进行说明——"火车站二号候车室里，记者首先遇到的是林老汉。这位来自金华农村的'老打工'正半蹲着腿坐在椅子上，一脸皱纹呈现的是艰辛和沧桑。'我来温打工已经 14 年了，这次回去不再来温州了。'林老汉有些伤感地说：'现在在温州打工工资低，房租却高得厉害，加上暂住费、卫生费、管理费，各种各样的收费，在这里连自己都养不起了，还怎么省钱寄回家[1]？'"——试想，如果一个正准备去温州打工的人看到这段采访后，他会做何感想？是对温州的工资水平有所顾虑，还是认为别人的离开给自己空出了岗位？无论最终发生什么，这则新闻报道所展示的就业信息，会对农民工获取的就业信息及其传播活动的总体信息环境产生一定程度的影响，这就是所谓的信息环境"环境化"影响。信息环境是指大众传媒通过对象征性信息进行选择和加工、重新加以结构化以后向人们提示的环境。[2]如今，大众传播所显示的信息环境，越来越有了演化为现实环境的趋势，它通过人们的环境认知活动来制约人的行为。[3] 同样，这些"民工荒"报道在农民工身边造成了普遍的信息声势，从而一定程度上影响他们就业的职业选择、薪酬选择和区位选择。

83

2. 新媒体

除了以纸媒为代表的传统媒体经常面向农民工群体发布诸如"民工荒""民工潮"或招工广告之类的就业信息，如今，以互联网为标志的新

---

① 蓝盾、建永、洁娜：《民工告急多米诺骨牌效应揭秘》，《温州都市报》2004 年 7 月 31 日第 29 版。

② 郭庆光：《传播学教程》，中国人民大学出版社 1999 年版，第 127 页。

③ 刘莘：《农村儿童在少儿电视节目中的缺位现象分析》，《中国广播电视学刊》2006 年第 3 期。

媒体也发挥着一定的影响，越来越多的年轻农民工通过网上发布的招聘信息找到了工作。这些就业信息有的来自"58 同城""赶集网"等大型信息网站的求职专栏，有的来自"中国农民工网"和"民工网"这些服务农民工群体的专门网站，还有的来自一些就业服务机构和职业中介机构的官方网站。据不完全统计，目前网络招聘信息量极大，各类招聘信息网站有约2500 个，各用人单位每天都在发布大量的就业信息。[①] 那些在发达地区打工的新生代农民工通常会利用网络收集就业信息或工作经验，网络新媒体为他们求职提供了诸多方便。

（三）大众传播渠道不活跃的原因

虽然当前的传统媒体和新媒体在农民工就业信息传播渠道中产生了很大影响，但据多组调查数据显示，使用这类渠道获取就业信息的农民工人数比重极小。本课题组进一步对"新闻媒体报道某地爆发民工潮或民工荒能否影响农民工就业地点的选择"进行调查发现，仅有34%的人认为有"很大"或"较大"影响，45%的人认为"影响不大"，甚至有11%的人认为完全"没影响"，还有8%会"参考老乡的工作地点再做选择"（见表2－8）。以上数据不仅说明新闻报道对农民工就业选择的实际影响还不够大，而且表明农民工就业信息在大众传播渠道中并不十分活跃。究其原因，是大众传播活动在错综复杂的社会关系中互动困难，传播过程中的各个环节要素制约着农民工就业信息的传播效果，主要表现在以下四个要素。

表 2－8　　　　媒体报道的"民工荒"或"民工潮"对农民工选择

工作地点的影响情况　　　　　　　　　　　单位：%

影响情况	有很大影响	有较大影响	影响不大	没影响	会参考老乡工作地点选择	其他
所占比例	6	28	45	11	8	2

1. 大众传媒把关保守

农民工的就业信息在进入大众媒介的传播渠道之前，需要先经过专业化的传媒组织的筛选和过滤，在这个过程中，传媒组织依据一定的立场、方针和价值标准确立了一道道"关口"，[②] 能够通过大众传媒的过滤筛选而

① 李坚：《农民工就业信息服务工具的设计》，《山东财政学院学报》2012 年第 1 期。
② 雷英：《网络管控研究》，《学理论》2013 年第 4 期。

到达受众的就业信息数量较少，这就是大众传媒的"把关"作用。虽然近年来越来越多的新闻媒体对农民工就业问题给予了关注，但是当前我国传媒对农民工就业信息的"把关"标准依旧十分严格与保守。综合类的媒体由于受到其固有的宗旨方针、经营目标以及受众定位等因素的制约，①难以为农民工就业信息提供充分的优先传播的渠道，而我国目前又缺乏针对农民工受众定位的专业类媒体，于是农民工的就业信息需求在大众传播活动中经常被忽视，由此造成大众传播渠道中农民工就业信息的先天短缺。

2. 就业讯息多为广告

进入大众传播渠道的农民工就业信息在经过传媒组织的取舍加工后，被制作成相关"讯息"得以传播，照理说，这些"讯息"比之前的"信息"表达的意义应该更完整。而在现实中的报纸、电视等媒介上，农民工就业的相关"讯息"则大多表现为单调乏味的"招聘广告"，真正意义上以"新闻报道""消息""电视栏目"等形式存在的农民工就业信息则比较少。例如，我们经常在报纸上看到为大学生就业做的大篇幅的专版报道或系列报道，电视上为大学生就业所策划的节目、栏目（如收视火爆的求职节目《非你莫属》就为不少应届高校毕业生提供了满意的就业岗位信息），相比之下，媒体为农民工就业制作的版面、节目就很少。这样，有就业需求的农民工在报纸、电视上除了能找到招工广告，很难获取其他更加生动、有用的信息。

3. 媒介技术尚待解决

媒介是讯息的搬运工，农民工就业的相关讯息需要电视、广播、报纸以及互联网等大众传播系统的传递才能最终到达农民工受众群体中。报刊在农村以及外出打工的农民工群体中并不常见，广播也有些过时，而电脑、互联网对许多农民工尤其是传统农民而言还显得有些超前，他们接触最频繁的媒介是电视。虽然 2008 年底以来"家电下乡补贴政策"的实施，使电视机在农村家庭已相当普及，但是，电视信号覆盖范围仍是需要攻克的难题，有些偏远地区的电视只能收看央视等少数几个频道，电视信号也不流畅。另外，互联网在农民工群体中的普及范围仍不够，若需进一步扩

85

---

① 周鸿：《浅论大众传媒的"议程设置"效果》，《湖北社会科学》2007 年第 12 期。

大大众传播渠道在农民工获取就业信息上的影响，媒介技术运用问题仍需进一步解决。

4. 受众素养普遍较低

媒介将讯息传递给受众，受众自身也需具备一定的使用媒介并从中获取、分析、评价和传播媒介信息的能力，即媒介素养。然而，由于身处弱势群体的农民工在城市的政治经济文化地位很低以及各种其他因素的制约，我国农民工的媒介素养水平也普遍较低，尤其是在新媒体使用方面的素养。这就是说，面对电视或网络上传播的同一条就业讯息，农民工从中提取有用信息的效率比城市市民要低，其较低的媒介素养难以支撑他们在复杂的大众传播活动中与他人竞争并获取满意的就业信息。此外，大众传播本身属于单向性很强的传播活动，缺乏灵活、直接的反馈渠道，所以，一知半解的农民工即使获取了一定程度的就业信息，也难以与传媒组织进行有效互动，从而难以通过此类渠道真正实现就业。

综上所述，大众传播过程中的传者、讯息、媒介和受者这四大要素在多重社会关系的互动中，对农民工就业信息的传播效果均有制约影响，基于此，农民工就业信息在大众传播渠道不活跃的原因就不难理解了。

第三节　农民工就业信息获取渠道的优化改进

上节内容以传播类型为视角，将农民工就业信息获取渠道分为人内传播渠道、人际传播渠道、组织传播渠道以及大众传播渠道，这些渠道各具特色，各有长短，彼此之间相互补充又相互叠加，自成系统又互为系统，为促进我国农民工就业发挥了重要作用。为进一步解决我国农民工就业矛盾，这些信息传播渠道应在整体上得以持续优化和不断改进，以增强农民工就业信息传播活动的整体效果。因此，本节内容首先针对这四大类型的传播渠道提出优化思路，然后从政府、市场、媒体以及农民工自身等主体的角度提出一些具体的改进建议。

一　农民工就业信息获取渠道的优化思路

在社会传播活动中，信息经过不同渠道所发挥的作用机制是各不相同的，各种渠道在内部均有其特殊的运行变化规律。对农民工就业信息的传播活动而言，其人内传播最为强烈，人际传播最为普遍，组织传播亟待规范，大众传播潜力巨大，尚待开发。因此，为了给农民工就业信息的有效传播营造一个真实、充分的信息环境，我们有必要针对不同渠道的传播特点，提出以下四点优化思路。

（一）提升人内传播中农民工自身的认知水平

就人内传播而言，农民工自身的认知水平、职业技能和个性心理对信息的搜集、加工处理水平和行为的决策质量起着基础性的作用，农民工要改善人内传播的质量，就必须提升自身的文化知识水平，掌握某方面的职业技能，培养独立思考和自主创新的品质。此外，外部的信息环境对人内传播的质量也起着强大的助推作用，真实、充分的外部信息环境对农民工就业选择的"内省式思考"起着良好的诱导作用。良好的认知结构和心理素质加上真实充分的外部信息环境，就能促进农民工通过人内传播渠道的作用机制，自主寻找工作或者自立门户、自主创业。然而，进城农民工身为城市社会弱势群体，这种渠道对他们中的大多数而言，具有极大的盲目性和风险性，其就业行为缺乏相关制度的保障。因此，社会各界应当正确看待这些靠自己打拼的农民工，在制度上消除他们寻找工作或自主创业的后顾之忧。

（二）扩展人际传播中农民工交往的社会关系

一般情况下，农民工之间的交往联系仍然依附于传统的社会关系，亲友老乡的推荐在农民工就业的信息选择中占主导地位，这种方式对农民工的初次就业发挥着积极稳定的作用，人际传播渠道是他们普遍的选择，其内部机制发展较为健全。但不容忽视的是，这种传统的社会关系亟须拓展，农民工在城市中的再就业或"跳槽"仅靠这种亲缘、地缘关系是不够的，也不利于农民工的城市融入，因此，走出人际传播中的熟人圈，加强与城市市民的信息交流沟通，是农民工初次就业之后再择业所不容忽视的选择。

（三）规范组织传播中就业市场的信息发布

不同组织内部存在不同的传播机制，这导致农民工就业信息的组织传播渠道鱼龙混杂，难以规范管理。众所周知，市场调节和宏观调控是进行资源配置的两种手段，市场调节发挥基础性作用，宏观调控尊重市场调

87

节，在一定时期弥补市场调节的不足。面对农民工就业信息的组织传播渠道，我们有必要促进农民工劳务流动的市场化，同时发挥政府的引导作用，积极培育各种就业市场的中介机构，有效规范就业信息的组织传播活动，实现劳动力市场的统一协调管理。除了以往的政府、企业、中介和学校等正式组织群体，农民工的就业信息还可以在一些非政府组织或非营利组织中广泛传播。各组织系统在每一次的农民工就业信息传播活动中，都可以创新媒体形式，举办富有创意的就业活动，如招聘会、座谈会、报告会等。形式新颖、内容充实的就业活动将有助于吸引农民工获取就业信息，进而健全与完善传播渠道的整体框架。

（四）优化大众传播中农民工就业的信息结构

大众传播本身作为一种影响效果极强的传播类型，却在农民工就业信息的传播渠道中影响甚微。通常，农民工就业信息展现于公众面前主要依托于形形色色的招聘广告，广告已经占据大量空间，而作为新闻报道形式的信息仍然偏少，报刊上的深度报道、电视上的节目影像都有可以发挥的余地。新闻报道作为大众传播最典型的活动应在此发挥重要作用，在提供农民工就业的动态消息报道的同时，加强相关的深度报道，多些模范农民工成功就业的典型新闻和正面报道，以多种手段和方法有针对性地为农民工提供有效的就业信息，这需要大众传媒有意识地加强农民工就业和工作生活的报道，扩大其在农民工群体中的传播影响力。除此之外，新兴的网络媒体也应进一步积极打造受众细分的专业招聘平台，通过网站、论坛、微博、微信、QQ 群等多种形式为农民工获取就业信息提供条件。充分开发新媒体的创新形式，将会更好地服务于广大农民工群体尤其是新生代农民工，丰富多彩而又真实可信的网络信息对他们很有吸引力。

二　农民工就业信息获取渠道的改进建议

按照上述思路，我们将继续从政府、劳动力市场、新闻媒体与农民工自身等不同主体的角度出发，提出一些农民工就业信息传播渠道的改进建议，以期农民工就业信息传播渠道的进一步完善与优化。

（一）充分发挥政府的就业信息服务职能

我国各级政府以及相关职能部门对促进农民工就业的重视，是农民工就业信息传播渠道得以完善与优化的重要保证。政府应通过各种途径与措施帮助农民工获取就业信息，以充分发挥政府在农民工就业活动中的信息服务职能。

1. 增强政府组织劳务转移的工作能力

对农民工而言，政府官方直接发布的就业信息无疑最具权威性和准确性，然而目前各级政府组织劳务流动的效率普遍偏低，因此亟须增强政府组织劳务流动的能力，特别是提升市场经济不发达地区地方政府的劳务输出能力。首先，政府应积极搭建农民工就业信息的工作网络平台，建立农民工流动就业信息监测网，保证用工单位信息的真实性；其次，政府应加强引导，利用相关法律政策鼓励农民工外出就业并保障他们的合法权益；再次，输出地政府与输入地政府要协商合作，各司其职，开展省际劳务协作与就业信息对接；此外，政府还应加强对各级劳动部门或社会保障部门等职能机构下属的职业介绍所、人才交流中心、就业服务中心等专门机构的管理，提升其信息服务水平。

2. 推动劳务转移向强化培训指导转变

从长远来看，劳务转移的一个重要条件是劳动者具有较好的素质与技能，只有强化技能培训指导，劳务转移才有广阔的前景，农民工也将从政府的培训指导中获取有效的就业信息。各级政府应该充分认识到这一点，及时把工作重点由推动转移向强化培训指导转变，切实增强农民工的就业能力，提高他们获取就业信息的有效性。首先，政府应致力于拓展培训内容，逐步实现由初级技能培训向中高级技能培训的转变，改变培训内容单一的现象；其次，政府应积极联合劳动部门、专业院校和社会力量办学的培训机构体系，[1] 广泛开展各个层次、各个行业的技能培训，着力提高农民工的就业技能；再次，政府应鼓励开展岗前培训、订单培训，先在培训机构学习基础理论知识，再到定向单位进行实践训练，[2] 从而为更大规模的劳动力转移奠定基础；此外，政府应进行统筹就业领域的城市规划，明确农民工就业方向，提供就业指导，对农民工就业信息的传播产生适度、

89

---

① 王艳、杨文选、陈娜娜：《构建就业信息平台　疏通农民工就业渠道》，《西安邮电学院学报》2006 年第 11 期。

② 同上。

有效的宏观调控作用。①

3. 建立以财政为主的多元化筹资体系

政府组织劳务流动或技能培训都需要强大的经济支持，而在市场经济相对落后、公共管理模式不先进和中介组织不充分的地方，② 单靠财政力量容易导致农民工就业问题成为地方政府的包袱，因此需开创以政府财政为主的多元化资金筹集方式。首先，要积极获得国家财政的帮助，近年来，国家和政府专设用于农民工的专项资金，如"农村劳动力转移培训阳光工程"③ 等；其次，地方政府应鼓励和支持企业资助和社会捐赠帮助农民工转移，制定激励和优惠的政策，结合地方财政帮扶和个人承担，增加资金来源；再次，政府应有针对性地联合用人单位开展职业能力培训，加快推进"岗前培训、跟进就业"的就业模式，④ 将培训与就业联系起来。这样既为政府节省了资金，又为农民工提供了针对性强且实用的就业信息。

（二）建立城乡统一的劳动力就业信息市场

长期以来，首属劳动力市场通常被持有城市户籍的劳动者占有，农民工只能获取次属劳动力市场的就业信息，信息享有不公平。为促进农民工就业、疏通就业信息传播渠道，市场经济中的劳务中介和企业都应当共同努力，建立城乡统一的劳动力市场，从而消除就业歧视，创造公平的就业环境。

1. 完善劳务中介市场服务

面对信息不对称和信息传递不畅给农民工就业带来的障碍，由各种就业服务机构或职业中介机构形成的劳务中介市场，应当充分发挥在企业与农民工之间牵线搭桥的作用，为城乡劳动者提供同等的政策咨询、求职登记、信息查询、推荐就业和职业介绍等信息服务，这些及时、有效、可靠的信息是保证农民工有序、有效就业的必要条件。中介机构应通过积极有

---

① 王艳、杨文选、陈娜娜：《构建就业信息平台 疏通农民工就业渠道》，《西安邮电学院学报》2006 年第 11 期。

② 刘宁、祝梅、杨虹：《农村劳动力转移中的政府角色与职能——对新疆政府组织型劳务转移的调查与分析》，《国家行政学院学报》2008 年第 1 期。

③ 同上。

④ 同上。

效的措施建立健全覆盖城乡的就业服务体系，这一方面包括农民工进城务工的服务体系，另一方面，还应建立城乡间双向流动的就业机制，从而克服由于供求信息不能对接引起的市场效率降低。在实践操作中，首先，要运用农村人口普查以及不同种类针对农民工务工的情况调查数据，了解基本面，获取较多的农民工数据信息；然后，积极与农村就业服务网络实现信息联网、资源共享，及时发布劳务供求信息；此外，劳务输出地区和劳务输入地区的中介机构应当加强合作，实现就业信息的市际、省际联网，开展职业供求信息季度分析并向社会发布。

2. 强化企业的招聘信息提供

农民工实现就业最终取决于企业招工岗位的增加，企业招工岗位是农村剩余劳动力转移的载体，没有企业的发展壮大，就无法为进城农民工提供招工岗位的就业信息。为此，应培育新经济增长点，大力发展第二、三产业，从而扩大就业规模，增加就业机会。经济增长点是扩大就业的支撑点，第二、三产业的发展主要以城市为依托，在发展有一定科技含量的劳动密集型产业的同时，依托城市化建设，发展餐饮商贸、建筑建材、旅游观光、家政服务等行业的企业群体，以此拓宽农民工的就业渠道。同时，企业个体要适应千变万化的市场环境，灵活运用市场化招聘，开展形式多样、内容丰富而有效率的企业宣传活动，如充分利用企业报、宣传册或广播等内部信息传播媒介，宣传本企业的生产销售情况、薪酬水平和激励措施，从而树立良好的企业形象，吸引农民工加入本企业职工队伍。此外，要积极响应政府在资金信贷、税收征缴、土地使用、技能培训等方面的激励机制，尤其是政府对中小企业新增就业岗位奖励优惠的政策扶持。

（三）强化新闻媒体的就业信息中介作用

新闻媒体作为一种专业的大众媒介组织，是现代社会各系统部门的主要信息提供者，它可以为受众群体所在的城乡各地劳动力市场提供职业信息，也可以起到中介作用。新闻媒体要成为农民工群体获得就业职业信息的可靠中介渠道，应主要从以下三点开展工作。

1. 策划农民工就业报道议题

要避免作为弱势群体的农民工在"信息沟"存在的不公环境下丧失公共话语权，新闻媒体应当肩负起社会责任，客观公正地设置农民工就业报

91

道议题。新闻媒体除了加大农民工就业信息在报纸、广播、电视以及网络上的投放量外，还可增强策划意识，开设与农民工就业信息相关的专版、专栏和节目，同时开展媒体与农民工的互动活动，为其创建一个利益诉求的表达空间。虽然这些就业报道议题对农民工实现就业没有直接作用，但能间接地对农民工寻找就业岗位产生激励，真实的成功就业典范的报道，能鼓舞一部分正在城市打拼的农民工，帮助其做好职业发展的规划，增强其勤劳致富的信心。此外，加强人文关怀、丰富报道类型、语言等形式，也可扩大农民工职业信息相关报道的传播效果。

2. 做好农民工就业政策宣传工作

新闻媒体要积极配合、响应政府及劳动部门出台的促进农民工就业相关政策的宣传，做好农民工就业政策宣传工作，灵活运用丰富、生动的宣传形式，及时发布劳动用工相关的政策法规，社会职业需求变化，行业、企业与职位的薪资水平以及用人企业的岗位需求等信息。当前，随着产业向中西部的梯度转移和农民工在附近城市就业趋势的出现，地方性的媒体应随之加大提供农民工在地方城市就业的信息力度。与此同时，各大媒体都应加大对农民工群体进行就业、培训、社会保障等信息的宣传力度，满足他们的信息需求，引导他们树立正确的就业观念。

3. 注重对农民工进行媒介素养教育

要想实现劳动力市场的城乡统一，农民工应当具有与城市市民同等的媒介素养，以有效获取就业信息参与市场竞争。大众传媒应承担起媒介素养教育的责任，利用开办讲座、举办主题活动等多种形式组织农民工学习媒介知识，有针对性地提升农民工依靠媒体获得就业信息的能力，提高农民工认识、利用和参与媒介信息的能力。

（四）增强农民工自身的就业信息获取能力

农民工就业信息传播渠道的终点在农民工，要想促使就业信息充分有效地传递到农民工手中，作为信息接收者的农民工一方也需做出努力，不断增强自身获取就业信息的能力。

1. 维持获取就业信息的初级社会群体关系

目前，农民工之间自发形成的初级社会群体关系网络，仍然是其获取就业信息的主要渠道，应进一步维持并充分利用这种靠亲缘、地缘关系建立起来的就业信息链，完善这种初级社会群体内部的人际传播渠道，让渴望就业的农民工能从他信任的亲友或老乡身上获取真实、可靠的就业信息。与此同时，农民工之间也应互帮互助，在就业信息的传播与交流过程中增强自身的就业与择业能力。

2. 发展次级社会群体关系改善传播结构

农民工进城务工后，应注意扩大自身的交际圈，利用种种机会，加强与不同群体的职工、生产管理和销售人员、企业主、市民乃至政府工作人员的信息沟通与交流，改善获取就业信息渠道的结构，争取最佳的就业与择业机会，以及向上流动的可能。现实中那些在城市致富的农民工，往往都具有很强的发展次级社会群体关系的意识和能力。

3. 提升就业技能参与市场竞争

随着经济社会的转型与经济产业结构升级，企业对员工的综合素养和专业技术要求逐渐提高，因此，农民工有必要进一步提升自己的综合素质和职业技能，为参与就业市场竞争做准备。农民工尤其是新生代农民工，应当认识在城市化进程中的各种职业的素质要求，加强自我学习、自我培养的意识，结合自身实际情况，在政府、学校或企业组织的不同类型的职业教育与培训中，提升个人职业水平，从而有针对性地去获取就业信息，积极主动参与竞争，走上成功就业之路。

第三章 农民工政策报道研究

农民工政策是为了解决农民工问题而制定的一系列相关行为准则，有一个产生、发展和更替的演变过程，农民工政策演变的过程中伴随着政策目标、政策主体、政策实施、政策评价、政策调整和政策监督等变化。我国新闻媒体在对农民工政策的呼吁、传达解读及对政策的执行监督和效果反馈等方面发挥了重大作用。

第一节 农民工政策与新闻媒体

农民工政策报道是新闻媒体与农民工政策相结合的产物。农民工政策的产生和发展为新闻媒体提供了报道内容，新闻媒体又为农民工政策搭建了通往公众的桥梁，不仅为公众宣传农民工政策，更为农民工政策的不断完善搭建意见平台。研究我国农民工政策报道，首先要明确我国农民工政策的主要内容及发展演变历程，并探究农民工政策与新闻媒体的关系。

一 农民工政策概述

（一）农民工政策的主要内容

"政策"一词在《现代汉语词典》中被定义为"国家或政党为实现一定历史时期的路线而制定的行动准则"。

作为公共政策的一种，农民工政策是由政府、政党或其他社会权威部门，在城市化过程中农民工产生这一历史条件下，为解决一系列的农民工问题而制定并执行的行为准则。

我国农民工政策在结构上大体可以划分为中央政策和地方政策两大类，主要由行政法规及规范性文件、部门规章及文件、地方政府规章及文件、团体规定等构成。法律是具有最高法律效力的政策，由于目前没有专门针对农民工群体及相关管理的法律，所以我们只能从一些法律中找出某些有关农民工管理的条文或者说可以应用于农民工群体的条文，例如《劳动合同法》《就业促进法》《劳动争议调解仲裁法》中有关加大对农民工劳动权益的法制保障力度的条款等。我国农民工政策的内容十分广泛，涉及农民工相关的社会生活的方方面面，主要可以分为以下几个方面：有关农民工的经济政策，主要涉及就业培训、就业合同签订、薪酬福利、劳动标准和工作安全等问题；有关农民工的政治政策，主要涉及农民工参与社会自治以及宪法赋予公民的其他政治权利等问题；有关农民工的文化政策，主要涉及农民工职业技能培训以及子女就学等问题；有关农民工的社会政策，主要涉及户籍、社会保障、计划生育、环境保护等问题。

本章在对农民工政策报道的内容分析中，依据新闻报道所涉及农民工政策的主要内容和频率将农民工政策报道内容细分为以下八个类别：有关农民工户籍管理的政策；有关农民工子女教育的政策；有关留守妇女、儿童、老人的政策；有关农民工社会保障及公共服务的政策；有关农民工权益保护的政策；有关农民工薪资的政策；有关农民工就业、培训的政策；有关农民工工作生活环境及生活方式的政策。

（二）农民工政策的产生和发展历程

对于我国农民工政策的发展和演变，许多学者对此做过阶段划分，虽然这些学者对于政策演变的阶段划分依据粗细程度而不尽相同，但是他们一致认为在不同阶段农民工政策的重点发生了变化，总体上是变限制为鼓励，变堵为疏。

95

我们根据现有的研究成果和政策文本，认为改革开放以来农民工政策可以划分为以下五个阶段：一是严格限制农民进城阶段（1978—1983年）；二是允许农民进城阶段（1984—1988年）；三是控制和规范农民进城阶段（1989—2000年）；四是引导农民进城阶段（2001—2011年）；五是鼓励中小城市户口开放时期（2012年之后）。

这种政策变化是伴随着经济体制改革和经济社会发展的总体形势的变

化而变化的。总体来说，在 2000 年之前，我国农民工政策主要体现在对农民工流动的限制、开放，以及管理问题上，是"重管理、轻服务"的。而 2000 年以后的农民工政策开始逐渐关注农民工权益、社会保障和服务，逐渐淡化对农民工流动的监管和控制。农民工的就业问题、劳动保护、社会保障、权益维护以及农民工子女的教育等涉及农民工在城市生存、发展的一系列问题已引起国家管理层越来越多的关注，并针对这些问题出台了一系列政策。① 这一系列农民工政策也引发了新闻媒体对农民工群体的关注，新闻媒体也将农民工问题作为一项重点关注内容，积极为农民工问题的解决在政府与社会公众之间搭建交流平台。

二 新闻媒体与农民工政策的关系

农民工政策是党和政府为了解决农民工问题、维护农民工群体的利益而制定的规范和指导方案，农民工政策的整个过程都有新闻媒体的密切关注和积极参与。以往大众传播学并没把公共政策纳入研究范围，大众传播学也不是公共政策学科关注的视域。然而，当公共政策的科学化、民主化要求建立和完善决策信息和智力支持系统，公众对决策过程的公开化要求越来越强烈时，大众媒介参与政策过程不仅是一种要求和愿望，而成了活生生的实践。②

在现今社会，新闻媒体与政治的关系越来越密切，新闻媒体作为政府与公众之间的桥梁，担当着沟通者的角色。新闻媒体能够通过新闻报道将社会民众的利益诉求表达出来，也能够通过引发和引导舆论为公共政策的制定与实施构建良好的政治环境。

农民工政策过程的每一个环节都有新闻媒体的参与并发挥其功能：发现并关注农民工问题推进农民工政策议程；积极公开政策的决策过程、搭建意见平台收集公众意见、对政策的决策环节实施监督；在政策发布后传播农民工政策内容、为公众解读政策并答疑解惑、对农民工政策的实施进行监督、对政策的修改和完善提出反馈。

---

① 蔡江涛：《改革开放以来我国农民工政策的演进和发展》，硕士学位论文，新疆大学，2012 年，第 10—11 页。

② 何志武：《大众媒介与公共政策》，武汉大学出版社 2008 年版，第 1 页。

（一）新闻媒体参与农民工政策问题的确定和政策议程的建立

政策问题是指经过作为政策制定者的认定，认为必须通过特定的公共政策加以解决的社会问题。政策问题的认定是指政策制定部门对需解决的政策问题的实质的认识和确定。①

在 20 世纪早期，舆论学者沃尔特·李普曼提出，人们直接获得事件发生的第一手材料的机会是有限的，只能依赖于媒体所提供的信息来获知事情的究竟，他认为新闻的角色是为人们提供"外部世界"的观点，从而使人们形成"头脑中的图像"。② 传播学家麦克斯韦尔·麦库姆斯和唐纳德·肖在《舆论季刊》上发表论文《大众传播的议程设置功能》中提出了"议程设置"理论：大众传播具有一种为公众设置"议事日程"的功能，传媒的新闻报道和信息传达活动以赋予各种"议题"不同程度的显著性的方式，影响着人们对周围世界的"大事"及其重要性的判断。③

一个公众关心的问题能否走向政府的政策议程，一定程度上依赖于媒体对于该项社会问题进行扩散的范围、强度和显著度。新闻媒体参与农民工政策问题确定和政策议程建立的过程主要有以下两种方式。

1. 新闻媒体发现和报道现存农民工问题

新闻媒体通过记者深入到农民工工作生活的各个领域去发现存在的问题，并将这些问题加以报道，分析问题的形成原因，提出解决问题的可行性意见。许多农民工问题被某一家新闻媒体发现并报道之后，其他的新闻媒体往往会在之后的一段时间内集中报纸版面或广播电视时段通过深度报道、系列报道等形式进行持续关注，从而形成公众关注和议论的焦点，并有可能上升为政府议题。

2. 新闻媒体为公众提供平台传递政策呼吁

新闻媒体不仅通过自身发现农民工问题并提出政策呼吁，并且能为公众提供意见平台传达公众对于农民工问题的意见表达和政策呼吁。此外，

97

---

① 何志武：《大众媒介参与公共政策过程的机制研究——以武汉市取缔"麻木"（三轮车）的政策过程为例》，博士学位论文，华中科技大学，2007 年，第 4—5 页。

② ［美］沃尔特·李普曼：《公众舆论》，阎克文、江红译，上海人民出版社 2006 年版，第 48 页。

③ 熊琦：《媒介立场与公共性——以〈南方周末〉刊发关于"汪晖"学术门事件相关文章为例》，《新闻大学》2010 年第 4 期。

新闻媒体对农民工问题的报道也为公众设置了讨论的议程，公众会就相关问题发表意见，这些意见有少数会以新闻评论的形式借助媒体表达出来。新闻媒体对公众的政策呼吁的报道和传播，是政府决策部门的一个重要参考。新闻媒体作为政府和农民工的一个沟通中介，为推进农民工政策议程的设立提供了动力。

（二）新闻媒体参与农民工政策的决策程序

公共政策是政府与公众之间共同协商与选择的结果，它不是政府单方面的意志或主张的产物。政府议程尚未形成之前，以媒体作为讨论平台的多主体的讨论，有助于推动社会问题进入政府的议事日程。在政策方案确立后，新闻媒体参与公共政策的决策程序有利于试探民意，决定政策出台的时机，并吸取方案修补的意见。

新闻媒体参与农民工政策的决策程序包括公布政府的政策目标，公开报道政府决策部门对农民工政策的讨论和抉择过程、收集和传达公众对政策的意见和建议。

1. 公开农民工政策决策过程

公众参与决策过程的前提是政策信息的公开。这就要求政府的政策活动具有透明性和公开性，要求新闻媒体充分发挥其信息传播功能，将政府的政策信息全面及时地予以传播，为公众知晓。

2. 收集公众对农民工政策制定的意见

公众参与政策制定过程最主要的方式是表达对政策的意见和建议，而其最主要的途径就是通过新闻媒体传递他们的意见和建议。[1] 新闻媒体作为公众意见与政府决策之间的中介和桥梁，不仅仅要向公众传达政府决策，而且要充当公众意见的代言人。在政策制定过程中要采纳多家之言，客观均衡地传递意见。

（三）新闻媒体参与农民工政策的传达和执行

新闻媒体参与农民工政策的传达和执行过程是指公共政策制定出来以后，向社会公布和告知农民工政策的内容、对政策目标和精神进行宣传、

98

---

[1] 何志武：《大众媒介与公共政策——对武汉市"禁麻"政策的个案研究》，武汉大学出版社 2008 年版，第 162 页。

对政策的实施过程进行监督、对政策执行情况和公众意见进行反馈。

1. 宣传和解读农民工政策

"宣传"在《新闻传播百科全书》中定义为运用各种传播媒介表达一定的观点以影响他人的思想和行为的社会活动。宣传强调的是以信息传播的技巧影响和说服目标对象认同和接受自己的主张，按照自己设定的规则行事。农民工政策宣传的主要方式就是通过政府发文件和通过新闻媒体的传播。根据议程设置理论，新闻媒体在政策出台后能够通过集中报纸版面或广播电视时段对出台的农民工政策进行系列报道和持续关注，达到最大范围的政策宣传的效果。

政策宣传是输出公共政策的必须阶段。新闻媒体公布和解读农民工政策属于政策告知，而政策宣传则是统一人们认识的过程。在对农民工政策的宣传中，受众关注的不仅仅是政策条文本身，他们更加关注新闻媒体对这些政策是如何解释和解读的，新闻媒体在一定程度上影响着受众的视角和立场。在新闻媒体日益发达的今天，人们被报纸、广播、电视、网络所包围，随时都可以直接从新闻媒体获得信息和观点，在这种环境下新闻媒体在一定程度上就直接充当了"意见领袖"。新闻媒体对农民工政策的解释性报道和媒体评论就是既宣传政策事实又传播观点的新闻报道形式，新闻媒体通过这两种报道形式实现其影响公众的"意见领袖"角色。

2. 监督并反馈农民工政策的实施

政策执行是政策转化为现实的过程。新闻媒体参与农民工政策执行的过程主要是表现在关注出台的农民工政策执行过程中的具体情况、出现的问题、公众的意见等，并且对农民工政策的实施效果进行评估和反馈。其目的在于监督农民工政策的执行、审视所出台的农民工政策的合理性和执行农民工政策措施的合理性，以便更好地推动农民工政策的修订、完善。

99

第二节　农民工政策报道的现状

农民工政策报道是新闻媒体农民工报道的重要组成部分，如上文所述，新闻媒体在我国农民工政策过程中起到重要作用。鉴于农民工政策涉及中央和地方的政策法规，本章选取了《人民日报》的农民工政策报道作为分析样本。《人民日报》作为一份最具权威性、最有影响力的全国性报纸，能及时准确并全面地报道中央和地方的重要农民工政策，而且评论和理论宣传一直是《人民日报》的重点和优势，在政策呼吁、解读、反馈和评价上都具有一定的指导作用和巨大的政治影响力，因此《人民日报》在相当大的程度上代表了政策报道的主流。我们从《人民日报》2010 年 1 月 1 日至 2012 年 12 月 31 日期间每天的新闻报道中选取了 428 篇有关农民工的报道，其中农民工政策报道有 148 篇，本节通过对 3 年间《人民日报》农民工政策报道进行定性研究和定量研究，从而分析我国农民工政策报道呈现出来的现状特点。

一 农民工政策报道的类别

根据上一节中提到的新闻媒体参与农民工政策过程各个环节的分析，农民工政策报道也可以相应划分为三大类别：一是在农民工政策确立前，新闻媒体设置农民工议题的报道，包括提出现存农民工问题的报道、对农民工政策的呼吁报道等；二是在农民工政策确立过程中，新闻媒体对政策决策过程的报道，包括对政策讨论和政策抉择过程的公开、对公众在政策确立过程中的意见报道等；三是在农民工政策确立之后，新闻媒体对农民工政策的宣传及政策效果的报道，包括政策传达报道、政策解读报道、政策执行监督报道、政策实施效果反馈报道等。

（一）农民工政策的议题设置报道

新闻媒体设置农民工政策议题的主要目的是通过对某事件或某现象的报道来反映问题，或者通过新闻评论来反映问题并提出呼吁，从而引导公众关注这些农民工问题，最终把所反映的农民工问题转化为公众议题或媒介议题，并走向政策议题。其主要的形式是政策呼吁式报道。

政策呼吁式报道不同于消息、通讯等事实性报道，而是观点性报道，是媒体作为公众意见的代言人，直接站出来说话，为农民工呼吁，促使社会聚焦和解决农民工问题，对政策的出台提出相关建议。其报道有两种形式，一是述评式报道，对农民工现存问题的报道中夹叙夹议，或者先叙后评；二是评论，评论的对象是已经报道过或众所周知的农民工问题或事件事实，因而对事实的叙说非常概括简洁，重点在阐发媒体或个人的观点建议，向社会、政府和企业呼吁。也经常借助专家的观点和农民工的观点说话。

目前我国农民工面临的突出问题有以下几个方面。农民工劳动权益保护制度不健全，农民工无法平等地享受城市公共服务，农民工住房未被纳入城镇住房保障体系，农民工社会保障权益得不到有效保障，农民工在城镇落户定居门槛高，农民工民主权利缺失，农村留守儿童、老人、妇女问题突出等。[①] 这些问题也成为媒体报道反映的内容。例如《人民日报》2010 年 3 月 2 日的评论《"花朵"何时不飘荡》，表达了对流动儿童入学政策的关注和政策呼吁；2012 年 1 月 12 日的新闻述评《我的社保谁买单？》，通过对农民工齐晓磊遭遇的工伤保险问题的报道提出了农民工社会保障缺失的现状并对此做出了分析和政策呼吁；2012 年 5 月 30 日的深度报道《农民工工伤维权如何走出"三难"困境》，通过农民工维权事件提出了当前农民工工伤维权存在的"预防难、康复难、补偿难"的困境，呼吁完善工伤保险制度并提出建设性的意见和建议。

（二）农民工政策的决策过程报道

新闻媒体参与农民工政策决策过程，就是将农民工政策决策的各个环节一一展现在公众的视线内，从而为公众参与相关政策问题的讨论和监督农民工政策的制定过程提供意见平台。

公众通过新闻媒体对农民工政策过程的监督，有助于作为决策者的政府及时公开政策过程，从而使得农民工政策的制定更加公平公正，更好地维护农民工群体的利益。公众通过新闻媒体提供的意见平台对农民工政策开展讨论，充分表达各个不同利益群体的政策需求，有助于政府在政策决策过程中广泛吸纳公众的意见和智慧，从而使得农民工政策更为完善合理，更加具有操作性和普适性。另外公众还可以通过这个意见平台对政府制定政策过程中出现的问题提出质疑，促使政策的制定有民主、科学和规范的决策过程。

例如《人民日报》2010 年 5 月 10 日的评论《居住证岂能"捆绑"公民就业？》，就是针对《昆明市居住证管理规定》草案的内容，在政策还未

---

① 韩俊：《中国农民工战略问题研究》，上海远东出版社 2009 年版，第 31—37 页。

出台的制定过程中提出政策的缺陷和不足。又如 2010 年 10 月 15 日的报道《随迁子女高中拟有限开放》，通过媒体搭建的意见平台对《北京市中长期教育改革和发展规划纲要（2010—2020 年）》征求意见稿的内容公开征求公众意见，并且在报道中表达了相关专家和市民的意见与建议。

（三）农民工政策的宣传解读、政策评价、监督反馈报道

1. 农民工政策的宣传解读报道

各级政府制定任何政策，往往都会通过新闻媒体予以及时公布，使之迅速到达政策目标对象，这是新闻媒介最基本的政策信息告知功能。因此在农民工政策制定推出后的报道中，政策宣传和解读报道占了较大的比例。在这类农民工政策报道中，常见的报道类别是政策传达报道和政策解读分析报道。

农民工政策传达报道即新闻媒体刊登的有关农民工政策内容的新闻，其报道方式包括农民工政策的公文式传达、农民工政策的简介式传达等。农民工政策的简介式传达是新闻媒体较为常见的政策传达方式，这类政策传达报道主要是用浓缩概括的书面语言将农民工政策中最为重要的部分、最受农民工群体关注的部分表述出来，其标题一般都直截了当地概括政策内容，重点突出政策受惠者最关心的问题。这类报道中会相应出现一些对政策制定或执行部门人士的采访，借助对他们的采访进一步介绍政策内容。例如《人民日报》2010 年 1 月 2 日的报道《广东流动人口开始申领居住证》、2010 年 4 月 26 日的报道《安徽：企业培训农民工可享受政府补贴》、2011 年 9 月 27 日的报道《农民工文化服务将纳入公共文化服务体系》、2012 年 6 月 14 日的报道《女职工权益保护又添"护身符"》等，都是这一类型的农民工政策宣传报道。

新闻媒体对公共政策进行宣传是一个劝服的过程，也是一个说明和解释的过程。政策解读是新闻媒体发挥政府和公众间桥梁作用的很好载体，新闻媒体可以运用手中的话语权把决策部门的权威解读传播出去。在我国农民工政策解读报道中，按农民工政策的解读主体来分类可分为政策发布官方人士解读报道、新闻媒体解读报道和专家学者解读报道三种类型。

政策发布官方人士解读报道，是指在农民工政策解读报道中，通过采访政策发布方来解读政策发布的内容、背景、原因及其意义。其报道形式

主要包括在政策解读中直接引用受访者的话语，以及针对某项农民工政策提出某些问题，并通过对政策发布方人士的专访来解答问题进而解读政策。例如《人民日报》2010 年 9 月 5 日的报道《政策解读·农民工健康从建档开始》，采访了卫生部有关负责人，详细解读了卫生部的农民工健康关爱工程项目的重点内容。

新闻媒体解读报道，是指在农民工政策解读报道中，新闻媒体自身通过对相关农民工政策的了解来为受众解读政策。一般是通过对某项农民工政策的报道进而解读政策的含义、对农民工群体的影响及意义等，另外常见的还有通过社论和评论员文章来对相关的农民工政策进行解读分析和评论。例如《人民日报》2010 年 2 月 8 日的报道《政策解读·让农民工尽快成为市民》，通过对中央一号文件涉及农民工内容的分析，结合政策背景和数据解读中央政策。

专家学者解读报道，是指在农民工政策解读报道中，通过采访相关专家学者来解读分析农民工政策的作用、意义、前景及缺陷等。由于农民工政策涉及农民工工作生活的方方面面，不同的政策涉及不同的领域，因此会有媒体针对不同的政策内容采访相关领域的专家学者，请他们对相关政策进行解读和分析。例如《人民日报》2012 年 7 月 23 日的报道《异地高考 还有三大难》，针对《国家教育事业发展第十二个五年规划》的内容采访了中国教育科学研究院副院长曾天山，曾天山针对政策的重点内容进行了解读分析。

2. 农民工政策的评价报道

新闻媒体的农民工政策报道不仅应该体现在政策颁布之时的有效宣传和解读，还应体现在积极参与农民工政策制定前后的民意收集和报道、政策执行的效果监测和信息反馈等方面。在这一系列报道的动态环节中，媒体对新出台的农民工政策的影响作用进行预测评估，就是对政策的评价报道。

此外，政策是针对一定时期的实际情况而制定的，当实际情况发生了变化，原有政策的不足或缺陷就会显现出来。就农民工的政策制度而言，许多现存的农民工的政策制度也因为种种现实变化的原因亟需完善和丰富。作为社会生活最迅速的反馈机构，新闻媒体应及时提出政策问题和缺陷，这也就需要政策的评价报道来评估政策的作用，指出急需更正和补充的部分，以促进农民工政策的不断完善。

农民工政策的评价报道一般主要通过评论、述评等形式，或肯定政策意义和积极效果，或对政策实施过程中出现的问题和缺陷进行披露，促使农民工政策的有效落实和不断完善。如《人民日报》2010年6月2日的评论《暂住证不是求职前提》，该文针对《昆明市流动人口管理条例》中规定"任何单位不得使用无《居住证》的流动人口"的条款提出学者的否定意见并依据法律和现实情况提出"这种对流动人口的特殊待遇，实际上是对平等就业权的侵犯"这一评价。

3. 农民工政策实施的监督报道和效果反馈报道

尽管政策在制定上很严密，政策在执行时都会有实际执行的效果问题。除了有客观的政策环境变化因素外，在政策执行过程中，若是没有严格有效的监督，就有可能出现"下有对策"的种种违法违规现象，使政策的执行偏离或背离原来的目标。[①] 新闻媒体应在农民工政策发布后尽快开展监督，防止政策在执行中变形走样。例如《人民日报》2012年1月11日的报道《各地进行专项检查保障农民工工资支付》以及2012年1月17日的报道《十五省份开展专项检查为农民工讨薪》都是关于农民工讨薪政策在各地执行情况的报道。

新闻媒体及时报道民众和不同利益群体对于现存的政策制度执行效果的种种态度反应，同时要把政策落实的成果和实施过程中的民情民意通过一定的形式反馈给政策决策部门，促进政策的完善和良性运行。这一类的效果反馈报道，不同于上文的政策评价报道的形式，一般会通过记者的实地调查采访以消息、通讯或深度报道等形式表现出来，侧重于通过数据和采访表达政策效果。例如《人民日报》2011年9月1日的报道《广西平果农民工住进特供房》，记者通过走访广西平果的进城务工农民生活小区，反馈广西平果地区的保障性住房政策的实施效果。

二 农民工政策报道的整体特点

对我国农民工政策报道所呈现出来的整体特点进行归纳分析，可以帮

---

① 陈堂发：《大众传媒与执政能力建设》，《当代传播》2006年第2期。

助我们了解我国农民工政策报道所取得的成绩和存在的不足。我们通过对
148 篇农民工政策报道的样本进行分析和数据统计，从整体规模、体裁特
征和内容分布上分析我国农民工政策报道呈现出的整体特点。

（一）数量多比重大，均衡覆盖各级政策

农民工报道涉及了农民工的方方面面，《人民日报》的农民工报道包
括了农民工政策报道、农民工的工作生活情况报道、农民工新闻事件报
道、农民工子女家庭报道、人物典型报道等等，其中农民工政策报道一直
是农民工报道的重要关注点，占有最大的比重。在笔者收集到的 428 篇农
民工报道中，农民工政策报道有 148 篇，占总数的 35%。2010—2012 年
《人民日报》每一年的农民工政策报道的篇数和比重如表 3 - 1 所示。

表 3 - 1　　2010—2012 年《人民日报》农民工政策报道的数量与比重

年份	2010	2011	2012
农民工报道篇数（篇）	140	159	129
农民工政策报道篇数（篇）	45	46	57
所占比例（%）	32	29	44

从表 3 - 1 我们可以看出农民工政策报道在这几年都保持着一个较为稳
定的绝对数量，并有着上升的趋势，2012 年的农民工政策报道有 57 篇，
比 2010 年增加了 11 篇。在相对比重上，近三年每一年的农民工政策报道
所占比重在总体上也保持一个比较稳定均衡的数值，2012 年农民工政策报
道占农民工报道总数的 44.19%，相较于 2010 年增长了 12 个百分点。

农民工政策报道在比重和数量上的增长，究其原因主要在三个方面：
一是近年来新闻媒体对农民工问题的重视；二是中央政府和地方政府在这
几年密集出台了一系列的农民工政策；三是这几年有关农民工的事件多
发，引起了社会的关注。

由此我们可以看出，随着城市化进程的加速，农民工问题日益突出，
新闻媒体对农民工政策也给予了很大的关注，这也反应出我国新闻媒体在
农民工政策制定中的参与程度也随着对农民工政策报道的重视而加深，这
种媒介参与程度的加深也从侧面反映出我国各级政府在农民工政策制定上
的媒介意识在不断提升。这一点同样也可以从近几年来农民工政策报道所
涉及的政策层级范围显示出来（见表 3 - 2）。

105

表 3-2　2010—2012 年《人民日报》农民工政策报道涉及政策层级范围统计

报道所涉及政策范围	中央政策	地方政策
篇数（篇）	77	71
所占比例（%）	52	48

　　从表 3-2 中我们可以看出在近三年的 148 篇农民工政策报道中，涉及中央农民工政策的有 77 篇，占农民工政策报道总数的 52%；涉及地方农民工政策的有 71 篇，占农民工政策报道总数的 48%。《人民日报》作为全国性的报纸，对于各级政府的农民工政策报道都比较均衡，无论在政策宣传、政策呼吁还是在政策监督反馈上，对中央和地方的政策都给予了相对平衡的关注。正如上文提到的，这也从侧面反映出无论是中央政府还是地方政府，在农民工政策制定上都有着较强的媒介意识。

　　（二）事实性报道居多，观点性报道呈增长趋势

　　关于农民工政策报道的体裁，本章综合分为事实性报道和观点性报道两大类。事实性报道包括消息、通讯等关于农民工政策的新闻事件、政策执行、政策宣传解读等，报道中不带有媒体的任何观点和评论。观点性报道包括了述评式报道、新闻评论、理论文章等，主要涉及农民工政策的呼吁、农民工政策的评价等内容，报道中带有媒体或个人的观点意见，也常借助专家的观点和农民工的观点说话。在《人民日报》关于农民工政策的报道中，事实性报道和观点性报道的分布如表 3-3 所示。

表 3-3　2010—2012 年《人民日报》农民工政策报道的体裁分布统计

报道体裁	事实性报道	观点性报道
篇数（篇）	96	52
所占比例（%）	65	35

　　由表 3-3 的数据我们可以明显看出，在农民工政策报道中事实性报道居多，总共有 96 篇，占农民工政策报道总量的 65%；而观点性报道有 52 篇，占农民工政策报道总量的 35%，比事实性报道低 30 个百分点。这也从一定程度上反映出在农民工政策报道中，关于农民工政策的新闻事件、政策执行、政策宣传解读等内容的占多数，而涉及农民工政策的呼吁、农民工政策的评价等内容的报道所占比重相对较少。不过我们也要看到，尽

管观点性报道所占比重较低，但其绝对数量在整体上有增多的趋势，如表3－4所示。

表3－4 2010—2012 年农民工政策报道的观点性报道数量统计

年份	2010	2011	2012
篇数（篇）	17	12	23
所占比例（%）	38	26	40

从表3－4我们可以看出，关于农民工政策的观点性报道尽管不是每一年都呈增长趋势，但是在整体上的数量和比重都有所增长，在2012年，农民工政策的观点性报道有23篇，占农民工政策报道的40%，相较于2010年增长了2个百分点，相较于2011年增长了14个百分点。观点性报道主要涉及当前农民工政策的呼吁和探讨，此类报道的增多，也表明了新闻媒体在农民工政策制定上的意见表达的重要地位，新闻媒体为公众搭建的意见平台起到了更明显的作用。这种话题讨论式的公开报道有助于促进公众对农民工问题的探讨，也有助于促进政府将农民工问题提上政策议程并不断完善政策。同时我们也应该认识到，由于观点性报道的主观色彩较重，倾向性较强，因而如何平衡报道的客观性是媒体需要把握的重点。

（三）报道内容重点关注农民工城市化的基本政策问题

从本章抽取的148篇农民工政策报道所涉及的内容来看，农民工政策报道涉及了农民工各方面的政策内容，尤其是农民工社会政策一直是新闻媒体报道的重点内容。在前文已经提到，对农民工政策报道的内容分析中，本章依据所抽样的新闻报道涉及的农民工政策内容细分为以下八个类别：有关农民工户籍管理的政策；有关农民工子女教育的政策；有关留守妇女、儿童、老人的政策；有关农民工社会保障及公共服务的政策；有关农民工权益保护的政策法规；有关农民工薪资的政策；有关农民工就业、培训的政策；有关农民工工作生活环境及生活方式的政策。每个类别的农民工报道数量统计如表3－5（在148篇样本中有单篇涉及多项政策内容的报道）所示。

107

表 3 – 5   2010—2012 年《人民日报》农民工政策报道涉及的政策内容统计

报道涉及的政策内容	报道篇数（篇）	所占比例（%）
有关农民工户籍管理的政策	23	16
有关农民工子女教育的政策	29	20
有关留守妇女、儿童、老人的政策	10	7
有关农民工社会保障及公共服务的政策	39	26
有关农民工权益保护的政策	26	18
有关农民工薪资的政策	21	14
有关农民工就业、培训的政策	14	9
有关农民工工作生活环境及生活方式的政策	14	9

        从表 3 – 5 我们可以看出，近年来农民工政策报道涉及了农民工的户籍管理、子女教育、留守问题、社会保障、权益保护、生产生活等政策的方方面面，这不仅显示出新闻媒体对农民工政策报道的全面关注，也反映出近年来我国农民工政策在引导阶段逐渐淡化对农民工流动的监管和控制，开始逐渐走向关注农民工权益、保障和各项服务上。由表 3 – 5 的数据我们可以统计出，近几年有关农民工社会保障及公共服务的政策、有关农民工子女教育的政策、有关农民工权益保护的政策和有关农民工户籍管理的政策是新闻媒体关注的热点问题，分别占农民工政策报道总数的 26%、20%、18% 和 16%。而这几个方面的政策也正触及了农民工城市化的几大基本问题。

        农民工的城市化从狭义上来讲是指农民工获得作为市民的身份和权益；从广义上讲是指农民工在身份、权利、地位、观念、素质及生产生活方式各个方面全面向城市市民转化，包括了身份、地位、权利的改变，农民工自身素质的改变，农民工思想观念的市民化改变，以及农民工生活质量的市民化改变。农民工市民化进程中的主要问题包括了户籍问题、就业问题、居住问题、社会保障问题、社会地位问题、农村人口的退出机制问题等。随着农民工市民化的各项问题而来的是各种政策呼吁和农民工政策的推出，从上述数据我们可以看出，新闻媒体所关注的重点都涉及农民工城市化政策的重点内容。其中有关社会保障的政策报道主要涉及农民工的养老、医疗、失业和工伤保险政策；有关农民工子女教育政策报道主要涉及随迁农民工子女入学升学政策；有关农民工权益保护的政策报道主要涉及改变农民工与市民"同工不同权、同城不同权"现象的政策；有关农民工户籍管理的政策报道主要涉及取消农民工户籍限制的政策，以及某些地区推行的取得良好效果的农民工户籍管理政策等；有关农民工就业政策的报道主要涉及农民工就业引导政策、就业安置政策等。

我们在看到新闻媒体关注农民工城市化的几大关键问题的同时，也应该认识到，农民工城市化还伴随着思想观念的城市化、农民工生产生活的城市化以及农民农村土地退出机制问题，对应这些问题也出现了有关农民工心理关怀、农民工城市生活环境和生活方式、就业帮扶、职业培训以及有关留守问题的政策等，新闻媒体的农民工政策报道也应该对这些政策问题给予更多的关注。

第三节　农民工政策报道的不足和改进建议

一　农民工政策报道的现存问题和不足

（一）政策宣传占主流，政策制定环节报道缺失

在上文我们根据新闻媒体参与农民工政策过程各个环节，将农民工政策报道相应划分为三大类别，分别是农民工政策确立前的设置议题报道、农民工政策制定过程中的政策决策过程报道、农民工政策确立之后的政策宣传及政策效果报道。我们将抽取的148篇样本按照新闻媒体参与政策过程的三环节进行分类统计，如表3-6所示。

表3-6　　　2010—2012年《人民日报》农民工政策报道类别统计

农民工政策报道类别	篇数（篇）	所占比例（%）
农民工政策确立前的设置议题报道	37	25
农民工政策制定过程中的政策决策过程报道	2	1
农民工政策确立之后的政策宣传及政策效果报道	109	74

由表3-6的数据我们可以很清晰地看出，在目前农民工政策报道中，政策确立之后的政策宣传及政策效果报道占了极大的比重，共有109篇，占农民工政策报道总数的74%，其次是农民工政策确立前的设置议题报道，有37篇，占总数的25%，而在农民工政策制定过程中的政策决策过

程报道只有 2 篇，只占总数的 1%。由此可见，我国农民工政策报道重点在于农民工政策确立之后的报道，而关于政策决策过程中对政策讨论和政策抉择过程的公开报道以及对政策确立过程中的意见讨论平台搭建极少给予关注。这也体现出目前我国新闻媒体在农民工政策宣传环节、某些政策问题的设定环节所起的作用比较显著，[①] 而在农民工政策方案的设计与辩论环节能够产生的实际影响还不太明显。

在我们所抽取的样本中，这两篇在农民工政策制定过程中的报道分别是 2010 年 5 月 10 日的评论《居住证岂能"捆绑"公民就业?》和 2010 年 10 月 15 日的报道《随迁子女高中拟有限开放》。前者是通过评论对《昆明市居住证管理规定》草案的内容发表意见，指出其缺陷和不足；后者是针对《北京市中长期教育改革和发展规划纲要（2010—2020 年）》征求意见稿的内容公开征求公众意见这一主题采访的相关专家和市民的意见。这两篇报道都是关于农民工政策制定中的意见表达报道，而没有涉及政策制定过程的公开和意见选择。

政策制定环节的报道缺失，是媒体监督农民工政策制定是否公平公正这一角色的缺失，也是媒体在政策制定过程中搭建意见平台为政策抉择献计献策这一角色的缺失。新闻媒体在这一环节报道的缺失，一是由于政府制定政策的民主化意识不足，二是由于新闻媒体在这一环节的监督意识和责任意识缺乏。相信随着政府对政策制定民主化、科学化意识的提升，加上公民意识增长、知识分子公共性的推动，媒体在这个环节的作用会日渐凸显。[②]

（二）重宣传，轻监督；重成就，轻反思

由表 3-6 的数据我们看到在目前农民工政策报道中，政策确立之后的政策宣传及政策效果报道占了极大的比重，共有 109 篇，占农民工政策报道总数的 74%。由于政策确立之后的新闻报道可以分为政策宣传解读报道、政策评价报道、政策实施监督报道和政策实施效果反馈报道，我们将这 109 篇报道进行了分类统计，如表 3-7 所示。

①　童兵：《大众传媒和公共政策的关系——兼评〈新闻媒体与微观政治——传媒在公共政策中的运用〉》，《当代传播》2008 年第 6 期。

②　同上。

表 3 - 7　　　　2010—2012 年《人民日报》农民工政策宣达环节报道类别分布

农民工政策确立之后的报道类别	篇数（篇）	所占比例（%）
政策的宣传和解读	62	57
政策的评价报道	8	7
政策实施监督报道	4	3
实施效果反馈报道	35	33

从表 3 - 7 可以看出，在农民工政策确立之后的环节，新闻媒体的报道集中于对政策的宣传与解读，共有 62 篇，占这一环节报道总数的 57%，政策的宣传和解读报道这一项也是在整个农民工政策报道中占最大比例的，占所抽取的 148 篇农民工政策报道样本的 42%，而关于农民工政策实施的监督报道仅有 4 篇，只占这一环节报道总数的 3%。从这一数据可以看出我国农民工政策报道在农民工政策推出之后"重政策宣传，轻实施监督"的特点，这一点也反映了新闻媒体对农民工政策的落实过程缺乏关注，对农民工政策实施过程的媒介监督作用不足。

政策评价报道和政策实施效果反馈报道都是对所确立的农民工政策的评估。政策评价报道通常以新闻评论或新闻述评的形式出现，偏向于指出农民工政策存在的缺陷和不足，也有部分是对农民工政策的充分肯定，在我们抽取的近三年的样本中，政策评价报道只有 8 篇。政策实施效果反馈报道通常以消息、通讯和深度报道的形式来体现，实施效果的反馈一般是中央或地方的农民工政策取得的成效显示，绝大多数会在报道中运用数据来说明。关于这两种农民工政策评估报道的报道倾向分布分别如表 3 - 8 和表 3 - 9 所示。

111

表 3 - 8　　　　2010—2012 年《人民日报》农民工政策评价报道倾向

政策评价报道	正面评价	负面评价
篇数（篇）	2	6

表 3 - 9　　　　2010—2012 年《人民日报》农民工政策反馈报道倾向

政策效果反馈报道	成就报道	反思报道
篇数（篇）	34	1

从表 3 - 8、表 3 - 9 中的数据可以看出，在对农民工政策的评价报道

中，对政策存在的缺陷不足的报道要多于对政策的正面评价报道，但是这一类评价报道在总数上只占所抽取的农民工政策报道总数的5%。而在数量上更占优势的35篇政策效果反馈报道中，反映政策成就优势的报道有34篇，而反映政策效果存在缺陷的报道仅有1篇。综合这两种报道来看，在对农民工政策的评估报道中，正面报道有37篇，负面报道仅有7篇。由此我们可以看出，在对农民工政策的评估阶段，新闻媒体的报道呈现的是"重成就宣扬，轻缺陷反思"的特点，这也反映了农民工政策报道缺乏对政策的理性评估和评价视角，新闻媒体在农民工政策推出后，对农民工政策的不断完善和改进方面所起的推动作用还比较有限。

（三）政策分析解读报道有待加强，解读视角有待拓宽

如表2-7所示，在农民工政策确立之后的环节，新闻媒体的报道集中于对政策的宣传与解读，共有62篇，政策宣传报道按照报道方式不同分为农民工政策传达报道和政策解读分析报道，这两种报道方式的数量分布如表3-10所示。

表3-10　2010—2012年《人民日报》农民工政策宣传报道方式统计

报道方式	对政策全文或主要内容点的传达	对政策的深入解读分析
篇数（篇）	50	12
所占比例（%）	81	19

由表3-10的数据我们可以明显看出，在农民工政策宣传报道中，对政策的全文或要点的传达报道占绝大多数（50篇），占62篇农民工政策宣传解读报道的81%，而对农民工政策的深入解读分析的报道数量明显偏少，只占了农民工政策宣传报道的19%。以上数据反映出，新闻媒体在政策宣传中偏向于对政策的直接传达，而忽视了对农民工政策的深入解读和分析，在这一点上新闻媒体还没有很好地运用与决策部门的联系和手中的话语权而更好地发挥为公众答疑解惑的作用。

通过对为数不多的12篇农民工政策解读报道的分析（其中有单篇报道涉及多个解读主体的情况），发现其中对农民工政策进行解读分析的主体有4篇涉及政策相关部门官员，有3篇涉及专家学者，还有7篇涉及新闻媒体本身对政策的解读。其解读主体及解读方式的分布如表3-11所示。

表 3 – 11　　　2010—2012 年《人民日报》农民工政策解读报道分析

新闻标题	解读主体	解读方式
《广东告别"暂住证"时代》	新闻媒体	实地调查采访，解释政策背景和公众关心的要点
《"居住证"离"户口"有多远》	政府官员、专家学者	针对政策问题答疑解惑
《政策解读·让农民工尽快成为市民》	新闻媒体	依据政策条文结合历史背景进行分析
《实现体面劳动　工会大有可为》	新闻媒体	通过评论依据政策条文结合重点分析
《广东农民工，积分可以转户口》	新闻媒体、专家学者	实地调查采访，专家学者解释政策背景
《政策解读·农民工健康从建档开始》	政府官员	依据政策条文解读政策背景和要求
《政策解读·推动流动人口市民化》	政府官员	介绍政策背景和政策任务
《"魔高一尺"更需"道高一丈"》	新闻媒体	通过评论解读政策意义
《"农民工高考"求解"上升焦虑"》	新闻媒体	通过评论解读政策意义
《政策解读·有保障的生活还远吗》	新闻媒体	依据政策条文解读政策背景和意义
《异地高考　还有三大难》	专家学者	结合热点问题进行政策点评分析
《异地高考将设准入条件》	政府官员	结合政策针对问题提出解决措施分析

　　从表 3 – 11 可以看出，在 7 篇以新闻媒体为解读主体的报道中，主要涉及以下解读形式：一是实地调查采访，结合政策内容采访相关人士解读政策，符合这种解读方式的样本有 2 篇；二是直接依据政策条文分析政策背景和意义，符合这种解读方式的样本有 2 篇，都是出现在《人民日报》专门的"政策解读"栏目中；三是通过评论的方式解读政策要点和意义，符合这种解读方式的样本有 3 篇。在涉及专家学者和政府官员为解读主体的报道中，主要涉及以下解读形式：一是针对要点问题结合政策内容为公众答疑解惑，涉及这种解读方式的样本有 3 篇；二是解释政策背景、政策重点和政策意义，涉及这种解读方式的样本有 3 篇。由此我们可以看出，在农民工政策的解读报道中，涉及政策条文要点、政策背景和意义分析的报道占多数，一共有 8 篇，而结合农民工政策条文分析实际问题的解读只

有 4 篇。这反映出，在对农民工政策的解读分析中，《人民日报》作为政策解读的权威媒体，从权威导向视角站在党和政府统揽全局的高度，宏观地解读农民工政策的报道相对较多，从农民工视角站在微观角度分析与农民工切身利益相关的解读报道较少，从问题导向角度解读农民工政策能解决什么实际问题的解读报道也相对较少。媒体高高在上以权威视角解读农民工政策，往往难以找到与农民工共通的经验范畴，难以从农民工感同身受的实际问题中发现结合点，其政策解读也难以为农民工所关注、认可和接受。

（四）农民工的政策意见表达不足

在我们所抽取的 148 篇农民工政策报道样本中，有采访对象的报道共 55 篇，无采访对象的报道共 93 篇。有采访对象的报道中涉及的受访者数量统计如表 3 - 12 所示。

表 3 - 12　　2010—2012 年《人民日报》农民工政策报道的受访者统计

受访者	农民工	专家学者、社会精英	政府官员	一般市民
数量（篇）	28	15	36	3

从表 3 - 12 中的数据可以看出，在对农民工政策的报道中采访对象多数为与政策制定相关的政府官员，同时也比较注重农民工群体的话语表达。在对涉及农民工采访的报道样本的分析中，我们发现，涉及对农民工采访的报道主要是农民工问题的提出及呼吁报道以及农民工政策实施的反馈报道，分别有 13 篇和 12 篇。在对农民工问题设置和呼吁的报道中，记者对农民工的采访多是关于农民工对问题的陈述和意见的表达。在对农民工政策实施的反馈报道中，上文我们已经提到过这类报道绝大多数是正面反馈，记者在对农民工的采访中也大多数是通过农民工的表述来凸显政策实施效果的显著。我们可以发现，在对农民工政策的报道中，新闻媒体善于借助农民工之口来表达政策呼吁和政策效果反馈，从而使得这类报道更有说服力。但是在政策制定过程的意见表达、对政策实施的监督以及对政策的评价这几类报道中，农民工的话语表达十分少见，造成这种状态的原因一是由于我们已经提出的新闻媒体在政策制定过程以及政策实施监督环节的角色缺失，另外是由于作为农民工政策最直接的利益关系者的农民工群体话语权的缺失。

对于本章所抽取农民工政策样本的意见主体我们也进行了数量统计，此处的意见主体包括了观点性报道中的农民工政策呼吁主体、政策讨论主体以及对政策评价和反馈主体，其数量分布见表 3－13（其中有单篇报道涉及多个意见表达主体）。

表 3－13　2010—2012 年《人民日报》农民工政策报道涉及意见主体统计

意见表达主体	农民工	专家学者	政府官员	一般市民	新闻媒体
篇数（篇）	10	21	24	5	24

从表 3－13 可以看出，在目前的农民工政策报道中，媒体所搭建的意见平台主要是面向相关政策部门官员、媒体评论员和农民工相关问题研究的专家学者，而农民工群体很少有机会进行意见表达，农民工的主体性没能得到很好的发挥。虽然研究农民工问题的专家学者在他们的日常研究中往往有对农民工的深入采访、调查，使得他们能够全面深入地发现问题、了解农民工的需求，并能提出建设性的政策意见，这使得他们在新闻媒体搭建的政策意见平台上所表达的观点和提出的意见能够在很大程度上代表农民工群体的利益需求和政策需求。但是我们还是应该清楚认识到，目前我国农民工政策报道凸显了农民工自身话语权的缺失，这一方面是由于农民工对于媒介平台的参与意识和参与能力不高，另一方面也是因为我国农民工长期以来话语权的缺失所导致。

二　农民工政策报道的改进建议

针对农民工政策报道现存的问题和不足，本文对农民工报道的发展和改进提出以下建议。

115

一是加强农民工政策全过程的媒介参与，发挥政策制定环节的意见平台作用。

我国农民工政策报道在未来的发展中应该注重贯穿农民工政策全过程，关注每一个政策环节，平衡每一个政策环节的报道。尤其是在农民工政策的决策程序中，鉴于目前我国农民工政策报道在这一环节的缺失，新闻媒体在农民工政策报道中应当注意积极公布政府的政策目标、收集和传达公众的政策意见和建议、公布可供比较和选择的多套政策方案、全程报道公共政策的决策听证、公开报道政府决策部门讨论和抉择的过程，并且为公众搭建意见平台，加大公众意见表达、政策讨论和政策抉择过程的报道比例。

在农民工政策议程创建之后到正式政策出台的这一阶段，往往是社会公众各阶层进行意见表达的关键时期。新闻媒体为公众提供的意见平台，由于有公众的广泛参与，就能够对政策议题的过程施以广泛的影响。公众可以通过新闻媒体对政府提出的农民工政策方案发表意见，充分表达各个不同利益群体的政策需求，也可以对政策制定过程中出现的问题提出质疑，促使政策的制定有着民主、科学和规范的决策过程。[①]

例如，在重大农民工政策制定过程中，新闻媒体可以开辟"公开窗口"对政策制定的过程进行报道，也可以开辟"讨论区"板块，针对政策目标广泛吸纳各种具有代表性的意见和建议，使公众能够为政策制定献计献策。这不仅能够保证农民工政策制定的公平化、科学化，更能够鼓励和增强公众的政治参与热情，最大限度提高民众参与公共政策过程的普遍性和有效性。

二是注重政策实施过程的媒介监督，加强对政策的理性评估报道。

政策执行是将预期的政策目标付诸实践的过程，也是政策执行组织和政策对象之间就目标、手段做相互调适的互动过程。在这个过程中媒体应扮演两种重要角色，一是为政策执行营造有利的舆论环境，二是就政策执行中产生的多种失败或失效现象等进行公开的舆论监督以促成政策的纠偏、补救和改进。在这两个角色中，我们从上文的数据和结论也能看出，新闻媒体在农民工政策的宣传和解读上扮演着重要角色，但是在执行实施阶段的舆论监督作用并不显著。

在政策出台后，新闻媒体要对政策的整个实施过程给予监督。新闻媒体在监督过程中，一方面要监督政策执行过程中出现的障碍和偏差，另一方面要注意收集在政策实施过程中公众的意见，发现新问题，从而促进农民工政策的有效实施和不断完善。媒介可以通过对政策执行问题给予持续

116

---

① 卢迎春：《论当代中国大众传媒的政治功能》，博士学位论文，苏州大学，2010年，第40—44页。

的关注，从而有助于上级政府对下级工作有一个实际的了解。

另外，农民工政策执行阶段的效果评估报道不能只讲成绩，要多渠道多角度地反馈和评价政策。新闻媒体在对农民工政策的评价和效果反馈中，应该科学适度地反映政策可能产生的负面影响，通过实地调研采访多了解作为利益终端的农民工群体对政策效果的客观反映，不能一味的报道成就，而应该在报道中多一些理性色彩和辩证思维。

三是多元化深入解读农民工政策，为农民工群体服务。

农民工政策的宣传和执行过程中，新闻媒体应加大对农民工政策的深入解读报道的比例，不能仅局限于对政策的简要公布报道。同时，农民工政策的解读报道应注意视野的开阔和角度的多元化。在政策解读报道中，不仅应注意解读政策的出台背景、政策的条文内容、政策对实施对象的利益影响、政策的发展走向等方面，还应注意解读视角的多元与平衡。如权威视角的农民工政策解读，能够体现政策解读的深入、全面和准确，体现政策解读的专业性；民生视角的农民工政策解读，能够注意政策与农民工群体的利益切合点；问题导向视角的农民工政策解读，能够发现政策的盲点与误区，从而提出改进性的建议；答疑解惑视角的农民工政策解读，能够帮助农民工解读出具有一定可操作性的建议，以供他们行动的权衡和参考。各个视角的农民工政策解读要注意适当平衡，鉴于目前新闻媒体报道中权威视角的农民工政策解读所占比例较大，新闻媒体的农民工政策解读报道应向民生视角、问题导向视角和答疑解惑视角倾斜。

在对农民工政策的解读中，作为直接受众的农民工群体，他们希望听到媒体就其所关心的问题发表看法和解读，提出能帮助他们释疑解惑的观点和主张，解读出具有一定可操作性的建议，作为他们行动的参考。因而，如果新闻媒体对农民工政策的解读是关于全局性的、抽象性较强的视角时，作为受众的农民工就不那么容易接受。对此，新闻媒体应注意从农民工群体的关注点入手，发掘所报道的农民工政策与农民工切身利益之间最重要的联系，寻找最佳结合点和切入点，站在农民工的视角对政策进行解读。

四是给予农民工群体足够的话语空间。

农民工政策报道一方面要从农民工群体的角度出发，多方面宣传解读农民工政策；另一方面媒体要站在公平正义的立场上，代农民工立言，反映他们的利益诉求和情感愿望，推动农民工政策的不断完善和发展。

在农民工政策报道中，新闻媒体要合理调节各阶层对传媒资源的使用比例，降低农民工群体使用新闻媒体的成本，增大农民工群体享用媒介的频率。新闻媒体是有着巨大的社会影响力的平台，无论是城市居民、专家学者、政府官员、还是农民工群体都有权利合理享有媒介的使用权。目前我国农民工群体在政治经济上处于劣势，在文化资源的占有和使用上同样处于劣势。新闻媒体有责任加大对农民工这个庞大的弱势群体的扶持，加大农民工群体在农民工政策制定过程中的意见表达。新闻媒体在农民工政策报道中，要积极搭建公共意见平台，让农民工能够利用媒介发出自己的呼声，使其意见得到充分的表达。

我国媒体在当前的农民工政策报道中，对农民工的采访和话语展示，都只是为了呼应报道主题而有选择性地穿插报道一两句，尤其是在对政策效果的反馈中新闻媒体更多的是借农民工之口表现政策的成就，而对于政策是否真的受到农民工的认可以及农民工对政策内容和政策实施中的意见并没有给予足够的表达空间。

新闻媒体在宣传或报道农民工政策时，不应只是为了体现政策效果或者呼应报道主题时才想起有选择性的引用农民工的话语，而应把农民工作为意见表达的主体，鼓励农民工参与农民工政策的制定及实行过程，注意邀请农民工在媒体上发表对政策的意见、看法和要求，传达农民工群体的心声，展开关于农民工政策的对话、讨论和质疑等。这不仅可起到有效推动农民工政策的解释、宣传和执行的作用，而且给农民工群体提供了一个民意表达的渠道和机会。

第四章　农民工工作环境报道研究

一个好的工作环境能够让人工作愉悦，身心健康，十分有助于工作效率的提高；一个糟糕的工作环境，往往使人身心受损，甚至危及生命。农民工区别于城市其他社会阶层的一个重要标志，就是工作环境的苦、累、脏、险，因而维护农民工工作环境的权益，改善农民工的工作环境，便是摆在我国政府、用工企业和社会面前的一个重大而必须解决的问题。新闻媒体作为社会的守望者和舆论监督的公共机构，理应为农民工工作环境报道和舆论监督做出自己的贡献，以此促进农民工工作环境问题的社会关注和实际解决。

第一节　农民工工作环境与农民工工作环境报道

一　工作环境的概念

传统意义上的工作环境，指的是劳动者工作的外部客观条件，即物的环境。随着时代的变迁，社会的发展，工作类型的细分，社会各阶层的分化，如今的工作环境已经不仅仅指劳动者工作场所的外部物的环境，还包括单位风气、领导作风、和谐程度等人文环境。

这样说来，工作环境可以分为两类。

一是关于物的因素即物质环境。物质环境是指劳动者的工作场所的外部环境条件，涉及劳动者工作的岗位类型、工作的危险度、工作时长、薪酬收入、奖金福利等方面。

二是关于人的因素即人文环境。人文环境是对劳动者的生产效率和身心健康有着巨大影响的软环境，主要包括单位风气、领导作风、精神风貌、人际关系的和谐程度等心理因素；其次是荣誉奖励、激励机制、晋升空间等。

二 农民工工作环境报道的概念

在现有的农民工报道研究的成果中，农民工的工作环境报道研究几乎是一片空白，在理论和实践中也缺乏对这一概念的严格定义。我们认为，农民工工作环境报道是新闻媒体与农民工工作环境相结合的产物，农民工工作环境报道是以农民工的工作环境状况作为题材的报道，是整个农民工报道的有机组成部分。

结合前文对工作环境概念的阐释，以及农民工这一特殊群体所从事的主要行业及相关特征进行概括分析，农民工的工作环境报道的范围主要包括农民工工作的岗位类型、工作危险度、劳动强度和工作时长、薪酬收入、奖金福利；农民工工作的单位风气，管理作风，精神风貌、人际关系；农民工的荣誉奖励、激励机制和晋升空间等。

第二节 农民工工作环境报道的现状分析

媒体作为社会的瞭望者，承担着构建社会精神文明的重任并影响着人们对于日常环境的认知和决策。农民工作为一个不断壮大的社会群体，已引起新闻媒体的密切关注，而对其工作环境的报道已成为农民工报道的一个重要方面。媒体再现的农民工的工作环境除了影响社会公众对农民工群体生存状态的认知和农民工群体的自我认知，还影响了政府对农民工工作环境的判断和决策，最终影响到农民工问题的解决和我国城市化进程的推进。

那么，媒体的报道是否如实地反映了农民工工作环境的现状，还存在什么问题，如何改进，这些都是本章要研究的内容。

对我国农民工工作环境报道的现状进行研究，我们将采取抽样调查与文本分析相结合的方法进行。抽样调查的数据来源于本课题组 2001—2010 年 8 份报纸的随机抽样数据，8 份报纸分别是：《南方周末》《羊城晚报》

《解放日报》《新民晚报》《人民日报》《北京晚报》《湖北日报》《楚天都市报》，每份报纸每年随机抽取 20 份。这 8 份报纸的出版地分别是经济发达且农民工数量最多的三个典型城市——广州、上海、北京——和位于中部地区的有大量农民工的武汉市。文本分析选取了《工人日报》中的农民工工作环境报道作为分析样本。我们之所以选择《工人日报》作为分析样本，是因为《工人日报》是"以报道广大职工在社会主义建设中的活动和宣传先进人物为主要内容，力求使工人群众成为新闻的主体，替工人说话，为工人办事"的报纸。① 因此《工人日报》在反映农民工工作环境的报道上具有一定的代表性。我们从《工人日报》2010 年 1 月 1 日至 2012 年 12 月 31 日期间每天的新闻报道中选取了 1941 篇有关农民工的报道，其中农民工工作环境的报道有 182 篇，然后进行农民工工作环境报道样本的定量和定性分析。把 8 报 10 年报道的抽样调查数据分析和《工人日报》3 年报道样本的文本分析相结合，再把本课题组的有关受众调查数据相对照，我们就大致可以判断我国农民工工作环境报道的现状、特点与不足。

一　农民工工作环境报道的整体规模与受众反应

（一）农民工工作环境报道的整体规模

本课题组对 8 报 10 年农民工报道的随机抽样结果如表 4 - 1 所示。

表 4 - 1　　　　2001—2010 年 8 份抽样报纸农民工报道数量统计　　单位：篇

年份 报纸	2001	2002	2003	2004	2005	2006	2007	2008	2009	2010	总数
《解放日报》	1	4	4	3	3	4	10	5	7	3	44
《新民晚报》	4	7	3	9	7	6	13	9	8		72
《湖北日报》	4	3	18	20	18	16	16	25	16	23	159
《楚天都市报》	10	11	14	16	28	18	27	14	17	17	172
《南方周末》	3	4	8	2	3	2	2	2	3	6	38
《羊城晚报》	4	3	7	4	5	5	18	19	14	11	90
《北京晚报》	10	4	6	10	16	10	7	7	9	17	102
《人民日报》	2	3	6	25	19	14	23	7	23	31	152

①　《工人日报》，360 百科，http：//baike. so. com/doc/5563834. html，2014 年 7 月 23 日。

表4-1显示，在2001—2010年的10年间，不论是党报还是地方都市报，在对农民工的报道规模上大体上呈现逐年增多的趋势。从报道总数上看，在随机抽样的8份报纸中，《楚天都市报》对农民工的报道在抽样报纸中所占的比例最高，其次是《湖北日报》。出现这种情况主要是因为武汉是我国中部最大的农民工集散地，而《楚天都市报》又是武汉市乃至湖北省发行量最大、覆盖面最广的市民化报纸，所以对农民工问题比较关注；湖北省作为我国中部交通枢纽省份和中部经济战略支点区域，农民工往返流动频繁，输出与输入交叠，因此《湖北日报》对农民工问题也相当关注。

为了进一步对农民工工作环境报道进行调查分析，我们又对其中的6份抽样报纸——《解放日报》《新民晚报》《湖北日报》《楚天都市报》《羊城晚报》《人民日报》按照党报和都市报进行分类，对其中的农民工工作环境报道数量及在农民工报道中所占的比例进行了汇总，结果如表4-2所示。

表4-2　　2001—2010年3份党报中农民工工作环境报道数量统计　　单位：篇

党报 年份	《解放日报》		《湖北日报》		《人民日报》	
	数量	所占比例（%）	数量	所占比例（%）	数量	所占比例（%）
2001	0	0	1	25	0	0
2002	0	0	0	0	0	0
2003	0	0	0	0	0	0
2004	0	0	2	10	3	12
2005	1	33	0	0	1	5
2006	1	25	0	0	1	7
2007	2	20	1	6	1	4
2008	1	20	0	0	0	0
2009	1	14	0	0	0	0
2010	1	33	0	0	0	0

与党报相比，地方都市报对农民工工作环境的报道在数量上有所增加，所占比重也有所提高，但农民工工作环境报道的绝对数量和相对比重仍然不高，且报道的数量没有呈现一定的增长趋势。这说明，无论是中央党报还是地方都市报，农民工工作环境问题还没有成为媒体关注的重点和

常规报道内容（如表4-3所示）。

表4-3 2001—2010年3份地方都市报中农民工工作环境报道数量统计 单位：篇

地方都市报 年份	《新民晚报》		《楚天都市报》		《羊城晚报》	
	数量	所占比例（%）	数量	所占比例（%）	数量	所占比例（%）
2001	0	25	2	20	1	25
2002	0	0	2	18	0	0
2003	1	33	2	14	0	0
2004	0	0	1	6	0	0
2005	1	11	6	21	0	0
2006	0	0	5	28	0	0
2007	0	0	8	30	1	6
2008	2	15	14	14	2	11
2009	1	11	1	6	0	0
2010	0	0	4	24	1	9

从表4-2和表4-3中的数据可以得知，无论是党报还是地方都市报，农民工工作环境报道无论是在绝对数量上还是在相对比重上，都呈现较低的水平。首先看党报，以《人民日报》为例，在2001—2010年中，2004年与农民工工作环境有关的报道总数为3篇，是10年内报道数量最多的一年；2001—2010年的《解放日报》中，虽然农民工工作环境的报道在后几年中占农民工报道总数的比例较高，但10年内每年最多的报道数量仅是2007年为2篇。

（二）农民工工作环境报道的受众反应

本课题组还以问卷形式分别对媒体从业者、普通市民以及农民工群体进行了调查。统计结果显示，29.2%的受访媒体从业者认为自己所在媒体的农民工报道中，对农民工工作环境的报道量较大；24.4%的受访市民认为农民工工作环境报道是农民工报道中最常出现的内容。但是与此同时，41.2%的受访农民工表示对媒体的农民工工作环境报道内容表示不满意，并且在受访的748名农民工中，有54.7%的农民工表示对现有的工作环境不满意，有58.4%的农民工表示对目前的工作时长和工作额度表示不满意，换言之，目前农民工群体的工作环境中仍有很多问题需要得到社会的关注，加以解决。

从上述数据的对比中，我们可看出农民工问题虽然受到了新闻媒体的关注，但是媒体并没有把农民工工作环境问题作为农民工生存现状中所亟待解决的问题来对待。尽管媒体的报道对市民的关注和认识产生了一定的影响，但是媒体对农民工工作环境问题的报道在农民工群体中的认可度较低，可见媒体的报道并没有真实全面地反映出农民工群体所面临的工作环境问题。

美国著名学者沃尔特·李普曼说过，人们是通过新闻报道间接地了解现实的社会环境，传媒报道应该反映真实的社会环境，然而，媒介在向受众传播信息的过程中，由于种种因素的限制，往往不能完全反应现实的社会情境，所以其所描述的环境与现实环境是有差距的，是一个"拟态环境"。① 媒体对农民工工作环境所营造的拟态环境，在一定程度上增强了部分市民对农民工工作环境问题的关注，但是在农民工那里，由于身处所反映的客观现实环境之中，他们看到了媒体所描绘的拟态环境与现实真实的环境不符，因此媒体的传播效果并不理想。

二 农民工工作环境报道的力度分析

对某一社会现象或某一社会群体的报道力度可以直接反映媒体对其关注、重视的程度。为更好地了解媒体对农民工工作环境这一问题的重视程度与报道情况，我们以 2010—2012 年为时间段，以《工人日报》为研究样本，从报道的数量、频率、版面位置等方面对农民工工作环境报道的力度进行综合分析。

（一）农民工工作环境报道的数量

表 4 - 4 反映的是 2010—2012 年《工人日报》中农民工工作环境报道的基本情况。从表中"农民工工作环境报道篇数"与"每月平均报道数量"的数据中可以看出，农民工工作环境报道在近 3 年都保持着一个较为稳定的数量，在数量上处于均衡的状态。《工人日报》每月平均报道数量都在 7—14 篇左右，这意味着农民工工作环境问题出现在媒体上的频率大概为每周 1—2 篇。由此我们可以看出，随着城市化进程的加速，农民工问

---

① 郭庆光：《传播学教程》，中国人民大学出版社 1999 年版，第 220 页。

题的日益突出，解决农民工工作环境的问题受到了社会各界的重视，作为"替工人说话，为工人办事"的《工人日报》对改善农民工工作环境给予了很大的关注。但值得注意的是，这3年中，在报道的数量上没有明显的上升趋势，其中2011年的农民工工作环境报道有99篇，相较于2010年和2012年仅多了10多篇。

表4-4　　2010—2012年《工人日报》中农民工工作环境报道的数量　　单位：篇

年份	2010	2011	2012
农民工工作环境报道篇数	82	99	83
农民工报道总数	557	710	674
所占比例（％）	14.7	13.9	12.3
每月平均报道数量	6.8	13.9	12.3

表4-4显示，从相对数量上来看，2010—2012年农民工工作环境报道占农民工报道总数的比例分别是14.7%、13.9%和12.3%，在总体上保持一个基本稳定的均衡值，但与2011年相比，2012年的农民工工作环境报道所占比重稍有下降。

从现实情况来看，农民工工作环境报道在比重上的下降，一方面的原因是近年来新闻媒体对农民工工作环境问题的报道，引发了政府和企业的关注，间接督促了社会对农民工工作环境的改善，因此反映农民工工作环境恶劣的负面报道相应减少；另一方面也不能排除这种下降趋势有着新闻媒体对农民工工作环境关注度下降的因素。

（二）农民工工作环境报道的频率

通常而言，在媒体的"议程设置"中，媒体为了影响受众对某一现象或问题的关注，可以通过增加报道频率来反映媒体对其重视程度，从而引起受众对这一议题的关注。我们以《工人日报》在2010—2012这3年中的农民工工作环境报道为样本，对农民工工作环境报道出现的时间和频率分布进行了分析，结果如图4-1至图4-3所示。

从图4-1至图4-3中可以直观地看出，农民工工作环境报道的呈现时间相对比较集中，呈现出较强的季节性和时段性特点。通过样本的时间分布发现，《工人日报》的农民工工作环境报道主要集中在两个时间段，一是7—9月份，也就是高温酷暑的夏季。夏季高温，农民工户外工作环境

125

恶劣，这一时段媒体对农民工的作业环境的关注度就颇高。另一个时间段是 12 月份到次年的 1 月份，这一时段临近年末岁尾，用工单位年末结算农民工工资，或是有些地区因恶意拖欠农民工工资引发的农民工讨薪等群体事件、劳动纠纷的数量呈现上升态势。农民工工资收入情况是衡量农民工工作环境的一个重要指标，也是劳作了一年的农民工能够过一个舒心年的保障，并且各级政府和工会组织出台了一系列保障农民工如期获得工资收入、惩治恶意欠薪的规章制度。因此这一时段新闻媒体对农民工工作环境的关注度也很高。

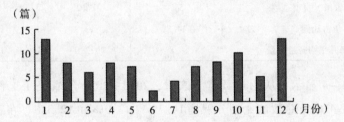

图 4-1　2010 年《工人日报》农民工工作环境报道时间分布

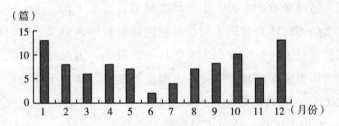

图 4-2　2011 年《工人日报》农民工工作环境报道时间分布

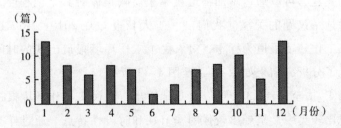

图 4-3　2012 年《工人日报》农民工工作环境报道时间分布

由此可以看出，在报道的频率上，当前媒体对农民工工作环境的报道在时间上较为集中，呈现较强的周期性、季节性特点。这种周期性、季节性特点的出现既有客观的现实原因，又有媒体主观因素的影响。从现实环境变动的角度来看，媒体的农民工工作环境报道呈现周期性、季节性有其合理性。新闻是对新近发生的事实的报道，夏季持续高温，使得从事户外工作的农民工劳动条件恶化，高温中暑等暑期职业病高发，因而媒体在这一段时期内对高温环境中农民工作业情况进行集中式的报道，是很正常的，也是必须的，它能引起政府和企业对这一问题的重视，并采取措施改善农民工的作业环境；而岁末年初对农民工欠薪问题的高度关注，更是体现了媒体对农民工权益的及时维护，对舆论监督责任的担当。但是我们也要看到，农民工工作环境涉及的范围相当广泛，这一议题涉及的内容众多。如对农民工工作的人文环境、农民工职业病、农民工工作额度、劳动强度等工作环境问题平时就应给予关注，并贯穿全年。农民工工作环境报道上常规关注的缺乏，说明媒体有关农民工工作环境的议程设置应该调整。

（三）农民工工作环境报道所在的版面分布

对于报纸来说，头版是其重要新闻的显示区域，编辑是否将某篇新闻置于头版的位置，也是衡量一个媒体对这些新闻报道重视程度的重要指标。报道所刊登的版面越往前，越能说明报道的事实在编辑心中的分量越重，越能引起受众的关注，进而影响报道的传播效果。通过考察《工人日报》农民工工作环境报道所处的版面位置，我们就可检视媒体对农民工工作环境议题的重视程度，从而可以判断农民工工作环境议题是否成为媒体的重要议题。

127

我们查阅 2010—2012 年的《工人日报》有关农民工工作环境的报道，发现农民工环境报道大多分布在第 2 版、第 3 版和第 1 版上，其所占的比例分别为 36%、36% 和 19%，《工人日报》的第 2 版是经济新闻版，第 3 版是综合新闻版，第 1 版是重要新闻版，这些都是与农民工的工作环境密切相关的。难能可贵的是，有近 20% 的农民工工作环境报道出现在头版中，由此可见，《工人日报》十分关注农民工的工作环境问题，农民工工作环境问题是《工人日报》农民工报道的重要议题之一。

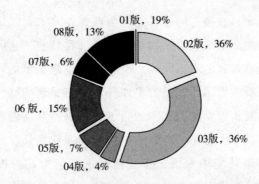

图4-4 《工人日报》农民工工作环境报道所在版面

三 农民工工作环境报道的内容分析

（一）农民工工作环境报道的内容呈现

媒体的报道是否如实、准确地反映了农民工工作环境的真实情况与存在的问题？对此，我们以《工人日报》2010—2012年所抽取的264篇农民工工作环境报道为样本做进一步的分析。将农民工工作环境报道中所涉及的内容进行分类总结，结果如表4-5所示。

表4-5 2010—2012年《工人日报》农民工工作环境报道内容统计

农民工工作环境报道的内容		年份 2010	2011	2012	报道总数
硬环境	农民工工资、讨薪	46	65	51	162
	工作条件、职业病	18	21	21	60
	工作强度、劳动额度	7	1	6	14
	工作时长	3	0	0	3
	补贴和奖励	3	7	2	12
软环境	精神面貌、人际关系	2	2	2	6
	单位风气、企业关怀	3	3	1	7

从本文抽取的264篇农民工工作环境报道所涉及的内容来看，《工人日报》对农民工工作环境的报道涉及了农民工工作环境的多个方面，尤其是农民工的工资收入、职业病、工伤等硬环境情况，给予的关注度和报道比重比较高，这些题材也一直是《工人日报》农民工工作环境报道的重点。

对报道的内容具体分析，《工人日报》对农民工工作环境的关注点主要有三个方面。

一是农民工的薪资问题。2010—2012 年，《工人日报》涉及农民工工作环境的报道共 264 篇，其中有 162 篇涉及农民工的薪资问题，并且这一议题连续三年都是该报农民工工作环境报道的重心。《工人日报》农民工薪资问题的报道可归纳为三个主题。一是揭露黑心企业减发、拖欠农民工工资。如 2012 年 11 月的报道《沈铁警方查办一起拖欠农民工工资案件》，揭露了沈阳一家工程单位在工程收尾期间拖欠农民工 20 万元工资的行为。二是报道政府、工会等组织为农民工讨薪提供援助，督促企业按时发放农民工工资的种种做法。如 2010 年 9 月 23 日的《青岛禁止包工头代发农民工工资》，报道了青岛市城乡建设委建管局为保障农民工工资及时足额发放所采取的措施。三是解读政府相关部门制定的保障农民工工资按时按量发放的法律法规和规章制度。如 2010 年 12 月 24 日的报道《我国将逐步提高农民工工资水平》，对《国务院关于转移农村劳动力保障农民工权益工作情况的报告》的内容进行了宣传和解读，使农民工了解了国家对农民工群体经济权益的政策保障。

二是农民工工作场所内的硬件环境问题。农民工往往集中在劳动密集型产业和劳动环境差、危险性高的行业里，干着城里人不愿干的建筑施工、井下采掘、来料加工、餐饮服务、环卫清洁等工作，这些工作往往劳动强度大、工作环境差、工作时间长；许多企业使用缺乏保护措施的旧机器，烟雾、灰尘、噪声和一些有毒气体严重超标，多数农民工没有配备必需的安全保护设施和劳保用品，企业也没有对农民工进行必要的安全培训，致使其发生职业病和工伤事故的比例高。[①]《工人日报》对这些有关农民工工作场所的硬件环境问题给予了高度关注，作了大量报道。2010—2012 年，《工人日报》涉及农民工工作环境的报道共有 264 篇，其中有 251 篇涉及农民工工作场所的硬环境。如 2011 年 5 月 14 日 03 版的报道《早知道这样，当时说啥也不去干！》报道了国家级贫困县里的尘肺病患者。又如 2010 年 1 月 16 日的系列报道《寒流中的环卫工人》，走访了凌晨

129

---

① 国务院研究室课题组：《中国农民工调研报告》，中国言实出版社 2006 年版，第 3 页。

时分,冒着严寒在郑州街头清扫街道的环卫工人。

三是农民工工作的软环境问题。从表 4 - 5 可看出,《工人日报》对农民工工作的软环境已给予了关注,只是这方面的力度不够。在我们收集的 2010—2012 年《工人日报》中农民工工作环境报道中,仅有 13 篇报道涉及农民工工作软环境。从报道比例来看,这类的相关报道在农民工工作环境报道中的比重很小,并不在常规的报道内容中。而从现实情况分析,劳动关系是一种最基本的社会关系,和谐的企业文化可以让农民工在身心舒畅的氛围中工作,既能提高农民工的幸福感也能提高企业的工作效率。媒体需要加强对农民工的工作密切相关的企业文化、人际关系、精神面貌、人文关怀等物质条件以外的软环境的关注。相对可以直接看到的外部环境,软环境由于其自身的隐蔽性,一直被人们忽视,然而软环境对农民工的身心健康所带来的影响许多时候要大于外部条件。

(二)农民工工作环境报道的行业分析

通过对 2010—2012 年《工人日报》农民工工作环境报道的内容进行分析,我们发现在 264 篇涉及农民工工作环境的报道中,共有 162 篇报道提到农民工所从事的行业,具体的统计结果如表 4 - 6 所示。

表 4 - 6 2010—2012 年《工人日报》农民工工作环境报道中农民工行业分布

行业分布　　　　年份	2010	2011	2012	报道总数
建筑业	30	34	27	91
采矿和铸造业	11	9	7	27
交通建设业	7	13	2	22
纺织、服装、造纸等制造业	6	6	6	18
搬运行业	2	1	1	4

从表 4 - 6 的统计数据可以看出,2010—2012 年《工人日报》在农民工工作环境报道中提到的农民工所从事的主要行业与《2012 年我国农民工调查监测报告》中农民工从事的主要行业基本吻合。调查结果和报道统计的结果都显示,目前农民工依然集中于二、三产业中技术要求不高、就业门槛低、人员容量大的劳动密集型行业和高危行业。

另外,从行业分析的角度来看,农民工群体所在的建筑业、采矿和铸造业属于劳动环境差、危险性高的劳动岗位，在新闻报道中出现的频次比较高。而对批发零售、住宿餐饮、纺织服装等工作强度大、劳动额度比较高、女性农民工比较集中的行业关注度不够，报道范围和视角仍需要进一步拓展。

（三）报道色彩

为进一步分析农民工工作环境的媒体呈现，本文以《工人日报》2010—2012年所抽取的针对农民工工作环境的事实性报道为样本进行分析，将农民工工作环境报道按报道色彩进行分类总结，结果如表4-7所示。

表4-7　2010—2012年《工人日报》农民工工作环境报道报道色彩统计

报道色彩 年份	正面性报道（篇）	负面性报道（篇）	一般性报道（篇）	负面性报道所占比例（％）
2010	43	17	17	22
2011	50	18	22	20
2012	31	21	20	29

从报道方法上划分，我们将报道分为正面报道、负面报道和一般性报道。正面报道主要关注社会的正能量，报道充满了积极进取、乐观向上的气象；负面报道与正面报道在报道色彩上恰好相反，它主要聚焦社会的灰暗面，揭发和反映影响社会秩序、违背道德规范的行为；一般性报道则处于正面报道和负面报道的中间地带，这类报道单纯陈述和描绘事实，不带有感情色彩和报道倾向性，不提倡不暗示。

从表4-7可以看出，《工人日报》对农民工工作环境的报道主要是以肯定性的正面报道为主，批评性的负面报道所占的比例较少。2010—2012年，批评性的负面报道的比例呈现出先减后增的发展趋势，2010年农民工工作环境的批评性的负面报道有17篇，所占的比例为22%；2011年农民工工作环境的批评性的负面报道有18篇，所占的比例为20%；到2012年，批评性的负面报道的比例有所增加，占到了29%。而中性的一般性报道与批评性的负面报道的比例几乎持平。

131

《工人日报》对农民工工作环境的肯定性的正面报道主要体现在政府和工会组织制定各类规章制度和法律法规，帮扶救治农民工，保障和改善农民工的工作环境，提高农民工的收入水平，保障农民工工资按时全额发放等方面；中性报道即一般性报道的内容主要是对政府相关法律法规和规章制度的解读；对农民工工作环境的批评性的负面报道主要的关注点在农民工讨薪、农民工工伤、尘肺病、高温作业、建筑业施工安全等几类问题上。批评性报道的增加并不能说明农民工工作环境没有得到改善和好转，而是说明新闻媒体能逐渐地深入到农民工群体中，注意及时反映农民工工作环境中的问题，积极发挥新闻媒体舆论监督的作用。

（四）深度报道和挖掘

深度报道是一种系统反映重大新闻事件和社会问题，深入挖掘和阐明事件的因果关系以揭示其实质和意义，追踪和探索其发展趋向的报道方式。① 深度报道突破了对事件的表象报道，分析和了解事件的起因、经过、作用、影响及后续发展，透过现象来挖掘和剖析事件的本质。

我们认为，分析某一新闻媒体对某一类型问题报道的深度，可以从报道篇幅和报道内容两个方面来衡量。我们以《工人日报》的农民工工作环境报道为例进行分析。

首先，在报道篇幅上，《工人日报》的农民工工作环境报道以短篇和中短篇为主，占报道总数的一半以上（具体数据见表 4-10）。由此可见，当前媒体的农民工工作环境报道的篇幅大多不长，长篇报道的数量少，对农民工工作环境报道的深度和力度欠缺。

其次，在报道内容上，《工人日报》对农民工工作环境问题的有关因素挖掘不足。以《工人日报》2010 年 8 月 14 日一篇冠以"特别报道"的深度报道《200 名工人的呼吸之痛》为例，这篇报道是对贵州施秉县恒盛公司重大职业病危害事故进行的后续追踪报道。报道以在恒盛公司工作的一直经受病痛折磨的农民工刘克喜及身后 200 名同样患有硅肺病二期的职业病的农民工为导语展开。这篇报道首先介绍了贵州施秉县恒盛有限公司的成立和发展历程，然后点出这家企业于 3 月份被爆是一个"以牺牲职工生命健康、以牺牲当地资源、环境为代价畸形发展的高耗能、高污染企业典型"。报道随后提到，公司在维护劳动者健康方面存在很大的漏洞，最终导致 200 多名工人患病，事故责任人受到相应处分。报道最后简单说明

---

① 刘建明等：《宣传舆论学大辞典》，经济日报出版社 1993 年版，第 264—265 页。

了本起事故发生的主要原因及工伤赔付的解决方案。

值得肯定的是，这篇报道在内容上较为翔实，有一定的深度，但是对有关要素的挖掘不够全面和深入。这篇报道就事论事，单纯谈论了这类"带病运行"的企业如何发展起来，而不反思劳动环境问题产生的根本原因及解决途径，对患病的农民工群体如何安置、这类工作环境问题如何避免和职业病如何防治等都未涉及，由此造成深度不足。

从《工人日报》对农民工工作环境的报道可以看出，当前新闻媒体对农民工工作环境的报道力度明显偏小，对新闻素材的深度挖掘明显不够。报道大多是就事论事，仅仅是对已经发生的突发性、偶发性事件做一些动态的消息报道，报道的范围和内容仅限于本次事件，没有充分挖掘事实背后的真相，即事件产生的深层次原因，没有提出如何避免和解决农民工工作环境问题的相关建议。

四　农民工工作环境报道的形式分析

（一）报道体裁

我们以《工人日报》2010—2012 年关于农民工工作环境报道为研究样本，从报道体裁上对该报的农民工工作环境报道进行分析归类，分为事实性报道和观点性报道两大类。事实性报道包括了消息、通讯、调查式报道等关于农民工工作环境的新闻事件、政策法规及宣传解读等内容的新闻报道，报道中不带有媒体的任何观点和评论。观点性报道包括了述评式报道、新闻评论、观点文章等，主要涉及对农民工工作环境的评价等内容，报道中带有媒体或专家学者等个人的观点和态度。具体统计结果如表 4 - 8 所示。

表 4 - 8　2010—2012 年《工人日报》农民工工作环境报道体裁总体统计结果

报道体裁	事实性报道	观点性报道
报道篇数（篇）	239	25
所占比例（%）	90.50	9.50

通过表 4 - 8 的数据我们可以很明显地看出，在 2010—2012 年《工人日报》关于农民工工作环境的报道中，事实性报道的数量占了绝对的主体地位。2010—2012 年共有 264 篇农民工工作环境的报道，其中事实性报道

总共有 239 篇，占农民工工作环境报道总数的 90.50%；而观点性报道仅有 25 篇，仅占农民工工作环境报道总数的 9.50%。这说明在农民工工作环境报道中，多数是关于农民工工作环境的新闻事件、政策法规及宣传解读等内容的新闻报道，而涉及农民工工作环境评价等内容的述评性报道、观点性文章所占的比重很少。

为了使研究更加具体和深入，本文按年份进一步对农民工工作环境报道进行了数据归类和统计，具体统计结果如表 4-9 所示。

表 4-9　2010—2012 年《工人日报》农民工工作环境报道体裁统计结果（按年份）

年份　　　　报道体裁	事实性报道（篇）	观点性报道（篇）	报道总数（篇）
2010	77	5	82
2011	90	9	99
2012	72	11	83

从表 4-9 我们可以看出，尽管从相对数量上看观点性报道所占的比重很低，但其绝对数量在整体上和比重上都呈现明显增长的趋势。2010 年农民工工作环境的观点性报道有 5 篇，2011 年此类报道的数量上升了 45%，达到了 9 篇。在 2011 年的基础上，2012 年的观点性报道的数量又增加了 19%，达到 11 篇。从样本的内容统计来看，《工人日报》中的观点性报道的作者多为媒体的专职评论员。

观点性报道的比重上升，说明了新闻媒体对农民工工作环境这一问题的探讨和意见表达不断增多，媒体对农民工的工作环境问题的关注度不断提升。讨论式的观点性报道的增多有助于促进公众对农民工工作环境问题的重视，也有助于促进政府和相关企业不断重视农民工工作环境问题，对解决农民工工作环境中出现的问题起到良好的促进作用。

（二）报道的篇幅和形式

我们分别以 500、1000、1500、3000 和 5000 为报道字数的节点，对 2010—2012 年《工人日报》中农民工工作环境报道进行了篇幅划分，500 字以下为短篇报道，500—1000 字的为中短篇报道，1000—1500 字的为中篇报道，1500—3000 字的为中长篇报道，3000—5000 字的为长篇报道。表 4-10 是对样本进行篇幅统计的结果。

表 4 - 10　　2010—2012 年《工人日报》农民工工作环境报道篇幅统计

年份＼数量	≤500 字（篇）	500—1000 字（篇）	1000—1500 字（篇）	1500—3000 字（篇）	3000—5000 字（篇）
2010	37	24	9	8	4
2011	41	37	12	9	0
2012	39	24	9	8	0

从表 4 - 10 可以看出，2010—2012 年《工人日报》的农民工工作环境报道的篇幅以 500 字以内和 500—1000 字的短篇和中短篇为主，占报道总数的 76.5%，即近一半以上的新闻报道都是篇幅不大的短篇和中短篇报道，长篇报道的数量较少，仅有 4 篇。由此可见，对农民工工作环境报道的深度和力度依然欠缺。

对比 2010—2012 年的《工人日报》的报道篇幅数据可以发现，3000—5000 字区间的长篇报道数量呈下降趋势，1000—1500 字区间和 1500—3000 字区间的报道数量基本呈现平稳状态，3 年内没有明显的数量波动，少于 500 字的短篇报道的数量比例最高，这在一定程度上说明当前媒体的农民工工作环境报道仍以短篇和中短篇报道为主，在短篇报道的数量上有只增不减的现象。深度报道和特别关注的新闻报道数量很少，报道的深度不够。

随着读图时代的到来，单纯的文字新闻已经无法满足受众快速阅读的需求。而新闻图片不仅能美化版面，还能形象地反映事实、真实地还原事实的原貌，并能给受众视觉上的冲击，吸引和感染受众。与单纯的文字新闻相比，图片新闻更具有说服力。为了进一步分析样本，我们对 2010—2012 年《工人日报》农民工工作环境报道的报道形式进行了分析，将报道分为图片型、文字型和图文结合型，结果如表 4 - 11 所示。

135

表 4 - 11　　　　《工人日报》农民工工作环境报道形式统计　　　　单位：篇

年份＼形式	图片型新闻	文字型新闻	图文结合型新闻
2010	15	64	3
2011	19	73	7
2012	17	61	5

经过对样本形式的进一步分析发现，农民工工作环境的报道虽然在篇

幅上比较短小，但报道形式丰富多样，除了传统的文字型新闻外，图片型新闻和图文结合型新闻的数量有小幅度的增加，2010年，农民工工作环境的图片新闻仅有15篇，2011年，增加到了19篇。图片新闻占据了越来越多的版面。

由此可以说明，媒体已经认识到新闻图片在农民工工作环境报道中的重要性。在样本中，我们还注意到，媒体所刊登的关于农民工工作环境的图片，绝大多数是真实的新闻图片，直观、真实地记录和反映了农民工所处环境的实际状况，使受众对农民工的工作环境有更直观的了解和更深刻的认识，从而形成共鸣，为农民工工作环境问题的解决建立良好的舆论基础。另一方面，对知识文化水平相对较低的农民工来说，图文结合的新闻和图片型新闻的增加，加强了农民工工作环境报道的可读性和可视性，便于农民工更清晰地理解报道内容。

但是我们注意到，在报道类型上，文字型报道占据绝对的主体地位，图片新闻和图文结合型新闻报道在报纸中所占的版面较少。

（三）采访对象与话语权

"话语"一词，来自拉丁语的"discursus"，广义上指"文化生活的所有形式和范畴"，狭义上指"语言的形式"。然而话语并不纯粹作为一种交往的手段而起作用，还表达了说话者的社会地位，任何话语都是权力关系运作的产物，甚至可以说，话语本身也体现了一种权力，这就是所谓的话语权。[①]

话语权实质是一个社会全体或个体在社会上能否自由表达观点、维护自身合法权益的重要标志。在我国，拥有庞大数量的农民工群体，由于自身文化知识水平有限，也没有较高的社会地位和经济地位，属于社会底层群体，很难直接接触新闻媒介来充分使用本群体的话语权发出自己的声音。

实际生活中，与农民工工作环境问题有着最直接的关系、最有话语权的主体当属农民工群体、农民工集中的企业负责人、市民，以及专家、学

---

① ［英］尼克·史蒂文森：《认识媒介文化：社会理论与大众传播》，王文斌译，商务印书馆2001年版，第156页。

者和政府部门的负责官员。我们还是以《工人日报》近三年的农民工工作环境报道为研究样本，对有采访对象的新闻报道的数量进行了统计，结果如表 4 - 12 所示。

表 4 - 12　　　　2010—2012 年《工人日报》农民工工作环境报道中
有采访对象的报道篇数

年份	报道总数 （篇）	有采访对象的报道篇数 （篇）	所占比例（%）
2010	82	33	40. 24
2011	99	42	42. 42
2012	83	34	40. 96

从表 4 - 12 的相关数据可以看出，在《工人日报》关于农民工工作环境报道中，虽然 2010—2012 年这 3 年中，平均有 41.3% 的报道篇数中出现了采访对象，但仍有相当部分的农民工工作环境报道无采访对象，尤其是在 2010 年中，仅有 40.24% 的报道中出现了采访对象。相比于上一年，2011 年的采访对象报道篇数比例有所上升，但上升趋势没有持续下去，2012 年有采访对象的报道篇数所占比例又下降了近 3 个百分点。这说明，在当前的农民工工作环境报道中，农民工及利益相关群体能发出自己声音的机会总体较少。

为了进一步分析采访对象的话语主体，我们又将 2010—2012 年《工人日报》中出现的采访对象的身份进行分类汇总，统计结果如表 4 - 13 所示。

表 4 - 13　2010—2012 年《工人日报》农民工工作环境报道中出现的采访对象

年份 \ 受访对象 类型	官员 （个）	专家学者 （个）	农民工 （个）	企业负责人 （个）
2010	12	2	14	5
2011	13	3	23	1
2012	19	7	16	1

从表 4 - 13 可以明显看出，在有采访对象的农民工工作环境报道中，从 2010—2012 年，3 年内采访对象为农民工的比例分别是 42.4%、57.5% 和 37.2%。在各年的报道中，以农民工为采访对象的报道均占较大比重。

这说明，农民工群体在采访中出现的频数还是很多的。此外，在有采访对象的报道中，除农民工外，采访对象还有政府官员、专家学者和企业负责人等，这说明作为协调社会关系的新闻媒体，在新闻报道中让各方人士都有表达自我观点的机会，体现了新闻媒体的公正性。

而从时间上看，与 2011 年相比，2012 年对农民工的采访比重降低了 20 个百分点，出现了明显的下降，对专家学者的采访数量有了明显的增多，也超过了农民工的数量。我们通过对样本文本进行进一步研究还发现，在实际的农民工工作环境相关报道中，农民工群体虽然是发出声音最多的那一个，但对农民工的采访绝大多数出现在事实性新闻报道中，采访内容主要是描述现有的工作环境、日常工作额度和住宿饮食等情况。在一些关于农民工工作环境改善的政策解读性报道和观点性新闻报道中，采访对象主要是专家学者或专职的新闻评论员，在这类报道中很少能听到农民工的声音。这种情况的出现相当正常，农民工由于自身文化知识水平和政治思想素养的限制以及对宏观情况了解得不深，很难在政策解读和新闻评论中归纳相关情况，解说政策要点，发表独到见解和有深度的观点。但是另一方面我们也要看到，这种情况也表明，农民工作为传播中的弱势群体缺乏接近媒介的条件和能力，缺乏参与传播活动的机会与手段，无法在媒体中利用自身的话语权保护和争取正当利益。

话语主体除了强调说话人本身外，还涉及说话主体通过语言媒介同其他主体进行交流、沟通，在这种对话和交流中确立自身地位。我们在《工人日报》2010—2012 年农民工工作环境报道中发现，在采访对象是农民工的报道中，很少同时看到对专家学者、政府官员等其他群体的采访，群体间的话语交流和互动在报道中鲜有体现。这在一定程度上反映出，新闻媒体虽然对农民工群体提供了发声的机会，但没有提供与其他关系群体进行对话的渠道，没有履行好社会公共舆论机构给社会不同群体提供对话渠道的责任和义务。

第三节　农民工工作环境报道的改进建议

一　以"工作环境权"的权益意识对待农民工工作环境报道

在 20 世纪 80 年代以前，西方各国和世界劳工组织在劳动者劳动环境权利的保护上，强调的是对劳动者劳动安全和卫生的保护权，涉及的内容是劳动者劳动过程中的人身权保护。但到了20世纪80年代，工作环境中的"健康"的因素得到了新的解释，外延扩大，国际劳工组织的第115号公约《1981年职业安全和卫生公约》及其建议书（第164号）对工作环境所涉及的劳工健康给予了更高的说明：所谓健康，不仅指没有疾病或并非体弱，也包括对于与工作安全和卫生直接有关的影响健康的身心因素。[①] 这就说明，工作环境权不仅包括了劳动者安全卫生保护这一硬性的环境权利，还包括了劳动者身心健康保护这一软性的环境权利。这种解释就极大地丰富了工作环境权的内涵，扩大了其外延。

工作环境权是劳动者所享有的能够保障其安全和身心健康及和谐与愉悦的劳动权利。[②] 工作环境权的内容结构主要包括：必要的安全卫生条件和防护用品权、知情权、安全卫生的决策参与权、紧急避险权、接受培训权、拒绝危险工作权、职业灾害赔（补）偿权等。

农民工作为我国城市化和工业化进程中一支新型的劳动大军，理应享有劳动者工作环境权中的所有权益。但是，由于我国工作环境权方面的法律法规主要还限于对劳动者工作的安全卫生环境等方面的保护，还缺乏对软环境保护制约的法律法规，致使农民工工作环境堪忧。即使在安全卫生环境权益的保护上，许多法律法规、政策措施也不能完全落实，导致劳动关系紧张，农民工的伤残事故和职业病多发频发。调查表明，非公有制企业发生工伤事故，农民工占伤亡总数的80%以上，因生产安全事故残废的90%以上是农民工。[③] 目前我国30多个行业近2亿劳动者不同程度地遭受职业病危害，国家计生委2013年9月16日在其官方网站发布《关于2012年职业病防治工作情况的通报》。通报称，"2012年共报告职业病27420例，其中尘肺病24206例，较2011年减少2195例，但在2012年职业病报告总例数中的占比仍高达88.28%。从行业分布看，煤炭、铁道、有色金属和建材行业的职业病病例数较多，分别为13399例、2706例、2686例和

139

① 义海忠、谢德成：《工作环境权的内容及价值》，《宁夏社会科学》2012年第5期。
② 同上。
③ 杨红朝：《农民工工作环境权及其法律保护探析》，《中国安全生产科学技术》2011年第2期。

1163 例，共占报告总数的 72.77%"①。显然，在高危环境中作业导致患职业病尤其是尘肺病的多数是农民工。

我国目前虽有《劳动法》《劳动合同法》《安全生产法》《职业病防治法》等相关职业安全卫生法律法规，但是职业灾害依然层出不穷。出现这种情况的原因固然有多个方面，如雇主法律观念淡漠，工人维权意识缺乏，执法不力、工会力量薄弱等等，但主要的原因还是制度之病。工作环境权的核心是安全卫生的决策参与权，但正是在这一核心权利上我国的法律法规缺乏应有的制度设计和保障。我国劳动者参与劳动安全卫生决策目前只停留在为决策提供建议以及监督方面，而且建议权和监督权主要是通过工会组织行使的，《安全生产法》第七条、第五十二条，《职业病防治法》第四十条、第四十一条，均规定了工会监督权、建议权、事故调查权，② 而职工直接参与对工作环境管理的权利并未显现。

在农民工工作环境堪忧，伤残事故和职业病多发频发，我国对劳工工作环境权利保护的法律法规还不完善的情况下，媒体就应发挥应有的舆论监督作用，为农民工工作环境的改善提供新闻援助和舆论支持。

在农民工工作环境报道的问题上，媒体应把它上升到当代的"工作环境权"的权益保护的高度来认识，这样才能发现农民工工作环境中存在的各种问题，才能全面深入地报道农民工工作环境的各个方面，提出有针对性的改进建议，督促完善有关的法律法规。

二　全面报道农民工工作环境，强化舆论监督

从工作环境权的内容要求来看，我国农民工工作环境权权益保护各个方面都存在着问题，有些方面的问题还相当严重。如知情权、决策参与权、接受培训权、拒绝危险工作权、职业灾害赔（补）偿权等方面的权益保护都是相当薄弱的。

从我国新闻媒体对农民工工作环境报道的实际来看，这些年来虽然取

---

① 唐述权：《去年全国共报告职业病 2.7 万余例　尘肺病占比高达 88%》，新华网，2013 年 9 月 16 日，http://news.xinhuanet.com/fortune/2013−09/16/c_ 125398110.htm，浏览日期：2015 年 6 月 20 日。

② 义海忠、谢德成：《工作环境权的内容及价值》，《宁夏社会科学》2012 年第 5 期。

得了不俗的成绩,如对温家宝总理为农民工讨工钱的报道,对张海超开胸验肺事件的报道,对富士康跳楼事件的报道,都产生了轰动性的积极的社会效应,引发了全社会对农民工工作环境的关注,推动了有关农民工工作环境改善的政策的出台和法律法规的修改完善,但是,就农民工环境报道的全面性和深入性来看,还有不少需要改进的地方。

从上文中对《工人日报》2010—2013年农民工工作环境报道的内容统计(表4-5)来看,《工人日报》对农民工工资、讨薪、工作条件、职业病、工作强度、劳动额度、工作时长、补贴和奖励等硬环境方面的报道占绝大部分比重,而单位风貌、人际关系、企业关怀等软环境方面的报道占的比重极小。这就说明,农民工工作环境报道对硬环境关注多,对软环境关注少,对农民工的薪酬、劳动安全与卫生等物质环境因素关注多,对农民工精神、情感等人文环境因素关注少。这种情况的出现有主客观方面的原因。从客观上说,农民工对工作环境最看重的是物质环境,尤其是工资待遇;外部的物质环境是显露在外的,容易看见,内部的人文环境是潜隐的,不易察觉的;外部的物质环境容易采写,内部的人文环境难以观察,难以采写。从主观上说,还是媒体对农民工工作的软环境的重要性认识不够,重视不足。

软环境即人文环境虽然多体现在对人精神情感的影响,但对工作效率的提高和对人的身心健康都产生着重大的影响。从富士康跳楼事件来看,发生如此惨剧的原因既有基本工资低、超时加班、长时间站立劳作、动作机械重复等方面的硬环境因素,更有沟通受阻、个休孤立、人格受损、人文关怀缺失等方面的软环境因素。据不完全统计,自2010年1月年至2012年1月,富士康接连发生了18起员工跳楼自杀事件。富士康追求泰勒模式,对员工实施军事化管理,压低工资、延长工时,员工被异化为机器,在流水线上反复不停地重复单一枯燥的动作。流水线24小时高速不停运转,上班下班睡觉的钟摆式生活,严重挤压着员工的私人社交空间,个体社会关系孤立疏离。作家张丽华在采访富士康员工波波时,波波更把富士康的连跳事件归因于人文环境的缺失。通过富士康连跳事件,我们看到了企业人文关怀缺失这一软环境因素所造成的严重后果。

就富士康连跳事件的报道看,媒体的报道是充分的,对事件原因的深度挖掘是全面的、深刻的，所进行的跟踪式报道、连续报道对富士康这一庞大的企业帝国形成了巨大的舆论压力，迫使其改善硬环境和软环境。但是，我们不得不看到，媒体对富士康连跳事件的关注，尤其是对企业人文环境缺失这一软环境因素的关注，是在富士康已发生了几连跳之后才给予了大规模的报道，是在事件已激起强烈的社会反响后媒体才被动地介入，做跟进式的后续性报道。

前文已述，在劳工的工作环境权中，最核心的是劳工对工作环境的决策参与权。为保证这一权利的实现，欧盟中有的成员国的相关法律规定，雇主必须与劳动者或劳动者代表协商，允许他们参与所有有关安全和健康问题的讨论。① 在我国，到目前为止，还没有专门的《工作环境权法》，对职工的种种工作环境权益保护分散在诸如《劳动法》《劳动合同法》《安全生产法》《职业病防治法》等相关职业安全卫生法律法规中，并由工会来行使监督权、建议权、事故调查权，但工会没有工作环境的决策参与权。就农民工工作的企业来说，大多是私营、合资、外资企业，且大多没有工会，即使有工会，大多是摆设，而地方政府为了自己的经济利益，对这些企业的工作环境采取包容的态度。在这种情况下，媒体就应强化舆论监督，以弥补法律法规的不足和实际执法力度的不足。如可以采取以下措施。

一是进行"田野调查"，深度揭示农民工的工作环境。"田野调查"又叫实地调查或现场研究，它要求调查者要与被调查对象共同生活一段时间，从中观察、了解和认识他们的社会与文化。② 要真切而有深度地反映农民工工作的物质环境尤其是人文环境，必须和农民工工作生活一段时间，才能对其工作环境感同身受，才能写出震撼人心的深度报道。如深度报道《女记者卧底苹果代工厂实录：疲惫到崩溃边缘》③ 就是田野调查的成果。

二是让农民工说话，反映其工作环境状况。在农民工工作环境报道中，如果让深受恶劣工作环境之害的当事人农民工说话，讲述其工作环境的状况及感受，那么报道的真实性、客观性就会加强，其监督的力度就会

142

---

① 义海忠、谢德成：《工作环境权的内容及价值》，《宁夏社会科学》2012 年第 5 期。
② 张新平：《田野调查法》，百度百科，http://baike.baidu.com/link? url，浏览日期：2014 年 8 月 3 日。
③ 张艺：《女记者卧底苹果代工厂实录：疲惫到崩溃边缘》，《新快报》2011 年 4 月 28 日。

增加。《凤凰周刊》的深度报道《富士康内幕：13 个人的残酷青春》中就综合性地引用了多名农民工对富士康工作环境的描述："上厕所需要找组长领取一张流动卡，期间由组长顶替工作——这一制度设计逼迫工人不会频繁找组长，避免激怒组长。2009 年 12 月，富士康在厕所安装了一套电子设备，员工如厕需要刷卡，超过 10 分钟，电子系统将作出反应，稽核员将会大喊："某某某，快出来。""在工作期间，大部分工人无法做到憋尿，只能选择不喝水，下班后再一顿猛灌。"① 如果不是这些农民工的讲述，富士康恶劣的工作环境很难让人了解。

三是形成舆论压力，吸引相关机构介入。媒体一旦发现企业的用工环境恶劣，农民工的工作环境保护权益严重受损，就应以强烈的社会责任感及时介入，曝光其环境的恶劣程度和农民工权益受损情况，并进行连续报道，追踪报道，吸引社会公众的关注和其他媒体的加入，从而形成媒体舆论和公众舆论的合力，对用工企业施加强大的舆论压力。但是，我们要认识到，媒体的舆论监督只是一种道义上的力量，对有问题的用工企业并不能形成行政的处罚和法律的制裁。如果媒体的大规模报道形成一种舆论上的强大声势，就会吸引政府和社会相关机构的注意，以行政和专业机构的力量介入事件之中，促使问题的实际解决。张海超开胸验肺事件得到较为圆满的解决就说明了这一点。张海超冒着生命危险开胸验肺，就是希望以此来维护自己的职业灾害赔偿权，但限于当时的《职业病防治法》的有关规定，张海超的尘肺病不能得到当地卫生部门的认可。在张海超绝望之际，当地的河南媒体率先对此事进行了曝光，中央电视台等媒体迅速跟进，其他地方媒体也陆续参与，此事引起了社会公众的高度关注，全国总工会、卫生部、河南省委和省政府也先后介入，对此事进行调查追责。最后的处理结果是，给予相关企业负责人、当地的职业病防治所、卫生局、防疫站负责人给予开除党籍、留党察看、撤销职务等处分，给相关企业罚款处分，② 给张海超伤残补助和各种费用赔

---

① 邓飞：《富士康内幕：13 个人的残酷青春》，凤凰网，2010 年 6 月 13 日，http：//tech. ifeng. com/magazine/detail_ 2010_ 06/13/1622379_ 0. shtml，浏览日期：2014 年 8 月 3 日。

② 吴非：《张海超"开胸验肺"事件的前前后后》，新浪网，2009 年 9 月 21 日，http：//news. sina. com. cn/c/2009 - 09 - 21/142918694913. shtml，浏览日期：2014 年 8 月 3 日。

偿 615000 元。后来张海超又到中国煤炭工人北戴河疗养院成功"洗肺"。[①]从张海超开胸验肺事件的过程我们可以看到，如果没有媒体的介入和强大的舆论压力，没有由此引起的相关机构介入，此事件就不会得到令人满意的处理结果。

四是开展媒企互动，促使环境转化。媒体虽然没有直接的行政力量和法律力量来干预企业的工作环境，但媒体的舆论监督直接地影响企业的社会声誉，进而影响企业的招工、员工士气、产品销售、广告、与外界的合作等。所以有句俗语在形容媒体与企业的关系时说："媒体可以把你送进天堂，也可以把你打入地狱。"精明的企业家很注意媒体的公关，在媒体对企业的负面报道出现后，马上联系媒体，邀请媒体参观本企业，承认自己的不足，端出改善的措施，召开新闻发布会等等。如果媒体出于解决实际问题的善意，就应该与企业展开互动，在揭露指出问题的基础上，帮助企业改正错误，及时报道企业的态度和改善进程。如富士康连跳事件被报道后，2010 年 5 月 26 日集团董事长郭台铭就邀请媒体记者参观深圳富士康厂区和员工生活设施，并召开新闻发布会，对跳楼事件鞠躬道歉，并公布了预防的四项举措，对此，各大媒体都进行了图片和文字报道。在 2010 年深圳市政府宣布 7 月 1 日起当地最低工资上调 10%—20% 之际，富士康又宣布给生产线工人加薪 30%，对此，各大媒体也进行了报道。由此，富士康的连跳事件才逐步平息。轰动全国乃至全球的富士康连跳事件从爆发到逐渐平息，与媒体舆论压力下当事企业的工作环境的改进有关，也与媒体与企业的互动有关。

144

三 丰富报道内容，改进报道方式

就农民工工作环境报道的内容来看，其行业领域应该是多种多样的，其题材应该是广阔丰富的，而每个企业、每个工种、每个劳动场所所要求所显现的工作环境都是具体的、独特的，这就给农民工的工作环境报道的记者提供了发挥才能、践行责任的广阔空间。不过从我们对《工人日报》和其他媒体的研究来看，农民工工作环境报道的内容还有充实丰富的空

---

① 于小川：《这个冬天，他不再寒冷》，《当代矿工》2009 年第 12 期。

间。可以通过以下方面改进或加强。

一是介绍工作环境权的理念和内容，报道西方发达国家的实践措施。如英国、美国、日本等修改该国的安全卫生法规的情况，提倡工作环境权观念的实践等。这样既让政府、企业、公众了解工作环境权的理念和内容，又能反观自身，知晓我国工作环境权益保护上的差距。

二是增加企业工作环境改善的正面报道。在农民工工作环境报道中"惩恶"与"扬善"要结合，一方面揭露和批评工作环境恶劣的企业，另一方面要宣传报道农民工工作环境做得好或努力改善的企业，表彰先进，树立标杆，给工作环境做得不好的企业一种示范效应，触动其改善农民工的工作环境。如《私企老板10年出资50余万元帮农民工换肾》①《武汉建筑老板300万奖民工，一人领35万大众越野》② 等，这些报道都在社会上产生了正面的积极效应。

三是多报道劳资双方谈判协商的成功案例，开辟农民工工作环境改善的新途径。农民工限于自身的文化知识水平和法律法规知识的欠缺以及个人力量的弱小，很难以个人的力量与资方展开工作环境改善问题的谈判。如果由工会出面与资方进行谈判，农民工的工作环境就有可能得到实质性的改善。对于谈判协商成功的案例，媒体要进行多方面的宣传报道，以此提升工会的影响力，开辟出农民工工作环境改善的新途径。如《武汉45万餐饮从业者谈判实现最低工资上浮30%》，③ 就全面详细地报道了武汉市商贸金融烟草工会联合会与武汉市餐饮协会就餐饮业职工工资上涨问题进行的协商谈判过程及最终结果。全国各地媒体对此都进行了报道，产生了强烈的积极的社会反响。

四是加强对餐饮住宿业及其他服务业的工作环境报道，推动女性农民工工作环境的改善。从对2010—2012年《工人日报》农民工工作环境报道中农民工行业分布（表4-6）来看，餐饮住宿业及其他服务业的报道在

145

---

① 成熔兴：《私企老板10年出资50余万元帮农民工换肾》，新浪网，2010年7月6日，http://news.sina.com.cn/s/p/2010-07-06/092420619669.shtml，浏览日期：2014年8月3日。

② 楚天金报：《武汉建筑老板300万奖民工，一人领35万大众越野》，大楚网，2013年2月8日，http://hb.qq.com/a/20130208/000161.htm，浏览日期：2014年8月3日。

③ 肖欢欢：《武汉45万餐饮从业者谈判实现最低工资上浮30%》，人民网，2011年7月3日，http://politics.people.com.cn/GB/14562/14528604.html，浏览日期：2014年8月3日。

农民工工作环境报道中是较弱的，其原因可能在于这些行业工作环境的危险度较低，工伤事故和职业病较少。但是，如果用工作环境权益的内容要求来看，还是有许多可作报道的题材的，如这些行业的农民工工资低、工时长、人格时常受辱等。而在这些行业中，女性农民工最多，女性农民工的妊娠期、哺育期的有关权益的保护和性骚扰的状况常常被媒体忽视。

在报道方式方面，农民工工作环境报道还有改进和拓展的空间。比如以下几个方面可以加强。

一是加强深度报道，在"为什么"和"怎么办"上做文章。从 2010—2013 年《工人日报》农民工工作环境报道篇幅统计（表 4 - 10）看，中长篇幅的报道较少，这就意味着农民工工作环境报道中的深度报道较少。深度报道作为一种报道方式，反映出作者所追求的报道境界和写作旨趣，它不仅在于报道事实的"是什么"，更着力于事实产生的"为什么"和如何应对事实的"怎么办"。深度报道之所以被人重视，就在于它不是对事实的平面描述，而是对事实的立体展现，在于对事实发生的过程、背景、原因的探寻和对事实演变发展趋势的预测以及所提供的如何应对的参考性建议。就农民工作环境报道来说，深度报道是大有用武之地的，对工伤事故和职业病原因的挖掘，对事故责任的追责，对防范此类事故再次出现的应对策略及措施等等，都可以用深度报道来反映。比如，《国务院事故调查组总结昆山爆炸事故 5 大原因》[①] 的新闻就可拓展为解析性报道、调查性报道等深度报道。

二是强化新闻评论。从 2010—2012 年《工人日报》农民工工作环境报道体裁总体统计结果（表 4 - 8）可看出，观点性报道较之于事实性报道过少。观点性报道主要是新闻评论和新闻述评，新闻评论最能反映媒体的立场态度、作者的思想水平和专业素质，对舆论引导起着旗帜般的作用。比如《工人日报》曾在张海超开胸验肺事件发生之后，在 2009 年 7 月 28 日刊发评论文章《多方介入"开胸验肺"仍需法治规范》，[②] 该文不仅追

---

① 董峻、徐庆松、刘巍巍：《国务院事故调查组总结昆山爆炸事故 5 大原因》，中新网，http://www.chinanews.com/gn/2014/08 - 04/6458009.shtml，浏览日期：2014 年 8 月 4 日。

② 张刃：《多方介入"开胸验肺"仍需法治规范》，新华网，2009 年 7 月 28 日，http://news.xinhuanet.com/employment/2009 - 07/28/content_ 11785663.htm，浏览日期：2014 年 8 月 4 日。

问了此事件发生过程的五大问题，还把它提高到法治的高度来认识，认为此事件反映了我国劳动者工作环境权益保护上的法治之失，制度之病，并呼吁对《职业病防治法》进行修改与完善。新闻评论由于把重点放在对事实本质的透析上，故能给人启迪。

三是加强对图片与数据的运用。新闻图片由于直观形象，视觉感强，故能让受众能在最短的时间内，了解到报道的核心内容，并能减少阅读中的费力成本。从对 2010—2013 年《工人日报》农民工工作环境报道形式统计（表 4 - 11）来看，《工人日报》是重视图片运用的，但是所占的版面空间不够，这点应该加强。另外，《工人日报》应增加农民工工作环境报道中新闻图片的种类，根据报道的内容，选择一种或者多种最适合的新闻图片，这样既能吸引读者，又能取得较好的宣传效果。这里应特别提醒注意是，要注意对数据的合理使用。数据虽然抽象，但它是对事实的概括，能够反映事物的宏观整体、变化过程、发展趋势。现在已进入大数据时代，在农民工环境报道中，应注意数据的抓取，对农民工工作环境的一系列数据中所显示的整体特点、变化状态、节点特征、发展趋势等做出判断，捕捉出有价值的信息，并对可能发生的职业灾害发出预警信息。

四 联系政府部门和用工企业，发挥媒体的中层组织角色功能

美国政治学者康豪瑟在《大众社会政治》[①] 一文中曾提出，一个正常的社会结构应该是三层的：政治精英—中层组织—民众。现代化的社会打破了人与人之间传统意义上的空间障碍，但是能够连接个体的中层组织却尚未发展起来，其结果就是人们在空间上的距离越来越小，而有机的组织联系却日益疏远。而充当人与人、人与国家机关之间有机联系的组织之一就是大众传播媒介。

新闻媒介从诞生之日起，关于媒介的社会功能就一直为研究者所关注，施拉姆曾将大众传播媒介比作"社会雷达"，认为传媒的信息传

147

---

① Kornhauser, William, "The Politics of Mass Society", *Western Political Quarterly*, Vol. 13, No. 13, 1960.

播活动和雷达收集和处理信息的活动有某种类似性。作为社会的中层组织，① 新闻媒体通过将政治精英处理的信息向下传递、解释给民众，又将底层民众的呼声反映到国家社会层面，从而将社会中各种不同的因素、部分结合为一个统一、协调的整体。

农民工群体由于在资源占有上的劣势很难拥有高效而畅通的对话渠道直接与政府、用工企业、工会等组织对话，来反映和改善自身的工作环境。为此，新闻媒体作为公共信息传播渠道和社会舆情的构建工具，理应担负起"中层组织"的责任，在了解和传达农民工改善工作环境的权益诉求后，积极配合政府部门及工会组织进行有关农民工政策的常规解读，并监督和督促用工单位不断改善农民工的工作环境，为改善劳资关系做出应有的努力。对此，可在三个阶段进行改进。

交流传达期：首先媒体要做好上传下达工作，将国家颁布的有关维护和改善农民工职业环境的政策进行解读分析并及时发布给农民工群体。其次，媒体要建立和疏通农民工群体的利益表达渠道，深入到农民工群体中，实地观察和体验农民工的工作环境，了解农民工在改善工作环境方面的权益诉求，并全方位地给予农民工群体足够的权益表达平台，使公众、用工单位和政府了解和掌握农民工的诉求，从而改善工作环境的现状。

矛盾发生期：当农民工工作环境的权益诉求得不到满足、工作环境得不到改善时，农民工和政府、用工单位会出现对立和冲突。特别是当农民工的权益表达渠道不畅时，农民工群体可能会采取一些非理性的方式来发泄对政府和用工单位的不满，这时候就需要媒体发挥"中层组织"的桥梁作用，建立政府、用工单位和农民工群体之间的沟通平台和有效的对话机制。如媒体可以联合政府的相关部门实地调研农民工的工作环境，体察农民工的职业诉求，设身处地地为改善用工环境着想；媒体也可以向农民工开设阳光信息平台，及时发布政府和用工单位在改善和解决农民工工作环境方面所做的工作及办事进度，协商式解决劳资关系。总之，通过及时、全面、客观的信息传播，使与事件关联的多方充分了解彼此的立场与诉

148

---

① 郑素侠：《媒介化社会中的农民工：利益表达与媒介素养教育》，中国社会科学出版社2013年版，第70页。

求，缓和消除对立情绪，避免农民工采取非理性的方式来解决工作环境中的问题，为农民工工作环境问题的解决赢得时间。

矛盾平息期：在这一阶段，媒体应充分发挥作为"第四权力"的职能，监督政府和用工单位遵照国家发布的有关保护农民工工作环境权益的政策，督促政府、用工单位及时改善和解决农民工的工作环境问题。在这个过程中，媒体可以利用自身的联系机制，协助政府对农民工工作环境等相关事务的有效管理，避免出现政府部门之间和政府与用工单位之间相互推诿有关农民工工作环境权益的事宜，从而有效地疏导和平息农民工群体的情绪，恢复和增强农民工群体对公共权力的信任。

第五章　农民工生活方式报道研究

一百多年来，实现中国的现代化既是一个时代命题，又是一个历史任务。在现代化的量化指标中，城市化水平是最重要的指标之一。城市化一方面使农村人口向城市集中，另一方面也使人的行为方式和生活方式发生转变。农民工从乡村进入城市，有一个生活方式的碰撞、拒斥、熟悉、学习、认同的过程。新型城市化的核心是"人的城市化"，农民工的市民化是当前"人的城市化"中最突出的问题。农民工的市民化是我国城市化发展的必然选择与结果，生活方式市民化是农民工融入城市的显著标志。

第一节　生活方式与农民工的生活方式现状

一　生活方式概说

生活方式是一个具有很强包容性的概念，一般认为包括三个基本构成要素：一是生活主体，既可指个体，也可指某个群体，或指整个人类社会；二是生活条件，指供生活主体进行生活活动所需的各种资料；三是生活活动，其将生活主体和生活条件相结合，以使一定的生活方式具有可见性和稳定性。在不同历史时期和既定的社会宏观条件下，每个个体、群体所遇到的具体条件千差万别，这就使得不同个体、群体的生活活动呈现出无限的丰富性与差异性。通过诸多外显的生活行为、形式、方式为可以判断一个人、一个群体、一个社会或一个时代的生活方式。

生活方式有广义和狭义之分。

（一）广义的生活方式

广义的生活方式不仅包括生活活动，还包括生产活动；不仅关注怎样生活，还关注怎样劳动。广义的生活方式是人的生命活动方式的总和，是在一定的生产方式或客观条件制约下人们生活活动的典型和总体特征。其不限于日常消费活动，还包括人们所参加的社会生活各个领域的全部生活活动，如劳动、物质消费、政治、思想、文化、家庭等领域所形成的异彩纷呈的生活活动的形式和内容。显而易见，生活方式也并不是仅指个人生活活动，也包括社会、国家、阶级、阶层、民族、群体、家庭等不同主体层次的生活活动。因此广义的生活方式是"包括生产方式在内的人类全部社会生活活动的总和，是包括劳动生活、经济生活、政治生活、文化生活、艺术生活、精神生活（如道德生活、宗教生活）、家庭生活、娱乐生活等等一切人类社会生活的各个领域、各个方面、各个层次的全部社会生活现象的总和"。①

（二）狭义的生活方式

相对于广义的生活方式，狭义的生活方式是指除生产方式之外的人们其他生活活动的总和。在对待狭义生活方式外延问题上，另一种观点认为狭义生活方式范围应更窄一些，从日常生活领域出发它仅仅指人们的物质消费活动和闲暇娱乐活动的方式，即常说的"衣、食、住、行、玩"。② 由于农民工的劳动生活方式、政治生活方式等在其他章节已有论述，本章所说的农民工的生活方式主要是指狭义的生活方式。

二　农民工的生活方式现状

151

现今城市化研究和城市政策制定的主流话语是"人的城市化"，新一届党和国家的领导人也一再强调推进城市化建设不能忽略"人"。城市化的实质是生活方式的城市化，③ 对城市缺乏归属感和认同感、生活方式难以市民化致使农民工短时间内很难真正融入城市。下面我们从狭义的生活方式中的

①　王伟光等：《社会生活方式论》，江苏人民出版社 1988 年版，第 24 页。

②　王玉波等：《生活方式》，人民出版社 1986 年版，第 6 页。

③　［美］路易斯·沃思：《作为一种生活方式的城市性》，《美国社会学杂志》1938 年第 44 期，转引自［美］戴维·波普诺《社会学》，李强等译，中国人民大学出版社 2007 年版，第 580 页。

居住、饮食、婚恋家庭、闲暇交往等方面考察农民工生活方式的现状。

（一）居住

一定的居住场所是人类满足基本生存需求的物质条件。住房权"不仅是每个人享有满足基本生理需要的一个居住的场所，更是安全、和平与尊严地居于某处的权利"①。从近几年国家统计局发布的《农民工监测调查报告》数据可以发现农民工居住场所以雇主或单位提供为主，城中村聚居、单位提供免费（或象征性收费）宿舍、居住在工棚及工作场所是农民工三种主要的居住方式。②

由于受到建立在户籍制度上的政策歧视，农民工难以获得城市居民所享有的住房公积金、经济适用房、廉租房等同等待遇；此外，基于经济条件的市场排斥，大多数农民工没有能力购买商品住房。多数农民工居住条件简陋、设施不完善；大部分面积狭小、卫生环境较差、住房安全没有保障；区位上多位于城市边缘、社区环境恶劣；与城市市民在空间上处于隔离状态。农民工的这种相对恶劣的居住方式是中国社会阶层间居住分异表现，其既可能影响到农民工自身的居住质量、心理健康、工作热情，也影响到农民工饮食卫生与身体健康、闲暇交往；尤其值得关注的是农民工职业上的集聚性和居住上的聚居性导致他们与城市居民很难开展实质性社会交往，这不利于他们在城市中获得社会资本，同时在融入城市的过程中遭遇诸多困难。

作为人类实践活动的生活方式具有空间地域性，在农民工居住空间问题上，我们需要关注农民工"候鸟式"迁移现象。农民工在每年春节前后往返于城乡两地，在城市和乡村之间过着两种不同的居住生活。这种"候鸟式"的迁移方式在近些年随着农民工举家移居城市的数量增多而有所改善，但很难在短期内彻底扭转。

（二）饮食

长期以来，我国农民工的膳食以米面为主食，缺少蔬菜、肉类和豆制

152

---

① 葛扬、贾春梅：《廉租房供给不足的事实、根源与突破路径——基于转型期中国地方政府行为视角的分析》，《经济学家》2011年第8期。

② 钱文荣、黄祖辉：《转型时期的中国农民工——长江三角洲十六城市农民工市民化问题调查》，中国社会科学出版社2007年版，第139—140页。

品等，属于典型的"营养不足型"膳食。① 其就餐多以快餐、份饭的形式进行，就餐环境相对简陋，加上条件的限制，多数农民工饮食卫生状况较差。此外，由于对合理膳食存在认知上的欠缺，农民工很少去关注如何讲究合理营养、如何调配平衡膳食。部分农民工饮食存在主食单一，粗粮较少，豆类、蛋类摄入量严重不足，畜禽肉类以猪肉为主，无乳类、水产品摄入，食盐摄入量较高，三餐分配不合理，伴有吸烟、大量饮酒等不良生活习惯，导致膳食结构不合理，营养摄入不平衡等问题极为普遍。

如果农民工的饮食分量充足、营养均衡、搭配合理、卫生健康则有助于他们恢复体力，重新投入工作，同时也在相当程度上可以避免一些如集体中毒之类的问题，客观上也会减轻他们的医疗负担。受限于经济条件，相对城市居民而言，农民工的身体健康状况不容乐观，农民工在饮食方面并不具备维护健康生活方式的能力。

（三）婚恋家庭

由于缺少相应经济基础、受教育条件以及在农村和城市里的社会支持网络，加之流动频繁，工作时间长，生活、工作空间封闭，社会地位自我评价低等因素，农民工的婚恋和家庭生活面临重重困局。处在青壮年龄的农民工寻找到合适恋爱结婚对象有不小难度，恋爱结婚对象一般是相亲对象（六成）或是工作中的同事（四成），在地域上近九成在本省范围内；同时值得关注的是男/女性农民工的恋爱对象是城市居民的比例分别为 8.53%/7.85%。② 在当下的中国，尤其在农村，婚姻不仅仅是男女两个人的事，也是两个家庭（族）之间的大事，与城市居民恋爱、通婚比例较低不利于农民工获得社会资本，同时也说明农民工婚姻阶层化的事实。在婚姻方面，新生代农民工中出现"闪婚"现象，同时离婚率也开始上升；在生育上表现为传统与现代交织的生育观，已经可以做到计划生育；家庭模式方面，虽然家庭化迁移模式逐渐明显，但仍然有高达 4700 万名留守妇女③。

153

---

① 贺习耀、眭红卫：《农民工的膳食调理浅析》，《消费导刊》2008 年第 7 期。

② 吴新慧：《传统与现代之间——新生代农民工的恋爱与婚姻》，《中国青年研究》2011 年第 1 期。

③ 国务院农民工办课题组：《中国农民工发展研究》，中国劳动社会保障出版社 2013 年版，第 323 页。

农民工面临的婚恋家庭困境造成三个显著问题，即"三留守"：留守儿童、留守妇女、留守老人。由于公共政策供给不足和农民工自身能力有限，"三留守"问题将困扰很多农民工相当长的时间。此外，我们还需要关注两个问题：农民工"临时夫妻"现象和农民工性犯罪。毫无疑问，"临时夫妻"现象在伦理道德、法律层面上与现代社会文明发展是背道而驰的，其折射出农民工的艰辛生存环境；农民工的性犯罪使得他们身上"污名化"标签进一步深入城市居民脑中，为他们的求职和社会交往带来不利影响。

（四）闲暇交往

充足的闲暇时间、适合自身条件的休闲活动是人们恢复体力、精神和进行消费活动的必要条件，闲暇是最能体现生活质量的因素之一，因此，一般把休闲方式的不同作为一种区分阶级/阶层的重要方式。由于城市公共服务供给不均等、农民工经济条件较差、认知水平较低等原因，一定程度上对城市居民来说普通的休闲活动对农民工而言还是奢侈品。农民工的闲暇活动大致为休息睡觉、聊天、看电视、打牌、逛街等，新生代农民工休闲生活与其父辈相比并无大的本质区别，在一定程度上体现出农民工群体现代性的滞后。[①] 农民工的闲暇活动一般所需经济成本低、花费时间灵活，文化休闲娱乐活动层次低且相当匮乏，休闲娱乐方式较为单调。

人们在多数闲暇时间里并不是独处，而是相互联系和交往，因此社会交往是生活方式的重要内容。因限于客观条件（职业选择的集聚性、居住空间的聚居性、闲暇时间的有限性、自我认同的边缘性等），农民工社会交往多局限于血缘、亲缘、地缘和业缘范围内，和城市居民的交往有限，农民工在城市中的交往体现出"差序格局"特性。农民工与城市居民的交往是他们获得城市社会资本的重要途径，有助于他们获得在城市中的社会支持网络，间接地获得城市既得利益群体（管理者）的政策性支持。农民工与城市居民之间疏离的社会交往说明他们没有或者不能完全融入城市，这既是社会交往阶层化的表现，也从一个侧面反映了城市及城市居民对农民工的排斥或者说二者之间的社会距离并无实质性缩小。

154

---

① 杨风：《生活方式视角的农民工融入城市：成都证据》，《重庆社会科学》2011 年第 4 期。

第二节　农民工生活方式报道的现状分析

一　样本选取说明

（一）样本选取

我们以"农民工""流动人口""外来务工人员""新生代农民工"等关键词抽取纸质媒体作为目标样本，在农民工报道中提到"居住""饮食""婚恋家庭"及"闲暇交往"某一或某几个方面都算作农民工生活方式报道样本。

样本一：为使样本的选取具有代表性，我们以2001—2012年为时段，选取国内八家（《人民日报》《北京晚报》《解放日报》《羊城晚报》《南方周末》《新民晚报》《湖北日报》《楚天都市报》）具有代表性的纸质媒体，每年每报按照固定的随机数（由电脑随机取数得出）抽取20份，共获得829篇农民工报道样本。

样本二：为反映农民工报道新特点、新变化，我们再从上述八家报纸中选择《人民日报》《新民晚报》两家不同类型报纸进行抽样，搜集2011—2012年间两家报纸所有关于农民工生活方式报道的新闻。

（二）研究方法

我们将使用本课题组相关调查统计数据。课题组在2010年6月—2011年8月选择农民工数量较多的北上广深及课题组所在地武汉等几个城市作为主要的问卷发放地。我们选取问卷中与农民工生活方式相关的四个大问题，按农民工居住、饮食、婚恋家庭、闲暇交往四个板块进行排序和归类，课题组对其中748份有效问卷进行了录入，然后根据统计数据比较、分析农民工生活实际情况与媒体报道间同异点。通过收集有关农民工生活方式的报道，进行类目建构、内容分析，全面评估农民工生活方式报道现状，从而分析总结其报道特点与不足。

二　农民工生活方式报道的基本情况分析

（一）媒体关注

1. 媒体关注具体情况

本课题组在2010年6月—2011年8月以问卷调查形式对媒体从业人

员（有效问卷 123 份）进行调查获取相关数据（见表 5 - 1）。其中 72.9%
的受访者认为农民工报道在帮助农民工融入城市生活方面发挥了重要作
用；农民工生活方式报道在媒体农民工报道中占有一定比例；43.1% 的
受访者所属媒体没有专门人员、部门负责农民工报道；52% 的受访者所
属媒体农民工报道不具有周期性，只在有偶发性新闻事件发生时做集中
性报道；12.2% 的受访者认为其所属媒体在涉及农民工新闻的标准取舍
时听从宣传部门指导；58.6% 的受访者认为其所属媒体以新闻价值作为
标准取舍涉及农民工新闻。

从这些数据中可以看出，媒体从业人员认为农民工生活方式报道很
重要，然而媒体因各种原因在农民工报道当中并没有投入相应的资源。

表 5 - 1　　　　　　　　媒体农民工报道关注情况

变量	变量取值	数量	百分比（%）
媒体农民工报道在帮助农民工融入 城市生活方面发挥怎样作用 （1 份无效问卷）①	非常重要	36	29.5
	比较重要	53	43.4
	一般重要	28	23.0
	不太重要	4	3.1
	很不重要	1	1.0
所属媒体在农民工报道中 报道量较大的方面 （多选且依次排序）	维权	64	52.0
	职业培训及其子女教育	57	46.3
	政策的宣传、解读、呼吁	49	39.8
	生活方式	39	31.7
	典型报道	37	30.1
所属媒体是否有专门部门、 人员负责农民工报道	没有	53	43.1
	有	34	27.6
	曾经有	14	11.4
	正筹划	3	3.3
	不清楚	19	15.4

---

① 本课题组在数据统计时将涉及某个问题项出现的无效问卷剔除，余者仍然按照 100% 比例
计算，以下类同。

续表

变量	变量取值	数量	百分比（%）
所属媒体农民工报道 是否具有周期性	没有周期性有偶发性新闻时 做集中报道	64	52.0
	兼有周期性和偶发性	45	36.6
	具有"季节性"周期性	14	11.4
所在媒体农民工报道取舍标准	新闻本身价值	72	58.6
	媒体社会责任	32	26.0
	宣传部门指导意见	15	12.2
	其他	4	3.3

2. 报道数量与比重

农民工生活方式报道数量和比重都偏低。样本一农民工生活方式报道共28篇（居住14篇、饮食3篇、婚恋家庭3篇、闲暇交往11篇，其中有3篇报道内容涉及两项），在农民工报道中所占比例为6.4%。样本二《人民日报》《新民晚报》两年间农民工生活方式报道分别共有32篇、18篇，占农民工报道比重分别为11.1%、7.1%（见表5－2）。

表5－2　　　　　样本二　农民工生活方式报道数量与比重

报刊	《人民日报》	《新民晚报》
农民工生活方式报道篇数	32	18
农民工报道篇数	288	252
生活方式报道所占比重（%）	11.1	7.1

（二）农民工生活方式报道方式分析

从上一部分可以看到农民工生活方式报道数量和比重都是偏低的。下面将从报道的频率、篇幅与针对性、体裁、图片运用情况、消息来源五个方面结合样本进行数据量化分析，从而评估媒体对农民工生活方式的关注与重视程度。

1. 报道频率

如图5－1所示，样本一中的农民工生活方式总体报道频率较低，没有出现逐年递增或递减的明显趋势。2005年出现明显峰值是因为当年农民工住房问题首次被建设部列为工作重点，有关农民工居住报道数量在这一社会背景下显著增加。

157

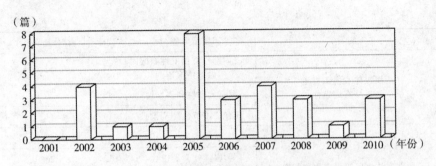

图5-1 样本一 农民工生活报道的年度数量情况

样本二数据显示，农民工生活方式报道集中在1月、5月、6月、8月、11月、12月。夏冬两季报道频率明显较高，其中两家媒体在1—3月报道数量呈现下降趋势，10—12月报道数量呈现上升趋势，在这两个时间段内都呈现相同的变化趋势（见图5-2）。

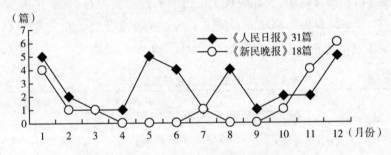

图5-2 样本二 农民工生活方式月度报道频率

无论从每一年还是每一个月的报道频率来看，农民工生活方式报道频率都较低，且并非长期的、持续的、均衡的报道。报道频率高的年份往往是由于当年出台了相应政策措施等，而报道频率高的月份则与节日、气候、农民工"候鸟式"迁移有很大关联，这明显体现在样本二冬季报道数量较多上。《人民日报》在2012年5月和6月连续发文关注农民工婚恋、休闲问题，如《新生代农民工面临婚恋困境》《文艺莫忘农民工》等；在2012年8月关注住房问题时涉及农民工，如《中国住房体系基本完善》《住房保障让全体人民住有所居》等。由于仅仅抽取两年内的样本，因此《人民日报》在夏季时段报道数量多并不能说明其有规律可循。

2. 报道篇幅与针对性

如表 5-3 所示，在报道篇幅（合计 78 篇）上，统计数据表明大篇幅生活方式报道屈指可数，多为简短消息类点缀，少有系统性的追踪、连续和深度报道。不少媒体在报道城市化问题、农民工讨薪维权、国家相关政策等问题时也会涉及农民工生活方式的内容。但在这些综合性报道中涉及农民工生活方式的内容往往仅是只言片语，难以对农民工生活方式有客观全景式了解，相比之下专门性报道更加客观全面和有针对性。为引起社会关注农民工相关问题，此类新闻报道形式有待丰富，报道力度有待加强。对样本一数据进行统计发现，其中共有专门性报道 19 篇和综合性报道 9篇，专门性报道占总报道数量的 68%。

表 5-3 农民工生活方式报道篇幅统计情况

篇幅字数		0—1000 字	1000—2000 字	2000—3000 字	3000 字以上
样本一（篇）		21	4	2	1
样本二（篇）	《人民日报》	18	5	0	9
	《新民晚报》	15	2	1	0
在总报道中所占比例（%）		69.3	14.1	3.8	12.8

从农民工生活方式报道篇幅、针对性来看，农民工生活方式报道多以"豆腐块"形式出现，3000 字以上的大篇幅报道数量很少，存在报道力度偏小，缺乏连续性、全方位、大篇幅的报道等问题。由于篇幅的限制，农民工生活方式报道普遍所占版面小、标题不起眼，从而易被读者忽视。但值得肯定的是，部分农民工生活方式的一些专题性报道的针对性较强，并非一味泛泛而谈、一笔带过，往往就问题谈问题、就现实论原因。如在《谁解农民工文化之"渴"》（《人民日报》2011 年 12 月 21 日）一文中，记者在论述农民工"不怎么休闲""该怎么休闲"等问题后，指出农民工享受公共文化服务需要"氛围的营造"和"环境的创设"，同时借两位全国政协委员冯巩、边发吉之口说明农民工休闲问题需要政府和社会力量积极参与。

3. 报道体裁

样本一数据表明农民工生活方式报道体裁大多以消息、通讯为主，占报道总量的 75%，说明各媒体在农民工生活方式报道方面十分注重时效性，有

159

突发消息立即进行报道；但另一方面也凸显农民工生活方式报道深度开掘力度不够、报道形式较为单一，深度报道、特写较少，专访、评论缺乏。

如表 5－4 所示，我国媒体对农民工生活方式的报道评论、专访、深度报道较少。缺少品质保证、欠缺思想深度的新闻容易使农民工生活方式报道成为"歌功颂德"、奇闻、奇案的重点集散地，无助于决策者和公众对该问题的认知。媒体在对农民工生活方式问题进行报道时不仅要唤起社会各阶层对农民工生活方面所遇到困境的关注和同情，更要分析隐藏在新闻背后的深层次原因、探讨解决问题的办法，这样才能解决好农民工生活方面的问题。

表 5－4　　　　　　　　样本一　报道体裁统计情况

体裁	消息	通讯	深度报道	特写
数量（篇）	16	5	5	2
比例（%）	57	18	18	7

4. 图片运用情况

运用合适的图片可以简单明了地反映农民工生活的现实情况。样本一数据表明，文字性报道是农民工生活方式报道的主要方式，同时也有一定数量添加图片的文字性报道，而纯图片式报道可谓凤毛麟角，仅占报道总数的3.6%（见表 5－5），说明在对农民工生活方式的报道中图片总体使用率不高。应该看到，图文并茂的表现手法有强烈的视觉冲击效果，能够以其形象感染力吸引读者的注意力，从而加深对农民工这一弱势群体的关注。

表 5－5　　　　　　　　样本一　图片运用情况统计

呈现形式	纯文字性报道	文字图片结合报道	纯图片式报道
数量（篇）	17	10	1
比例（%）	60.7	35.7	3.6

5. 消息来源

从对媒体报道的消息来源的统计中可以发现媒体获得农民工生活方式相关信息的主要渠道。通常而言，受众更倾向于相信第一手材料信息来源的可靠性和真实性。从表 5－6 数据可以得知，样本一数据表明农民工生活方式报道消息来源渠道主要为官方，而来自农民工的比例不到 1/3，说明媒体在农民工生活方式报道上对当事人采访和现场调查偏少，媒体对农民工生活方式的报道没有给予足够的关注。虽然官方信息具有宏观性和权威性，但如果过分依赖则容易让媒体被动地成为政府部门的"传声筒"，脱离农民工具体情况和社会现实，容易使报道成为空洞的说辞。

表5－6　　　　　　　　　　　样本一　消息来源统计

来源	官方	农民工	其他渠道
数量（篇）	11	9	8
比例（%）	39.3	32.1	28.6

三　我国农民工生活方式报道与问卷调查结果比较分析

（一）农民工调查问卷结果分析

本部分将把居住、饮食、婚恋家庭、闲暇交往四个方面报道内容与农民工调查问卷数据结果进行对比，探寻媒体报道呈现的事实是否真实反映客观现实。

1. 接受问卷调查农民工的基本情况

（1）发放问卷主要地点。

本课题组共收集有效农民工调查问卷748份，调查地点虽遍布全国，但主要为农民工比较集中的几个城市：北京、上海、广州、深圳、武汉。这些城市的共同特点是经济相对发达、人口集中、流动人口密集、有巨大的用工需求，在这些地方进行调查获得的问卷数据具有典型性和代表性。

（2）问卷受访人员基本人口学特征。

在有效问卷当中，大部分受访人员为男性，女性农民工占比不到1/3；受访人员年龄主要集中在21—40岁之间，占比高达77.7%；大部分为初中（53%）、高中或以上（28%）文化水平；有55.3%的受访人员已婚，余者是单身人员。总体而言，受访农民工以青壮年为主，文化水平不高。具体情况如表5－7所示。

2. 受访农民工生活方式的基本情况

（1）居住情况及满意度。

如表5－8所示，受访农民工居住形式以单位提供住处（53.2%）和租房（41.7%）为主。对单位提供住处态度值比较分散，表示比较满意、比较不满意的人员占比较大，整体来看受访农民工对居住情况不满意度较高。

表 5 - 7　　　　　　　　　　问卷受访人员基本人口学特征

变量	变量取值	人数	百分比（%）
性别（15 份无效问卷）	男	503	68.6
	女	230	31.4
年龄（14 份无效问卷）	20 岁以下	57	7.8
	21—30 岁	405	55.2
	31—40 岁	163	22.2
	41—50 岁	86	11.7
	50 岁以上	23	3.1
学历（14 份无效问卷）	小学以下	20	2.8
	小学	121	16.5
	初中	389	53.0
	高中、中专及以上	204	27.8
婚姻状况（53 份无效问卷）	单身	311	44.7
	已婚	384	55.3

表 5 - 8　　　　　　　　　　受访农民工居住情况及满意度

变量	变量取值		人数	百分比（%）
居住方式	单位提供住处	工棚	106	14.2
		普通住房	292	39.0
	租房或自购		312	41.7
	住在亲戚或朋友家		38	5.1
居住满意度*	无所谓		14	3.5
	很不满意		64	16.1
	比较不满意		131	32.9
	比较满意		137	34.4
	很满意		21	5.3

注：* 指对工作单位提供住处的满意度。

（2）饮食方式及满意度。

如表 5 - 9 所示，有 72.9% 的受访农民工由工作单位提供伙食，对单位所提供的伙食有 43% 的农民工表示比较满意，不满意者也高达 43.3%，仅有 10.3% 的人感到很满意。

表5-9　　　　　　　　　受访农民工饮食方式及满意度

变量	变量取值	人数	百分比（%）
饮食方式	自己买饭或做饭	203	27.1
	单位提供伙食	545	72.9
饮食满意度*	很满意	56	10.3
	比较满意	234	43.0
	比较不满意	152	27.9
	很不满意	84	15.4
	无所谓	19	3.5

注：＊指对工作单位提供饮食的满意度。

（3）婚恋家庭。

受访人员中，单身者（45%）较已婚者（55.3%）人数要稍少。单身农民工中，约有一半（41%）处在恋爱状态；虽然大部分（66%）农民工否认存在交友困难的问题，但仍有相当数量（34%）的农民工承认存在交友困难，认为交友困难是由于交际圈太小（33.4%）、收入低（32.5%）、职业（23.8%）等原因造成；65.3%的受访者考虑在家乡寻找婚恋对象。接受问卷调查的已婚农民工中有一半配偶不在身边；近一半（49.2%）的受访农民工子女由家中的上一辈抚育照料（如表5-10所示）。

表5-10　　　　　　　　　受访农民工婚恋家庭情况

变量		变量取值	人数	百分比（%）
婚姻状况（53份无效问卷）		单身	311	44.7
		已婚	384	55.3
未婚	是否在恋爱	正恋爱	128	41.0
		未恋爱	183	59.0
	是否存在交友困难（12份无效问卷）	是	103	34.4
		否	196	65.6
	交友困难主要原因（可多选）	工作时间长，无暇顾及	66	21.2
		交际圈太小	104	33.4
		受限于工种职业	74	23.8
		收入低	101	32.5
		务工人员身份	61	19.6
		其他	16	5.1

变量		变量取值	人数	百分比（%）
已婚	配偶是否在一起	是	191	49.7
		否	193	50.3
	抚育子女方式（46份无效问卷）	在自己身边	80	26.6
		家乡的上一辈	148	49.2
		家乡的其他亲友	27	9.0
		打工地附近的其他亲友	7	2.3
		其他	39	13.0

（4）闲暇交往。

依据表 5-11 数据，我们可以发现 55.5% 的受访农民工有一定的休闲时间，但认为自己没有休闲时间者比例高达 44.5%。受访人员中，休闲方式采用打牌（64%）和聊天（61.1%）的人次最多；上网（54.4%）次之；采用逛街（44.5%）、看电影（34.4%）和听音乐（30.7%）的人次也不少。电视（69.8%）、网络（42.5%）、报纸（37.9%）是受访人员在闲暇时间里中接触最多的三种媒体。

表 5-11　　　　　　　受访农民工闲暇交往情况

变量	变量取值	人数	百分比（%）
是否有闲暇时间（72份无效问卷）	是	375	55.5
	否	301	44.5
主要休闲方式（多选）	聊天	229	61.1
	打牌	240	64
	逛街	167	44.5
	KTV 唱歌	57	15.2
	听音乐	115	30.7
	看电影	129	34.4
	上网	204	54.4
	其他	42	11.2

续表

变量	变量取值	人数	百分比（%）
闲暇时间接触何种媒体（多选）*	报纸	114	37.9
	电视	210	69.8
	广播	75	24.9
	网络	128	42.5
	杂志	54	17.9

注：*74人表示平时不接触媒体，占比19.7%。

（二）农民工生活方式报道内容分析

1. 居住报道

样本一居住类报道共 14 篇，占生活方式报道总数的 50%；样本二《人民日报》《新民晚报》分别有居类报道 13 篇、11 篇，分别占各自生活方式报道总数（32 篇、18 篇）的 41%、61%。统计样本中，共有 11 篇报道内容涉及农民工公寓建设或入住这一话题，可见其是居住类报道主流话题，报道多认为农民工公寓的建设改善了农民工的居住环境。但据前面居住情况问卷统计结果来看，仍有相当一部分的农民工很难有良好住宿条件，大部分住在工棚里或单位提供的简陋宿舍中。

媒体报道农民工居住现状时，呈现的现实与农民工居住环境差、居住面积小、住房满意度较低的客观事实相符。不过这类反映农民工居住现状的报道并不是农民工居住类报道的主流，即便提及居住现实，所反映的问题也甚少涉及二元户籍制度等深层次原因剖析。

从报道的态度来看，大部分媒体报道的态度是积极或者中立的，说明媒体对农民工居住现状持较为积极和乐观的态度。然而据农民工调查问卷结果来看，仍有 49% 的农民工对自身居住环境是不太满意甚至很不满意。

2. 饮食报道

样本一，共有饮食相关类报道 3 篇，占生活方式报道总数的 10.7%；样本二中《人民日报》《新民晚报》各有饮食类报道 5 篇、2 篇，分别占各自农民工生活方式报道总数的 16%、11%。样本一中 3 篇报道和样本二中 5 篇报道都不是以饮食为主题的报道（其中 5 篇报道将农民工饮食作为新闻的一部分，其作用是为了体现政府、企业对农民工的人文关怀；2 篇

165

内容是与食品安全话题相关的报道），以饮食为主题的报道（《农民工食堂菜》《新民晚报》2011 年 12 月 9 日、《"90 后"农民工谈收入：每天吃肉就行》《人民日报》2012 年 11 月 11 日）都来自样本二。就 10 篇报道内容而言，难以有效从中了解到农民工饮食现状和存在问题。

农民工饮食情况调查统计数据结果表明仍有近一半的农民工对单位提供的伙食不太满意，他们的饮食条件仍然亟须改善和提高。而媒体在此类新闻的报道内容中所提供的信息是农民工饮食情况有了一定改善，表现的态度是积极或者中立的，这与农民工对饮食状况 43.3% 的不满意度调查统计结果有一定出入。

3. 婚恋家庭报道

样本一，共有婚恋家庭报道 3 篇（其中与居住类重合的报道 1 篇），占生活方式报道总数的 10.7%；样本二《人民日报》共有婚恋家庭类报道 13 篇，占生活方式报道总数的 16%；《新民晚报》没有涉及此类报道。

样本一和样本二中农民工婚恋家庭话题所占比重都非常小，并且部分报道仅是农民工新闻报道内容中的一部分中涉及此问题。我们将农民工婚恋报道与农民工婚姻状况调查统计结果进行对比，发现报道内容如《一个人的牵手——沪上外来务工人员婚恋状况小调查》（《解放日报》2008 年 1 月 24 日）、《新生代农民工面临婚恋困境》（《新民晚报》2012 年 6 月 29 日）等基本符合农民工单身者交友困难、已婚者长期分居两地长期处在性压抑状态等婚恋家庭现实状况，报道分析结果具有一定普适性。

4. 闲暇交往报道

样本一，共有休闲方式类报道 11 篇，占生活方式报道总数的 39.3%，其中近 80% 的农民工休闲方式报道都出现在都市类报纸上，党报类媒体报道数量较小；样本二中《人民日报》《新民晚报》各有休闲类报道 12 篇、5 篇，分别占各自生活方式报道总数的 38%、28%。

农民工休闲方式报道内容主要集中在两个方面：一是对社会文化团体等组织为农民工特别组织的文娱活动开展的跟踪报道，如让农民工免费唱歌、看电影、听音乐会等，这类新闻大多结合照片、新闻图片进行正面宣传报道，是农民工休闲类报道的主流；二是反映农民工休闲生活状况，这类报道反映了农民工休闲方式多姿多彩的一面、大部分是正面积极向上的，如《来京务工　想唱就唱》（《北京晚报》2007 年 7 月 25 日）、《"打工者书屋"外来务工者的精神家园》（《新民晚报》2012 年 2 月 24 日）等。

结合农民工休闲方式报道内容进行对比发现，新闻媒体所呈现的丰富多彩的农民工休闲方式与现实存在一定差距，即报道内容没有客观全面地反映休闲现状，存在正面宣传数量过多的现象。此外，报道中的政府和民间组织筹划的活动有次数和时间的限制，并不是一种长期的、持久的活动，这些活动能在一定程度上改善农民工单一的业余生活，但是不能从根本上改变他们靠打牌、侃大山、上网来消磨闲暇时光的现实。即使有报道反映了农民工休闲生活不容乐观的现实，但对其背后的原因缺乏深入分析和深度思考。

（三）党报与都市报农民工生活方式报道比较——以《人民日报》《新民晚报》为例

通过将农民工生活方式的问卷调查与农民工生活方式报道内容进行对比，找到了二者间的差异。下面我们将对样本二两份样本《人民日报》《新民晚报》中农民工生活方式报道进行比较分析，以求得新发现。

1. 报道数量、篇幅比较分析

如表 5 - 12 数据所示，在报道数量方面，《人民日报》共 32 篇，是《新民晚报》报道数量的近两倍。从报道篇幅上来看，《人民日报》1000 字以下报道占报道总数的 36%，1000—2000 字的报道占比 10%，3000 字以上报道占比 18%；《新民晚报》1000 字以下报道占报道总数的 30%，1000—2000 字报道占比 4%，3000 字以上报道占比为 0。在 1000 字以上相对长篇幅报道上，相较于《人民日报》14 篇的数量，仅有 3 篇的《新民晚报》存在一定差距。此外，值得注意的是《人民日报》和《新民晚报》1000 字以下的报道篇幅数量在各自报道总数中都占有相当高的比例，分别为 56.3% 和 83.3%。

表 5 – 12   样本二   两家媒体报道数量及篇幅比较

媒体 \ 类目	报道总数（篇）	篇幅	数量（篇）	比例（%）
《人民日报》	32	≤1000 字	18	56.3
		1000—2000 字	5	15.6
		2000—3000 字	0	0
		≥3000 字	9	28.1
《新民晚报》	18	≤1000 字	15	83.3
		1000—2000 字	2	11.1
		2000—3000 字	1	5.6
		≥3000 字	0	0

2. 报道体裁比较分析

通过样本数据分析（表 5 – 13），在农民工生活方式报道中，《人民日报》消息类报道占报道总数的 56.3%，《新民晚报》消息类报道占比88.9%；两家媒体通讯类报道数量都较少；在深度报道上，《人民日报》占比为 21.9%，《新民晚报》深度报道仅有 1 篇；此外，《人民日报》有 2篇人物专访、1 篇系列报道，《新民晚报》没有同类体裁的报道。

表 5 – 13   样本二   两家媒体不同体裁篇幅统计

媒体 \ 类目	报道总数（篇）	体裁	数量（篇）	比例（%）
《人民日报》	32	消息	18	56.3
		通讯	4	12.5
		深度报道	7	21.9
		人物专访	2	6.3
		系列报道	1	3.1
《新民晚报》	28	消息	16	88.9
		通讯	1	5.6
		深度报道	1	5.6
		人物专访	0	0
		系列报道	0	0

3. 新闻源分析

在新闻来源上，从表 5 – 14 可以看到农民工作为消息来源的报道在两家媒体报道总数中所占比重都不高。《人民日报》50%的报道来自官方，直接源于农民工的仅占总报道数量的12.5%；《新民晚报》直接来源于农民工的报道占其总报道数量的38.9%，不同消息来源报道比例相对均衡。

表5-14　　　　　　　　　样本二　消息来源统计

类目 媒体	报道总数（篇）	消息来源	数量（篇）	比例（%）
《人民日报》	32	官方	16	50.0
		农民工	4	12.5
		第三方	12	37.5
《新民晚报》	28	官方	6	33.3
		农民工	7	38.9
		第三方	5	27.8

4. 比较分析与结论

本小节选取2010—2012三年间《人民日报》《新民晚报》所有和农民工生活方式相关的报道作为样本进行分析，目的是比较一下党报和都市报对此问题的媒体呈现方式有何异同之处。

（1）媒体呈现与客观现实存在差异：未能客观、全面反映农民工生活现状。

在各种因素的作用下，媒体呈现现实会产生一定偏移，其塑造的媒体现实并不等同于客观现实，媒体只有做到尽可能客观呈现现实才能保证新闻真实、客观、全面。通过农民工生活方式报道与调查问卷结果进行比对，我们发现媒体报道所呈现的事实与客观现实存在较大的差异，这种差异在居住、饮食、休闲三个板块表现得尤为突出。媒体现实表明农民工居住、饮食、休闲情况在政府大力扶持并落实相关政策后都得到了相当大程度的改观，农民工群体对其生活现状较为满意。现实情况却是农民工的居住条件仍然亟待改善，各项住房政策仍未得到全面有效落实；吃饱吃好是农民工最大心愿，饮食条件卫生情况堪忧；闲暇消遣方式仍然单一，应平等享有的公共文化服务欠缺。

从统计样本中还可以发现，从农民工生活方式报道内容中能够捕捉到农民工生活方式现状的信息量非常有限，致使媒体不能全面真实地为我们展现农民工生活方式全貌，这不利于政策制定者、社会公众了解并有针对

169

性地去改善他们真实的生活状况。

（2）报道倾向性较强：正面宣传报道居多。

持有不同政治态度、阶级立场、价值观念的媒体从业人员，会在报道中表现出肯定与否定、支持与反对、褒奖与贬低、喜爱与憎恨等不同的新闻报道倾向。[①] 现今我国媒体过分强调大众传媒的政治功能和社会影响力，甚至将新闻宣传视为维护社会稳定的一种手段，导致媒体对农民工这一弱势群体部分相对敏感话题的报道多倾向于正面宣传，这一定程度上有违新闻传播还原事件真实性的初衷。

从比较分析结果来看，我国媒体对农民工生活方式报道大多倾向于正面宣传、肯定与支持，报道涉及农民工生活方式负面新闻时大多与群体事件、突发事件、危机事件联系在一起。从媒体报道的单个事实来看其真实性不容怀疑，但媒体报道的往往是农民工生活的一个方面或一个侧面的信息，而忽视了总体事实的真实。

农民工的生活方式报道（尤以居住方式报道为代表）多侧重于对政策的解读。重视正面信息的宣传，忽略了对其生存条件客观现实的写实性、连续性的关注报道。这种报道倾向一边倒的状况虽然符合我国新闻媒体作为党和政府的喉舌的基本性质，但的确在一定程度上偏离了新闻媒体本应坚持的真实、客观、全面、公正的报道原则。

（3）不同板块的议题建构存在差异：居住、闲暇问题议题较多。

本章将农民工生活方式报道主要内容限定在四个板块：居住、饮食、婚恋家庭、闲暇交往，国内媒体对这四个不同题材报道的议题设置存在一定的差异。从报道数量、报道篇幅、报道体裁、报道形式来看，农民工居住类和休闲方式类报道力度高于农民工饮食和婚恋家庭报道，且报道形式多种多样。

从农民工群体本身来看，住房问题是其在城市生活、发展的最基本、最迫切问题，只有把"住"的问题妥善解决好农民工才能在城市扎稳根基；农民工休闲问题之所以受到媒体的广泛关注，一方面是因为国家、社会机构常组织相关慰问活动，另一方面是由于农民工业余文化生活容

170

---

① 张春林：《传媒产业化背景下党报受众策略的调整》，《新闻界》2005 年第 2 期。

易报道且不涉及个人隐私，对媒体而言也具有一定新闻价值和较高的可操作性。

相比住房、休闲问题，媒体对于农民工饮食、婚恋家庭问题关注度较低，这是因为饮食报道内容较为单一，不易被社会重视，新闻报道也难以推陈出新；婚恋家庭问题与农民工私人领域密切相关，涉及其个人隐私，政府部门和新闻机构不便深入其中。各种原因交织导致媒体农民工生活方式报道偏重居住、闲暇类报道，有意识地增加二者的议题设置。

（4）市场化背景下都市报价值取向偏离：对农民工生活方式问题关注不足。

步入市场经济之后的中国媒体除了受到国家政治权利控制外，还要在市场竞争的厮杀中求生存，部分都市类媒体出现了道德滑坡现象，新闻版面充斥大量肤浅、庸俗化的报道，导致对农民工这一弱势群体的生活方式关注不足。

从统计样本来看，市场类报纸关于农民工生活方式问题的报道在数量、力度、深度方面都落后于党报。都市类媒体定位的受众是普通城市居民，报道内容和视角具有高度地域性、群体目标性。农民工与市民生活在城市不同的地域空间和社会环境中，城市市民对与自身生活相关的新闻更加关注，农民工生活方式报道显然不容易吸引城市市民受众。更重要的是农民工生活方式报道不能获得较高的经济效益，都市类纸质媒体更倾向于报道能够引起拥有较强消费能力的受众感兴趣的话题，以此吸引广告商资金。相较于都市类媒体，党报拥有更加丰富的媒体资源、政治资源和人力资源，市场竞争压力也较小。在弱势群体问题报道方面，党报善于从宽广视角、国家高度出发，结合相关政策对弱势群体进行报道，给予他们足够的关注，并以舆论引导相关政策制定、资源分配的照顾与倾斜，对改变弱势群体现状起到一定促进作用，这也是样本二中《人民日报》比《新民晚报》在农民工生活方式问题的认识更加宏观、思考更加深入的原因。

171

都市类媒体需要在关注自身经济效益的同时不忘社会责任，以农民工新闻事件作为新闻切入点，发挥都市报亲民、通俗易懂的风格特点，通过多种形式、多角度进行全景式报道，提供更高质量、更高层次的信息服务。同时运用自身的影响力，团结、凝聚起一批充满社会责任感的受众关注农民工生活状况并解决其部分困难。

第三节 农民工生活方式报道的改进途径

作为农民工报道的一个部分，农民工生活方式报道有两个基本要素：媒体、农民工。媒体是报道活动的主体，受上级主管部门和自身"经济人"利益的影响；农民工是媒体报道的客体，其生活方式是媒体关注的内容。改进农民工生活方式报道，不仅涉及媒体自身操作，还涉及报道对象农民工所处的客观生活环境的实际改善和农民工自身素养的提高。

一 深刻认识生活方式的改善对农民工城市融入的重大意义

作为外来人口的移民群体如何实现与城市生活的相互融合并真正融入到城市生活中一直是城市研究的经典命题。在我国城市化发展进程中，一些学者指出我国农民工问题的最终解决方法是农民工市民化。一般认为农民工市民化需要从制度、社会、文化层面上转变农民工的身份、地位、价值观、生活方式等，并认为如果没有思想意识、价值观念和生活方式的农民工市民化，则中国城市化的水平、质量都是不高的。[①] 目前我国实际城市化率不到35%，[②] 这表明我国户籍城市化率仅超过1/3，与发达国家相比有相当大差距。

现代化通常被理解为传统社会向现代社会的变迁过程，即从农业社会向工业社会、乡村社会向城镇社会、封闭半封闭的社会向开放的现代社会转变的过程。

人们的"生活方式是文化传统的民众化、生活化、社会化、具象化的表现形式，是这种文化传统的价值观念、道德伦理等核心文化的外在化体现。"[③] 生活方式是"人们的物质生产、社会建构和文化创造等文明成果，

---

① 文军：《农民市民化：从农民到市民的角色转型》，《华东师范大学学报》（哲学社会科学版）2004年第5期；陈映芳：《"农民工"：制度安排与身份认同》，《社会学研究》2005年第3期。
② 徐晓风：《中国真实城市化率不到35%》，《扬子晚报》2013年6月28日。
③ 李长莉：《中国人的生活方式：从传统到现代》，四川人民出版社2008年版，第2页。

172

最终落实到人们的日常生活而被人们享用的具体形式"①，其变迁过程是社会变迁的外在表现形式，也是社会文化内涵的内在转型。农民工从乡村走向城市，由乡村生活方式到城市生活方式的转型过程中的质量间接表明他们融入城市程度的高低，农民工最终市民化的内涵应包括他们生活方式的城市化。

对个人来说，现代化"指个人改变传统的生活方式，进入一种复杂的、技术先进的和不断变动的生活方式的过程。"② 现代化的目标能否实现，新型的生活方式能否建立，归根结底取决于现代化建设的主体——人，取决于人的现代化。英格尔斯认为"人的现代化是一个国家经济社会现代化的先决条件，生活方式的现代化是人的现代化的核心和归宿。"③ 正如施拉姆所说，任何"社会变革的最重要的条件是人本身必须变革，一个国家的进步首先而且最主要的是依靠它的人民的进步。"④ 如果人们不经历一个从行为到心理向现代化的转变，就不可能成功地使原来落后的国家变为自身具有持续发展能力的国家，也不可能真正有文明、健康、科学的生活方式。生活方式的变化"往往会改变人们的生活状态，进而引起人们行为规范和价值观念的变化，从而使人们的物质生活、社会生活和精神生活的面貌大为改观。"⑤

21世纪以来，从农村进入城市的大量新生代农民工渴望融入城市的意愿比第一代农民工更加强烈，同时，年轻一代融入城市的能力也大大提升。农民工生活方式的转变面临"传统/现代""乡村/城市"二元对立造成的困境，经历二者不协调所带来的现实中的种种不适应和心理上的震动、迷茫、冲突。但是城市化的历史任务要求他们做出改变，在这个艰难

---

① 梁景和：《生活方式：历史研究的深处——评李长莉著〈中国人的生活方式：从传统到现代〉》，《通化师范学院学报》2010年第9期。

② ［美］埃弗里特·M. 罗吉斯、拉伯尔·J. 伯德格：《乡村社会变迁》，王晓毅、王地宁译，浙江人民出版社1988年版，第309页。

③ 张华、黄修卓：《英格尔斯人的现代化理论论略》，《湖南人文科技学院学报》2008年第5期。

④ ［美］施拉姆：《大众传播媒体与社会发展》，金燕宁等译，华夏出版社1990年版，第28页。

⑤ 梁景和：《生活方式：历史研究的深处——评李长莉著〈中国人的生活方式：从传统到现代〉》，《通化师范学院学报》2010年第9期。

的过程中，国家、社会和农民工自身都要付出相应努力。没有农民工的市民化，中国的城市化是畸形的；没有农民工生活方式的市民化，中国城市化的质量则要打上一个很大的问号。

媒体及其上级党政主管部门必须认识到农民工生活方式的改善对他们融入城市（生活）、中国城市化质量的提高乃至现代化历史任务完成的重大意义。加大农民工生活方式的报道力度，促进政府和社会关注并解决农民工生活方式中的种种实际问题，这要求媒体资源的配置在当前的格局下应适当向农民工倾斜。市场经济条件下的媒体农民工生活方式报道需要考量成本，因此媒体主管部门在对媒体进行绩效考核时需要进行综合衡量。只有媒体及其主管部门深刻认识到生活方式的改善对农民工和整个社会的重大意义，才会有动力和压力尽其所能报道农民工生活方式；没有认识上的深刻转变，农民工生活方式报道在现有基础上难以有较大的改观，报道途径的意见建议终究只是空中楼阁。

二 遵循新闻报道的原则，合理设置议题，丰富报道形式

（一）真实、客观、公正、全面地反映农民工生活方式现状

社会大众将某些稀有资源托付给新闻媒体使用，并且新闻媒体拥有相当程度的采访权、言论权和舆论监督的权利，那么新闻媒体就必须对社会和公众承担相应的责任和义务，有责任和义务对社会环境的各个方面进行真实、客观、公正、全面的报道，以保证社会大众在掌握充分消息的基础上对社会环境加以准确的判断并采取相应的行动。

真实是新闻的生命，是新闻传播最基本的原则，也是最高的标准。为了使决策者和城市居民深入了解农民工群体的生存现实，新闻媒体的记者就必须到实地采访、深入接触农民工群体，避免出现缺乏事实依据的主观判断。为了提高新闻的客观性，避免农民工生活方式被歪曲或者被误解，新闻媒体可以大量采用直接引语、现场图片报道，加强报道的客观真实性，给受众一个独立思考和判断的机会与空间。媒体的报道越真实、越客观就越容易获得受众的肯定，也有利于其公信力的提高。

在农民工生活方式报道中，媒体还要遵守新闻报道公正和全面的要求，不偏不倚地选择新闻的同时注意生活方式题材的全面性。既不能一味

地迎合政府权力机构而只去报道歌功颂德的正面新闻，也不能为了吸引受众注意力而过多地报道一些非典型的、具有猎奇窥探心理的、不能真正体现和代表农民工生活方式（尤以婚恋家庭、闲暇方式为代表）现状的负面新闻；既要报道农民工的居住环境和闲暇生活，又要关注农民工的饮食和婚恋家庭问题；既要披露农民工不符合城市现代生活方式的不文明行为，更要注意倡导城市生活中的文明理性行为，尤其是展现农民工的生活简朴、勤劳朴实、乐观向上、见义勇为的优秀品质。媒体要在全社会营造和谐共处的"融合"氛围，通过事实让城市居民消除由于对农民工群体不了解而产生的偏见与误解，让城市居民切实体会到农民工对我国城市化建设与发展所起到的巨大推动作用，唤起他们对农民工群体的同情和理解。

（二）加强农民工生活方式报道的议题设置，丰富报道形式

农民工活跃于城市的各个行业与角落，城市中到处都有他们的身影，他们理应同普通市民一样享有充分利用媒体资源的权利，而事实却是他们是被动报道的对象、沉默的失语群体，只有农民工突发事件发生时才会引起注意的人群。媒体要通过合理设置议题，增加报道数量来引起人们对农民工生活方式问题的关注、通过各种各样的报道形式来反映农民工生活现状。

首先媒体要合理设置农民工生活方式报道的议题。农民工生活方式报道大多出现在社会新闻版，并以突发性、危机性事件为主，这样不利于对农民工生活现状展开长期、持续的全面的关注。农民工生活方式不仅仅涉及他们的社会生活，还涉及他们的经济生活、文化生活等方面；媒体不能仅仅在突发性事件、危机事件中关注农民工的角色和表现，更应该关注他们日常生活的现状和诉求。因此，媒体在设置农民工生活方式报道的议题时，除了保留社会生活版的相关内容外，还应该在其他相关版面增加农民工生活方式报道的相关议题。如休闲新闻、体育新闻、娱乐新闻等版面应安排农民工生活方式的相关议题，因为一方面农民工需要通过这些版面获得相关信息丰富其业余生活，另一方面也可以让城市居民了解农民工的生活实际，从心理上拉近市民与农民工的社会距离。另外，应让农民工像城市市民一样在新闻中"发言"，给予他们充分发言的机会，这一定程度上可以克服农民工的"过客"心态。

175

其次，媒体需要不断丰富报道形式，避免单一、缺乏深度与广度的报道。首先要注意精心策划，结合党和政府的方针政策与本地实际，发现新闻亮点，策划报道选题，讲究报道的技巧和方式，避免纯说教、纯宣传的报道方式；其次要运用深度报道、系列报道等多种报道方式，对农民工生活方式这一话题进行持续、深度关注，通过报道农民工的生活现状、提出改善措施、监督政府政策落实等手段实实在在地帮助农民工改善生活现状；最后，要善于运用照片、漫画、表格等多种表现形式，适度地采用突出、醒目、有爆点的报道技巧，制作引人入胜的新闻标题，以唤起读者的阅读欲望。

三 增加生活服务类信息的报道，做好"新闻援助"

纵观近十几年的农民工新闻报道，报道热点、焦点主要集中在政策宣传、讨薪维权、春运返乡、工伤赔偿、子女教育、城市建设贡献等方面，农民工生活方式报道在农民工的总体报道中不仅数量少，而且实用性的服务信息较为欠缺。

在进行农民工生活方式报道时，媒体不能只注重如何传达政府精神、宣扬优惠政策，而应当主动贴近农民工群体，想其所想、忧其所忧，为他们多提供实用性强的服务信息，帮助他们在城市生活和发展，这也是生活方式报道贴近农民工、服务农民工的客观要求。如在居住类报道中，媒体要结合本地实际，给予农民工群体相应的国家政策、法律法规辅导，让他们在了解政策法规的同时能够充分、及时享受住房优惠。在报道当地政府新建公租房的计划和举措时不能仅仅告诉人们在建公租房、经适房数目、面积、规模，同时还应当及时为农民工提供如怎样争取、享有国家优惠政策的途径，提供申请条件、办理手续流程、具体费用安排、入住后的相关配套设施等问题性信息。这些实实在在的问题是农民工真正想要获得的信息，这些信息能够帮助农民工去争取自己的居住权益，合理地安排相关事宜。

农民工在城市中多以弱者身份出现，他们的生活状况和城市居民相比有很大差距。媒体在进行生活方式报道时，可以适当进行"新闻援助"，帮助他们解决一些现实问题，至少使他们的问题和困境得到政府和社会的关注。比如在婚恋家庭类报道中，青年农民工找对象面临一些困难，媒体在报道此类问题时可以和当地政府民政部门、工会、社区、一些公益组织等联合举办针对农民工的相亲会，同时也可以为婚礼发愁的农民工举办一些集体婚礼等活动。媒体在农民工生活方式报道过程中进行新闻援助既能体现媒体的社会责任，又能使有困难的农民工通过媒体的报道和组织的相关活动得到不同程度的帮助，此外还可以使政府部门、社会组织、爱心人士的善行义举得到弘扬，彰显社会正能量。

四　帮助农民工完成生活方式的再社会化进程

从农村进入城市的农民工不仅仅要适应地域、职业、劳动方式的变化，还要经历社会、心理、文化适应的挑战与转型。农民工如何将城市的生活方式和价值观念内化，如何走出血缘、亲缘、地缘、业缘的圈子与城市市民进行社会交际，如何转变思维方式、提高自身素质适应城市角色等是媒体应该关注的问题。从城市视角（也是现代化视角）出发，农民工在原先社会化基础上需要继续社会化。农民工在城市当中继续社会化的主要任务是通过各种方式学习不同于农村生活方式的城市生活方式，进而最大程度地调适社会、心理和文化冲突以融入城市生活，完成再社会化过程。

对农民工来说，城市生活方式是一种全新的形态。媒体是推动农民工进行再社会化的一种工具，新闻报道是推广城市生活方式的有效途径，可以不断将城市生活方式扩散到大部分甚至全体农民工当中。媒体农民工生活方式报道可以让农民工知晓他们现有生活方式当中和城市生活方式不相适应之处，帮助他们了解、熟悉、接受城市生活方式；在报道中，既要客观真实反映农民工生活方式现状，又要通过评论、稿件用词等劝服他们尽可能地摒弃原有的生活方式，接纳城市生活方式；在一部分农民工以城市生活方式安排自己生活如积极与城市居民交往、理性接受城市的秩序规范时，媒体需要以肯定的态度鼓励更多农民工学习。

但是，我们也要看到农民工既有生活方式也并非一无是处，媒体在进行相关报道时需要分清问题，不可一概而论。比如农民工居住条件不容乐观，媒体在报道居住问题时，既要看到他们艰苦恶劣的居住生活环境，同时也要看到农民工在这种环境下的顽强拼搏、艰苦奋斗、自强不息的精神，感知他们坚强、淳朴、善良和吃苦耐劳的优良品质。农民工们在阳光下挥洒的汗水，受尽苦难之后真诚的笑容，乐天知命的生活态度等都是通过他们的生活方式显现出来，这些需要媒体以平等姿态赞之颂之。这不仅能在全社会弘扬积极向上、不屈不挠、坚韧不拔的精神，也能改变城市居民对外来务工人员的刻板印象，扭转城市管理者和城市市民的农民工群体造成了城市"脏、乱、差"的心理和观念，改变消费和娱乐农民工群体的低俗趣味，引导社会去关怀、理解、帮助农民工。

同时，我们还要看到，城市生活方式也并不是全部都符合社会和人自身发展需要的，媒体在进行农民工生活方式报道时需要未雨绸缪，告知农民工正确对待城市生活方式中的一些现象。比如"城市病"中由人口膨胀所造成的交通拥挤、环境污染以及由城市"陌生人社会"所导致的人际关系冷漠等。媒体还应对城市生活方式中的一些消极负面的行为方式进行批评。比如部分新生代农民工在消费时会效仿某些城市居民进行炫耀性消费，又如一些农民工效仿某些城市居民的婚前同居、搞婚外情等。

第六章　农民工子女教育报道研究

　　受教育阶段的农民工子女是一个庞大、迫切需要被关注的群体，他们接受教育的情况不仅关系到他们自身的前途命运，更关系到国家、社会和民族的未来。新闻媒体应肩负起监督社会环境的职责，农民工子女的教育问题是否得到了媒体应有的重视，媒体的报道是否如实反应了农民工子女教育所存在的问题，以及在当前媒体关于农民工子女教育的报道中，存在着哪些问题、如何改进问题，这些都是本章要探讨的内容。

第一节　农民工子女教育报道研究的背景

一　农民工子女教育报道研究的范畴

　　农民工子女的教育问题是农民工子女教育报道的主要内容，也是农民工报道的一大题材，但是目前在学术界，尚未明确地对"农民工子女教育报道"给出明确的概念界定，对"农民工子女教育报道"的研究更是一片空白。因此，只有先明确"农民工子女教育报道"的概念内涵，了解"农民工子女教育报道"的内容分类，才能够深入研究"农民工子女教育报道"的发展现状，分析出目前"农民工子女教育报道"存在的问题，进一步提出针对性的改进建议并对其发展趋势进行合理的预测。

　　首先，我们要理解"教育"的概念。教育是培养人的一种社会活动，教育作为人类传递与学习知识技能的一种社会现象，随着人类的生存而存在，也随人类的发展而发展。[1] 从广义上讲，凡是增进人们的知识和技能、影响人们的思想品德的活动都是教育；从狭义上说，教育者根据一定的社会要求，有目的、有计划、有组织地对受教育者的身心施加影响，培养成社会所需要的人的过程被称为"教育"。[2]

科学的教育是立体的，它分为 4 个层面：学校教育、家庭教育、社会教育和自我教育。本章中的"农民工子女教育"主要是指对农民工子女的"学校教育"，由于"学校教育"通常会和"家庭教育""社会教育"相结合，因此对农民工子女所处的家庭情状、社会教育环境也会有所涉及。

综上所述，农民工子女教育报道指的是有关农民工子女教育情状的新闻报道，主要涉及学校教育和家庭教育两个方面。

二 农民工子女教育的现实意义

随着我国社会转型时期城市化进程的加快，城市里出现了大量的农民工群体，他们大规模地涌向城市，用自己的双手为城市的建设与发展做出了重大贡献。但是伴随着农民工进城，这一群体面临的各种现实问题也接踵而至，其中农民工子女的教育问题便是一个重要的问题。农民工子女教育问题的重要性已引起学界的关注，有学者指出，农民工面临的不只是他们自身工作和生活的问题，更具长远性影响的是他们子女的教育问题。随着城市化的不断推进，留守农村的农民工子女会越来越少，绝大多数的农民工子女进入城市后不再返回农村，"从劳动力扩大再生产的角度来理解，农民工子女教育本质上是培养符合现代化要求的新生代的问题。因此，我们不仅要从权利平等的角度来认识问题，更要从社会一代人的角度来认识问题。农民工子女教育的问题关乎新农村的建设，更关乎新城市的建设"。[3]

庞大的农民工群体背后，是与之相应的农民工子女群体。本课题组在 2011 年 6 月—2012 年 3 月对北京、上海、广州等地的农民工进行了问卷调

180

---

① 李庆涛：《论平等受教育权——以农民工子女为视角》，硕士学位论文，山东大学，2007年，第 3 页。

② 周德昌、江月孙编著：《简明教育辞典》，广东高等教育出版社 1992 年版，第 10 页。

③ 蔡禾、刘林平、万向东：《城市化进程中的农民工：来自珠江三角洲的研究》，社会科学文献出版社 2009 年版，第 300 页。

查，结果显示：76.4%的受访农民工已有子女，而在"子女是否曾遭遇就学难"这一问题上，39.3%的受访农民工选择了"是"。2011年，一则《北京将关停24所打工子弟学校，上万名孩子一夜失学》①的报道引发社会各界的广泛关注，众多新闻媒体纷纷对此事件进行了跟踪报道和评论。事实上，打工子弟学校被关停只是农民工子女在接受教育过程中所遭受到的众多问题中的一个，此次新闻事件也仅仅是农民工子女教育遭受"就学难"问题的一个缩影。

根据处在受教育阶段的农民工子女的居住情况，我们可以将其分为随父母进城的"随迁子女"与留在老家的"留守子女"两个部分；而根据学校教育的进程与阶段，这些子女的教育可以大致分为学前教育、义务教育与初中后教育几个部分。其中义务教育包括小学与初中教育，初中后教育则包括高中教育与高等教育、职业教育等内容。本课题组的调查显示，按照学前教育、义务教育、高中教育与"其他"为划分标准，受访农民工子女所处的教育阶段分别为14.5%、63.4%、11.2%和10.9%。由此可见，处在义务教育阶段的农民工子女占绝大多数。

教育部公布的《2011年全国教育事业发展统计公报》显示："2011年全国义务教育阶段在校生中进城务工人员随迁子女共1260.97万人，比2010年增加了93.79万，增幅为8.03%；2011年义务教育阶段在校生中的农村留守子女共2200.32万人。其中在小学就读1436.81万人，在初中就读763.51万人。这一数据较之于2010年，总数减少了71.19万人，减少3.1%"（参见图6-1）。②此外，据2011年《人民日报》报道，"今后5年，我国城镇化率将提高4个百分点，意味着有5000万人'进城'，将带来约800万适龄随迁子女"。③总体而言，义务教育阶段的农民工子女更多的是被留在了农村老家接受教育，但是数据显示，越来越多的农民工让未成年子女在身边接受义务教育阶段的学习。虽然义务教育阶段的农民工子女不能完全代表

181

---

① 吴勇：《北京将关停24所打工子弟学校，上万名孩子一夜失学》，《河南日报》2011年8月18日第8版。

② 数据来源于教育部公布的《2011年全国教育事业发展统计公报》。

③ 《从有学上到上好学——怎么实现教育公平》，人民网，2011年8月22日，http://theory.people.com.cn/GB/15470321.html，浏览日期：2015年6月10日。

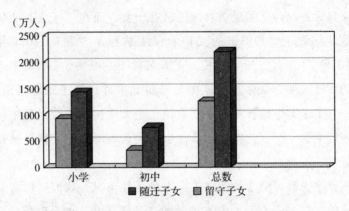

（万人）

图 6 - 1　2011 年义务教育阶段的农民工子女数量

农民工子女这一群体，但以上数据依然可以说明处于受教育阶段的农民工子女是一个庞大的、迫切需要被关注的群体，他们接受教育的情况直接关系到他们自身的前途命运，更关系到国家、社会和民族的未来。

从法制的角度来看，接受教育是公民的基本权利，受法律保护。1922年，当时的湖南省政府公布的湖南省宪法第 75 条规定："为了保障全省人民自 6 岁起享有接受四年义务教育的机会，需强制地方各自治团体，就地筹集义务教育经费，开办应有之国民学校。"① 中华人民共和国成立前夕起到临时宪法作用的《中国人民政治协商会议共同纲领》，对中华人民共和国成立后的文化教育政策作了明确规定，其最显著的特点就是保障公民的各项文化教育权利。1954 年，修订后的《宪法》第 94 条规定"中华人民共和国公民有受教育的权利"，同时还规定"国家设立并且逐步扩大各种学校和其他文化教育机关，以保障公民享受这个权利"。此后我国宪法虽经过数次修订，但始终将受教育作为公民的权利和义务列入其中。② 由此可见，作为一项基本权利，使公民能够平等公平地接受教育无疑是促进社会公正的重要途径和内容。

从社会学的角度来说，保障农民工子女平等受教育的权利不仅有利于

① 何勤华、李秀清：《民国法学论文精粹——宪政法律篇》，法律出版社 2002 年版，第 736 页。

② 李庆涛：《论平等受教育权——以农民工子女为视角》，硕士学位论文，山东大学，2007 年，第 5 页。

弱势群体摆脱不平等待遇的现状，改变地位和命运，同时也是法治社会正义的体现。[①] 政府"有义务保障全体国民平等接受教育的权利，除了教育机会均等地向每一个国民开放外，还必须以差别待遇的方式，使位于较不利社会地位的人，亦有获取资源的机会，尽可能参与社会的竞争"。[②]

曾有报道指出，当前的中国是"板结了的社会"，指的即是当前中国社会阶层分化明显，贫富差距不断拉大，而且处于社会底层的人们很难通过自身努力提升社会地位。自韦伯以来的社会学家们认为，人们的社会地位可以从三个向度进行测量，即财富或经济地位、权利或政治地位以及社会声望地位。有学者通过调查分析指出，就农民工而言，其在政治、经济乃至社会声望上都处于城市社会分层的较低位置。为了摆脱原有的社会阶级，人们通常通过教育渠道、职业渠道、政治渠道、经济渠道、婚姻渠道等不同的方式来寻求社会地位的上升。[③] 对于在经济地位、政治地位以及社会声望等方面均处于社会底层地位的农民工而言，要通过其他渠道来获取社会地位的上升的可能性微乎其微，因而教育渠道作为提升社会地位的重要途径，对因父母地位低下而连带处于社会底层的农民工的子女来说，则显得尤为重要。但是，通过接受教育来提升自我地位的这一渠道对于农民工子女而言，并不畅通，主要原因就在于作为社会弱势群体的农民工子女无法与城市居民子女享受同等的教育资源与教育机会。

三 农民工子女教育面临的主要问题

如前文所述，根据居住情况的不同，可以将受教育阶段的农民工子女分为随迁子女与留守子女两个部分。由于所处环境差异较大，这两类人群在接受教育的过程中面临的问题也有所不同。

（一）随迁子女教育面临的主要问题

对跟随进城务工的父母一同进入城市学习生活的孩子而言，他们不仅要学会调适由于生活环境的改变带来心理不适症状，同时还要面对来自学

183

---

① 曹刚、张小品：《农民工子女平等受教育权司法保障研究》，《法制与社会》2008 年第 17 期。

② ［日］中村睦男、永井宪一：《生存权、教育权》，法律文化社 1989 年版，第 308 页。

③ 李强：《农民工与中国社会分层》，社会科学文献出版社 2012 年版，第 23 页。

校、家庭以及社会所带来的负面影响。学校方面主要是无法与城市居民子女享受同等的受教育机会、教育资源，主要表现在就学困难、分隔教学、教学质量差等方面；家庭方面则是父母忙于工作，疏于照看、教导和沟通导致家庭教育缺位；社会方面则主要是自身居住环境差、与周围社会存在巨大落差以及遭受"城里人"的歧视带来的心理问题等。

（二）留守子女教育面临的主要问题

与随迁子女不同，对被留守在农村老家，与父母长期分隔两地的这部分孩子而言，他们所面临的主要问题则是由于亲情的缺失所造成的。中国人民大学团委和城市规划与管理系共同完成的一项对农民工的全国调查发现，留守在老家的孩子占农民工子女的 75.8%，[①] 由全国妇联主办的"2009 关爱农村留守流动儿童家庭教育系列活动"启动仪式上公布，目前中国农村留守子女数量约为 5800 万人，其中 14 周岁以下的农村留守子女数量为 4000 多万人。[②] 国家统计局四川省农调队的调查发现，留守的农民工子女主要存在以下问题："一是父母缺位带来的心理问题，调查中 67.5% 的留守子女认为父母外出对自己的学习产生了不利影响，而且留守子女经常会表现出孤僻、任性、胆小、恐惧、习惯于防卫别人等性格特征，喜欢独处、不合群的留守农民工子女占 25.5%。二是隔代抚养带来的监管不力，70% 的留守子女是由爷爷奶奶或者外公外婆等祖辈人隔代抚养，由于老年人文化程度较低，难以承担起辅导孩子功课的职责，同时又容易纵容溺爱孩子，缺乏有效沟通，从而造成留守子女管教不严、人格教育缺失等问题。三是留守的农民工子女学习成绩普遍较低，学习成绩一般、较差的占留守子女总量的 61%。四是由于缺乏有效监护，使得留守子女成为犯罪和受侵害的高危群体。最后是由于父母缺位，造成学校难和家长沟通，教育脱节严重。"[③]

---

① 黄冲、李涛：《新生代农民工对低收入工作无兴趣》，《中国青年报》2010 年 4 月 6 日第 2 版。

② 李菲：《全国妇联统计显示内地农村留守儿童约为 5800 万人》，新华网，2013 年 3 月 24 日，http：//news. xinhuanet. com/politics/2013－03/24/c_ 115135075. htm，浏览日期：2016 年 4 月 20 日。

③ 杨继绳：《中国当代社会阶层分析》（最新修订本），江西高校出版社 2011 年版，第 170 页。

第二节 农民工子女教育报道的现状分析

如前文所述，农民工子女教育问题对于农民工子女群体本身和国家、社会都具有十分重要的现实意义，而与之相悖的是，当前的农民工子女教育面临着各种严峻而复杂的问题。新闻媒体应肩负起监督社会环境之职责，农民工子女教育问题是否得到了媒体应有的重视，媒体的报道是否如实反应了农民工子女教育所存在的问题，以及在当前媒体的农民工子女教育报道中，存在着哪些问题，都有待探讨。本节将采取抽样调查与文本分析相结合的方法对此进行研究分析。

一 农民工子女教育报道的整体规模与受众反应

（一）农民工子女教育报道的整体规模

本课题组以抽样调查的方式，对《解放日报》《新民晚报》《湖北日报》《楚天都市报》《南方周末》《羊城晚报》《北京晚报》《人民日报》等 8 份报纸的农民工报道进行了分析，图 6-2 反映的即是 2000—2010 年间，这八家报纸的农民工报道随机抽样结果。图 6-2 显示，2000 年来，以报纸为代表的新闻媒体对农民工的报道规模上大体呈现逐年增多的趋势，虽然报道数量在 2006 年一度下降，但在 2007 年以后又重新恢复稳定增长的趋势，而农民工子女教育报道的规模与这一趋势基本保持一致。此外，本节又以其中的《人民日报》《新京报》和《大河报》为例对农民工子女教育报道在农民工报道中所占的比例进行了进一步的调查分析，结果如表 6-1 所示。

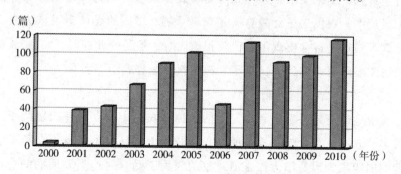

图 6-2 2000—2010 年农民工报道的抽样结果

表 6-1　　2011—2012 年三家报纸农民工子女教育报道的数量与比重

报刊	《人民日报》		《新京报》		《大河报》	
年份	2011	2012	2011	2012	2011	2012
农民工子女教育报道	77	69	31	35	15	23
农民工报道	203	138	123	124	37	42
所占比例（%）	38	50	25	28	41	55

从表 6-1 中的数据可以得知，无论是中央党报还是地方都市报，农民工子女教育报道无论是在绝对数量上还是在相对比重上，大体上都呈现持续增多的趋势。以《人民日报》为例，2011 年与农民工有关的报道总数为 203 篇，其中农民工子女教育报道 77 篇，所占比重为 38%；2012 年与农民工有关的报道总数为 138 篇，其中农民工子女教育报道 69 篇，所占比重为 50%。对比这组数据可以发现，在绝对数量上，2012 年农民工子女教育报道虽然比上年略微有所下降，但在相对比重上，农民工子女教育报道比上年增加了 12 个百分点。而《新京报》中农民工报道总数比上年增加 1 篇，农民工子女教育报道数量增加 4 篇，在农民工报道中所占的比重提高了 3 个百分点；《大河报》中农民工报道总数比上年增加 5 篇，农民工子女教育报道数量增加 8 篇，在农民工报道中所占的比重提高了 14 个百分点。

这说明，农民工问题受到社会、媒体以及国家的关注程度仍在持续增加，而其中农民工子女教育问题更是媒体关注的重点内容。

（二）农民工子女教育报道的受众反应

本课题组还以问卷形式分别对媒体从业者、普通市民以及农民工群体进行了调查，结果显示，46.3% 的受访媒体从业者认为自己所在媒体的农民工报道中，农民工子女教育报道量较大；25.5% 的受访市民认为农民工子女教育报道是最常出现的农民工报道内容，但是与此同时，58.45% 的受访农民工表示对媒体的农民工子女教育报道内容表示不满意。

（三）基本结论与问题

从上述调查结果可以看出，当前媒体对农民工子女教育问题给予的关注较多，农民工子女教育报道的数量比较大，并且也给普通受众留下了较为深刻的印象，但是作为被报道对象的农民工受众对这类新闻的满意度却并不太高——主要体现在"对农民工子女教育的报道力度是否足够"这一问题的答案上，报道者、旁观者以及被报道者之间的感受出现了偏离，这说明当前媒体的农民工子女教育报道的实际效果和媒体从业者的预期效果之间存在较大的差异。换言之，当前的农民工子女教育报道可能还未能完全反应农民工群体的利益诉求，原因可能是报道力度不够，也可能是在报道内容上有所欠缺，而具体答案则有待进一步的探究。

二　农民工子女教育报道的力度

对某一社会问题、社会群体报道的力度直接反应了媒体对其关注、重视的程度。为更好地了解当前媒体对农民工子女教育这一问题的重视程度与报道情况，本文将以 2011—2012 年为时间段，以《人民日报》和《新京报》为研究样本，从报道的数量、频率、篇幅等方面对农民工子女教育报道的力度进行综合评估。

（一）农民工子女教育报道的数量

表 6 - 2 反映的是 2011—2012 年《人民日报》与《新京报》的农民工子女教育报道的基本情况。从表中"农民工子女教育报道篇数"与"平均每月报道篇数"的数据中可以看出，在绝对数量上，当前的农民工子女教育报道依然较少，两家报纸每月平均报道数量都在 6 篇以内，这意味着农民工子女教育问题见之于报端的频率每周不高于 1.5 篇。值得注意的是，从 2011 年到 2012 年的数据对比中可以发现，《新京报》的农民工子女教育报道数量有所增加，而《人民日报》的相关数据则有所减少，这种数据的变化是否能够说明媒体对农民工子女教育报道更加重视？有无其他因素影响？这就必须给予实事求是的分析。

表 6 - 2　　　　2011—2012 年农民工子女教育报道的数量

年份	2011		2012	
报刊	《人民日报》	《新京报》	《人民日报》	《新京报》
农民工子女教育报道篇数	77	31	69	35
平均每月报道篇数	6.41	2.58	5.75	2.91

以《人民日报》为例，作为全国性的大报、中央党报，《人民日报》在报道视野上较为宏观，且具有较强的全局意识，这一特点在农民工子女教育报道中表现为部分报道只是"与农民工子女教育有关"，或在报道中

"提到了农民工子女教育问题"。因此，为更好地对样本进行分析，本节将农民工子女教育报道分为两种类型——"专门性报道"与"综合性报道"，前者指以农民工子女教育为报道主题的报道，后者则是不以农民工子女教育为报道主题，但内容上涉及农民工子女教育或对此有所提及（见表6-3）。

表6-3　　2011—2012年《人民日报》农民工子女教育报道数量

年份	2011	2012
专门性报道（篇数）	60	56
综合性报道（篇数）	77	69
所占比例（%）	77.9	81.2

由表6-3可以看出，2011年《人民日报》农民工子女教育报道共77篇，其中专门性报道60篇；2012年共69篇，其中专门性报道56篇。就专门性报道而言，两年合计116篇，平均每月4.8篇。虽然2012年的专门性报道比例有所提高，但其中与异地高考相关的报道就有10篇，而上一年度中涉及异地高考的报道仅有1篇。究其原因，是因为2012年教育部对高考政策进行了调整，而这种调整具有非常规性，因而由这种政策调整带来的报道数量激增并不能证明媒体对农民工子女教育问题的绝对重视程度。

总而言之，农民工子女教育报道总体呈上升趋势，但这种报道数量增多或报道比重提高的原因却是多方面的并不仅仅是因为媒体更加重视农民工子女教育问题。从另一方面来说，报道数量的增多和报道比重的提高也使农民工子女教育问题更多地进入公众视野，加深了公众对这一问题的认识和了解，客观上为解决农民工子女教育问题提供了舆论基础。

188

（二）农民工子女教育报道的频率

通常而言，在媒体的"议程设置"中，越是媒体所关注和重视的话题，在媒体出现的频率越高。也即某一话题在媒体出现的频率一定程度上可以反应媒体对其重视程度。本节以《人民日报》和《新京报》在2011—2012这两年中的农民工子女教育报道为样本，对农民工子女教育报道出现的时间和频率进行了分析，结果如图6-3、图6-4所示。

从曲线图中不难看出，农民工子女教育报道呈现较强的周期性和季节性特点，具体表现在报道时间较为集中。通过样本分析发现，《人民日报》的农民工子女教育报道主要集中在下半年，也即寒暑假期间与开学前后，

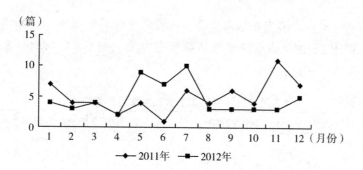

图6-3　2011—2012年《人民日报》农民工子女教育专门性报道分布

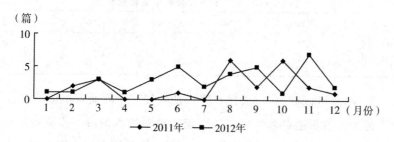

图6-4　2011—2012年《新京报》农民工子女教育报道分布

儿童节前后也有少量报道。2011—2012年《人民日报》对农民工子女教育的专门性报道共有116篇，排除由于政策变动带来的异地高考报道，对农民工子女教育的专门性、常规性的报道共有106篇，其中7—10月份的报道有34篇，11月至次年2月报道有41篇，另有儿童节前后（5月下旬至6月上旬）的报道有15篇。而《新京报》的农民工子女教育报道虽然在数量上少于《人民日报》，但在报道的时间分布上却与《人民日报》基本一致。这说明，无论是党报还是都市报，农民工子女教育并没有成为其议程设置中的常规性内容，更多的是"应景"式、季节性的报道。

（三）农民工子女教育报道的篇幅

在报道篇幅上，农民工子女教育报道主要集中在3000字以下的区间。我们分别以500，1000，1500，3000和5000为报道字数的节点，对2011—2012年《人民日报》和《新京报》的农民工子女教育报道进行了篇幅划分，500字以下的为短篇报道，500—1000字的为中短篇报道，1000—1500字的为中篇报道，1500—3000字的为中长篇报道，3000—5000字的为长篇报道，5000 字以上的为超长篇报道。报道篇幅的长短能够反应媒体的重视程度，在一定程度上也反映了媒体的报道力度。表 6-4、表 6-5 是对样表进行篇幅划分的结果。

表 6-4　　　　　　《人民日报》农民工子女教育报道篇幅统计

年份	少于 500 字	500—1000 字	1000—1500 字	1500—3000 字	3000—5000 字	5000 字以上
2011	46	10	8	7	3	3
2012	35	9	13	7	4	1

注：结果包含综合性报道。

表 6-5　　　　　　《新京报》农民工子女教育报道篇幅统计

年份	少于 500 字	500—1000 字	1000—1500 字	1500—3000 字	3000—5000 字	5000 字以上
2011	5	5	6	6	1	0
2012	2	7	13	8	1	4

从表 6-4 可以看出，《人民日报》的农民工子女教育报道篇幅以 3000 字以下为主，占报道总数的 92.5%，而经过对样本的进一步分析发现，在超过 3000 字的长篇、超长篇报道中，其中 6 篇是综合性报道；而在 116 篇专门性报道中，500 字以下的有 81 篇，所占比例达 69.8%。

而表 6-5 的数据也显示出《新京报》与《人民日报》具有相同的特点，两年中篇幅为 3000 字以下的报道占报道总数的 89.7%。由此可见，媒体的农民工子女教育报道篇幅大多不长，报道力度依然欠缺。但是对比《新京报》2011 年与 2012 年的数据可以发现，500 字以下的短篇报道数量减少，从 500 字到 3000 字区间的中短篇到中长篇报道数量都有所增加，5000 字以上的超长篇报道也显著增加。这说明虽然当前媒体的农民工子女教育报道仍以 3000 字以下的报道为主，但是在报道的篇幅上出现了增加的现象，报道的力度有逐渐加强的趋势。

（四）基本结论与问题

在报道数量上，当前媒体的农民工子女教育报道呈现两个特点，一是在报纸中所占的绝对数量少，二是在发展上呈上升趋势。在不能排除这种上升趋势有着媒体重视以外的其他因素的影响下，我们认为当前的农民工子女教育报道形势不容乐观，媒体对农民工子女教育问题的重视程度仍有待加强。

在报道的频率上，当前媒体对农民工子女教育的报道在时间上较为集中，呈现较强的周期性和季节性，这种周期性的出现既有客观的现实原因，也有媒体主观因素的影响。从现实环境变动的角度来看，媒体的农民工子女教育报道呈现周期性有其合理性——新闻是对新近发生的事实的报道，新学年开学以及寒暑假是与学生活动和学校教育相关的新闻事件集中爆发的时候，因而媒体记者在这一时期对农民工子女教育格外关注无可厚非；但是另一方面，农民工子女教育涉及的范围相当广泛，教育所持续的时间也贯穿全年始终，因而如若农民工子女教育问题在媒体的议题设置中占据重要位置，这一议题并不会缺乏报道的素材，缺乏的是媒体的常规关注。

在报道的篇幅上，当前媒体的农民工子女教育报道篇幅大多不长，3000 字以下的报道占据主体地位。篇幅普遍偏短意味着在报纸中所占的版面小，因此，就这一点而言，当前的农民工子女教育报道在力度上是较为欠缺的。

三　农民工子女教育报道的内容分析

（一）农民工子女教育问题的客观现实

李普曼在 1922 年出版的《舆论学》中首次提出了"拟态环境"的概念，"拟态环境"是媒介传播的信息所营造出来的一种人工信息环境，它并不是现实环境"镜子式"全真再现，而是传播媒介对象征性、代表性的事件或者信息进行选择、加工、重新结构化后进行发布，让人感觉到是生存在这样一种环境当中，但是"拟态环境"并不等同于"现实环境"。李普曼认为现代社会越来越复杂，人们只能够通过新闻来了解超出自己经验的事物，因此人们的很多行为并不是基于对真实客观环境的反应，而是对大众传播所营造出来的"拟态环境"的反应。由于媒体呈现出来的"拟态环境"直接影响人们的认知与行为，因而媒体是否能尽可能真实地还原客观现实就显得尤为重要。对农民工子女教育这一具体问题而言，也同样如此。

农民工子女教育分为随迁子女教育与留守子女教育两大部分，而这两部分所面临的问题有所不同，但都可以从学校、家庭、社会以及农民工女自身四个方面进行总结，具体情况如图6-5所示。

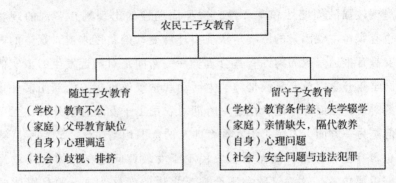

图6-5 农民工子女教育面临的问题

当然，图6-5中所列的问题具有较强的概括性，每一个概括背后都隐藏着无数鲜活的事实，譬如教育不公具体表现在随迁子女上学难、上学贵，或遭受区别教育以及无法在当地参加升学考试等方面。

（二）农民工子女教育问题的媒体呈现

媒体的报道是否如实、准确地反映了农民工子女教育的真实情况与存在的问题？换言之，媒体所呈现的"拟态环境"是否符合客观现实，或者是否完整地还原了客观现实？对此，本节以《人民日报》2011—2012年的农民工子女教育报道为样本作进一步的分析。以随迁子女报道与留守子女报道为分类标准，将这些报道进行归类总结，结果如表6-6、表6-7所示。

表6-6 《人民日报》2011年农民工子女教育报道（部分）

	爱心鸡蛋进校园
	安徽电子教育券助随迁子女就学
	浙江台州政府筹建农民工子弟学校解决农民工子女上学难
随迁子女	关爱农民工孩子在行动——"孩子需要我们"
	打工子弟学校分流"一波三折"（求证·探寻喧哗背后的真相）
	合肥134所中小学定点接收农民工子女
	"屋顶学校"孩子期盼"爱心午餐"
	武汉没有操场的"屋顶小学"，引起各方关注让流动孩子上好学

续表

	流动儿童面临资源短缺、参加高考难等问题
	教育部强调不能因学校撤并致随迁子女失学
随迁子女	穷人缺乏改变命运机制
	孩子们需要合格的学校
	我国义务教育阶段随迁子女达 1167 万
	一定要把农村教育办得更好
	"流动时代"怎样呵护"留守未来"
	超载 55 人，疯狂校车酿大祸
	建起乡村少年宫，关爱农村留守子女
	两岸大学生暑期关爱留守子女
留守子女	留守子女，什么时候能让你我站在同一条起跑线上
	清除校车高危"常态"不能再拖了
	情系苗寨留守子女
	让留守子女告别弱势心态
	为"兰花草"守护春天
	用制度关爱纾解"空心化之痛"

表 6-7　　《人民日报》2012 年农民工子女教育报道（部分）

	全国各地各部门开展系列活动　深入学习雷锋精神
	南京代表侯晶晶：城市应敞开胸怀接纳农民工
	安徽农民工子女随迁子女实现就近就学
	保障农民工子女平等接受义务教育
	北海跨越聚拢民生"底气"
	北京出台政策保证逾七成随迁子女就读公办学校
	当前流动人口面临问题是什么，出路在哪？
随迁子女	农民工，何时城里能安家
	农民工随迁子女就学　吉林出台扶持政策
	农民工子弟快乐迎"六一"
	以社会管理创新推动农民工融入城市
	引导流动人口融入城市
	温家宝在全国教师工作暨"两基"工作总结表彰大会上的讲话
	"异地高考"，"细则"决定成败
	"异地高考"终于破冰

193

续表

随迁子女	北京"异地高考"方案年底将出台
	北京市教委建议非京籍高考生回户籍地报名
	北上广，异地高考有多远
	京沪异地高考实施难度大急不得
	随迁子女就读地高考：路还有多远
	异地高考　破冰倒计时
	异地高考　悬念待解
	异地高考将设准入条件
留守子女	"洋志愿者"情系留守子女
	安徽定远——留守子女谁来守
	抚平留守子女的"心伤"
	隔代寄养隐患多
	关爱留守子女
	关注农村留守子女　谁来关心谁来爱？
	国务院：农村学校撤并需要广泛听取家长及师生意见
	孩子失助拷问社会底线
	经济转型与社会发育协调兼顾
	留守子女，溺亡悲剧令人痛
	留守孩子有了"暑假班"
	吕映红为留守孩子撑起一片天
	人民时评：驱散"精神留守"的阴云
	抬头就看见太阳
	同在蓝天下——各地各部门为留守流动儿童办好事解难事
	姚明为留守子女送温暖　希望帮助他们树立理想

194

通过对表 6-6、6-7 右侧栏中显示的标题及文章内容进行进一步的总结，可以将这些报道的内容大致归为以下几种。

对随迁子女的关注点：保障就学（入学），升学考试——异地高考（政策方案、进展、问题），理论探讨或评论——教育公平，儿童节校园活动。

对留守子女的关注点：社会关爱，新闻评论——呼唤关注，亲情缺失——心理问题，安全问题。

从报道的内容看，对随迁子女的关注点主要有两个，一为保障就学，二是升学考试。2011 年,《人民日报》专门性农民工子女教育报道 60 篇,其中随迁子女教育报道共 37 篇,15 篇与保障入学有关;2012 年该报的随迁子女教育报道则将重心放在了异地高考上,全年随迁子女教育报道 25 篇,其中异地高考报道 10 篇,另有 6 篇与保障入学有关。从报道的比例来看,两年中保障就学与升学考试的相关报道占据了该报随迁子女教育报道内容的 50.8%。而对留守子女的关注点则主要有三个,一是亲情缺失及由此带来的留守子女心理问题,二是社会对这一群体的关注,三是留守子女安全问题。两年中留守子女报道共 55 篇,其中亲情缺失以及留守子女心理问题相关报道 6 篇,社会对留守子女给予关爱或呼吁社会关注留守儿童的相关报道 37 篇,留守儿童安全与健康相关报道 4 篇,这三个方面内容在该报的留守子女相关报道中的比重高达 85.5%。

(三)基本结论与问题

当前媒体对农民工子女教育相关问题的关注重点较为单一,主要集中于随迁子女的就学与升学考试以及对留守子女的社会关爱等少数几个方面,对随迁子女的家庭教育、个体适应以及留守子女的就学情状等方面的内容则极少涉及。

由此可见,当前媒体对农民工子女教育的报道内容过于单一,离"全景呈现"农民工子女教育情状还有很大距离。

如前所述,农民工子女教育既包括学校教育,也涉及家庭教育;既有随迁子女就学难、就学贵的问题,也有留守子女教育环境差、教育资源不足的问题;既有随迁子女的社会融入与心理调适问题,也有留守子女因父母缺位亲情缺失或隔代教养带来的不良影响问题。农民工子女教育问题涉及个人、家庭、学校、社会等各个方面,媒体要推动农民工子女教育问题的全面解决,这些方面都应该纳入报道的范畴,都要给予应有的关注。然而,当前媒体的农民工子女教育报道,关注点只是集中在随迁子女就学难、高考政策等少数几个方面,缺乏对农民工子女教育问题其他方面的报道,更缺乏系统性、综合性的报道。例如前文分析的《人民日报》,报道内容多是保障随迁子女就学与异地高考政策,对留守子女的报道则局限于留守子女的心理问题和社会给予这一群体的关爱,对于随迁子女的社会融入、教育质量以及留守子女的学习状况、犯罪等问题则少有涉及。

195

四 媒体对农民工子女教育报道的形式分析

（一）报道体裁

本节以《人民日报》2011—2012 年的农民工子女教育报道为研究样本，从报道体裁和报道形式上对该报的农民工子女教育报道进行分析归类，发现在报道体裁上，该报的农民工子女教育报道以新闻和新闻评论为主，其中新闻类包括消息、通讯、新闻公报、调查性深度报道等，而新闻评论则以社论和理论探讨为主。为使研究结果更具有针对性，本节进一步抽取了专门性的农民工子女教育报道为研究样本，具体统计结果如表 6-8 所示。

表 6-8　2011—2012 年《人民日报》专门性的农民工子女教育
报道体裁统计结果

体裁 年份	报道总数 （篇）	新闻报道 （篇）	新闻评论 （篇）	新闻评论所占比例 （%）
2011	60	56	4	6.7
2012	56	48	8	14.3

从表 6-8 的统计结果可以看出，在专门性的农民工子女教育报道中，新闻评论类报道无论是在绝对数量上还是相对比重上，都呈上升趋势。从绝对数量上，该报 2012 年的新闻评论类文章是上一年的 2 倍；从所占比例来看，2011 年该报的新闻评论类报道在专门性的农民工子女教育报道中所占的比重仅为 6.7%，而 2012 年这一比例上升了近 8 个百分点，达到了 14.3%。新闻评论类报道比重的上升，直接说明媒体对农民工子女教育相关问题的讨论增多，说明媒体对这一问题更加重视，而媒体中的讨论也会提高公众对这一问题的关注度，媒体关注与公众关注能形成相辅相成的促进关系，可以肯定的是，这种报道情形的出现将对农民工子女教育问题的解决产生重要的促进作用。对这一结论进行印证的是，在这两年 12 篇新闻评论类文章中，其中 8 篇来自《人民日报》的评论员、记者或主编，其余 4 篇则均来源于社会公众，且这些文章均见之于 2012 年，由此可见，对农民工子女教育问题的探讨范围开始扩大，越来越多的公众开始关注这一问题的解决。

（二）采访对象与话语权

根据传播学的议程设置理论，媒体作为面向公众的舆论平台，媒体的议程设置会直接影响公众的行为态度以及现实的政策变动，媒体、公众与政策之间的相互关系可以表示为一个相互作用的三角形（见图6-6）。

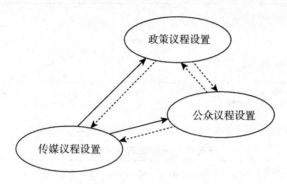

图6-6　媒体、公众与政策之间的相互关系

由于媒体对现实环境有着重要的影响作用，因而能否在具体的媒体报道中发出自己的声音，直接关系着个人、群体在某一新闻事件、新闻主题乃至社会中的话语权，进而影响其权益。因此在新闻报道中，让各方当事人平等地发出自己的声音，是新闻客观性的重要衡量标准。然而我们经常看到的是，在一些矛盾冲突并不显著的报道中，记者时常忽视与报道相关却又习惯性沉默的群体。

理论上，与农民工子女教育问题有着最为直接的利益关系的当属农民工群体及其子女、市民，以及相关政策的制定、执行者。但在实际的农民工子女教育相关报道中，农民工群体却并不是发出声音最多的那一个。本节还是以《人民日报》这两年的农民工子女教育报道为研究样本，对存在采访对象的新闻报道的数量以及报道中出现的采访对象进行了统计，结果如表6-9、表6-10、表6-11所示。

表6-9　　　　2011—2012年《人民日报》农民工子女教育报道中

新闻报道类的采访对象分析1　　　　　　　单位：篇

年份	报道总篇数	有采访对象的报道篇数	专门性报道总篇数	有采访对象的专门性报道篇数
2011	77	21	60	14
2012	69	14	56	12

表 6－10　　　2011—2012 年《人民日报》农民工子女教育报道中

新闻报道类的采访对象分析 2

年份	有采访对象的报道数（篇）	官员	专家学者	农民工	农民工子女	教师	农民工与其他群体同时出现次数
2011	21	11	2	9	6	7	5
2012	14	8	3	6	3	4	3

注：数据单位为篇/次，统计数据包含综合性的农民工子女教育报道。

表 6－11　2011—2012 年《人民日报》专门性的农民工子女教育报道中

新闻类报道的采访对象分析 3

年份	有采访对象的报道数（篇）	官员	专家学者	农民工	农民工子女	教师	农民工与其他群体同时出现次数
2011	14	8	1	5	5	7	5
2012	12	6	3	6	3		4

注：数据单位为次。

　　从表 6－9、表 6－10、表 6－11 的相关数据可以看出，以《人民日报》为代表的媒体在农民工子女教育报道中，相当部分的农民工子女教育报道无采访对象，尤其是在专门性的报道当中，有采访对象的报道 2011 年为 14 篇，所占比例为 23.3%，而 2012 年在专门性报道总数有所下降的同时，有采访对象的报道数量也相应下降，所占比例为 21.4%，比上年下降了 2 个百分点。而在有采访对象的农民工子女教育报道中，无论是否包括综合性的报道，结果都显示出现频率最多的采访对象始终是政府部门的相关官员，在各年的报道中，以官员为采访对象的报道均超过了 50%。而在包括综合性报道的农民工子女教育报道中，农民工出现的频率居于第二位，43% 左右有采访对象的报道采访了农民工；但在专门性的农民工子女教育报道中，农民工出现频率则明显偏低，2011 年 14 篇有采访对象的专门性报道中，仅 5 篇采访了农民工，2012 年这一情况有所改善，12 篇报道中农民工出现了 6 次，出现频率由 35.7% 提高到了 50%。这说明，当前的农民工子女教育报道中，农民工开口说话的机会总体较少，但这种缺乏话语权的情况正在逐步改善。

　　然而，在肯定农民工在媒体中的发言机会逐渐增多的同时，我们在进一步研究中还发现，在以农民工为采访对象的报道中，较少有同时对其他群体的采访，这说明，虽然农民工在媒体中"开口说话"的机会有所增多，但是仍然属于不能与其他群体进行"对话"的弱势群体。

此外，农民工子女教育的直接当事人——农民工子女，在报道中开口说话的机会也是少之又少。2011—2012 年两年中有采访对象的各种与农民工子女教育相关的报道共 35 篇，其中农民工子女作为采访对象的报道仅 9 篇，所占比例为 25.7%；在专门性的农民工子女教育报道中，农民工子女作为采访对象的为 8 篇，所占比例为 30.8%。这些数据说明，作为农民工子女教育的直接对象或当事人的农民工子女，在媒体中却很大程度上是"失声"的，这在一定程度上说明，媒体较少真正去关注这些处在"农民工子女教育"中心位置的孩子们内心的想法，更多的还是以"局外人"的身份对这一话题进行讨论。

最后，在非新闻类报道也即新闻评论中，稿件撰写人（评论者）通常为报社评论员或专家学者，这一类型的报道目前还未有农民工自己发出的声音，一方面固然有农民工自身文化素质不高，较难用文字形式表达自己的思想和观点的原因，另一方面也是农民工作为弱势群体，缺乏在媒体中的话语权、无法利用媒介为自己争取正当权益的表现。

（三）报道深度

报道深度是指媒体在报道中对事实背后真相探究的深入程度和观点的深刻程度，深度报道能体现报道的深度，但报道的深度并不完全能以"深度报道"的报道方式来衡量。

深度报道是一种系统反映重大新闻事件和社会问题，深入挖掘和阐明事件的因果关系以揭示其实质和意义，追踪和探索其发展趋向的报道方式。具体而言，深度报道包括调查性报道、解释性报道、预测性报道、典型报道、精确报道以及系列报道和连续报道等方式。①

我们认为，评价某一媒体对某一类型问题报道的深度，可以从报道形式与报道内容两个方面来衡量。本文将以《人民日报》2011—2012 年的农民工子女教育报道为例对当前媒体的农民工子女教育报道的深度进行分析。

---

① 田瑷璞：《如何提高深度报道策划的创新性》，《新闻传播》2011 年第 6 期。

在报道形式上，《人民日报》的农民工子女教育报道以中短篇消息报道为主，解释性报道、调查性报道等深度报道较为缺乏。2011 年，该报专门性农民工子女教育报道共 60 篇，在 56 篇新闻类报道中，深度报道仅 2 篇，而图片新闻则有 33 篇；2012 年，专门性农民工子女教育报道共 56 篇，在 48 篇新闻类报道中，深度报道仅 6 篇，图片新闻则有 31 篇。两年中，深度报道在所有专门性报道中的比例分别仅占 3.3% 和 10.7%，而图片新闻则分别占到了 55% 和 55.4%，也即在专门性的农民工子女教育报道中，超过半数的报道为图片新闻。

在报道内容上，《人民日报》的深度报道的题材面较窄。以《人民日报》2011 年两篇深度报道为例：《流动儿童面临资源短缺 参加高考难等问题》（2011 年 3 月 4 日）提出了当前随迁子女教育存在的一些问题，包括教育资源不足、高门槛的设置与异地高考几个方面，在对这些问题进行概括性的描述的同时，也通过嘉宾访谈的形式对问题的存在原因和解决办法进行了初步探讨；而《北京市停办部分打工子弟自办校，新学年开学分流的孩子去哪了》（2011 年 9 月 2 日）一文则对"北京市 24 所接收外来务工人员随迁子女的学校被关停"一事进行了跟踪报道，在三千余字的报道中，从"关停多少所学校""为何要停办这些学校""学生去向如何""（待分流与实到校）人数为何有差距""如何方便学生入学"和"家长老师怎么说"几个方面进行了说明。

值得肯定的是，这两篇报道在报道内容上较为翔实，反映了一定的报道深度，但是这样的报道并不能反映《人民日报》的农民工子女教育报道深度的充分。首先，2011 年全年的相关报道中较有深度的仅此两篇，所占比例仅为农民工子女教育报道的 3.3%；其次，这两篇深度报道的出现，尤其是对农民工子弟学校被关停一事的跟踪报道，具有偶发性，《人民日报》对此事的关注，更多的是由于公众的强烈关注带来了较大的舆论压力，有关部门需要利用这份较有权威性的报纸对此事的发展给公众一个交代；最后如前文所述，当前《人民日报》的农民工子女教育报道内容十分单一，对一些十分重要的与农民工子女教育相关的问题少有涉及。单纯就教育谈教育，而不反思问题产生的原因与解决的根本途径，这种报道本身就是缺乏深度的表现。

（四）基本结论与问题

新闻评论增多，对农民工子女教育报道的讨论逐渐深入。根据对近两年《人民日报》专门性的农民工子女教育报道的体裁进行分析发现，新闻评论类报道的数量和比重都有了较大的提高，呈明显增多趋势。一方面，评论类报道的增多，表明媒体对农民工子女教育报道的讨论越来越热烈和深入，这与当前农民工子女教育问题亟待解决的迫切程度相关，这种话题讨论式的公开报道有助于促进公众对农民工子女教育现状的了解和对问题的解决；另一方面，这种主观评论性文章的大量出现，说明此前媒体对农民工子女教育问题的报道较为欠缺，公众对这一问题还未形成较为统一的认识和意见，仍处在"讨论"阶段；值得注意的是，由于评论性报道的主观色彩较重，倾向性较强，因而如何平衡报道的客观性成了媒体需要解决的问题。

当事人失声，报道中弱势群体缺乏话语权。综观近两年《人民日报》的农民工子女教育报道，无论是客观的新闻报道类文章，还是新闻评论类文章，农民工及其子女作为报道的当事人，极少有机会发出自己的声音。具体表现在，一方面，在新闻报道中以农民工或农民工子女作为采访对象的报道总体较少，相关报道的采访对象以政府官员为主；另一方面，评论类文章的作者多为报纸评论员、记者或文化层次较高的社会公众，农民工群体很难在报纸中公开表达自己的意见。虽然有关数据显示，农民工在新闻采访中被忽略的这一现象正趋于改善，但是就农民工很少与其他群体成为同一篇报道的采访对象这点来看，作为在社会分层中处于底层地位的农民工依然是弱势群体，在媒体中的话语权依然较小。与之对应的是其子女在媒体报道中基本上处于失声的状态。这种以"旁观者"的姿态对农民工子女教育问题进行报道的方式，本身就反映了农民工及其子女的弱势地位，同时也反映了这一弱势群体媒体话语权的缺失。

深度报道较少，题材面有待拓宽。农民工子女教育问题，尤其是农民工子女的教育不公平待遇问题，可以称其为城市化进程中高速发展带来的负面影响，但是归根结底是体制问题。由户籍制度造成的城乡分割的二元制度是农民工在城市遭受种种不公平待遇的根本原因，也是农民工子女教育问题存在的症结所在。因而，作为社会环境守望者的媒体，在对农民工

201

子女教育问题进行报道时，不仅应该有对农民工子女教育问题外在表现的关注，也应该有对农民工子女教育问题的原因分析和解决办法的探讨，只有全方位地展示这一问题的来龙去脉，让公众对此有一个更加全面和深刻的认识，才能推动农民工子女教育问题从根本上得到解决。而在以《人民日报》为代表的媒体的农民工子女教育报道中，报道内容更多地局限在随迁子女入学、异地高考、留守子女亲情缺失等少数几个有限的、浅层次的方面，缺乏对问题宏观、系统性的反思；而且在这些较为浅层的农民工子女教育报道中，报道形式依然以图片新闻为代表的消息报道为主，深度报道的比重甚至低于10%。无论是内容还是形式，《人民日报》反映出的农民工子女教育报道在深度上都是较为欠缺的。

五　农民工子女教育报道在不同报纸中的差异

同样是面对农民工子女教育问题，不同的报纸由于其功能定位、受众定位、所处区域以及媒体实力等因素，对这一问题的报道也有所不同，其区别主要表现在报道视角与立场、关注重点、新闻来源等方面。对此，本文选取《人民日报》《新京报》《大河报》与《南方周末》作为样本进行分析。

（一）党报和"先锋"类报纸的风格、立场差异——以《人民日报》和《南方周末》为例

所谓报道风格，是指媒体在新闻报道中表现出来的、与其他媒体所不同的一系列特点，这些特点具有稳定性和一贯性。所谓立场，是指媒体在新闻报道过程中处理事实的态度以及在报道中表现出来的倾向性。虽然新闻的客观性要求新闻报道要以客观公正为原则，但是在实际的新闻报道中，倾向性却难以避免。媒体的风格和立场主要表现在新闻选择上，不同的媒体因其功能定位、受众定位的不同，在报道中会通过不同的新闻选择来表现不同的风格和立场。政党机关报往往注重大局，以维护社会稳定为己任，报道风格四平八稳，多会议报道、政策报道，报道内容讲究平衡，以正面报道为主。而"先锋"类报纸则不相同，更加重视发掘社会发展过程中存在的问题，针砭时弊，倾向于"批判"性的负面报道。

就《人民日报》而言，其报道风格最大的特点就是较少就具体问题展开讨论，更加侧重全局视角与政策讨论。2011年，《人民日报》中有关农民工子女教育问题的报道共77篇，其中综合性报道17篇，占报道总数的22.1%。所谓综合性报道，是指主题较为宏观，内容较为丰富的报道，在这些综合性报道中，农民工子女教育只是报道内容中的一部分，甚至只是被一笔带过。从《农民收入五年增一倍》到《广东流动人口服务的"东莞模式"》，从《穷人缺乏改变命运机制》到《用制度关爱纾解"空心化之痛"》，这些报道除了具有较强的综合性之外，另外一个重要的特点就是对现行制度进行反思和对新模式进行探索。这一特点在特定的社会、政策环境下表现得尤其突出，如2012年，异地高考政策取得重要进展，《人民日报》对这一政策的酝酿、讨论与落实过程进行了全程关注，全年发表异地高考相关报道10篇，1000字以上篇幅的报道共7篇，其中4000字以上报道2篇，报道篇幅总计近2万字，由此可见，《人民日报》不仅在报道视野上更加宏观，而且非常关注政策制度方面的内容，是反映中央决策的风向标。

此外，通过量化分析还发现，《人民日报》在农民工子女教育报道中的另一特点是报道风格四平八稳，对各方面内容的报道比例较为均衡，并且倾向于以正面报道为主。2012年《人民日报》农民工子女教育报道共69篇，其中专门性报道56篇。在专门性报道中，留守子女报道31篇，随迁子女报道25篇，留守子女报道多于随迁子女报道，但比例相差不大。而从新闻选择表现出来的态度上，明显以肯定为主，批评指出问题为辅，并兼有部分立场中性的理论探讨。2011—2012年两年中，《人民日报》共有专门性的农民工子女教育报道116篇，其中持肯定态度的88篇，以反映社会对这一群体的关爱以及先进典型报道为主；持发现问题、批评与反思态度的报道17篇，主要以关注留守儿童安全问题和心理问题为主；另有立场较为中性和客观的政策报道与理论探讨类报道11篇，主要是对异地高考政策的报道和教育公平问题的讨论。

与《人民日报》的政党机关报的定位不同，《南方周末》定位于"知识分子办报"，核心读者群为知识型读者，以"正义、良知、爱心、理性"为办报理念，以"在这里，读懂中国"为办报宗旨，新闻以独家为主，时

203

评以纵深见长，是一份有鲜明价值观的报纸。在《南方周末》的农民工子女教育报道中，充满了对弱势群体深深的悲悯之情，这种悲悯，是知识分子天然带有的俯视众生的优越感，他们带着这种优越感与同情心，走进这群被边缘化的群体之中，用平实的镜头和细腻的笔触来描绘他们的生活——一种在报道者眼中令人十分同情的生活。

以 2012 年 9 月该报刊登的《城市边缘的童年》为例，在这篇展现农民工随迁子女生活的报道中，记者用镜头展示了孩子无辜的眼神、拥挤破败的房屋、工地上敲砖的孩童以及工地上喂奶的母亲等 8 幅照片，并配上了主观感情浓厚的旁白，诸如"8 岁的小姑娘刘春梅，从云南镇雄跟随父母来永康打工，与课堂无缘。她的大眼睛里时常闪烁着这个年龄不该有的痛楚"，"拆迁工地上，一位打工母亲只能在劳作间隙给 5 个月大的孩子喂奶"。在文章的末尾，记者还特别写下了这样一段话：

> 这些农民工子女与城市里生活优越的孩子形成了鲜明的对比。他们渴望读书，希望通过知识来改变命运，走出父辈贫穷的境遇，但是家庭的窘困使他们难以实现心中的梦想。他们就像路边那些不起眼的稚嫩小花，在城市边缘努力渴求着阳光。什么时候，他们才能像城里的孩子一样，上学、玩耍、享受他们一生只有一次的金色年华？①

在这篇报道中，无论是照片的拍摄视角、黑白化的处理方式，还是报道中所用到的"痛楚""只能""鲜明的对比""窘困""稚嫩小花""渴求"等色彩鲜明的文字，甚至是对年龄、被报道对象的神态有意的强调等，最终在报道中渲染出的是"随迁子女生活十分悲惨"这样一种主观的印象。某种程度上，这是记者预先带入了情感的报道，并且这种情感带着很强的刻画问题、针砭时弊的倾向性。

（二）都市报报道内容的地域性差异——以《新京报》和《大河报》为例

都市报通常属于机关报的子报，是探索报纸新体制和新机制以及如

---

① 杜剑：《城市边缘的童年》，《南方周末》2012 年 9 月 4 日。

何走向市场获取利润的产物。因此，都市报是市场化的报纸，以市场为导向，也即以受众需求为导向。根据新闻价值要素中"接近性"的要求，市场化的媒体通常会选择与该媒体受众切身利益相关的新闻进行报道。于是，在都市报的农民工子女教育报道中，便呈现出了显著的地域性特征——劳动力输入地以随迁子女报道为主，劳动力输出地则以留守子女报道为主。

农民工产生的过程，是农村人口向城市迁移的过程，同时也是欠发达地区人口向较发达地区迁移的过程。国家统计局发布的《2011年我国农民工调查监测报告》显示，农民工的重要输入地和输出地分别是北京和河南。因此，《新京报》作为北京地区的市场化报纸，是农民工主要流入地的媒体代表；《大河报》作为河南郑州的市场化报纸，则是农民工主要输出地的媒体代表。

随着越来越多的农民工选择举家外出，农民工主要流入地区的外来务工者随迁子女教育问题面临越来越严峻的考验，而农民工主要输出地区的留守子女教育问题在短时间内依然很难得到有效缓解。这些反映在市场化的报纸上，直接表现为《新京报》以随迁子女报道为主，《大河报》则以留守子女为报道的绝对重心。2011年，《新京报》农民工子女教育报道总数31篇，其中随迁子女报道25篇，所占比重达80.6%，2012年这一比例为71.4%，虽略有下降，但仍是以农民工子女教育报道为重点；与之相对的是《大河报》的留守子女报道，2011年、2012年的留守子女报道在《大河报》的农民工子女教育报道中所占的比例分别为73.3%和82.6%。

六　当前农民工子女教育报道的其他问题

前文以《人民日报》《新京报》等报纸为例，对当前媒体的农民工子女教育报道的规模、力度、内容、形式等方面进行了分析，并指出了媒体在这些方面的不足以及不同报纸在报道上的种种差异。而在对样本进行分析的过程中，我们还发现当前的农民工子女教育报道还存在着报道视野过于狭隘，以致在报道中出现了将"留守子女""随迁子女""农民工"相互割裂，使其各成一个群体的倾向。

从根本上，无论是"留守儿童"还是"进城务工人员随迁子女"，他们之间的区别仅仅在于是否跟随父母进城生活，本质上，二者并无区别——都是农民工的子女。但是当前的媒体报道，经常会使人忘记他们之间的联系，媒体的报道削弱了留守子女、随迁子女与农民工之间的联系，将其塑造成了三个独立的群体。这种割裂最显著的表现在，当我们使用"农民工"作为关键词搜索各媒体的相关报道时，所得的结果极少有与"随迁子女"或"留守子女"有关的内容。

以《新京报》为例，以"农民工"为关键词对《新京报》的农民工报道进行检索发现，2011—2012 年该报共有关于农民工的报道 189 篇，但其中与农民工子女（教育）有关的报道仅 12 篇。但当我们使用"留守""随迁""打工子弟"等字样对该报近两年的报道进行检索时发现，仅 2011 年，该报对农民工子女教育的报道就有 23 篇，2012 年的这一数据则为 35 篇，两年合计 58 篇，这一数字是最初以"农民工"为检索词所得到结果的近 5 倍。同样的问题在《人民日报》《大河报》等报纸中同样存在，因此我们认为当前媒体的农民工子女教育报道存在的另一重要问题是报道视角过于单一，将本质上同是由"农民工"这一特殊身份带来的"农民工待遇""进城务工人员随迁子女教育"以及"留守儿童"等问题都割裂开来，缺乏较宏观的、整体性的思维方式，综观这两年《人民日报》《新京报》《大河报》以及《南方周末》的农民工报道，基本没有发现将三者统一于同一篇报道中的媒体报道。此外，我们还发现，在媒体具体的农民工子女教育报道中，较少同时出现"农民工"（父母）和农民工"子女"。

从表 6 - 12 和表 6 - 13 可以看出，在 2011—2012 年所有有关农民工子女教育的报道中，农民工作为采访对象共出现了 15 次，农民工子女出现了 9 次，但二者同时作为采访对象的次数仅为 7 次；而在专门性的农民工子女教育报道中，这一数据更少，2011 年与 2012 年中农民工与农民工子女同时以采访对象出现的次数均为 3 次，虽然以上结果的出现不排除有因父母与子女（尤其是留守子女）分隔两地带来的采访困难的因素，但是我们认为，根本上还是因为媒体习惯性地割裂了二者之间的联系。

表 6 – 12　　　　2011—2012 年《人民日报》农民工子女教育报道中

新闻报道类的采访对象分析 3

年份	有采访对象的报道数（篇）	农民工出现次数	农民工子女出现次数	农民工与子女同时出现次数
2011	21	9	6	4
2012	14	6	3	3

注：数据单位为篇/次，统计数据包含综合性的农民工子女教育报道。

表 6 – 13　2011—2012 年《人民日报》专门性的农民工子女教育报道中

新闻类报道的采访对象分析 2

年份	有采访对象的报道数（篇）	农民工出现次数	农民工子女出现次数	农民工与子女同时出现次数
2011	14	5	5	3
2012	12	6	3	3

注：数据单位为篇/次。

　　将"留守子女""随迁子女"以及"农民工"分别作为单独的群体进行关注和报道有其合理性。因为三者所面临的问题不尽相同，且表现都较为突出——随迁子女面临的问题大多涉及教育公平；被留在农村的留守子女因与父母亲情被割断产生一系列心理问题；农民工本身则因其身份的特殊性，在城市生活中遇到诸如欠薪、住房、医疗、社会保障等多方面的问题。因而媒体在报道中避开农民工与其子女之间的天然联系，对三者面临的问题进行分开报道，有助于引起更多受众的关注，将这些伴随城市化而产生的问题"各个击破"。

　　尽管如此，我们还是认为如果媒体能将农民工及其子女教育进行整合报道，将有助于受众从更为宏观、全面的角度看待"农民工"问题，进而使受众对城市化进程中产生的种种问题了解更为全面，对农民工及其子女教育问题产生的根源认知更加深刻，这既是"全景展现"农民工问题的要求，也是提升报道深度的重要途径。

207

第三节 农民工子女教育报道的趋势及改进建议

一 农民工子女教育报道的趋势

（一）媒体对农民工子女教育问题更为重视

自 20 世纪 90 年代后期和 21 世纪以来，我国城市化进入高速发展时期。[①] 根据中国社会科学院提供的数据，2006—2009 年每年新增城镇人口 1500 万，从 2000 年至 2009 年，城镇化率年均提高 1.2%，根据国家统计局提供的数据，我国 2011 年城镇化率达到 51.27%。[②] 有学者指出，这些数据并非完全真实，原因是流入城市的农民工并没有真正享受市民待遇，但却被归入"城镇人口"当中。我们认为，农民工的市民化是必然趋势，有待解决的只是如何顺利地推动农民工市民化的进程以及使农民工由城市的"边缘人"转化为真正融入城市、与普通市民享有同等地位和待遇的"市民"。正是由于农民工的市民化是城市化的必然趋势，而越来越多的农民工涌入城市随之又带来了更多的社会矛盾，因而媒体对农民工这一群体的关注也越来越多。如前文所示，从 2000 年到 2010 年，媒体的农民工报道数量有了一个突飞猛进的变化，而子女教育作为农民工最为关注的问题之一，也成了媒体关注的重点。虽然当前媒体的农民工子女教育报道无论是在报道力度还是在报道内容和报道方式上，都存在较多的问题和不足，但在总体趋势上，各媒体的农民工子女教育报道在各方面都在朝着逐渐加强的方向发展，换言之，也即媒体对农民工子女教育问题更加重视，更加注重对农民工子女教育相关问题的报道。

（二）留守子女越来越多地走进公众视野

前文提到，不同地区的媒体由于当地实际情况的不同，对农民工子女教育报道的侧重点也不尽相同。然而值得注意的是，2012 年，随着各个媒体对留守子女的报道力度的增大，农民工留守子女这一被"遗忘"的群体，更多地走进了公众的视野。

---

① 李强：《城市化进程中的重大社会问题及其对策》，经济科学出版社 2009 年版，第 1—5 页。

② 聂丛笑：《国家统计局：2011 年城镇化率达到 51.27%》，人民网，2012 年 8 月 17 日，http://jingji.cntv.cn/2012/08/17/ARTI1345186274750550.shtml，浏览日期：2014 年 4 月 20 日。

　　以《新京报》和《大河报》为例，2011 年留守子女的报道在与农民工相关的报道中的比重分别为 5 个百分点和 30 个百分点；2012 年这一比重则分别提高到了 8 个百分点和 45 个百分点。而在《人民日报》中，这一特点也得到了印证，2011 年，留守子女报道在农民工报道中的比重是 10.3%，2012 年这一比重则提高到了 25.4%。

　　从表 6 - 13 可以看出，留守子女的有关报道在农民工报道总数从 2011 年到 2012 年这两年中，分别出现了从 3 个百分点到 15 个百分点等不同程度的提高，其中《大河报》作为农民工输出地媒体的代表，2012 年对留守子女的报道占据了该报对农民工报道的 45%。但是对比表 6 - 14 与表 6 - 15 的数据还可以发现，排除《新京报》与《大河报》因地区因素造成的报道侧重点的不同（《新京报》重随迁子女报道，《大河报》重留守子女报道），作为全国性报纸的《人民日报》对随迁子女始终较为关注，2011—2012 年随迁子女在该报的农民工报道中的比例始终维持在近 20%，这是因为随迁子女与农民工的联系更为紧密，与父母一同进入城市所遭遇的现实矛盾较多，所以一直是媒体报道的重要内容，2012 年异地高考政策的出台更是再一次将农民工随迁子女教育问题推到了舆论的风口浪尖。

表 6 - 14　2011—2012 年各报刊留守子女报道在农民工报道中的比重变化

报刊	《人民日报》		《新京报》		《大河报》	
年份	2011	2012	2011	2012	2011	2012
留守子女报道	21	35	6	10	11	19
农民工报道总数	203	138	123	124	37	42
所占比例（%）	10.3	25.4	5	8	30	45

表 6 - 15　2011—2012 年各报刊随迁子女报道在农民工报道中的比重变化

报刊	《人民日报》		《新京报》		《大河报》	
年份	2011	2012	2011	2012	2011	2012
随迁子女报道	39	25	25	25	4	4
农民工报道总数	203	138	123	124	37	42
所占比例（%）	19.2	18.1	20	20	11	10

二 农民工子女教育报道的改进建议

（一）进一步加大报道力度

城市化的进程其实就是由农业国变成工业国的过程，也是将以农村人口为主的国家变为以城镇人口为主的国家的过程。作为经济不发达的传统的农业大国，我国要顺利完成城市化，必然要做好新转化的城镇人口的这部分"新晋市民"的安置工作。农民工是"新晋市民"的重要组成部分，因此要保持城市化率的稳定增长，必须采取相应的措施留住进城的农民工。有调查显示，在农民工希望成为市民的最主要的原因中，排在前四位的依次是"城里人收入高，生活更好""孩子能接受更好的教育""农民负担太重""农民社会地位太低"，分别占 33.7%、21%、13.9%、10.6%。① 由此可见，子女教育已成为农民工选择是否留在城市的一个重要原因。因此从顺利推进城市化的目的要求来看，努力解决好农民工的子女教育问题是十分重要的，也是十分紧迫的。

作为社会环境守望者的媒体，反映社会的重要变动是本职所在。而前文的分析结果显示，当前媒体的农民工子女教育报道力度存在着报道的数量过少、报道频率较低，缺乏常规关注以及报道篇幅较短等问题，这种报道力度显然与农民工子女教育问题在城市化进程中的重要程度是不相称的，因此，媒体今后应进一步提高农民工子女教育问题的报道力度，这既是反应社会实际变动的要求，也是为推动城市化进程而服务。

（二）拓宽和充实报道内容

210

教育本身是一个庞杂的系统工程，农民工子女教育问题则又涉及留守子女与随迁子女两个部分，政策上二者同为农民工子女所面临的教育问题也应该较为一致，即适龄的农民工子女必须有学上。但事实上由于居住环境、教育资源等硬环境以及教师素质、家长监护情况等软环境的不同，随迁子女与留守子女所面临的教育问题也存在着较大的差异。这就要求媒体在对农民工子女教育问题进行报道时，要根据具体情况，做出相应的调整。

---

① 黄锟：《中国农民工市民化制度分析》，中国人民大学出版社 2011 年版，第 50 页。

如前文所述，当前媒体的农民工子女教育报道的一个重要问题即是报道内容单一，报道焦点通常是随迁子女的就学与升学考试以及对留守子女的社会关爱等少数几个方面，虽然这几个方面的内容是当前农民工子女教育面临的最为突出的几个问题，但是却远不是问题的全部。

除此之外，随迁子女进入城市后的环境适应、城市居民对随迁子女的歧视、留守子女的就学情状、留守子女亲情缺失的不良后果等等，也都应该成为媒体报道的重要内容。要求"全景呈现"农民工子女教育的情状或许不太现实，但拓宽报道范围，增加报道题材，充实报道内容，理应成为媒体在报道农民工子女教育问题时的努力方向。

（三）提高整体意识，拓宽报道视野

在当前媒体的农民工报道中，所见最多的应该是农民工群体在社会融入方面的困难的报道，其中又以农民工讨薪、农民工社会保障等问题为报道重点。事实上，无论是农民工社会保障问题还是农民工随迁子女的入学、留守子女的亲情缺失，所有一切都是城市化过程中不可避免的问题，而之所以会出现这些问题，很大程度上都是当前社会城乡二元体制带来的。因此，在对农民工有关问题的报道中，媒体应该始终明确问题的原因所在，而不应该局限于就事论事，或只见树木不见森林，应该提高整体意识，拓宽报道的视野。在农民工子女教育报道中也同样如此。

当前媒体的农民工子女教育报道存在着割裂农民工、随迁子女、留守子女三者关系的问题。在具体的报道中，往往将留守儿童、随迁子女与农民工塑造成了互不相干的独立的群体，虽然这些人群确有一些独立的特征与问题，对其分开报道也有助于了解他们各自的问题所在，但是如果将其完全割裂来报道，是不利于真实、完整地还原事实真相的，既然不能完整地呈现问题，也就无法为政策的制定、修订和执行提供更有价值的参考。所以，要从根本上解决农民工子女教育问题，在媒体报道这一环上，就需要新闻采写者提高整体意识，拓宽报道视野，能从更为宏观的角度呈现和分析农民工子女教育问题的现状以及解决途径。

（四）给当事人更多的话语权

农民工群体因其先天性因素的影响而成为处于社会分层中的社会底层的弱势群体，从社会学角度来说，这是不公平的。要改善这种不公平的现

211

状，一个重要的解决途径便是在一些政策、资源上向弱势群体倾斜，以后天因素弥补先天因素带来的不公。在这个过程中，新闻媒体应当发挥应有的作用。一方面，媒体应向政府、企业、社会发出呼吁：正视并解决农民工问题；另一方面，媒体应当利用自身的话语平台，给农民工提供应有的话语空间。

然而，如前文所述，在当前的农民工子女教育报道中，农民工及其子女作为弱势群体，在媒体报道中的话语权是较为缺失的，即便是在对农民工子女教育的专门性报道中，农民工也不是出现最多的采访对象，农民工子女更是基本处于"失声"状态，媒介话语权还是更多地掌握在政府官员以及专家学者手中。在农民工子女教育报道中，当事人不能在媒体中发出自己的声音，这显然是不正常的现象，不利于农民工子女教育问题的解决，也不利于改善农民工及其子女的弱势地位。因此，在今后的农民工子女教育报道中，媒体应尽可能多地给予当事人话语权，给予他们在"公共场合"（媒体）说话的权利，使其有机会开口为自己争取正当权益。

（五）加强深度报道

深度报道是帮助受众全面、深刻理解某一新闻事件和热点的最佳方式。农民工子女教育问题对国家的发展、社会的稳定以及农民工子女个体地位的提升等方面均具有十分重大的意义，因而媒体不但应予以足够的重视，更要突破浅层次的、局限于报道表象的报道方式，加强深度报道的比重，提高报道的深度，深刻、全面地反映当前农民工子女教育问题的现状、原因与解决途径，从根本上推动解决农民工子女教育问题。

当前媒体的农民工子女教育报道以篇幅较短的消息报道和评论性报道为主，而能够有效提升报道深度的解释性报道、调查性报道、预测性报道等形式的深度报道都较少出现，在我们收集到的与农民工子女教育相关的报道中，少数深度报道还是以典型的正面报道为主。可以说，当前媒体的农民工子女教育报道在报道的视角、形式以及倾向性方面，都与农民工子女教育这一命题的重要程度不相匹配，要真正发挥媒体守望社会环境的功能，促使社会朝着更加公平公正和谐的方向发展，必须要在今后

212

的农民工子女教育报道中深刻剖析农民工子女教育问题存在的原因、问题的具体表现以及解决办法，应减少浅尝辄止、蜻蜓点水式的报道，在强化对农民工子女教育的关注度的同时，更要提高对农民工子女教育问题报道的力度和深度，丰富报道的形式，多做系列性、跟踪性等形式的深度报道。

第七章 农民工职业培训报道研究

我国于"十一五"之后十分关注农民工培训事宜，职业培训方面得到大力发展，并获得了显著的成就。面对我国城市化的不断推进和农民工就业难及融入城市社会难等几个重大问题，提出了加大农民工职业培训的相关要求，这对于农民工融入城市社会及提升自身修养与素质显得尤为重要，因此，配合政府、培训机构、企业的农民工职业培训工作，做好农民工职业培训报道应成为媒体的一种职责。

第一节 农民工职业培训及职业培训报道相关概念

一 职业培训与农民工职业培训

培训是一种有组织的知识传递、技能传递、标准传递、信息传递、信念传递、管理训诫行为。对已就业及预就业的人群，提供技术业务知识的教导，为加强实践能力与技术水平提供相关的实践培育与训练，称之为职业技能培训（简称职业培训）。职业培训，它与普通教育之间存在一定的关联，也存在一定的区别，它是国民教育体系中不可缺少的一部分。普通教育与职业培训都是以人才培养与智力开发为宗旨，而职业培训的目的更加明确，培训能够参与劳动行为的人员，针对某项职业技能和专业知识进行专门教育和培训。①

---

① 互动百科：《职业培训》，http://www.baike.com/wiki/职业培训，浏览日期：2014 年 6 月 20 日。

　　职业培训是为在职人员提供的一种培训活动，重点是提高其自身职业技能与素质修养以使其更加融入职业之中，从而间接促进国民经济的进步与社会的和谐及发展。具体涵盖三方面内容：①规范性培训：以我国职业技能标准与职业分类为基础来策划的培训内容；②定向性培训：根据经济发展及社会进步的人才需求而设定的培训内容；③特定对象的培训：为了提高我国劳动力这一资源的利用效率，重点以从业人员为主而设定的培训内容。[①]

　　农民工职业培训较之于城市普通市民的职业培训有其自身的特殊性。农民工由于是进城务工，在寻找工作岗位和上岗工作的同时，不仅有个职业技能的具备与提升问题，还有个在城市生产生活的方式变化和观念转变问题，即城市社会的融入问题。因此，我们赞同杨晓军的关于农民工职业培训的定义：以进城务工和当地或异地从事非农业产业的劳动者为对象，以促进其实现非农就业转移和完成市民化转变为目的，以适应职业岗位要求的多种形式的就业技能为主要内容的职业培训。[②]

　　《2003—2010年全国农民工培训规划》（劳动保障部和建设部、农业部和科技部及财政部与教育部共同制定）把农民工培训分为三类：引导性培训、职业技能培训和岗位培训。[③]　其中，第一类培训的重点为基本权益保护知识、生活常识及法律知识及找工作的相关知识，培训目的是及时为就业人员提供全新的、正确的就业理念，并提升其法律知识与权益维护意识。[④]　职业技能培训是根据国家职业标准和不同职业或岗位及工种对上岗工人的技术操作和基本专业知识进行针对性培训，目的是提高农民工岗位工作能力，增强农民工就业竞争力。[⑤]　岗位培训是根据岗位要求所应具备的知识、技能而为在岗职工安排的培训活动，意在提升就业人员的服务质量、专业知识和技能操作水平。

215

---

　　①　互动百科：《职业培训》，http：//www.baike.com/wiki/职业培训，浏览日期：2014年6月20日。

　　②　杨晓军：《农民工就业技能培训模式研究》，中国社会科学出版社2011年版，第12页。

　　③　郭江惠：《农民工技能培训：敢问路在何方?》，《教育与职业》2006年第7期。

　　④　中国共青团：《近年来关于促进就业创业工作的法律政策摘要》，中国共青团网，2009年11月17日，http：//www.ccyl.org.cn/zhuanti/jycy/zcwj/200911/t20091117_311880.htm，浏览日期：2014年6月20日。

　　⑤　刘晓博：《河南省雨露计划的研究》，硕士学位论文，河南大学，2013年，第7—10页。

把《2003—2010 年全国农民工培训规划》与本文论述的问题相联系，本文所说的农民工职业培训包括的主要是该文件中的农民工的职业技能培训和岗位培训。但农民工的职业培训关系到农民工在城市的生存与发展，关系到农民工的城市融入，故本文在论述农民工职业培训问题时会兼及引导性培训方面的内容。

现代社会是信息社会，也是知识经济型社会，信息、知识每天都在以几何级的速度递增，每个人在一定的学历教育完成后都有继续学习、终身学习的问题。就农民工来说，由于他们学历低，就业竞争力弱，参加职业培训就显得更为迫切和重要。

《2003—2010 年全国新型农民科技培训规划》（农业部制定）中明确记载着我国劳动力的受教育水平，其中农民受教育年限平均低于七年，而半文盲与文盲及受过小学教育的农民所占比例高达 40.31%，而获得初中教育水平的农民所占比例也较高为 48.07%，获得高中及以上教育水平的农民所占比例仅仅为 11.62%，并且接受职业教育的比例更低，为 5% 以下。依据我国统计局的调查及其他调查结果，可知我国科技文化素质的高低与农民的教育水平的高低有正相关的关系，所以农民的教育水平低致使科技文化的素质无法提高，进而制约着农民的经济收入无法提升，同时也限制他们的劳动效率无法提升，最终成为制约我国经济进步与社会发展的瓶颈之一。

二　城市化与农民工职业培训

国家统计局网站 2013 年 3 月 22 日发布《2012 年国民经济和社会发展统计公报》显示，全国农民工总量为 26261 万人，比上年增长 3.9%。其中，外出农民工 16336 万人，增长 3.0%；本地农民工 9925 万人，增长 5.4%。如此庞大的农民工群体，涉及我国人口的城市就业、城市管理、城市融入等若干重大问题，而对于本身文化水平有限的农民工而言，具备一定的职业技能和城市生活知识，是其在城市生存发展的基本素质要求。因此，相对于农民工维权、子女教育、农民工农村土地流转等方面的问题，农民工职业培训问题是我国城市化过程中急需解决的最基础性问题。

我国目前正处于社会转型和经济转型的关键时期，工业化、城市化快速发展，而促进我国工业化和城市化快速发展的庞大的农民工群体由于受

216

户籍制度和文化知识水平的限制,难以真正地融入城市,只能成为游走于城乡之间的边缘性群体。随着我国新型工业化和新型城市化的发展,农民工中的许多人越来越不能适应城市劳动力市场的技能需求和城市生活的变化。因此,对农民工进行职业培训,不仅能促进农民工在城市的就业和职业发展,还能促进农民工的城市融入。

城市化与农民工融入的关系是双向的,城市化的发展对农民工的融入提出新的要求,而农民工的融入又促进城市化的发展。由于城市众多的就业机会、高于农业生产的报酬、良好的生活和服务环境,多数农民工尤其是新生代农民工迫切希望融入城市社会,他们比老一辈的农民工拥有更好的知识基础和心态,更容易适应城市的生活,因此有更大的意愿接受职业培训。

由表7-1我们可以看出,受教育程度的高低对于农民工流动人口薪金收入高低的影响。

表7-1　　　　　　　2012年分行业分教育程度农村流动人口

平均月工资差异情况①　　　　　　　　单位:元

行业	户籍性质	受教育程度				平均月工资
		小学及以下	初中	高中/中专	大学专科及以上	
制造业	农村	2373	2551	2791	3380	2606
批发零售	农村	2154	2292	2499	3058	2419
住宿餐饮	农村	1982	2171	2404	2838	2233
社会服务	农村	1870	2212	2492	2939	2304
其他行业	农村	2545	2868	3030	3815	2948
平均月工资		2353	2546	2750	3469	2619

由表7-1我们可以看出受教育程度和农民工月收入水平成正相关,因此我们可以把教育作为农民工融入城市的一个重要因素,而作为农民工教育的一部分的农民工职业培训也是农民工提高报酬、融入城市的一种有效途径。

---

① 国家卫生和计划生育委员会流动人口司编:《2013中国流动人口发展报告》,中国人口出版社2013年版,第91页。

三 农民工职业培训与农民工职业培训报道

顾名思义，农民工报道是与农民工题材内容相关的报道，包括农民工政策报道、农民工工作环境报道、农民工子女教育报道、农民工权益维护报道、农民工人物报道等等。

农民工职业培训报道即媒体对农民工职业培训相关题材内容的报道，如对农民工培训的主体和项目、政策和过程、时间和对象、评估和影响等方面的报道。[①] 较之于其他的农民工报道的内容，农民工职业培训本身对于农民工在城市的生存发展和实质性融入具有更基础的作用，因此其报道具有更强的服务性和指导性。

第二节 农民工职业培训政策与现状

一 农民工职业培训政策梳理

国务院于 2003 年颁布的《关于做好农民进城务工就业管理和服务工作的通知》，此文件中的第五条规定提出了"要把农民工职业培训做好"，要求中提出"每个地区、每个相关部门都应该结合工作实际，制定出专门的切实可行的培训计划，重点抓好农民工的职业培训，努力提高所有农民工专业素质。同时政府对于流入地与流出地用人单位督促其充分利用当地现有的职业方面教育的资源，将农民工送入具备相应资格条件的形式多样职业培训单位进行必要的职业培训"[②]。该文件是我国政府第一份有关农民工培训的法规性文件，表明我国政府已高度重视农民工的培训工作，并把它纳入政府工作的议题设置之中。

围绕农民工培训政策，政府有关部门还推出了相应的措施，如 2004 年初由财政部、农业部、劳动保障部、科技部、建设部、教育部这六个部共

① 国开办：《关于印发〈关于在贫困地区实施"雨露计划"的意见〉和〈贫困青壮年劳动力转移培训工作实施指导意见〉的通知》，中央政府门户网站，2007 年 3 月 30 日，http：//www. gov. cn/wszb/zhibo46/content_ 589610. htm，浏览日期：2015 年 5 月 15 日。

② 城市共青团：《近年来关于促进就业创业工作的法律政策摘要》，城市共青团官方网站，2010 年 2 月 26 日，http：//csqn. gqt. org. cn/jycy/jxjd/201002/t20100226_ 337160. htm，浏览日期：2015 年 5 月 15 日。

同开启了实施农民工流出与流入培训的阳光工程，要求各培训单位依据社会的用工需求，制定出长短期培训计划，安排培训实施方案，组织开展就业前的培训和在职过程中的专业培训工作。具体要求是按照公正、公平、公开的原则，面向全社会进行招标，从而确定培训实施单位。进入"阳光工程"培训的费用由农民个人与政府共同分担。政府补助的部分通过培训单位减少收费来源或发放培训券的方式让农民直接受益，一律不准用于培训机构所在单位的技能鉴定、培训条件环境建设和其他基本建设。补助资金来源于地方扶持与中央扶持两部分财政资金。① 2004 年由国务院颁布的在贫困偏远地区实施开展"雨露计划"的通知。要求"雨露计划"以实用农业技术培训、创业培训与职业教育作为手段，以增强就业和创业能力、提高素质作为宗旨，以社会参与与政府主导相结合，以促成自主创业、转移就业作为途径，援助贫困偏远地区的农民工处理好在创业、就业中所碰到的各种困难，最终实现增加收入、发展生产、促进贫困偏远地区发展经济的目标。②

在"十一五"计划之前，由政府制定的农民工培训的主要政策还有国务院于 2005 年颁布的《关于大力发展职业教育的决定》，此文件提出为了更好地建立与完善与社会市场经济相适应的体制，进一步满足从职人员持续学习的需要，明确提出了农民工职业培训的改革目标。以劳动就业与市场需求相结合，工学结合、校企合作等多种形式，促进农民工培训能朝着形式多样、灵活开放、结构合理、自主创新、有中国特色的职业培训教育体系的方向发展。

在"十一五"期间制定的农民工培训的主要政策有：国务院于 2006 年颁布的《关于解决农民工问题的若干意见》，提出各地应满足城镇化、工业化与农民工转移变更就业的需求，加大力度对农民工进行引导性培训与职业专业技能培训，且不断完善农民工教育经费补贴办法，通过使用"培训券"等补贴方式直接对参加农民工培训的给予一定的培训经费补贴。中共中央于 2008 年颁布的《关于推进农村改革发展若干重大问题的决

219

---

① 百度百科：《阳光工程》，http://baike.baidu.com/view/179261.htm，浏览日期：2015 年 4 月 20 日。

② 孙东辉：《培训脱贫："雨露计划"滋润千万家》，《中国经济时报》2007 年 4 月 24 日。

定》，提出以加快发展农村青年中等职业技术教育为重点、加速普及农民工高中教育为基础，将逐步实现免费教育；教育部于 2008 年颁布的《关于中等职业学校面向返乡农民工开展职业教育培训工作的紧急通知》，要求高度重视中等职业技术学校面向转移农民工进行职业教育与技术培训的重要性。抓紧动员与组织中等职业技术学校面向转移农民工进行职业教育与技术培训；国务院于 2009 年颁布的《关于做好当前经济形势下就业工作的通知》，提出加强就业技能培训与职业管理服务，推进部分农民工进入城镇实现再就业；教育部于 2009 年颁布的《关于切实做好返乡农民工职业教育和培训等工作的通知》，要求职业教育和技能培训的学校要努力招收返乡农民工接受中等职业教育，积极开展返乡农民工的技能培训；国务院于 2010 年颁布的《关于进一步做好农民工培训工作的指导意见》，提出至 2015 年对有培训需求的每个农民工力争进行一次以上的职业技能培训，使他们掌握一种以上的适应工作需要的实用专业技能。①

二 农民工职业培训实施现状

由于我国政府对于农民工职业培训的政策支持，农民工的职业培训工作取得了显著的成就。

首先，国家加大了对农民工在职业培训方面的资金扶持。农业部通过对 10 个专业的职业调查统计与分析，在 2006 年国家财政对进行了培训农民的每个给予的资金补助已超过 230 元（即培训一个农民给予 230 元的财政补贴），2007 年中央财政投入是 9 亿元，增幅达到 50%，西、中、东部地区平均补助分别为 300 元、250 元、173 元。②

其次，培训人数和培训学校多。2009 年教育系统促进农村劳动力转移培训 4249.31 万人次，共有 16.44 万所职业、农村成人学校参与农民工职业培训工作。③

220

---

① 韩俊、汪志洪、崔传义等：《农民工培训实态及其"十二五"时期的政策建议》，《改革》2010 年第 9 期。

② 侍建旻：《发达国家农民工教育政策对我国农民工培训的启示》，《继续教育研究》2012 年第 8 期。

③ 吴晶：《09 年教育系统开展劳动力转移培训 4249.31 万人次》，网易新闻，2010 年 3 月 9 日，http://news.163.com/10/0309/21/61C7GDC8000146BC.html，浏览日期：2015 年 5 月 15 日。

再次，各类农民工职业培训机构先后出现。职业院校设置农民工职业培训机构和课堂，民工学校、农民工专业夜校等先后出现。

由于若干政策的推动，我国自 2003 年后，农民工受教育程度和接受职业培训的程度得到明显提高（见表 7－2）。

表 7－2　　　　　　农民工的受教育程度和接受培训情况①　　　　　单位：%

	年份	1997	1998	1999	2000	2001	2002	2003	2004	2006
文化程度	文盲半文盲	1.87	1.57	1.50	1.20	1.7	1.8	1.9	2.0	2.57
	小学	21.32	19.88	18.61	18.14	17.9	17.1	16.7	16.4	12.74
	初中	58.50	58.66	59.74	61.24	65.7	65.9	66.3	65.5	52.04
	高中	13.77	14.30	14.23	13.38	10.9	11.3	10.8	11.5	26.67
	中专及以上	4.54	5.59	5.92	6.05	3.8	4.0	4.3	4.6	5.98
教育培训	受过培训	31.9	35.9	35.0	29.0	16.8	17.5	20.7	28.2	50.2
	未受过培训	68.1	64.1	65.0	71.0	83.2	82.5	79.3	71.8	49.8

由表 7－2 可以看出，我国 1997—2006 年农民工受教育程度呈总体上升趋势，尤其是高中和中专及以上学历人数增长明显。而在技能培训方面，接受技能培训的农民工数量在 2003 年到 2006 年有较大幅度的增长，这些增长多数归因于我国农民工职业培训政策的促进和落实。

但是由于现实的若干原因，农民工职业培训目前仍面临许多困难，出现了很多问题。

（一）政府各个管理部门缺乏配合

农民工职业培训和就业涉及多个行业和部门，因此需要有关行业和部门之间密切配合，但是，由于没有建立起专业的调度协调机制，各部门之间缺乏沟通合作各自为政，使得农民工培训缺乏总体性统一规划，各部门推卸责任，层层下压，农民工职业培训没有完全落到实处。因为政府没有建立健全的对农民工进行职业培训的保障机制，导致投入经费不足，真正落实到用于农民工培训的经费少之又少。以阳光计划为例，地方财政用于补贴的资金只有 6 亿多元，中央配套的补贴农民工转移培训的资金只有 2.5 亿多元，这对于处理几亿转移农民工的就业培训与服务来讲是远远不

221

① 杨晓军：《农民工就业技能培训模式研究》，中国社会科学出版社 2011 年版，第 5 页。

够的。① 同时，由于各部门互相推诿，政府少有专项资金用于农民工职业培训，即使有少量资金，落实到每个农民工身上也是少得可怜，无法满足农民工培训的资金需求。

（二）用工企业追逐利益最大化，阻碍农民工职业培训进程

农民工的素质关系到企业的生存发展，目前农民工技能水平无法满足企业用工需求的矛盾已日益突出，用工企业要提高生产效率，对农民工进行职业培训已显得相当迫切和重要。但是问题在于，政府虽然给了企业农民工职业培训的财政政策支持，但许多企业在计算支持农民工技能培训的机会成本后，为了追求自身利益的最大化往往对农民工职业培训持漠视态度。这种漠视态度产生的原因除了企业对农民工培训进行投资就会增加企业的运营成本、减少企业利润的因素外，企业还不得不考虑一些农民工管理和流动的特殊因素：若农民工本身技术水平低，则主动权掌握在企业手中，企业在用工上有自由选择的空间；而农民工经过企业培训，拥有一技之长，那么主动权就掌握在农民工手中，就会对企业提出更高的工资要求，减少企业的利润；农民工这一群体的流动性强，他们与企业往往没有长期的合同关系，都是按日或按月拿工资，即做多少拿多少，如果经过企业培训使农民工有了一技之长，就增加了他们跳槽的资本。利弊相较，企业便弱化了进行培训的念头。企业的消极，使得农民工职业培训进程受到阻碍。

（三）农民工自身对于职业培训的认识模糊

农民工进城务工的主要途径是熟人亲戚介绍，他们进城之前对城市的生产生活多数处于盲目状态，只知道进城务工收益比务农丰厚，不懂得职业培训的重要性。有些农民工走进城市，不具备任何职业素养，仅凭自身劳力生存，认为职业培训是浪费时间，远不如卖力工作获得收入重要。另外，没有职业技能的农民工往往从事的是短期的、简单的、劳动强度大的工作，他们疲于奔波于各个工作场所来换取自身在城市的生存所需，也没有空闲来思考自身的职业培训问题。再加上农民工受小农思想的束缚，尤其是老一辈的农民工，有很深的落叶归根的乡土情结，认为在城市打工挣钱只是一个过渡，因此不愿投入时间和精力去进行职业培训。结果作为职

---

① 郭江惠：《农民工技能培训：敢问路在何方？》，《教育与职业》2006 年第 7 期。

业培训对象的农民工却抵触职业培训。

（四）培训机构管理不善

首先，培训机构多头领导、多头管理而又各自为政的现状使得培训机构缺乏有效监督，课程设置重复、单一，使得培训资源得不到有效利用。其次，职业培训机构的教师多数来自高校，而这些教师多数没有实践工作的经历，课堂教学重理论而轻实践，未考虑到农民工职业教育的特殊性，导致农民工无法学以致用，达不到应有的培训效果。最后，当前的农民工职业培训的模式往往是政府和培训机构合作，政府给予培训机构以补贴，使其对农民工培训降价，培训机构在组织农民工培训中的成本许多由自身承担，这样便大大降低了培训机构的积极性，使其消极怠工。以上原因造成了农民工培训的时间短、培训内容与市场脱节、培训机构与政府消极合作的现象。

由上可知，农民工职业培训已受到我国政府的高度重视，政策上给予了较大支持，其效果也显而易见，但是由于农民工职业培训的特殊性和复杂性，农民工职业培训仍存在许多问题，需要进一步解决。

第三节　农民工职业培训报道分析

我国媒体有关农民工的报道很多，如在《广州日报》网上以关键词"农民工"进行搜索，仅 2012—2013 年就出现报道 2560 条。但是有关农民工职业培训的报道却不像农民工权益维护、农民工子女教育等受重视，其数量不多且篇幅较小。为了了解我国媒体对农民工职业培训报道方面的具体情况，我们以《南方都市报》为样本，抽取了 2011 年 1 月到 2013 年 12 月有关农民工职业培训方面的报道，以此为样本对近几年的农民工职业培训报道进行考察。

223

一　研究样本描述

《南方都市报》是南方日报报业集团所属系列报之一，创刊于 1997 年，是面向中国最富庶的珠三角地区主流人群的综合类日报，现每天出报平均 88 个版以上，2003 年 8 月日均发行量已达 141 万份，是广东省内发行量最大的综合类日报。广东作为我国最大的农民工输入省，是我国南部最大的农民工集散中心，依照研究的需要，考虑到调查对象的典型性，我们选取了代表性较强同时受到广东农民工普遍关注的《南方都市报》作为研究对象。

2007 年《广东省大力发展职业技术教育实施纲要（2006—2020）》出台，国家的中高等职业技术培训教育应包括农民工转移的职业培训与服务。① 文件指出，2006—2020 年广东省要紧紧围绕国民经济发展的总体目标，加速完善"政府主导、充分发挥行业职能、依靠企业实力、民办与公办结合发展、社会积极扶持与参与"的职业技能教育体系。到 2020 年，全国中、高等专科职业教育的效益与质量将显著上升，基本上能够满足社会经济发展的需求。初、中、高三级专科职业教育相结合，使得各区域之间的职业技术培训教育能协调均衡地发展，要实现学历证书与职业证书同等重要，就要做到普通教育和职业教育配置协调，必须形成一个开放、灵活、规范、有序的职业技能培训与教育体系。充分满足农民工不断提升自身专业水平综合素质的学习需求，形成一个具有自身地方特色的职业技能培训与教育体系。

国务院于 2010 年颁布的《关于加大统筹城乡发展力度，进一步夯实农业农村发展基础的若干意见》的文件通知，推出了一系列含金量高的强农惠农新政策，其中提出要"着力解决新生代农民工问题"。为此广东省于 2011 年对新生代农民工提出"圆梦计划"，以帮助新一代的农民工能更快的成长成才，更好地投身社会。② "圆梦计划"争取从 2012 年起，每年让成千上万名的新一代农民工能接受两至两年半的专科或本科院校或网络教育，力争每年打造出一百个"圆梦 100"，让新一代农民工能圆自己的大学梦、读书梦，并且每年为党培养上万名的农民工积极分子与骨干力量，以夯实在农村劳动力群体中党的群众基础。

224

---

① 《广东省人民政府印发〈广东省大力发展职业技术教育实施纲要（2006—2020）〉的通知》，广东职业培训网，2007 年 2 月 8 日，http：//www. gdhrss. gov. cn/publicfiles/business/html-files/zypxw/zypxflfg/201204/23488. html，浏览日期：2014 年 6 月 20 日。

② 共青团广州市番禺区委员会：《关于组织新生代农民工参加"圆梦 100"项目的通知（番禺区）》，百度文库，2011 年 9 月 7 日，http：//wenku. baidu. com/view/16f27c2abd64783e09122b56. html，浏览日期：2014 年 6 月 20 日。

以上的政策性文件影响了《南方都市报》的农民工职业培训报道，在我们选取的《南方都市报》三年的农民工职业培训的报道中，能直观反映出媒体的农民工职业培训报道与中央和地方政府农民工培训政策和措施的密切联系。

为了弄清《南方都市报》2011—2013年农民工职业培训报道的具体情况，除了了解与之有关的政策背景外，我们还对该报的报道数量、报道体裁、报道主要内容、报道版面进行了统计与分析。

二　报道数量分析

为了考察农民工职业培训报道在《南方都市报》农民工报道中的比重，我们对两者进行了数量统计，得出结果如表7-3所示。

表7-3　　《南方都市报》2011—2013年农民工职业培训报道总量　　单位：篇

年份	2011	2012	2013	总计
农民工报道数量	189	170	172	531
农民工职业培训报道数量	16	10	10	36
所占比例（%）	8.4	5.9	5.8	6.8

由表7-3可看出，2011—2013年《南方都市报》有关农民工的报道共531篇，平均每年177篇，而农民工职业培训的报道共36篇，平均每年12篇。《南方都市报》2011年有关农民工职业培训报道最多，为16篇，之后两年降低到10篇，三年报道数量相对于总体数量所占比例下降。三年的农民工报道题材的具体数量如表7-4、表7-5、表7-6所示。

表7-4　　　　　　2011年农民工报道题材具体数量　　单位：篇

题材	出现频数	所占比例（%）
生活工作状态	19	10
安全事故	18	9.5
政策法规	17	8.9
工资清欠	12	6.3
违规犯罪	4	2.1
子女教育	12	6.3
春运	10	5.3

续表

题材	出现频数	所占比例（%）
权益维护	11	5.8
与城市市民关系	16	8.5
社会帮助	11	5.8
突出人物	10	5.2
流动现象及其研究	18	9.5
教育培训	16	8.4
其他	15	7.9
总计	189	100

表7-5　　　　　　　　　2012年农民工报道题材具体数量　　　　单位：篇

题材	出现频数	所占比例（%）
生活工作状态	16	9.4
安全事故	8	4.7
政策法规	17	10
工资清欠	20	11.7
违规犯罪	7	4.1
子女教育	9	5.2
春运	15	8.8
权益维护	13	7.6
与城市市民关系	4	2.3
社会帮助	10	5.8
突出人物	6	3.5
流动现象及其研究	10	5.8
教育培训	10	5.9
其他	12	7
总计	170	100

表7-6　　　　　　　　　2013年农民工报道题材具体数量　　　　单位：篇

题材	出现频数	所占比例（%）
生活工作状态	17	9.9
安全事故	14	8.1
政策法规	19	11

续表

题材	出现频数	所占比例（%）
工资清欠	18	10.4
违规犯罪	7	4
子女教育	20	11.6
春运	13	7.6
权益维护	12	7
与城市市民关系	5	2.9
社会帮助	10	5.8
突出人物	12	7
流动现象及其研究	17	9.9
教育培训	10	5.8
其他	7	4
总计	172	100

在以上几个表中，我们将农民工报道的题材分为：生活工作状态、安全事故、政策法规、工资清欠、违规犯罪、子女教育、春运交通、权益维护、与城市市民关系、社会帮助、突出人物、流动现象及其研究、教育培训和其他类。通过分类我们可以看出农民工职业培训在所有类别中所占的比重。在表7-4中，2011年的农民工报道比重较大的是生活工作状态、安全事故和流动现象及其研究；在表7-5中，2012年农民工报道比重较大的是工资清欠、政策法规、生活工作状态；在表7-6中，2013年农民工报道比重较大的是子女教育、政策法规、生活工作状态和流动现象及其研究。总而言之，教育培训的比重在所有题材中处于中部偏后的位置，所占比重较少，报道篇幅较小。如：2011年题为《农民工读北大报名已超500人——绝大多数是具有大专学历的"80后"新生代产业工人》的报道全文共681字；2012年题为《1026名打工仔今考乡镇公务员——"圆梦计划"今年招生下月开始报名》的报道全文共677字；2013年题为《54名工人将"圆梦"成为多所高校的学生》的报道全文共375字。

227

三　报道体裁分析

对《南方都市报》2011—2013年农民工职业培训报道的体裁进行统

计，得到以下数据（见表 7 - 7）。

表 7 - 7　《南方都市报》2011—2013 年农民工职业培训报道体裁统计

年份	2011			2012			2013		
体裁	消息	通讯	评论	消息	通讯	评论	消息	通讯	评论
数量（篇）	11	3	2	8	1	1	8	2	0
所占本年比例（%）	69	19	12	80	10	10	80	20	0

　　从表 7 - 7 的数据可以看出，在 2011 年到 2013 年中，农民工职业培训报道消息占绝大多数，通讯和评论占少数，尤其是评论过少，2013 年没有一篇农民工职业培训的评论。三年农民工职业培训报道中消息共有 27 篇，占总体比例的 75%，通讯共 6 篇，占总体比例的 17%，评论共 3 篇，占总体比例的 8%。可见农民工职业培训报道以消息为主。

　　消息的特点是文字少、篇幅小，报道新闻事实简明扼要。《万名工人有望上 18 所名校——6 月 1 日"圆梦计划"官网正式启用并接受全省工人报名》《百个"免费上北大"学位 1715 名农民工竞考》《998 名农民工开启大学之旅》等消息都只用几百字报道了"圆梦计划"开始招生、招生情况、招生结果，向社会通告了每年"圆梦计划"的大致情况。较之于消息，通讯则要详细地报道一个事件的来龙去脉，一个人物的所作所为。《流水线女工靠写作改变命运——来自湖南的邝美艳东莞工厂打工十年工资终于突破 3000 元，读上了北大远程教育》《自己圆了梦，开始圆别人的梦》《他在东莞工厂读北大　安徽小伙子杨飞跃大专毕业进入东莞一机电设备公司，如今已成主管》等人物通讯，介绍了通过"圆梦计划"改变自身命运的农民工的成功事迹，由于报道详细具体，更能够引起广大农民工对职业培训的重视。评论则是由新闻事实引发的思考，表述对新闻事实的看法，故能启人深思。《破解"民工荒"需要改革职业教育》《三障碍困扰职业教育发展》等评论深层次地指出当前束缚农民工职业培训发展的障碍，并提出解决的参考性建议，给人启迪。同样是对农民工职业培训的报道，消息只是报道有关事实的梗概，通讯则使内容丰满，感染力强，评论则能引导人们从本质上去看待有关事实，理性地去关注思考有关问题。因此，《南方都市报》为了吸引人们对农民工职业培训问题的关注，在提高消息报道频度的同时，还应加强通讯与评论的报道。

四　报道内容和版面分析

为了对《南方都市报》有关农民工职业培训报道的内容和版面进行分析，我们统计了 2011—2013 年《南方都市报》农民工职业培训 36 篇报道的新闻标题、时间和版面，如表 7 - 8—表 7 - 10。

表 7 - 8　2011 年《南方都市报》农民工职业培训报道的标题、时间与版面

新闻标题	报道时间	版面
1. 农民工读北大报名已超 500 人——绝大多数是具有大专学历的"80 后"新生代产业工人	2011 - 01 - 14	A15
2. 破解"民工荒"需要改革职业教育	2011 - 02 - 21	A02
3. 三障碍困扰职业教育发展	2011 - 03 - 08	A26
4. 百个"免费上北大"学位 1715 名农民工竞考	2011 - 03 - 13	A33
5. 200 人中将选出 100 人接受北大远程网络本科教育	2011 - 03 - 21	A06
6. 百名农民工 4 月上北大——笔试成绩合格但未入围"北大 100"考生，可享受学费减免 50%	2011 - 03 - 27	A15
7. 佛山 11 农民工免费读"网上北大"——"80 后""90 后"为主，将接受为期两年半的培训	2011 - 04 - 05	A02
8. 只需一千元农民工读大学——"圆梦计划"秋季招生启动，将助万名农民工圆大学梦	2011 - 07 - 26	A13
9. 广外 200 学位静候农民工　三年成人高等教育课程，收费 1000 元	2011 - 08 - 04	A13
10. 他在东莞工厂读北大　安徽小伙子杨飞跃大专毕业进入东莞一机电设备公司，如今已成主管	2011 - 09 - 13	A11
11. 流水线女工靠写作改变命运——来自湖南的邝美艳东莞工厂打工十年工资终于突破 3000 元，读上了北大远程教育	2011 - 09 - 19	A03
12. 5000 农民工考北大　"圆梦计划"秋季招生共达 1 万人，除北大又增加中大、华师等 10 余高校	2011 - 09 - 26	A13
13. 广东近万农民工下月上大学——录取名单已在圆梦计划官网公布，现公开招募"圆梦 100"班人生导师	2011 - 10 - 22	A12
14. 万名农民工大学生开学 "圆梦计划"农民工 2011 年入学典礼在中大举行，省委书记汪洋发来贺信	2011 - 12 - 13	A13
15. 3023 名农民工上大学啦！ 获得高校入学资格，开始为期 2 年—3 年的网络远程教育学习	2011 - 12 - 23	A22
16. 14 所高校加入广东"圆梦计划"——计划每年培养万名农民工大学生	2011 - 12 - 26	A10

229

表7-9　2012年《南方都市报》农民工职业培训报道的标题、时间与版面

新闻标题	报道时间	版面
1. "工农牌"公务员月底面试 笔试成绩前日出炉，笔试最高分182.5，广州选调生类13个岗位入围者平均分173.4	2012-04-20	A24
2. 1026名打工仔今考乡镇公务员——"圆梦计划"今年招生下月开始报名	2012-04-08	A06
3. "圆梦计划"资助万名外来务工者上大学——新生代产业工人培养论坛昨日同时举行，合作高校扩充至18所	2012-05-20	A06
4. 万名工人有望上18所名校 6月1日"圆梦计划"官网正式启用并接受全省工人报名	2012-05-20	SA07
5. 外来工快来报名上大学　"圆梦计划"覆盖全省产业工人，去年台山多名外来工被名校录取	2012-06-01	B22
6. 2012"圆梦计划"启动将资助万名青年上大学 主要面向在粤务工青年，入读高校扩充至北大、浙大等18所名校	2012-06-05	A15
7. "圆梦计划"增200本科学位——深圳困难职工、农民工即日起可报名争取千个教育机会	2012-06-29	SA40
8. "圆梦计划"仍是僧多粥少	2012-09-20	JB02
9. 2012"圆梦计划"开学　万名外来工将读大学	2012-11-27	A10
10. 省青联召开十届一次全会，汪洋　朱小丹接见青年代表——未来五年资助5万工人上大学	2012-12-14	A23

表7-10　2013年《南方都市报》农民工职业培训报道的标题、时间与版面

新闻标题	报道时间	版面
1. 54名工人将"圆梦"　成为多所高校的学生	2013-01-11	JB14
2. 外来工"圆梦"需在莞学两三年——去年2000名产业工人受助参加本科进修	2013-01-18	DA06
3. 农民工读大学：只需千元学费——大部分学费由政府及相关企业支付，三年完成所有课程	2013-03-04	GA07
4. 香江集团总裁翟美卿：农民工培训经费应保障	2013-03-09	A10
5. 共青团广东省第十三次代表大会开幕，胡春华　朱小丹出席　团省委5年助1.9万工人上大学	2013-04-26	A20
6. "圆梦100"计划帮工人重燃大学梦	2013-06-28	JB22
7. 千名务工青年可圆大学梦——2013年"圆梦计划"开始招生	2013-07-15	QB04
8. "圆梦预科班"上线　修学分可减免学费——为新生代产业工人搭建网络学习平台	2013-09-24	ZB06
9. 998名农民工开启大学之旅	2013-10-11	HB06
10. 自己圆了梦，开始圆别人的梦	2013-10-17	SA34

由以上三个表我们可以看出，《南方都市报》有关农民工职业培训的报道内容，主要是有关广东省推出的圆梦计划，包括每年圆梦计划的报名、进展、结果和相关人物的报道。从表7-8中我们可以看到，16篇报道中，只有两篇评论《破解"民工荒"需要改革职业教育》《三障碍困扰职业教育发展》不是以"圆梦计划"为主要内容。同样在表7-9中，10篇关于农民工职业培训的报道全部是以"圆梦计划"为主要内容。在表7-10中，10篇农民工职业培训的报道，只有一篇题为《香江集团总裁翟美卿：农民工培训经费应保障》的报道和"圆梦计划"无关。由此我们可以看出，近些年《南方都市报》农民工职业培训的报道绝大多数以"圆梦计划"为主要内容。

同时我们从上面三个表中可以看出，在版面安排上，农民工职业培训的报道，没有头版报道，36篇报道中，只有3篇报道在第二版面，一篇报道在第三版面，其余报道均在中部偏后的版面。在2011年，农民工职业培训的报道主要集中在广州版中，到2012年和2013年才在深圳、惠州等地方版中出现，表明农民工职业培训报道地区范围有所扩展。

第四节　农民工职业培训报道的特点与不足

一　农民工职业培训报道的特点

纵观《南方都市报》2011—2013年的农民工职业培训报道，可发现农民工职业培训报道的几个特点。

（一）报道紧跟方针政策

从《南方都市报》有关农民工职业培训的报道可以看出，在广东省为支持新生代农民工于2011年推出"圆梦计划"后，作为广东地区最大的都市报《南方都市报》紧跟农民工培训的方针政策，积极推进"圆梦计划"的报道，认真宣传阐释"圆梦计划"的内容，在报道政策的落实过程中，将政策实施状况展现出来，行使了媒体对政策落实情况的监督。如2011年16篇关于农民工职业培训的报道，除去两篇评论与"圆梦计划"无关，其余14篇报道均报道了2010—2011年"圆梦计划"进展情况。2011年7月26日《只需一千元农民工读大学——"圆梦计划"秋季招生启动，将助万名农民工圆大学梦》的报道表明"圆梦计划"2011年秋季

231

报名开始，而后直至 2011 年 12 月 26 日《南方都市报》将"圆梦计划"的招生、录取情况均予以报道，而其中 2011 年 9 月 13 日《他在东莞工厂读北大 安徽小伙子杨飞跃大专毕业进入东莞一机电设备公司，如今已成主管》和 2011 年 9 月 29 日《流水线女工靠写作改变命运——来自湖南的邝美艳东莞工厂打工十年工资终于突破 3000 元，读上了北大远程教育》的报道，都以通讯形式将参与"圆梦计划"的农民工的工作生活的变化展现给读者，表明"圆梦计划"对农民工的切实作用。

（二）有较强的服务性

2011—2013 年《南方都市报》农民工职业培训报道，基本是提供"圆梦计划"信息的报道。如《1026 名打工仔今考乡镇公务员 "圆梦计划"今年招生下月开始报名》《千名务工青年可圆大学梦——2013 年"圆梦计划"开始招生》两篇报道，向受众提供了"圆梦计划"开始报名的信息。又如《14 所高校加入广东"圆梦计划"——计划每年培养万名农民工大学生》《2012"圆梦计划"启动将资助万名青年上大学——主要面向在粤务工青年，入读高校扩充至北大、浙大等 18 所名校》这两篇报道向农民工提供可考取学校的信息。这种信息性的报道对于有继续教育愿望的农民工有较强的提示作用和服务作用。

（三）注重舆论引导

农民工职业培训不仅涉及农民工自身职业技能的提高，还涉及我国城市化建设和农民工城市融入的进程，因此积极宣传职业培训，鼓励农民工参与职业培训，应是媒体的职责。对于农民工而言，接受职业培训的告知性信息和了解职业培训的积极成果则会对其参加职业培训形成明显的动力。《南方都市报》2011—2013 年的报道不仅将"圆梦计划"告知农民工，还在随后的报道中向其展示了参加职业培训的积极效果。如《流水线女工靠写作改变命运——来自湖南的邝美艳东莞工厂打工十年工资终于突破 3000 元，读上了北大远程教育》的报道，描述了女工邝美艳通过职业培训而提高自身工资，转变自身命运的故事。又如《自己圆了梦，开始圆别人的梦》，这篇报道以长篇通讯的形式出现，通过对黄泽忠和苏林这些第一批参加"圆梦计划"的农民工现状的描述，表明由于参加高等职业培训，使其生活和工作得到积极改变，从而生动形象地向广大农民工宣传了

232

职业培训的好处，使其产生了积极的舆论引导作用。

二　农民工职业培训报道的不足

农民工职业培训报道虽然在近些年取得了显著的成绩，但也存在一些明显的不足。下面以《南方都市报》为主，结合其他媒体的报道，来看农民工培训报道方面的不足。

（一）报道数量不足，重视程度不高

以《南方都市报》为例，《南方都市报》堪称中国最"厚"的都市报，最少时每天也有六七十个版面，最多时达 700 多个版面，但是每天有关农民工题材的报道不足十分之一，对于一个农民工输入大省，数量极少的农民工题材报道是和农民工这个庞大群体的比例不相称的。而在农民工题材的报道中，有关农民工职业培训的报道数量占总的农民工题材的报道数量比重更少，远远低于生活工作状态、权益维护等报道种类的数量。在报道时间上，农民工职业培训报道的时间间隔较大且不规律，由表 7-8 到表 7-10 我们可以看到《南方都市报》对农民工职业培训相关报道时间安排间隙大，缺乏连续报道。在版面安排上，农民工职业培训报道三年中没有一篇登上头版新闻，在重点版也极少。由此表明，《南方都市报》对农民工职业培训报道的数量不足，媒体重视程度不高。

除却《南方都市报》，我们在对先前的有关"农民工报道"题材的研究文献中，鲜有发现将职业培训作为内容的一个分类进行研究的文章。如张力的《〈华西都市报〉报道研究》将农民工报道题材分为生活工作状态、安全事故、政策法规、工资清欠、违规犯罪、子女教育、春运交通、权益维护、与城市市民关系、社会帮助、突出人物、流动现象及其研究、民工工会及其他类；[①] 张晓东《〈山西农民报〉农民工报道研究》将农民工报道题材分为：欠薪问题、用工信息、社会保障、子女教育、业余文化生活、政策法规、杰出农民工代表、日常生活与消费、与所在城市及市民的关系、其他；[②]

---

① 张力：《〈华西都市报〉报道研究——以 1997—2009 年报道为例》，《新闻世界》2010 年第 4 期。

② 张晓东：《〈山西农民报〉农民工报道研究——以 2001—2011 年的"新闻　打工"版为例》，《青年记者》2012 年第 12 期。

朱丹《都市报关于农民工报道的实证分析及对策建议——以〈扬子晚报〉为例》将报道题材分为流动现象、生活工作状态、安全事故、工资清欠、违法犯罪、子女教育、春运、与其他社群关系、维权与救助、典型人物事迹、其他等。① 仅仅在吴玉兰、张祝斌《城市化视角下新生代农民工报道研究——以〈楚天都市报〉为例》一文中，在农民工报道题材分类中有了教育培训这一类，而在 2010—2011 年《楚天都市报》107 篇有关新生代农民工的报道中仅仅只有 3 篇是有关教育培训的报道。②

通过以上的分析，我们可以看到农民工职业培训报道在各种报纸的报道中不被重视，报道数量偏低。

（二）报道体裁单一，缺乏深度报道

由表 7－7 我们可以看出，《南方都市报》对农民工职业培训的报道，多数是消息，有极少的通讯和评论。众所周知，消息是对事实简明扼要的报道，其信息量有限，其主要功能是告知事实发生的梗概，不能像通讯那样详细地报道事件的来龙去脉和人物的所作所为，更不能像深度报道那样不仅报道发生了什么，还报道为何发生、如何发展、如何应对等方面。受叙述文体形式的限制，消息绝不能像评论那样发表意见，评价事件的意义。以消息为主来报道农民工职业培训，表明《南方都市报》对农民工职业培训的报道还停留在表层阶段。

从传播效果的角度说，要引起农民工对职业培训的兴趣，除了要向他们报道职业培训开班的信息外，更要让他们了解职业培训的机构、内容、过程、费用、意义与作用，并且要让他们持续地关注这个问题，把参加职业培训作为自己求生存、图发展的重要手段来考虑。而要做到这些，媒体的深度报道便是一种重要的武器。深度报道内容的深度与广度，报道形式的连续性、组合性、系列性等特征，无疑会引起农民工的高度关注并影响他们参加职业培训行为的产生。

但是我们很遗憾地看到，《南方都市报》有关农民工职业培训的报道

234

---

① 朱丹：《都市报关于农民工报道的实证分析及对策建议——以〈扬子晚报〉为例》，《传媒》2013 年第 3 期。

② 吴玉兰、张祝斌：《城市化视角下新生代农民工报道研究——以〈楚天都市报〉为例》，《中南财经政法大学研究生学报》2011 年第 4 期。

中缺乏深度报道，报道以消息为主，体裁过于单一，使得农民工职业培训的意义得不到彰显，不利于农民工职业培训政策的落实推广。

农民工职业培训无论对农民工自身还是对企业、国家长久发展都是一个至关重要的问题，但是这一重要问题却没有引起媒体应有的重视，这种原因的造成，除了媒体的认识不足外，还有一个潜在的媒体利益的纠葛问题。同样是农民工题材的报道，农民工职业培训报道不会像农民工讨薪、维权、犯罪这些敏感话题能够引起市民受众的关注，农民工讨薪、维权、犯罪报道由于充满了矛盾冲突或血腥场面，且容易突出娱乐性元素，因而能够满足一般受众的猎奇心理和娱乐心理，进而满足媒体的眼球经济需求。农民工职业培训报道虽然与其他农民工题材报道一样，刚性因素较多，但由于题材太硬，又与普通市民利益和兴趣无关，因而受到媒体的冷落便在情理之中。我们收集的农民工报道研究方面的一些文献资料也能说明这一点。如张力统计《华西都市报》1997—2002 年有关农民工报道共116 篇，其中消息共 94 篇，所占比例达到 81%；通讯共 13 篇，所占比例为 11.2%；其他体裁共 9 篇，所占比例为 7.8%；在这些报道中，工资清欠问题的报道篇数为 46 篇，所占比例最高为 19.5%；[1] 方启雄统计《南方周末》2009 年 6 月到 2010 年 5 月有关农民工维权报道有 9 篇，占这时期农民工报道的 24%，比例最高。[2]

（三）报道内容单薄，关注视角狭窄

农民工职业培训的内容丰富，且涉及方方面面的工作。就培训内容而言，不仅涉及岗位技能的具备和提升，还涉及基本权益保护、生产安全知识、生产的配合和管理、人际沟通能力等；就培训主体而言，涉及政府、行业、企业、学校的职业培训机构甚至农民工个人的自我职业教育；就培训政策而言，涉及中央政府的政策法规、政府部门和地方政府的政策规章以及行业、企业的培训制度。因此，农民工职业培训问题的解决需要从政府到社会到企业到农民工个人上上下下相互协作相互配合才能完成。《南方都市报》在报道农民工职业培训问题时主要关注的是农民工职业培训政

235

---

① 张力：《〈华西都市报〉报道研究——以 1997—2009 年报道为例》，《新闻世界》2010 年第 4 期。
② 方启雄：《〈南方周末〉关于农民工议题的报道特色》，《河南社会科学》2011 年第 4 期。

策的颁布和实施，而忽视了最为基本的农民工职业培训的日常工作和具体内容。《南方都市报》在 2011 年到 2013 年的三年内，积极响应政府号召，宣传报道"圆梦计划"，但忽略了"圆梦计划"外的广大农民工的日常培训工作。作为农民工输入大省，广东对农民工职业培训的工作不会仅凭一个"圆梦计划"而完成。"圆梦计划"给农民工提供的机会仅仅属于这个庞大群体中的一小部分人，这一小部分人属于农民工中的"精英"，而绝大多数农民工的职业培训还是需要常态的培训机制来解决。

从其他有关农民工职业培训的研究文献的统计资料来看，媒体在农民工职业培训报道中，报道内容单薄、关注视角狭窄的问题相当普遍。《广州日报》2012—2013 年共有农民工职业培训报道 6 篇，其中政策解读 3 篇，"圆梦计划 1 篇，培训信息 2 篇。《四川日报》2012—2013 年农民工职业培训的报道共 4 篇，其中 2 篇政策解读，1 篇技能比赛消息、1 篇培训消息。从这两家媒体农民工职业培训报道的内容来看，主要还停留在简单传达政府信息的层面上，两家媒体的报道体裁均以消息为主，没有一篇深度报道。

第五节　改善农民工职业培训报道的建议

一　注重议程设置，深化报道内容

议程设置理论告诉我们，媒体对某方面的问题报道越多，公众对该问题的重视程度也就越高。[1] 媒体要让农民工重视职业培训并参加职业培训，就必须发挥议程设置的作用，将农民工职业培训的有关信息不断地输入新闻报道和有关节目中，将农民工职业培训的益处展现在农民工面前。

（一）媒体应做好政府、企业与农民工之间信息沟通的桥梁

农民工大多生活在信息环境较差的地域，就招工信息和职业培训信息的传递而言，大多数农民工是依靠亲朋老乡的口口相传，他们中许多人对职业培训的概念是陌生的。课题组在调查过程中，发现许多农民工并不知晓国家对农民工职业培训的有关政策。课题组设计的农民工调查问卷中有一项是有关农民工职业培训的调查，课题组在调查的 731 位农民工中受过

236

---

① 郭庆光：《传播学教程》，中国人民大学出版社 1999 年版，第 214 页。

专业技术培训，有一技之长的农民工有 302 人，没有受过技术培训的有 429 人，而在接受培训的 302 人中：通过传统师傅传授获得技术的有 148 人，而通过政府提供的职业培训获得技术的仅有 7 人。这就说明，在农民工职业培训的信息传递方面，媒体做的是很不够的。在政府农民工职业培训的政策出台后，媒体应及时地把有关政策报道出来，不仅报道这些政策信息，还要报道这些政策出台的背景、具体措施、作用以及农民工如何参加职业培训。为了使农民工能有效地接受这些信息，媒体应考虑农民工的知识水平，将抽象概括的政策条文转换为通俗易懂的语言表述，用图文并茂的方式解读政策。

（二）媒体应丰富农民工职业培训的报道体裁，摆脱单一的消息模式，使用深度报道

通过上述分析，我们得知当前媒体关于农民工职业培训的报道数量少，内容单薄，体裁单一，缺乏深度报道，这种状况不利于提高农民工对职业培训重要性的认识。创新扩散理论认为，人们接受新事物从而对它感兴趣所需要的是关于新事物的更多信息，因此有关对象的丰富信息是作用于人们从认知到接受到态度转变到行动改变的重要原因。李普曼的拟态环境理论也说明了这一点：媒体通过持续不断的信息流建构媒介环境，其中持续不断的信息流成为构造新的媒介环境的关键。就农民工职业培训报道来说，短消息和深度报道所产生的效果是大不相同的。深度报道对事实信息的深度挖掘，对相关信息的广度拓展，报道方式的连续性、系列性、组合性，能够持续有效地刺激人们的视觉神经，引起社会的广泛关注。

（三）媒体应增强典型报道，运用榜样的力量

237

典型报道就是通过对典型事件、经验、人物、问题的分析，指导工作，教育人民。是现实生活中有普遍教育意义的具有代表性的事件人物报道，典型报道大多是对先进的事与人进行正面的宣传，但是也有少数批评与揭露反面典型的。典型人物与事件报道是我国新闻报道的优良传统，是我国新闻传播常用的报道方法。[1] 在农民工职业培训报道方面，我国新闻

---

[1]　中国大百科全书出版社编辑部：《中国大百科全书·新闻出版卷》（北京），中国大百科全书出版社 1999 年版，第 80 页。

媒体虽然注意到了农民工参加职业培训的积极效果的报道，但毕竟数量有限，典型性不强。如《南方都市报》报道的青年女工靠写作改变命运、少数农民工精英参加"圆梦计划"的教育，这些事例与普通的大多数农民工的接近性较差。农民工最需要的职业培训是获得某种职业性的谋生技能。如 2013 年诸多媒体报道的山东农民电焊工王兆生因一手电焊的好手艺，成功移民澳洲的新闻，报道描述了王兆生移民澳洲后的生活，如买了 200 平方米的房子、拥有两辆汽车等。报道一出引得一片喝彩，随后便引起了一阵农民工学习电焊和英语的出国热潮，可见这种接近性的典型人物与事件报道的力量。示范模式理论提出，媒介可以描述示范模式化的规范行为，这种行为可以为大众提供一种以供学习与模仿的对象，能够从中学会一整套的行为方式，并且在一定意义上可以成为大众解决反复出现的情况的长久性方式，从而使得媒介内容对大众具有示范性的模式化效果。① 如果媒体在农民工职业培训报道的过程中，在报道解读种种政策信息的基础上，多一些培训后的农民工新的生活工作方面的积极变化，那么必将对其他农民工参加职业培训产生激励。

二 增强社会责任，加强舆论监督

媒体的责任有两方面，一是职业责任，即真实、客观、全面、公正、快捷地报道新闻事实；一是社会责任，即充分考虑新闻报道的社会效果，利用新闻宣传的手段，促进国家经济的发展和社会的进步。我国媒体不光是人民群众获取信息的窗口，更是党与国家获取信息的窗口，它承担着宣传与贯彻党与国家的方针政策路线，服务社会、服务公众的责任。② 在媒体的社会效益与经济效益的关系问题上，力争社会效益和经济效益的统一，在媒体的社会效益和经济效益不一致的情况下，应把社会效益放在第一位。毫无疑问，农民工职业培训报道对普通市民受众来说，吸引力不强，但是，农民工职业培训事关我国城市化、工业化和农业现代化的推进，是党和政府农民工政策的重要内容，媒体应该加以重视，认清农民工

238

---

① 邢歌：《电视媒介文化传播价值研究》，硕士学位论文，河南大学，2010 年，第 24 页。
② 俞晶晶、孔雷：《"80 后"农民工媒介形象建构研究》，《现代视听》2012 年第 7 期。

职业培训的意义与作用，把农民工职业培训报道作为一种社会责任来对待，纳入城市公共事务的报道中。

（一）媒体应切实加强对政府、企业有关农民工职业培训的舆论监督

在上述对《南方都市报》及其他报纸有关农民工职业培训报道的分析中，我们可以发现，这些报道不仅数量少，内容薄，体裁单一，而且没有一篇问题性的监督报道，即使在人物通讯的报道中，采访对象表示的均是对职业培训的赞扬，没有一点问题的披露。然而实际情况却并不乐观，农民工职业培训中存在很多问题。就经费而言，政府有关农民工职业培训经费的落实情况便是一个很大的问题。由于农民工职业培训涉及的职能部门较多，各部门互相推诿，财政经费也时常处于一种分配落实不清的状态，这在上文问题中已有阐释，但这个问题在农民工职业培训报道中从未涉及。就企业而言，一般私营企业对于农民工培训的态度是不积极的，企业主希望的是享有更加廉价的劳力，而不是将员工送出去培训或进行内部培训从而增加自身的成本压力，而这种普遍的消极现象在农民工职业培训报道中从未得到揭示。就农民工职业培训机构而言，这些机构在享受国家补贴之后，是否真正尽了对农民工职业培训的责任，媒体也从未调查。

（二）媒体应走出去，和培训机构、企业开展合作

媒体是一个信息流汇聚的地方，具有连通天下的优势，媒体也是一个社会公共领域的枢纽机构，连接上下，旁通左右。媒体应该发挥自身的信息优势和纽带职能，与培训机构、企业开展合作，促进农民工职业培训活动的开展。就与培训机构的合作来说，媒体不仅可以报道农民工培训后的积极效果，还可以发布培训机构的培训事项、培训内容等方面的信息，为培训机构的生源输送提供帮助。另外，媒体还可以通过调查，向培训机构提供企业用工技能需求信息，有针对性地帮助培训机构优化课程结构。就与企业的合作来说，媒体在给企业提供用工信息广告的同时，可以联系企业，为培训机构提供实习场地和设备，并促进实习与就业相衔接，这样，企业、培训机构、媒体都可以从中受益，而最大的受益者还是受培训的农民工。另外，媒体还可以和政府、企业、培训机构多方合作，举办类似于职业技能大赛的活动。由政府牵头，企业赞助，培训机构负责比赛的具体事宜，媒体负责做好中介宣传工作。这种大型的赛事活动，不仅能提升政

239

府的公共形象，还可以增加培训机构尤其是赞助企业的知名度和美誉度，而媒体的宣传报道自然也功不可没，农民工的职业技能提升的热情也会得到激发。

（三）媒体应关注西方国家的职业培训制度，促进我国农民工职业培训法律体系的建立

农民工职业培训不仅仅是我国面临的重要问题，也为西方国家所关注。这是因为，西方国家在我国的许多企业也招聘农民工，也有职工岗前培训的问题。为了提升职工的职业素养，西方国家如美国、法国、德国、日本等国家都在法律层面上建立了职业培训的制度。如德国 1969 年颁布了《职业教育法》，首次对职业教育做出了法律规定；日本建立了完整的职业培训法规，1947 年制定了《技能者培训规程》。完善的职业培训的法律法规促使政府相关部门和企业对职工进行多方面的职业培训，保证其就业的质量和工作的稳定。美国学者薛涌曾在 2014 年 2 月 20 日的新加坡《联合早报》上发文说："在北欧一些国家，有丹麦国家的'灵活安全'培训体系：企业根据社会需要随时随地可以裁员，然而对于被裁减的职工，给他们发放原工资 80%—90% 的培训教育津贴，再接着就由国家组织他们进行职业培训再教育，使他们带有一技之长重新就业。在德国企业对自己的员工负有首要责任，在万不得已的情况下裁减每一个员工的时候，总是想尽办法对每个员工实施再培训，再安排别的工作。企业裁减一个普通的员工，并不比裁减一个 CEO 来得容易。"[1]

反观中国，"中国有充裕的年轻的廉价的劳动力，使用单位不把他们当作人才，而是当成了人手，不培养、只使用，而且随意淘汰，把企业的短期效益作为一切的中心，认为只要企业赚钱，就会转化为社会效益。"[2]由此可见，中西方在职工职业培训方面的差距。为此，我国媒体在报道农民工职业培训的问题上，应开阔视野，报道西方国家的职工培训制度和做法，在报道监督我国农民工职业培训工作的同时，呼吁国家建立并完善包括农民工在内的职工职业培训的法律体系。

① 薛涌：《〈市场到哪里投胎〉：东莞向何处去？》，凤凰博报，2014 年 2 月 20 日，http://blog.ifeng.com/article/31880410.html，浏览日期：2014 年 6 月 20 日。
② 同上。

三　培育职业培训观念，促进农民工"转化学习"

农民工职业技能的培养和提升最根本的还是在于农民工自身的努力，在于农民工参与职业培训的自觉性和主动性。在这方面，媒体应该进行有意识地引导，培育农民工的职业培训观念，促进农民工的"转化学习"。

所谓"转化学习"是指成人通过某种方式和途径检视、质疑和修正原有的世界观、人生观或价值观，以适应新情境，学习新经验，完成自我转化，发现自身问题、进行自我反思从而对自己的学习产生渴望与规划。[①]

（一）以经济转型升级的趋势告诫农民工进行"转化学习"

当今我国经济正处于转型升级过程中，经济转型主要体现在两方面：一是经济体制方面的转型，就是从先前的国家计划性经济体制转向现在的市场调节性经济体制；一是经济结构方面的转型，主要有产业结构布局调整、技术结构调整、产品结构调整和区域布局结构调整等。[②] 与之相适应，企业也有产品结构调整升级的问题，即淘汰哪些产能过剩、没有销路、经济效益差没有竞争力的产品，大力开发盈利效能强、市场急需的产品，最主要的是那些资源消耗低、生产成本低、附加值高、生产效率高、高科技含量、知识产权具有自主专利的品牌优质产品，[③] 从而实现产品结构的升级换代。媒体必须把我国经济发展的这一趋势告诉农民工，让农民工意识到要想在城市立足，成为企业的中坚力量，就必须破除自身简单地靠出卖体力生存的"劳工"观念，积极主动地参加种种职业培训，进行"转化学习"，并树立不断学习、终身学习的职业技能提升理念。比如媒体可以把近些年的东南沿海城市的"民工荒"的部分实质读解为"教育荒"，把农民工的学历和职业收入进行比较等。

241

（二）以与市场接轨的职业培训信息吸引农民工进行"转化学习"

通过上述研究发现，我国农民工职业培训的一个严重问题就是职业培训与市场脱节，职业培训的内容和方式不能满足农民工的真正需求。在杨晓军对武汉 301 名农民工的调查研究中发现，农民工最愿意参加的培训形

---

①　庄文、伊伶：《成人转化学习理论研究概述》，《高等函授学报》2009 年第 3 期。

②　陈綮：《人力资本产权、现代企业制度与高等教育强国》，《江苏高教》2011 年第 9 期。

③　姜作培：《结构调整：中国经济转型升级的取向与路径选择》，《探索》2009 年第 10 期。

式是现场实习，占到总人数的 38.62%，① 而我国农民工职业培训机构授课形式多数是重理论轻实践的填鸭式教学，无法满足农民工的实际需求，造成培训与实际脱节。媒体要引导农民工参加职业培训，就必须解决职业培训的内容与市场脱节的问题。一方面，媒体应督促职业培训机构设置与市场接轨的农民工的课程内容，并提供实习场地与设备；另一方面，应注意寻找选择并及时发布与市场接轨的职业培训信息，以学以致用的职业培训信息唤起农民工的兴趣，吸引农民工主动参与职业培训的学习，并对学员积极的培训效果多做反馈性报道。

（三）以"新市民"的素质要求促进农民工进行"转化学习"

城市化是我国现代化过程中不可逆转的趋势，而农民工的市民化是城市化过程中的核心问题。为让农民工顺利地从农村转移到城镇，党和政府正努力解决农民工城市工作生活中的种种问题，并以"新市民"的称谓指称农民工。媒体应告知农民工，要与"新市民"的称谓相称，农民工就必须全面提升自身的综合素质，如遵守城市的行为文明规范，积极参与城市社区的公益活动，注重维护自身和他人的权益，尤其是能有效参与城市的就业、创业竞争。要让农民工意识到，在参与与其他市民的就业、创业的竞争过程中自身的劣势，如学历不高，职业技能不足，职业视野狭窄等。媒体在肯定农民工的质朴善良、能吃苦耐劳等优良品质的同时，应注意引导农民工检视自身在城市就业、创业竞争中的不足，促使农民工尤其是新生代农民工自觉进行"转化学习"，不断提升自身的职业竞争力，以此顺利实现市民化。

---

① 杨晓军：《农民工就业技能培训模式研究》，中国社会科学出版社 2011 年版，第 83 页。

第八章 农民工的农村土地流转问题报道研究

农民工的农村土地流转问题是我国"三农"问题的内容，也是我国城市化进程中必须重视并加以解决的一大问题，具有新闻报道的价值。本章从城市化视角出发，采用一个镇范围内的农民工土地流转意愿的抽样调查数据，同时结合《湖北日报》的相关报道数据，研究媒体的农民工土地流转问题报道现状，并提出相关报道建议。

第一节 农民工的土地流转是城市化进程中的重要一环

一 城市化与农民工土地流转的概念

城市化，亦称城镇化，通常指由农业为主的传统乡村社会向以工业和服务业为主的现代城市社会逐渐转变的过程，具体包括人口职业、产业结构、土地及地域空间等层面的转变。[①] 目前学界从人口学、经济学、人类学、地理学等不同学科的角度对城市化的相关问题做了诸多研究。人口学将城市化定义为人口向城市的集中过程，或者指农村人口向城镇人口的转换过程。[②] 人类学认为城市化是乡村生活方式向城市生活方式的转化过程。[③] 经济学则认为城市化是农业活动向非农活动的转换，即不同等级地

---

① 李峰：《略论城市化与城市现代化的关系》，《开封大学学报》2004 年第 4 期。

② 厉伟：《城市化进程与土地持续利用》，博士学位论文，南京农业大学，2002 年，第 42 页。

③ 李慧萌、汪波：《城市化对我国城市社区体育发展的影响与对策》，《阜阳师范学院学报》（自然科学版）2009 年第 3 期。

区之间的经济结构转换过程。① 地理学在指出城市化过程中的人口与经济的转换与集中外，还指出城市化是一个地域空间过程，具体表现为区域范围内城市数量的增加和每一个城市地域的扩大。② 由于地理学对城市化的研究更加综合，本章从土地的流转和利用的研究角度出发，更偏向于使用地理学方面的解释，即从外观来看，城市化是一个区域内地面景观的变化过程，农业用地耕地、荒地、滩地等土地逐渐转化为城市用地，使得城市数量增加，城市地域面积扩大。与此同时，城市化也是一个城市内部用地景观的演变过程，即城市内部土地利用效率提高的过程。③

在我国目前的土地政策制度框架下，土地流转行为得以实施的条件是国家法律赋予农户的农村土地承包经营权。根据《中华人民共和国农村土地承包法》第二章第五节第三十二条规定：通过家庭承包取得的土地承包经营权可以依法采取转包、出租、互换、转让或者其他方式流转。④ 由此可见，农村土地承包经营权的主体是农村集体经济组织的成员。因此"拥有农村土地经营权的农户将农村土地经营权整体或部分转让给其他农户或经济组织"⑤ 才是农村土地流转的实质。

农村土地流转与农民工关系密切，农民工指的是那些在城市中从事非农活动但仍保留农民身份的人，是农村经济组织的成员。我们可以将农民工土地流转的概念定义为：在城市中从事非农活动但仍拥有农村土地经营权的农户将农村土地经营权整体或部分转让给其他农户或经济组织。在法律意义上，农民工与农民在主体身份上没有质的区别，但是，农民工由于已经偏离了传统农民的定义，他们通过进城打工经商等行为已经被非农化，他们对农村土地流转的意愿和诉求也发生了变化，因此不能够笼统地将他们与真正的农民一概而论。

244

---

① 厉伟：《城市化进程与土地持续利用》，博士学位论文，南京农业大学，2002 年，第42 页。

② 朱翔：《城市地理学》，湖南教育出版社 2003 年版，第 91 页。

③ 张丁发：《城市化进程中土地市场调控的制度保障研究》，博士学位论文，复旦大学，2005 年。

④ 《法律法规案例注释版系列》编写组：《中华人民共和国农村土地承包法案例注释版》，中国法制出版社 2009 年版，第 44 页。

⑤ 唐文金：《农户土地流转意愿与行为研究》，中国经济出版社 2008 年版，第 6 页。

二 城市化与农民工土地流转的联系

改革开放之后，随着人口流动政策的放宽以及市场经济发展的内在劳动力需求，城市特别是沿海城市劳动力市场的开放，农村人口流向城市的趋势不断增强。这种趋势不断增强的原因，一是农村的推力，一是城市的拉力。改革开放以来，中国农村虽然实行了土地承包制，但由于地少人多，以小农经济生产为主，导致农业收入少，农民仅靠有限的土地无法得到良好的经济效益，甚至入不敷出，由此导致农民到城市谋生。而入城打工的收入远远高于在家务农的收入，也驱使大量农民离开土地，流向城市。随着农村越来越多青壮年入城打工，农民工人数的增多，农村开始出现大片无人耕种的荒田，发生土地撂荒的问题。此时，通过土地流转将土地给想要利用土地的人经营就成为必然选择。

农村的土地流转与城市化、工业化和农业现代化存在着紧密的联系。从目前的土地流转用途类型来看，主要分为农地在农业内部流转、农地向非农用地流转、农地由农村用地向城市用地流转这三种方式。① 这三种流转方式可称为农地农流转、农地非农流转和农地城市流转，它们分别与农业现代化、工业化、城市化紧密相关。

从农业角度说，要实现农业现代化不可缺少的前提是土地的大面积供给，从而实现规模性和集约型的经营。脱离农业生产的农民工的土地转出，为农业的现代化生产提供了基础前提。从工业角度说，想要在农村建立工业企业，工业用地的征用也需要从这部分空出来的农地中获取。从城市发展的角度说，主要体现在两个方面，一是已有城市和县镇的扩展用地，二是新的城镇建立所需的用地。人口向城市的流动必然增加城市在地理空间上的负荷，当城市人口增加到无法负荷的程度时，就会自然而然地向四周扩张面积，而城市用地必然占用周边的农村土地。

245

从以上论述可以看出，农民工的产生是人口城市化的表现，而农民工的土地流转则为农业现代化、工业化和城市化提供了条件。因此中国的城

---

① 唐贵发、田俊甫、范开来：《重庆市城乡统筹背景下农村土地流转问题研究》，《科技创新导报》2011 年第 4 期。

市化进程是无法与农民工的土地流转分割开的，农民工的农村土地流转是中国城市化进程中的重要一环。

第二节　农民工对土地流转意愿的现状分析

农民工的农村土地流转是城市化进程中的重要一环，那么农民工对农村的土地流转意愿到底如何呢？本章结合本课题组的问卷调查和深度访谈得到的数据进行分析，为后文研究媒体是否如实反映农民工的土地流转意愿提供数据对比。

一　农民工农村户口转城市户口意愿分析

2013 年 7 月至 2013 年 8 月，本课题组对湖北省团风县上巴河镇的农户进行了专题调研。调研采取问卷填写和深度访谈相结合的方式，共发放问卷 300 份，回收 192 份，其中有效问卷 132 份，60 份问卷因回答没有打工经历而不予采用。在该问卷调查中有在经济条件许可的情况下，在"您是否愿意转为城市户口的问题"中，有 47% 的人选择了愿意，53% 的人选择不愿意。在是否愿意为城市户口放弃农村户口的问题中，选择愿意的占 42%，选择不愿意的占 58%。而不愿意为城市户口放弃农村户口的主要原因见图 8-1，其中受选最多的选项为农村生活成本较低；其次为农村户口能够享受国家相关惠农政策；再次为农村户口能够分到土地；最后是担心在城市失业后，生活没有保障。在深度访谈过程中，课题组成员走访了一个农民工家庭，这个家庭中的丈夫在东莞模型厂打工，每月工资在 3000 元左右；妻子原先也在深圳打工，但在生完孩子后就留在农村照顾孩子，与公婆一起生活。通过访谈发现，该夫妇之所以选择两地分居，在农村养育孩子的最大原因是在东莞和深圳的生活成本过高，即使转变成为城市户口，丈夫的工资也仅仅只够自己生活，在城市里养育子女非常困难，而农村粮补、新农合等惠农政策也只有具有农村户口才能够享受，因此他们不愿意放弃农村户口。由此可看出，在户籍政策没有改变的现实条件下，作为农民工的农村户口较之于城市户口在某些方面的优势：一是各种惠农政策能让农民工家庭在生活上得到一定补助；二是农村的土地还承担着农民

246

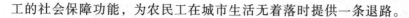

工的社会保障功能，为农民工在城市生活无着落时提供一条退路。

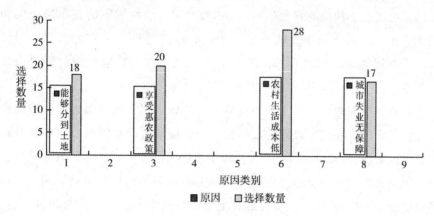

图 8 – 1　农民工不愿意放弃农村户口的原因

　　通过上述分析可知，土地收益及土地所附带的社会保障功能，是农民工选择保留农村户口的重要因素。而如果农民工不能够转为城市户口，那么他们永远只能够做在城市中生活的农村人，随时有回归农村的可能。回归农村意味着很有可能收回土地承包经营权，由此农村的土地便无法稳定流转。应该看到，有此顾虑的很多农民工可能一开始就不打算长期转出自己的土地，即使出现土地流转，也只是短期的。土地的不稳定流转和短期流转都会直接影响承包土地方的经济效益，从城市化的视角来看，如果农民工不愿意转为城市户口，那么，这种城市化也只能被称为"伪城市化"或者"半城市化"。

二　农民工土地流转行为分析

　　关于农民工对自己所承包土地的处理方式，本问卷也做了相关调查。在回答外出打工期间，所承包土地会如何处理时，55% 的人选择给家人耕种；28% 的人选择承包给别人耕种，即进行农地转农的土地流转行为；17% 的人选择一部分家人耕种一部分承包出去；选择放置不管的仅有两人，仅占总数的 1.5% 。这表明农民工在对自己的土地进行土地承包经营权流转的时候态度是偏向保守的。在进行深度访谈时我们认为，明确表示将土地放置不管仅有两人，似乎不会造成土地的大量荒废，但通过对镇政府干

247

部和村书记的访问，得知几乎每个村都存在大量土地荒废的现象。分析其原因，可能由于种田的青壮年劳动力大量外流，农村剩下的基本是老人和妇女、小孩，由于劳动力的不足，造成有地但是种不过来的情况。正因如此，在回答选择给家人耕种的55%农民工当中，耕地荒废的情况也普遍存在。

调查问卷同时对农民工不愿意将土地流转给别人的原因以多选题的形式进行了设计。在此项设计的项目回答中，按承包面积能够拿到粮食补贴被选次数最多，132人中有78人选择了该选项，占比为59%；其次是外出务工风险大，没有安全感，占比为30%；再次是承包地如果被征用可以得到补贴费，占比为28%；最后是对土地流转政策不放心，认为政策不稳，占比为27%。上述选项中，除按承包面积能够拿到粮食补贴一项选择的比例最高外，后三项的选择比例相差不大。

三　影响农民工土地流转意愿的因素

通过对数据的分析，得知农民工土地流转意愿受到多种因素影响。从政策方面来讲，主要表现在土地政策和户籍政策上。土地政策本身是否合理，是否能够长期稳健地实施；在土地流转过程中，是否严格按照规范执行，是否能够强有力地保障土地流转双方的合法权益；这些都直接影响着农民工土地流转意愿。而在户籍政策上，户籍和户籍所附带的城市市民社会福利待遇和城市的生活方式等都激励农民工彻底脱离农村户口而市民化，但农村户口转城市户口的制度障碍及在城市生活的不确定性又制约着农民工市民化的进程。从经济层面来讲，农民工不愿意转为城市户口，一是农村土地给农民工带来的经济利益，既包括土地不转出所享受的粮补惠农政策，也包括土地转包带来的经济收入；二是农村土地的社会保障价值，主要体现在农地是农民工的养老保障，生存退路等方面；这两者也直接影响农民工土地流转意愿。从个人情感上讲，有46%的农民工愿意将打工收入用在农村建房上，这说明农民工本身仍存在着"恋土"情结和衣锦还乡的意识，这也是左右农民工土地流转意愿的一个因素。

248

第三节 《湖北日报》对农民工土地
流转的相关报道分析

了解并分析农民工土地流转的意愿，目的是为了分析媒体报道是否完整充分地表达了农民工的土地流转意愿。本文以《湖北日报》为例，研究媒体对农民工土地流转问题的相关报道并进行分析。选择《湖北日报》作为研究样本的主要原因有二，一是本课题组的自采材料来自团风县上巴河镇，而团风县属湖北省管辖；二是《湖北日报》是中共湖北省委的机关报，其报道的重心是中央和湖北本地的时政要闻以及湖北本地各方面的生产工作情况，农村土地流转情况的报道相对集中，而湖北省内的市民报在这方面的报道数量偏少。以《楚天都市报》为例，在抽样调查过程中，我们发现其从 2012 年 5 月至 2012 年 7 月三个月中，没有发表过任何一篇与农村土地流转相关的报道，数据过少，因此不做选择。

本文对 2012 年 5 月至 2013 年 9 月的《湖北日报》进行了抽样分析。在此期间，《湖北日报》共发表与农民工土地流转相关的报道 64 篇。其中2012 年 5 月起至年底的篇数为 33 篇，2013 年初至 9 月底的报道篇数为 31篇。报道的内容包括土地流转相关政策的公布，各地土地流转情况报道，土地流转个例报道和土地流转相关政策建议几个方面。本文试图从《湖北日报》农民工土地流转相关报道的数量、内容、形式等多个方面入手，分析总结其报道的基本情况。

249

一 农民工土地流转相关报道态势分析

在 2012 年 5 月至 2013 年 9 月长达 17 个月的时间段内，《湖北日报》每个月都有与土地流转相关的报道，没有出现过中断的情况，平均每月发4 篇左右的相关稿件。可见《湖北日报》在农民工土地流转相关报道方面体现出一种持续关注的态势。同时，如图 8-2 所示，《湖北日报》在报道频率、数量上在持续关注中也表现出一定程度的上下波动。2013 年 2 月，《湖北日报》对农民工土地流转相关报道达到 7 篇，是 17 个月中最多的一个月。通过分析，发现其原因主要是国务院指导"三农"工作的第 10 个中央一号文件在 2013 年 1 月 31 日发布，而第 10 个中央文件中又特别强调农村的土地流转问题，因此 2 月份乃至 3 月份的农民工土地流转报道就呈现出比平时多的状态。总体而言，《湖北日报》在农民工土地流转相关报道的整体态势是持续跟进，随政策发布的变动而变动。

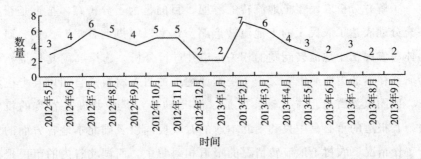

图 8 - 2　2012 年 5 月至 2013 年 9 月《湖北日报》农民工土地流转相关报道

二　农民工土地流转相关报道内容分析

　　《湖北日报》的 64 篇土地流转相关报道，从内容的角度可以分为政策公布、政策评估、政府作为、土地流转情况和个例分析五种类型。其中政策评估又可以细分为政策评价与政策建议。由表 8 - 1 可以看出，《湖北日报》在土地流转相关报道中，信息量最大、态度最为分明的是政策评估类型的报道。《湖北日报》的政策评估类报道比较具有专业性和前瞻性。专业性主要体现在信息来源上，如《湖北日报》2012 年 2 月 4 日第 8 版发表的《向农业规模化经营纵深走去》一文，对目前我国的农业现状进行分析，尊重现实，特别指出我国目前以小农经济为主的国情决定了全国范围内现代化农业的不可行，当前之计是从进一步转移农业人口、加快农民工的市民化步伐、推进土地的实质流转三个方面推进农业规模化经营，从而实现真正意义上的城市化。该报道的作者郭熙保，是武汉大学经济发展研究中心教授、博士生导师，也是研究工农业发展的专业学者和权威人士。除此篇报道之外，其他的政策评估型报道的作者也都是具有发言权的专家、学者。由于有这些专家学者的参与，此类政策评估型报道能比较全面地反映影响农民工土地流转因素的各个变量，对政策的评估具有理论的高度，提出的建议针对性强，具有前瞻性。

表 8 - 1　　　2012 年 5 月至 2013 年 9 月《湖北日报》土地流转
相关报道内容统计

内容类型	政策公布	政策评估	政府作为	土地流转情况	个例分析
篇数	6	23	10	13	12
比例（%）	9	36	16	20	19

除政策评估类报道外，政府作为类的报道则是对湖北省各地市县各级政府开展的土地流转方面的工作情况进行报道；政策公布类的报道则以刊登政府发布的相关土地政策正文为主要形式；土地流转情况类报道主要是通过数据简短地报道各地土地流转的进程。以上三类报道由于内容和报道方式的限制，农民工的农村土地流转问题并没有明确的涉及。个例分析类的报道是以人物采访为主要方式，通过人物与记者间的对话反映当地正在发生的农村土地流转行为，同时也涉及土地流转行为双方当事人，即承包人与被承包人对该行为的看法。由于个例分析类报道通常会直接采访农户，因此笔者认为是最能体现农民工土地流转意愿表达的报道方式。但可惜的是，这类报道没有明确的农民工采访对象。

三　农民工土地流转报道的视角分析

从报道视角上来看，政策公布、政策评估、政府作为三个部分都是从政策视角出发来公布或解释说明农村的土地流转问题。提出的建议，也主要集中在以下三个方面，一是如何完善土地政策本身；二是地方政府应该如何理解政策，避免误区；三是地方政府应该如何执行政策。而涉及农民工自身，以农民工自身视角出发的新闻报道寥寥无几。在土地流转情况类报道中，由于多以客观数据形式出现，报道视角并没有明显表现。在个例分析类型的报道中，报道仅从传统的农户自身出发反映农村土地流转的真实情况，而作为农户中的农民工的土地流转情况并没有得到明确的说明；有相当部分的采访对象为乡镇负责人和企业负责人，体现出明显的政策宣传意图，而农户自身的意愿表达报道得不够充分，不够全面。由此可见，《湖北日报》在农民工土地流转报道中所体现的视角仍不够全面，多是上对下的，不够贴近群众、贴近实际。

251

第四节　农民工土地流转意愿与《湖北日报》相关报道的对比分析

目前我国的政策趋势是鼓励农民工进行土地流转，在流转过程中又要求充分尊重农民工自身的权益，做到在农民工自愿自主的情况下严格依法依规进行土地流转。这样就要求媒体在报道农民工土地流转时，能够反映出农民工土地流转的意愿及原因。

一　影响农民工土地流转意愿的变量报道分析

以《湖北日报》为例，通过对农民工土地流转相关报道内容分析可知，农民工土地流转意愿分为两种类型，一种是愿意进行土地流转，一种是不愿意进行土地流转，而构成这两种不同类型的各自的原因我们统称为影响农民工土地流转意愿的变量。《湖北日报》基本上都反映了这些变量。其中，农民工拒绝土地流转行为的原因主要集中体现在政策评估性报道部分中，具体表现为不愿放弃惠农补贴、入城市户籍难、恐惧失地无养老保障、城市就业不稳、土地纠纷频出、农民工土地权益保障系统不健全等这样一些因素；农民工愿意进行土地流转行为的原因则是通过政府作为、土地流转情况和个例分析混杂性地表现在农村土地流转问题的报道中，这些原因包括务工期间土地无人耕种、土地流转收益、受其他流转土地农户带动、土地流转模式合理、当地政府政策鼓励等因素。

综上所述，在分析农民工土地流转意愿变量这方面，《湖北日报》还是报道得比较全面的，但报道方式存在不足。比如《湖北日报》政策评估报道的主体是从理论出发分析农民工土地流转的问题，往往是从宏观层面来分析问题，同时使用专业术语比较多，理解起来较为困难。如《湖北日报》2013 年 9 月 9 日 10 版刊登的《抓住城镇化建设的突破口》一文中，频频出现带"化"的词语，如"资产股份化、产城一体化、管理社区化"及"资源资产化、资产资本化、资本股份化"等，并且文中没有对这些"某某化"做进一步的解释。这种较为学术的报道写作风格和报道内容比较适合知识分子、政府领导、公务人员等阅读，不大适合农民工群体，这在无形中缩小了受众群，给引导农民工正确地进行土地流转活动设置了传播上的接受障碍。

二 直接反映农民工土地流转意愿的报道分析

要直接反映农民工土地流转意愿需要有对农民工的直接采访，或者数据调查。《湖北日报》报道中涉及土地流转意愿直接表达的报道主要集中在个例报道中。《湖北日报》的 19 篇个例报道中，17 篇是土地流转成功致富报道，1 篇是土地流转后权益得不到保障的报道，剩下 1 篇为村民不愿意土地流转的报道。值得注意的是，在个例报道中的采访对象主要为村干部、参与土地承包企业和农户，这些报道虽然多篇都提到外出务工、外出经商等字眼，但并没有很明确地把农民工与在家务农的农民区分开来。这与《湖北日报》土地流转政策评估报道中表现出来的有明确的对象主体存在很大区别，在土地流转政策评估报道中，多数明确地把农民工与普通务农农民区分开来，这样就能够准确地分析土地流转政策在实际实施过程中发生的问题，提出质量较高的建议。但是个例报道中，农民工这个概念并没有突出，只是作为农民的一部分融入在农民的称呼中，因此无法准确地判断《湖北日报》个例报道中的农民所表现出来的土地流转意愿包含了多少农民工的土地流转意愿。

三 《湖北日报》农民工土地流转意愿报道的不足

第一，政策宣传多，忽略了农民工自身意愿的表达。在农民工土地流转相关报道中，农民工作为土地流转过程中的利益主体，他们多出现在土地流转政策出台后的专家学者的政策的宣传与评估上，而农民工自身对土地流转的意愿并没有得到充分的表达。作为受土地流转政策直接影响的群体，农民工自身对土地政策的看法却鲜少出现在媒体报道中。

第二，缺乏贴近性，不接地气。在新媒体时代，无论是党报，还是市民报都在为了吸引受众而不断改进自身。其中，贴近受众，让受众愿意读是不可忽视的报道原则。农民工土地流转报道需要高端专业的深度报道进行理论的剖析与政策的评估，也需要有描述与农民工土地流转具体问题相关的案例报道。但不管哪种报道，都应该注意语言表达的具体生动，简洁明了，能够让大多数农民工看得懂、看得进去。而在现有的相关报道中，体现这样特点的报道并不多见。

第三，没有突出农民工的特殊性。在报道具体的土地流转事件时，农民工与农民的概念往往被混淆在一起。正如前文所说，尽管在法律意义上，农民工与农民在主体身份上没有质的区别，但在考虑土地流转意愿时，他们所考虑的因素肯定与实际的农民是有区别的，因为他们对土地流转的意愿和诉求已经发生了变化，此时，把农民工与实际农民混为一谈是不够准确的。

第四，总体的真实有待改进。从本课题组农民工土地流转意愿的调查数据可知，多数的农民工土地的流出意愿是偏于保守的，但媒体的相关个例的选择性报道在总体数量上多数是愿意土地流出，尽管在这些个例的报道中没有明确的对象指涉为农民工，但一定包括农民工，这是因为农民工的土地流转意愿要高于实际的农民。这就说明，报道总体数量上的比例与实际客观的总体数量比例并不相符。因此，媒体在做农民工土地流转意愿的案例选择上，一方面应该坚持正面的导向原则，另一方面也应该注意适度的平衡，这样也许更有利于农村土地流转政策的完善。

第五节　媒体如何引导农民工正确对待土地流转问题

一　农民工对媒体土地流转报道的态度

本章以《湖北日报》为例讨论的是农民工对土地流转态度的媒体报道现状，无论媒体报道现状如何，正确引导农民工对待土地流转问题，推动我国土地的合理流转，从而推动城市化和农业现代化的顺利进行才是最终目的。而要对农民工的土地流转行为起到引导作用，首先要了解农民工对媒体报道土地流转新闻的态度。因此，本章将农民工对土地流转的媒体报道的关注情况、农民工获取土地流转信息的方式以及农民工受媒体土地流转报道的影响程度等进行了调查。调查结果如表8-2所示。

表 8 - 2　　　　农民工对土地流转信息的关注、了解方式、行为影响

农民工对土地流转新闻关注情况			
平时主动关注	偶尔关注	需要的时候会关注	不关注
2%	55%	22%	1.00%
了解土地信息的方式选择			
通过媒体	问身边的人	去政府机关了解	其他途径
84%	7%	9%	0%
认为鼓励农民工土地转出报道是否对自己有影响			
有很大影响	有较大影响	影响不大	没影响
22.5%	25.8	35%	16.7%

通过表 8 - 2 中显示的数据，可以得到以下三点信息。

第一，农民工对土地流转新闻的关注度高。土地是农民工在农村的核心利益体现，随着城市化的不断深入，土地流转逐渐活跃，几乎所有农民工都会面临着要把土地转出给别人，还是继续留给自己这样一个抉择。因此，农民工对土地流转新闻的关注度高是由农村现实和农民工自身的特殊处境所决定的。对于媒体而言，农民工土地流转问题应该是整个农民工新闻报道中的一个重要组成部分。

第二，农民工获取土地流转的信息方式，绝大多数都选择了通过媒体，这其中的媒体类型包括报纸、电视、广播、网络等。既然农民工获取土地流转信息的渠道多集中在媒体，那么媒体在进行相关报道时就需要考虑农民工在土地流转方面的信息需求。

第二，与前两点的数据不同，我们发现农民工关注并且偏向于用媒体来获取土地流转信息，而在鼓励农民工土地转出的报道是否对自己有影响的设问选项中，有 48.3% 的农民工选择了媒体报道对自己有较大甚至很大的影响，而 51.7% 的农民工则选择了新闻报道的导向对自己影响不大，甚至没有影响。这说明了一种现象，关注媒体的信息，偏向于通过媒体获取信息，并不等于农民工能够全部赞同媒体传播的信息和媒体的价值导向，而且赞同也并不等于行动，许多农民工还在观望等待，有些农民工还是把土地作为自己在城市生存不下去的最后退路。

255

根据以上的调查结果，首先可以肯定媒体在农民工土地流转问题上的报道是能够产生影响的，在引导农民工正确对待土地流转问题的时候相对其他

渠道具有优势。同时我们也要看到有 51.7% 的农民工不认为媒体报道能够对自己产生大的影响，这就说明媒体的影响力还是有限的，或者说目前媒体对农民工土地流转的报道内容、报道方式还不能够使农民工产生共鸣。

二　媒体引导农民工正确对待土地流转问题的前提条件

第一，媒体要熟悉与农民工土地流转相关的政策和法律法规。国家有关土地流转的政策和法律法规是媒体在进行农民工土地流转问题相关报道时不能改变的内容。如果不熟悉土地流转的相关政策和法律法规，媒体就无法引导农民工正确地认识土地流转问题对自身的意义与作用。

第二，媒体要有自己的独立思考。政策和法律法规是刚性的，但媒体的解释和宣传必须联系实际，面对现实生活中涉及各种利益，复杂烦琐的土地流转事件时，如何发掘它的新闻价值，如何通过报道给农民工提供有吸引力的信息，媒体必须要有独立的思考和准确的判断。

三　农民工土地流转问题报道的建议

第一，明确对象，加强针对性。

我国农村流转的土地大部分是农民工的承包土地，正是农民工的进城，才使得农村有空余的土地流出。因此，媒体在报道土地流转问题的时候，一定要注意从农民工的角度出发，要针对农民工在土地流转过程中遇到的各种问题来进行报道。这样，才能够吸引农民工的注意，使报道取得实在的效果。

第二，拓宽视角，尤其注重经济视角。

256

土地流转问题既是政治问题，也是社会问题，更是经济问题。农民工的农村土地流转问题涉及政府的作为，社会的稳定，农民工的经济利益。因此，农民工的土地流转问题报道可以从多个角度切入，从多个层面去发掘。但是作为农民工来说，由于是政策最终的作用对象，他们最为关注的是自身的经济利益是否得到保障。正因如此，土地流转报道从经济的角度切入，展开对政策的解释分析，阐述对农民工利益的影响，对农民工来说最为实用。事实上，土地流转行为本身就是一种经济行为，它的背后隐含着重要的经济规律，揭示其中的经济规律，不仅有助于农民工认识并运用经济规律来指导自己的行为，还可以为完善国家相关政策提供参考建议。

第三，秉持以人为本的态度。

土地流转问题牵涉面广，不仅涉及农民工农村土地的流出，还涉及农民工在打工城市的生存发展问题。因此，解决农民工农村的土地流转问题必须城乡统筹考虑，以人为本。媒体在报道农民工农村的土地流转问题时，必须要把人从哪里来，要到那里去相联系，秉持以人为本的态度，分析农民工和土地流转之间的关系，帮助农民工算好土地流转的账和在城市生存发展的账。只有这样，才能使农民工产生共鸣，从而引导他们正确地对待土地流转问题。

第九章　新生代农民工与传统农民工报道的比较

　　20 世纪 80 年代以来，随着改革开放的深入和现代化建设事业的蓬勃发展，外出务工逐渐成为众多农民增加收入乃至致富的重要途径，农民工群体形成并逐渐壮大，他们为我国城市化、工业化的发展做出了巨大贡献。但随着时间的推移，农民工群体已发生了代际的承续转换，"80 后"的新生代农民工的人数在农民工的整个群体中已占大多数，他们在传承"80 前"的传统农民工某些方面特点的同时，也呈现出新的特点，表现出新的社会诉求。新闻媒体作为时代的感应器和记录者，对新老两代农民工都给予了相应的关注。尤其是进入 21 世纪后，随着城市化步伐的加快，国家相继出台了众多有关解决农民工问题的政策，新闻媒体对新生代农民工报道的力度也不断加大。比较新闻媒体不同时期对农民工的报道，不仅可以发现新老两代农民工群体的不同特点和时代的发展变化，更可以从新闻专业的角度发现新闻媒体在农民工报道方面的发展变化，进而寻求推动农民工报道的发展。

第一节　新生代农民工与传统农民工概述

一　新生代农民工与传统农民工的界定

（一）农民工的代际转换

　　代际转换是一种新老更替的自然现象，主要由年龄的差异造成；同时在不同历史时期，由于政治形势、经济情况以及文化观念等因素的不同，这种新老交替现象又含有鲜明的时代特色。因此，"代"具有自然和社会两重性。"代"的划分和更替是一个客观的自然过程，"代"首先是人的自然属性，通过人类一代一代的延续，父辈子辈自然形成，这是以一个人群的年龄指标来区分的，是一个生理学的概念范畴。这种自然属性只具有形式意义，对一个人群的身份界定并无实质意义，一个人群界定身份的深层次标准是由"代"的社会属性来决定的。在"代"的社会属性的基础上，具有不同生活处境、价值观念、思维方式、语言习惯和行为方式的一类人群得以形成，社会的变迁让这一类人群具有鲜明的时代特征。

运用代际理论来分析我国农民工问题，既需要考虑人类生存繁衍的自然规律，也需要考虑时代背景下社会变迁造成的价值观念、社会交往和行为方式上的变化。我国改革开放 30 多年来，经济高速发展，工业化进程加快，城市化迅速发展，社会发生了翻天覆地的变化。在这个过程中，大量以农民工形式出现的农村富余劳动力进入城市，农民工在城市的生存状态也在不断变化，不同时期、不同年龄进入城市打工的农民工在工作环境、社会地位、工作性质、社会心态以及生活方式等方面也有着很大的差异，这些差异说明农民工群体的代际转换方式已发生根本性的改变。

（二）新生代农民工与传统农民工的内涵

"代"具有自然和社会两重性，以此为标准，对农民工的代际划分也有两个角度。

1. 人口学角度

根据"代"的自然属性，对农民工进行代际划分的一个重要标准就是年龄。改革开放以来，市场经济的发展逐渐打破了计划经济时代严格的城乡人口流动的规制，农民可以较自由地跨区域流动，经过 30 多年的发展，农民工群体已经发展壮大。根据人口学的"10 年为一代"的观点，农民工群体在我国的发展已有三代。[①]

第一代农民工出生于 20 世纪五六十年代，改革开放初期既已外出务工。这一代农民工大多在一些乡镇企业或相近省市工作，往往在非农忙时工作，其主要生活和收入来源以农业种植为主，文化程度和工作技能较

259

----

① 舒克龙：《当代农民工代际转换与新农村建设的矛盾及化解》，《哈尔滨市委党校学报》2008 年第 2 期。

低，对工作要求也较低，吃苦耐劳。

第二代农民工出生于 20 世纪 70 年代，外出务工时间约为 80 年代中后期和 90 年代。由于沿海外向型经济的快速发展，劳动密集型企业需要大量工人，这一代农民工的流入地区多为沿海城市，跨地区流动明显，其中很多人长年打工并有不少留在城市，总体上看其文化修养和工作能力有所提高。

第三代农民工出生于 20 世纪 80 年代以后，即通常所说的"80 后""90 后"，外出务工时间约为 2000 年以后。这一代农民工拥有更高的文化素质，几乎没有务农的经验，工作范围分布较广，对工作要求高，更渴望留在城市，但缺少艰苦奋斗的精神，工作经验缺乏。

2. 社会学角度

德国社会学家卡尔·曼海姆认为，"代"在本质上是一种社会现象，而非生物现象或精神现象，"代"作为社会现象，表示的是一种特殊类型的社会位置，其本质在于出生于同一时期的一群人在社会整体中占有类似的位置；居于同一代位置的人生在同样的历史和文化区域，拥有同一历史共同体的成员身份，共同参与社会历史的命运，并为相同的历史事件所影响，就构成为现实的代。① 而后西方学者的代际理论研究都是在曼海姆的基础上进行的，包括代际分化、代际冲突等。

根据曼海姆的社会学的代际划分理论，我国学者大都以改革开放为大致的分界线，把出生于改革开放之前和之后的农民工分为两代农民工。这两代农民工由于生活时代的不同，其成长环境、家庭背景和社会环境方面都有着根本性的变化，因此，这两部分人也存在着很多差异。

王春光最早提出"新生代流动人口"这一概念，并从年代与年龄特性、教育特征、务农经历、外出动机的变化四个方面将改革开放以来到 2001 年的农村流动人口群体分为两代，其中 20 世纪 80 年代既已外出务工的是第一代，90 年代外出务工的是新生代。②

刘传江和徐建玲通过对在武汉市务工的 436 位农民工的抽样调查，认为

260

① 陈辉、熊春文：《关于农民工代际划分问题的讨论——基于曼海姆的代的社会学理论》，《中国农业大学学报》（社会科学版）2011 年第 4 期。

② 王春光：《新生代农村流动人口的社会认同与城乡融合的关系》，《社会学研究》2001 年第 3 期。

出生并成长在改革开放之前和之后的农民工并没有高度的同质性，成长在改革开放之前并于20世纪80年代中期到90年代中期外出务工的是第一代农民工，成长于改革开放之后并于20世纪90年代后期外出务工的是第二代农民工。这两代农民工在文化程度、外出目的、在外生存的敏感程度、务农经验和土地情结、对自己的认同、留城意愿等六个方面存在较大差异。①

3. 新生代农民工与传统农民工的概念

根据代际理论我们将农民工群体置于不同时代的社会背景下进行分类，将农民工群体分为传统农民工和新生代农民工。

所谓传统农民工，也称第一代农民工，是指出生并成长于改革开放之前且于改革开放初期进城务工的、不具备城市户籍的农村流动人口。所谓新生代农民工，也称第二代农民工，是指出生于改革开放以后并于20世纪90年代后期进入城市打工的、尚未取得城市户籍的特定群体。新生代农民工虽然是在改革开放过程中成长起来的，但依旧处于城乡二元体制的经济社会结构中。改革开放之后，随着经济发展水平的提升、教育的普及和教育水平的提高，以及社会观念的变迁，与传统农民工相比，新生代农民工呈现出"三高一低"的特征，即受教育程度高、职业期望值高、物质和精神享受要求高，工作耐受力低。②

这样，我们把人口学领域划分的第一代农民工与第二代农民工归为传统农民工，将第三代农民工作为新生代农民工。这种划分的主要依据是：根据社会学代际理论的观点，农民工群体在区分时，应该考虑其社会性，将农民工群体置于经济背景、社会环境和文化背景之下来考察；新生代农民工与传统农民工所处的社会背景有一个明显并且重要的分界线——改革开放，在这前后出生的农民工在物质条件、文化水平、思想观念和行为方式上有着很大的不同，而以人口学划分的第一代农民工和第二代农民工在这几个方面相似程度很高，故均归为传统农民工，而新生代农民工这一群体生活在改革开放以后，各方面较之传统农民工已呈现出新的特征，故加以区分。

261

---

① 刘传江、徐建玲：《第二代农民工及其市民化研究》，《中国人口·资源与环境》2007年第1期。

② 柴海瑞：《新生代农民工发展问题探讨》，《黄河科技大学学报》2010年第5期。

二 新生代农民工与传统农民工的基本特点

这部分的论述主要根据国家统计局对 2009 年全国农民工监测所得的数据。

（一）两代农民工的规模

1. 新生代农民工总量约为 8487 万人，传统农民工的总量约为 6046 万人

2009 年全国外出农民工总量约为 14533 万人，其中 16—29 岁、30 岁以上的比例分别为 58.4%、41.6%（如图 9 - 1 所示）。由此推算，新生代农民工的总量约为 8487 万人，传统农民工的总量约为 6046 万人。[1]

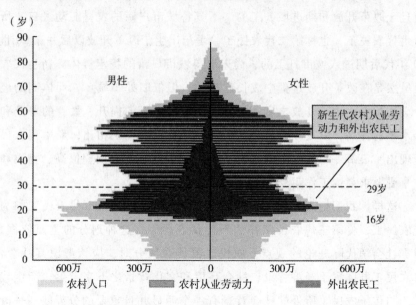

图 9 - 1　2009 年农村从业劳动力和外出农民工的年龄结构[2]

2. 来自中西部的新生代农民工占 68.6%，在东部地区务工的新生代农民工占 72.3%

如表 9 - 1 所示，新生代农民工群体主要来自中西部地区，而其主要输

---

① 新生代农民工基本情况研究课题组：《新生代农民工的数量、结构和特点》，《数据》2011 年第 4 期。

② 同上。

入地则是东部地区。

表9-1	新生代农民工地区分布①	单位：%
新生代农民工的地区分布	输出地	输入地
东部地区	31.4	72.3
中部地区	38.2	12.9
西部地区	30.4	14.4

（二）两代农民工的受教育程度和培训情况

1. 农民工以初中文化程度为主，新生代农民工的受教育程度较高

由表9-2可以看出，从接受教育时间看，传统农民工的平均受教育时间为8.8年，而新生代农民工的受教育时间为9.8年。就农民工群体整体而言，"文盲或识字很少"占1.1%，"小学"文化程度占10.6%，"初中文化程度"占64.8%，"高中"文化程度占13.1%，"中专"文化程度占6.1%，"大专及以上"文化程度占4.3%，新生代农民工和传统农民工均以初中文化程度为主。但总体上来说，新生代农民工的受教育程度较高，这表现在新生代农民工比传统农民工在高中、中专、大专及其以上等三个文化程度层次上分别高1.1个百分点、6.9个百分点、5个百分点。

表9-2	2009年农民工的文化程度构成②		
文化程度	总体	传统农民工	新生代农民工
受教育年限	9.4年	8.8年	9.8年
文盲或识字很少	1.1%	2.2%	0.4%
小学	10.6%	16.7%	6.3%
初中	64.8%	65.2%	64.4%
高中	13.1%	12.4%	13.5%
中专	6.1%	2.1%	9.0%
大专及以上	4.3%	1.4%	6.4%

2. 新生代农民工参加职业培训的比例较高

如表9-3所示，新生代农民工参加职业培训的比例高于传统农民工，

263

---

① 新生代农民工基本情况研究课题组：《新生代农民工的数量、结构和特点》，《数据》2011年第4期。

② 同上。

前者为 30.4% , 后者为 26.5% 。

表 9 - 3　　　　　2009 年农民工参加职业培训情况①　　　　单位：%

	合计	传统农民工	新生代农民工
参加职业培训	28.8	26.5	30.4

（三）两代农民工就业与居住情况

1. 新生代农民工从业以制造业为主，从事建筑业的比例较低

从表 9 - 4 可以看出，新生代农民工和传统农民工就业领域的重点有所区别，前者从事制造业的比重最大，占 44.4% ，而从事建筑业的比例仅为 9.8% ；但后者从事建筑业的比重却高达 27.8% 。新生代农民工在选择职业时，更看重较为体面、安全和工作环境较好的工作。

表 9 - 4　　　　　2009 年农民工外出从事的主要行业分布②　　　　单位：%

行业分布	合计	传统农民工	新生代农民工
制造业	39.1	31.5	44.4
建筑业	17.3	27.8	9.8
仓储、邮政和交通	5.9	7.1	5.0
零售、批发行业	7.8	6.9	8.4
住宿、餐饮业	7.8	5.9	9.2
居民服务和其他服务业	11.8	11.0	12.4
其他行业	10.3	9.8	10.8

2. 新生代农民工务工主要居住在单位宿舍，传统农民工独立租赁住房比重较大

如表 9 - 5 所示，新生代农民工居住在单位宿舍的比例高达 43.9% ，与他人合租住房的比例也较高，达到 21.3% 。而传统农民工居住在单位宿舍的比例只有 27.2% ，比新生代农民工的比例低很多，另外由于传统农民工年纪较大，举家外出务工的农民工数量也不少，因此，传统农民工独立租赁住房的比例也很高。

———————

① 新生代农民工基本情况研究课题组：《新生代农民工的数量、结构和特点》，《数据》2011年第 4 期。

② 同上。

表 9-5	2009 年农民工外出居住情况①	单位：%
住所类型	传统农民工	新生代农民工
单位宿舍	27.2	43.9
工地工棚	18.9	6.5
生产经营场所	8.6	8.2
与他人合租住房	16.0	21.3
独立租赁住房	24.0	15.5
务工地自购房	1.3	0.7
其他	4.1	3.8

第二节　新生代农民工报道与传统农民工报道的现状分析

一　实证研究的操作方案

（一）样本的选择

本节研究采用内容分析法，选取《羊城晚报》作为重点资料来源，并辅以其他相关报道，通过收集其中关于两代农民工的报道作为研究样本，对两代农民工的报道情况进行分析。

1.《羊城晚报》的两代农民工报道

本文研究的样本主要选择《羊城晚报》1990 年和 2010 年这两个年份所有以新生代农民工和传统农民工为对象的新闻报道。

（1）《羊城晚报》的选择。

以《羊城晚报》中两代农民工的报道为样本进行研究，主要原因如下。

其一，广东是全国吸收农民工就业最多的省级单位。自改革开放以来，广东省劳动密集型产业发展迅速，制造业、批发和零售业、住宿和餐饮业、建筑业等产业集中，吸纳了大量农民工。根据第六次全国人口普查的数据进行测算，2010 年广东省农民工总量为 2635.89 万人，占全国农民工总量的 10.9%。② 农民工在广东务工时间跨度长，人数众多，因而当地

265

---

① 新生代农民工基本情况研究课题组：《新生代农民工的数量、结构和特点》，《数据》2011 年第 4 期。

② 夏凌燕：《广东省农民工问题研究》，《数据》2011 年第 12 期。

媒体对农民工的报道数量较多，具有针对性和代表性。

其二，《羊城晚报》是新中国成立后办起的第一份大型综合性晚报，其立足广州以及珠三角地区，面向全国，在广州的报纸媒体中发行量居于领先地位。与此同时，《羊城晚报》"面向家庭、办市民报纸、服务小康社会"的定位决定了其尤为关注农民工群体，并进行有针对性的报道，因此，《羊城晚报》在农民工和当地市民中的影响力很大。

（2）样本时间的确定。

本章研究的样本时间选择了 1990 年和 2010 年两个年份，主要基于以下几个原因。

一是本章研究的对象包括传统农民工和新生代农民工两代人，从他们进城务工的时间跨度上，这两代农民工经历了从 20 世纪 70 年代末至今 30 多年的时间，在这个过程中，两代农民工的特点不同，报道的内容和方式也不同，因此，必须在这一时间段中分别选择对两代人具有代表性的时间区间来进行研究。

二是选择 1990 年这一年份主要是为了研究传统农民工的群体特征。传统农民工于 20 世纪 70 年代末 80 年代初初次外出务工，至 90 年代初期，外出务工时间已较长，他们对城市的态度和认识已经基本形成，并且城市市民对农民工已经形成了一定的认识。此外，20 世纪 90 年代初期，为控制因价格放开引发的抢购潮和物价飞涨，国家采取了紧缩政策，乡镇企业受到波及，能源短缺和银行贷款压缩抑制了乡镇企业的就业增长速度，刺激了农民外出的冲动，这一时期农民工大量涌入城市。因此，这一时期的农民工报道较为密集，也能突出地呈现出传统农民工的特征。

三是选择 2010 年这一年份主要是因为在 2010 年，中央一号文件首次提及新生代农民工问题，具有标志性的意义，由此，媒体对新生代农民工的报道明显增多；同时，这一时期传统农民工在城市中务工安家的人很多，媒体对他们的报道也较多。

（3）选择样本的方式。

本章通过查阅《羊城晚报》1990 年和 2010 年纸质报纸原版，收集在新闻标题和内容中含有民工、农民工、打工仔、打工妹、外来务工人员、进城务工人员、外来流动人员、临时工、盲流人员、外来工等相关词语的报道作为研究对象。

为将报道中农民工进行分类研究，根据两代农民工的定义，将 1990 年农民工的报道直接作为传统农民工的研究样本；将 2010 年的农民工报道按照报道内容和标题中出现年龄、出生年月、有无子女与子女年龄、外出务工时间等标准进行区分，分别选出新生代农民工的报道和传统农民工的报道。

2. 课题组采用的"十年八报"随机抽样文本数据及其他辅助报道

为使研究更具有全面性，并且在说明问题时更具有针对性，本章在重点选取《羊城晚报》的报道数据的同时，另结合课题组整体抽样调查的结果。课题组选择《人民日报》《北京晚报》《羊城晚报》《南方周末》《解放日报》《新民晚报》《湖北日报》和《楚天都市报》这八份分布全国的报纸，对 2001—2010 年度的有关农民工报道进行抽样，每年每报按照固定的随机数（由电脑随机取数得出）抽取 20 份，这些数据作为本章研究的辅助数据进行研究。另根据需要，在提出原因和建议时，本章也选择了一些其他报道作为辅助数据。

（二）分析单元及类目建构的确定

1. 分析单元的确定

本章的研究将单篇新闻报道作为分析单元，其中包括文字报道和图片新闻。

2. 类目建构

根据样本数据的实际情况，本章将类目建构为报道体裁、报道主题、报道视角、报道基调和农民工行为等 5 类，分别对两代农民工报道进行比较研究。

267

（1）报道体裁。

包括消息、通讯、评论、调查性/解释性报道和其他（包括图片新闻、记者手记、读者来信等）。

（2）报道主题。

根据最能反映报道内容的主题和中心思想的关键词来判断，可以将报道主题设置为以下几个：

①就业求职：求职务工、工作状况、"民工荒""民工潮"、就业信息等；

②劳资关系与维权：工资薪酬、欠薪讨薪、维权等；

③生活现状：居住环境、生活变化、文娱生活、精神追求等；

④培训与受教育情况：职业培训与继续教育等；

⑤农民工子女：子女教育、留守儿童等；

⑥社会认同与社会保障：社会歧视、社会关爱、服务信息等；

⑦春运；

⑧其他。

（3）报道视角

报道视角是新闻媒体采访报道农民工的角度，可以划分为：政府视角、专家学者视角、媒体视角、社会视角、农民工视角、用工单位视角。

（4）报道基调。

报道基调即媒体报道中体现出的对农民工行为的感情倾向，包括：鼓励/同情/赞美、中立、否定/反感/歧视。

（5）农民工行为。

①违法、犯罪、失德、行为荒诞；

②事故、生活不幸、不公平对待、被侵害；

③积极乐观、理性、英雄事迹、榜样塑造。

二 两代农民工报道情况的对比

（一）两代农民工报道的总体情况对比

本章抽取的样本为1990年和2010年《羊城晚报》关于传统农民工和新生代农民工的报道，共搜集1990年农民工（即本文定义的传统农民工）报道共46篇；2010年新生代农民工报道101篇，传统农民工报道47篇。本章将这些报道作为本研究的样本数据。

根据样本分析，《羊城晚报》新生代农民工与传统农民工报道的月份分布如表9-6所示。从表中可以看出，《羊城晚报》两代农民工的报道几乎分布在全年，而最为集中的报道则在1—3月，这在相当大程度上与农民工在农历年末返乡过年和年初进城务工有关。新生代农民工在2010年年中7月的报道数量也较多，原因在于《羊城晚报》对当年富士康跳楼事件进行了报道的专题策划，因此，新生代农民工报道相对较多。

表 9 - 6　　　　　《羊城晚报》两代农民工每月报道量　　　　单位：篇

月份	传统农民工		新生代农民工
	1990 年	2010 年	2010 年
1	1	9	20
2	8	11	23
3	4	9	13
4	3	4	6
5	4	1	3
6	6	1	2
7	2	1	22
8	0	2	3
9	1	1	1
10	4	1	1
11	8	4	4
12	5	3	3

另外，通过对课题组选定的八份报纸在 2001—2010 年关于农民工的报道进行随机抽样，获得了 59 篇有关两代农民工的报道，其中关于新生代农民工的报道 45 篇，有关传统农民工的报道 14 篇，明显的，新生代农民工报道多于传统农民工报道。这大体上也能印证《羊城晚报》在两代农民工报道比重上的代表性。

（二）两代农民工报道的体裁对比

新生代农民工报道与传统农民工报道的体裁情况如表 9 - 7 所示。

根据表 9 - 7，《羊城晚报》对两代农民工的报道形式多样，其中最主要的报道体裁是消息，所占比重均在 60% 以上。

针对传统农民工的报道，1990 年的报道除了消息之外采用较多的方式是通讯，所占比重为 15%。2010 年的报道中，对传统农民工的调查性/解释性报道的比重较高，为 17%。《羊城晚报》2010 年 6 月 29 日的"焦点·调查"报道《招工急揽工定　珠三角廿年变乾坤》就是一篇内容详尽的调查性报道，报道详细地解读了当年年初，珠三角地区出现的"民工荒"问题，内容包括"民工荒"的历史演变、形成原因、未来趋势、招聘现场、各方声音等方面，对"民工荒"问题做了充分的解释和说明，这样便于读者了解"民工荒"的来龙去脉。

表 9 - 7 　　　　　　　　　《羊城晚报》两代农民工的报道体裁

体裁	传统农民工				新生代农民工	
	1990 年		2010 年		2010 年	
	篇数	比重（%）	篇数	比重（%）	篇数	比重（%）
消息	29	63	31	66	62	61
通讯	7	15	4	9	5	5
评论	1	2	2	4	10	10
调查性/解释性报道	4	9	8	17	20	20
其他	5	11	2	4	4	4
合计	46	100	47	100	101	100

注："其他"包括图片新闻、记者手记、读者来信等。

　　新生代农民工的报道体裁中，调查性报道/解释性报道比重比传统农民工大，所占比重为 20%，媒体对新生代农民工的报道也较为具体详细。例如，《羊城晚报》2010 年 2 月 27 日的专栏调查报道《"新生代农民工只会越来越少"》，通过记者实地采访劳务输出地重庆、四川和河南的农民工情况，解释了"新生代农民工只会越来越少"的原因，包括"危机给了创业决心　发现在家打工挺好""父子两代农民工打工数量差十倍""劳务工输出大镇　劳动力面临危机"等，向读者说明了"新生代农民工只会越来越少"的趋势。另外，在新生代农民工的报道体裁中，评论数量和比重也较传统农民工报道高，说明媒体已重视运用评论来表达观念和引导认识。如 2010 年 2 月 22 日的《"用工荒"背后实际是"民工权利荒"》、2010 年 2 月 25 日的《"新生代农民工"提法当休矣》、2010 年 3 月 24 日的《"农民工"尊严不在口头上》、2010 年 7 月 13 日《4700 万"留守妇女"独撑家庭状态堪忧》等，这些评论均发布在《羊城晚报》专设的"时评"版面上，内容集中，观点新锐，时效性强，能够给读者多方启迪。

　　（三）两代农民工报道的主题对比

　　通过对样本的分析，将《羊城晚报》两代农民工的报道主题做出划分，如表 9 - 8 所示。

表9-8　　　　　　　　《羊城晚报》两代农民工的报道主题

主题	传统农民工				新生代农民工	
	1990 年		2010 年		2010 年	
	篇数	比重（%）	篇数	比重（%）	篇数	比重（%）
就业求职	17	35	16	35	34	33
劳资关系与维权	1	2	5	11	6	6
生活现状	10	20	7	15	7	7
培训与受教育情况	1	2	0	0	3	3
农民工子女	3	6	3	7	20	20
社会认同与社会保障	9	18	11	24	19	19
春运	4	8	2	4	4	4
其他	4	8	2	4	9	9

　　从表9-8可以看出，《羊城晚报》对两代农民工关注的重点是就业求职，这类主题占报道的比重均在33%以上，这一特点与广东省对农民工在就业、招聘等方面的政策与应对"民工荒"的措施相符合。例如，《羊城晚报》1990年2月3日的报道《大批民工赴粤履约　南下列车趟趟爆满》、2010年2月27日对传统农民工的报道《求职者闻缺工急南下》、2010年2月25日对新生代农民工的报道《广州七成企业有招工需求》等，这些新闻都是报道农民工节后回广东求职以及企业招聘等信息，说明媒体很注重为农民工提供有助于其求职就业的实用信息。

　　对于传统农民工，《羊城晚报》还注意其生活现状与社会认同、社会保障这两个方面，这与传统农民工在广州安家落户的需求以及身份的认同有很大的关系。例如，《羊城晚报》2010年8月15日的报道《外来务工人员心系积分入户》，通过对一位打散工多年的农民工愿望诉求的叙述，引出了广东省人力资源社会保障系统联动开展的"加强人文关怀　改善用工环境主题咨询活动"的介绍，对外来农民工关心的积分入户问题进行了详细的解释。

　　对于新生代农民工，媒体报道的重点除了就业求职外，还有其子女的情况，包括农民工子女入学、农村留守儿童等问题，并倾向于运用专题报道的形式进行。例如，2010年7月14日，《羊城晚报》推出专版，对留守儿童暑期到来之后的心理变化和对其暑期生活的担忧等都进行了全方位的

271

报道，并在广东省引发了对留守儿童的关注，使得很多年轻的农民工父母开始意识到应该如何关爱自己留在老家的孩子们。

（四）两代农民工报道的视角对比

《羊城晚报》对两代农民工的报道视角集中体现了媒体报道的立场和采写稿件所立足的角度，通过样本分析，结果如表9-9所示。

表9-9　　　　　　《羊城晚报》两代农民工的报道视角

报道视角	传统农民工				新生代农民工	
	1990 年		2010 年		2010 年	
	篇数	比重（%）	篇数	比重（%）	篇数	比重（%）
政府	23	48	13	24	35	32
专家学者	0	0	2	4	2	2
媒体	3	6	5	9	9	8
社会	5	10	3	6	7	6
农民工	9	19	24	44	46	43
用工单位	8	17	7	13	9	8

根据表9-9，《羊城晚报》对传统农民工报道的视角在1990年时以政府视角为主，占48%，主要报道政府对农民工情况的关注，对农民工问题采取的措施以及在解决农民工问题上所取得的成绩，这与当时的报道方针是相符的。早期的《羊城晚报》以宣传政策方针为主，报道多是政府视角。例如，《羊城晚报》1990年2月7日的报道《运输部门积极组织运力　及时疏散履约外地农民工》就是在春运期间，对铁路部门安排农民工返乡这一举措的宣传，反映了运输部门的积极处置和快速应对。

2007年以后，《羊城晚报》通过开设各类深具服务性和实用性的专版来加强报纸的服务性和贴近性，报道内容"贴近时代、贴近群众、贴近生活"，报道视角开始转变。从表9-9可以看出，2010年《羊城晚报》中两代农民工报道均是农民工的视角的比重最高，以农民工的视角，能及时反映农民工这一群体本身的态度和要求，给予农民工话语权。例如，《羊城晚报》2010年3月3日的报道《"蛰伏"多年后70后再"出山"》，以第一人称的口吻讲述了3名传统农民工时隔多年后再次返回广州务工的经历，凸显了传统农民工再次进城务工的原因和新特点，叙述形象生动，画面感强。较之于农民工视角，政府视角的报道比重也相对较高，而这类报道多集中在党和国家对农民工群体的最新政策的宣传解读上。如《羊城晚报》2010 年 2 月 25 日的报道《提高最低工资标准程序已启动》，介绍了广东省各级政府和人力资源社会保障部门在应对农民工用工紧缺的问题上将采取的措施，并对这些措施进行了解读，帮助农民工了解最新的用工政策、用工环境和工资待遇，以吸引农民工返岗，解决广东"缺工"问题。

（五）两代农民工报道的基调对比

根据样本对两代农民工的报道基调进行分析，结果如表 9 - 10 所示。

表 9 - 10　　　　　　　　《羊城晚报》两代农民工的报道基调

报道基调	传统农民工				新生代农民工	
	1990 年		2010 年		2010 年	
	篇数	比重（%）	篇数	比重（%）	篇数	比重（%）
鼓励/同情/赞美	16	37	37	66	57	66
中立	11	26	11	20	9	10
否定/反感/歧视	16	37	8	14	21	24

如表 9 - 10 所示，《羊城晚报》1990 年对传统农民工的报道鼓励/同情/赞美的基调与否定/反感/歧视的基调所占的比重一样，均为 37%，在鼓励/同情/赞美的感情基调中，也多以同情居多，否定、反感、歧视农民工的现象明显，报道也常常出现"盲流""外来工""乌烟瘴气"等词语。例如，《羊城晚报》1990 年 4 月 5 日的报道《荔湾区大拆盲流窝棚　连日清走盲流人员百余名》，将农民工称为"盲流"，对农民工采取"收容遣送"的态度，将其居住地形容为"乌烟瘴气"，周围居民"深受其害"。这类报道带有明显的歧视和反感的情绪，否定和反对农民工进城务工的态度鲜明。

273

随着农民工在城市经济建设中发挥出越来越重要的作用，党和国家对农民工越来越重视，社会和媒体对农民工的态度也随之改观。至 2010 年，《羊城晚报》对传统农民工和新生代农民工的报道中鼓励/同情/赞美的基调所占比重均达到 66%，在农民工报道中，媒体更多显示的是鼓励/赞美的态度。例如，《羊城晚报》2010 年 1 月 10 日的报道《义士叶志青获最高奖励 36 万》，将见义勇为的农民工叶志青作为宣传典型，对农民工见义勇为的行为表示赞赏和鼓励。

（六）两代农民工报道中农民工行为的对比

通过对《羊城晚报》关于农民工行为的报道题材进行提炼分析，得出如表 9 - 11 的结果。

表 9 - 11　　　　　《羊城晚报》两代农民工报道中的农民工行为

农民工行为	传统农民工				新生代农民工	
	1990 年		2010 年		2010 年	
	篇数	比重（％）	篇数	比重（％）	篇数	比重（％）
违法、犯罪、失德、行为荒诞	8	25	2	5	4	5
事故、生活不幸、不公平对待、被侵害	9	28	13	35	28	36
积极乐观、理性、英雄事迹、榜样塑造	15	47	22	59	46	59

从表 9 - 11 可以看出，《羊城晚报》对新生代农民工和传统农民工的报道大都以积极乐观、行为理性、英雄事迹和榜样塑造为主，其次是遭受事故、生活不幸、不公平对待和被侵害，总体上对农民工进行了较为正面的形象建构。但较之于 2010 年，1990 年的《羊城晚报》对传统农民工违法、犯罪、失德、行为荒诞的报道所占的比重较大，占 25％。且当时的报道多采用猎奇式的方式，通过展现农民工的负面形象以吸引眼球。如 1990 年 11 月 21 的报道《劫持小孩敲诈勒索　四名歹徒昨晨落网》，讲述的是四名被"雇请的民工"，绑架包工头儿子并敲诈勒索的案件，以农民工违法犯罪的行为揭示农民工与包工头之间的冲突。随着媒体对农民工认识的加深，至 2010 年，《羊城晚报》对农民工这方面的报道数量锐减，农民工正面行为的报道随之增多。如 2010 年 1 月 10 日的报道《义士叶志青获最高奖励 36 万》，介绍了江西籍农民工叶氏叔侄因抓小偷而被捅死捅伤的行为，宣传了他们见义勇为的壮举，是对农民工形象的正面塑造。

三　两代农民工报道的特征比较

（一）新生代农民工报道与传统农民工报道的共性特征

1. 新生代农民工报道是传统农民工报道的延续与发展

正如农民工群体之间的代际转换是自然发生的一样，农民工报道也是随着时间的推移而延续发展的。自改革开放农民工出现以来，我国媒体就开始对农民工进行报道，从未间断，农民工报道的数量随农民工数量的增长而不断增加。本章样本数据统计的结果也说明了这一点，《羊城晚报》1990 年农民工报道有 46 篇，2010 年新生代农民工报道 101 篇，传统农民工报道 47 篇，这些数据表明，农民工一直是媒体关注并不断强化的报道对象。

21 世纪以来，1980 年以后出生的新生代农民工进城务工的数量不断增多，新生代农民工这一群体进入人们的视野，国家对新生代农民工问题给予了高度重视，媒体对新生代农民工的报道也逐渐增多，并将这一群体区别于传统农民工进行报道。如 2010 年 2 月 1 日《羊城晚报》的报道《2010 年中央一号文件首提"解决新生代农民工问题"》，将政府新政策中提出解决新生代农民工问题作为报道内容，突出新生代农民工不同于传统农民工所出现的新问题。再如《羊城晚报》2010 年 2 月 27 日的报道《"新生代农民工只会越来越少"》，对新生代农民工外出打工的现状、原因和未来趋势进行了解释和预测。

2010 年以后，媒体在报道新生代农民工与传统农民工的问题时，往往采用对比的方式，把新生代农民工与传统农民工的情况进行比较，指出新生代农民工问题是传统农民工问题延续的同时，更分析了新生代农民工问题中的新特点和新诉求。如 2010 年 1 月 23 日《羊城晚报》的报道《两代农民工，性相近习相远》指出，两代农民工虽都是在城市漂泊打工，但新生代农民工的务工目的和就业选择已经发生了很大的变化，传统农民工看重"工资的多寡"，而新生代农民工可能为追求新奇的生活而选择不同的地域和企业。

275

新闻媒体在延续跟踪报道农民工问题的过程中，报道方针和报道方式不断改进，不管是对传统农民工的报道还是对新生代农民工的报道，较 20 世纪 80、90 年代的农民工报道有了一定的改变，报道更加立体，农民工的形象建构更加正面积极，叙述描绘也更加客观真实。如 2010 年 1 月 1 日《羊城晚报》的报道《新身份》，记录了当天原籍湖南湘乡的陈先生领到"广东省居住证"的欣喜场面。这篇报道采用图片新闻的方式，以新生代农民工为新闻主体来展示广东省 3000 万流动人口正式告别"暂住证"，进入"居住时代"。这篇报道以点概面，不似以往冷冰冰地简单陈述政策，而是注入了人文色彩，更多地关注作为个体的农民工的生活。

2. 两代农民工报道的关注面均广泛

根据本章对新生代农民工与传统农民工报道的样本数据统计，新生代农民工报道与传统农民工报道均涉及了就业求职、劳资关系与维权、生活现状、培训与受教育情况、农民工子女、社会认同与社会保障、春运等各个方面，视角触及了两代农民工生活和工作的各个领域，涉及的内容广泛，全方位多角度地展示他们的生活工作状态，将其作用、存在的问题以及社会对农民工的关注与帮扶一一报告给社会。例如 2010 年 2 月 19 日《羊城晚报》的报道《广州节后"缺工"预计达 15 万》，报道了当地年后出现"民工荒"的情况；2010 年 1 月 2 日《羊城晚报》的报道《"暂住"东莞近 20 年昨领居住证》，报道了农民工积分办理居住证，成为广州新居民的情况；1990 年 11 月 7 日《羊城晚报》的报道《把临时工看作自家人》，报道了企业为农民工提供的福利和增加待遇的情况。这些报道能够帮助读者了解农民工的具体情况和社会对农民问题的态度，有助于全社会形成合力，促进农民工问题的逐步解决。

这种现象的出现表明媒体更加关注农民工群体，为农民工提供了更多的信息，帮助农民工问题的解决，促进农民工融入城市。媒体的重视原因一方面是由于源源不断的农民工进城务工已经成为一种不容忽视的社会现象，农民工为城市建设做出了巨大的贡献，他们已经成为城市重要的一分子，媒体应该关注这一社会现象；另一方面是我国政府近些年也十分重视农民工群体，出台了各种各样的政策来解决农民工问题，媒体为配合政策的出台和落实，加大了宣传解读农民工政策的比例和农民工报道的频率。

276

3. 新生代农民工报道与传统农民工报道均与国家政策相配合

媒体在报道农民工问题时，往往配合党和政府对农民工群体的政策进行宣传报道，媒体所持的态度和观点也与党和政府一致。

1990 年的农民工报道对农民工主要持歧视和排斥的态度，这缘于 1989 年国家采取措施管控农民工进城。1989 年春节过后，由于来自河南、山东、四川、浙江、江苏等省的农民工集中外出务工，大量涌入广东、东北和西北地区，民工潮爆发，给铁路运输造成极大压力，一些农民工外出后找不到工作，流落街头，也给当地的社会治安带来了严峻的挑战。为此，政府部门采取了一系列控制措施来促进问题的解决。1989 年 3 月，国务院办公厅发布了《关于严格控制民工盲目外出的紧急通知》，要求各级政府加强对外出民工的管理工作，劝阻民工盲目外出，并动员返乡，同时要求铁路部门组织力量做好盲目外出民工返乡疏运工作；① 1989 年 4 月，民政部和公安部联合发布《关于进一步做好控制民工盲目外流的通知》，针对农民工输出人数较多的四川、江苏、浙江等省份，要求严格控制当地农民工盲目外出，从当地实际出发，安排农村剩余劳动力。②

在这种情况下，不管是社会群众，还是新闻媒体，都对农民工采取质疑和排斥的态度，认为他们是城市环境脏乱差、交通拥堵、违法犯罪的始作俑者。因此，这一时期的媒体报道中出现了"盲流"等词来指责农民工。如 1990 年 10 月 26 日《羊城晚报》的报道《盲流人员在广州》，报道了农民工在路边竖牌子求职的情况，提出"谁知道这些自称'泥水匠'、'木匠'的人技术如何？"，对其技能水平提出了质疑，并且展示了他们人数众多，在广州很多马路上都存在的情景，呼吁有关部门治理。媒体还配合地方政府宣传政府治理"盲流"的工作，鼓励农民工返乡。如 1990 年 4 月 5 日《羊城晚报》的报道《荔湾区大拆盲流窝棚　连日清走盲流人员百余名》，介绍了荔湾区组织清理盲流人员聚集点的情况，通过遣送盲流人员，收缴无牌人力车和无证自行车等方式来处置进城务工人员。综观这一时期的农民工报道，媒体多站在维护政府城市管理、维护城市户籍制度的角度，对农民工进城务工持质疑排斥态度。

1992 年邓小平南方谈话后，国家开始放开农民工政策，允许农民工跨区域流动，农民工在城市中的作用得到重视，农民工报道逐年增多。2000 年以后，国家开始引导农民工进城，《关于进一步开展农村劳动力开发就业试点工作的通知》《关于做好农民进城务工就业管理和服务工作的通知》等政策的出台促进了新闻媒体对农民工问题的重视。如 2010 年 1 月 4 日《羊城晚报》的报道《万场免费招聘会　110 万农民工实现就业》，详细地介绍了广东省各部门为促进农民工就业采取的措施：区域合作，共同促进

277

---

① 国务院办公厅：《关于严格控制民工盲目外出的紧急通知》，转引自《江西省人民政府公报》1989 年第 6 期。

② 民政部、公安部：《关于进一步做好控制民工盲目外流的通知》，1989 年 4 月 10 日。

农村劳动力转移就业；联动合作，共同搭建就业平台；部门、行业合作，提高招聘会的综合效果；深入基层，送岗上门；现场、网络招聘活动并举。报道反映了党和政府的农民工新政策，同时也为农民工提供了获取就业信息的渠道。

2010年，中央一号文件不仅首次提出了"新生代农民工"一词，更对解决我国"三农"问题提出了具体的指导性政策，党和政府对待农民工的态度已经变为理解和认同，因此，这一时期的媒体报道多是对农民工的认可和赞扬，肯定了农民工在城市建设中所起到的积极作用。如2010年2月25日《羊城晚报》的报道《十万铁骑奔赴珠三角返工》，报道了农民工春节过后返回广州打工的火热场面，"10万铁骑""20万农民工"形成了壮观的返工潮，报道对他们参与城市经济建设的热情表达了赞扬和鼓励，同时也为他们返工没有火车的不便利表达了担忧，呼吁有关部门尽快解决问题。

4. 集中报道新生代农民工与传统农民工在时间上体现出一致性

如前所述，《羊城晚报》关于两代农民工的报道主要集中在1—3月，这段时间恰值农历上年末下年初，而大多数农民工在农历年末返乡过年或于下年年初进城务工。在每年年末，政府和社会团体、企业都会对农民工的欠薪问题、返乡与家人团聚问题给予关注，这些问题必定会引起媒体的高度关注，许多媒体还对返乡农民工进行追踪报道；在每年年初，农民工返城务工，两会召开，会议上会提出很多与农民工群体相关的政策性建议，媒体便会在这些方面进行及时跟进报道，农民工问题的报道量也相对增多。这种集中报道的情况会极大地影响社会公众对农民工问题的关注，促进社会公众对农民工的理解和对农民工问题的思考，有助于农民工问题的解决。如2010年1—3月，《羊城晚报》集中报道了农民工问题，其中新生代农民工共56篇，传统农民工共29篇，内容涉及春运、农民工返乡、农民工返工、招工、农民工工作情况等多方面的内容。这些报道的集中出现，说明了新生代农民工与传统农民工的报道与农民工每年务工的时间、政策出台等方面存在着较强的关联性。

（二）新生代农民工报道与传统农民工报道的差异化特征

1. 传统农民工报道注重群体特征，新生代农民工报道注重个体特征

媒体对传统农民工的报道以这一群体为主要报道对象，在报道中往往

278

提及的是农民工全体，报道的是农民工群体的特征。传统农民工报道多表现的是农民工工作生活某一方面的情况，例如：民工荒的出现，反映的是传统农民工群体所出现的劳动力市场特征；农民工积分入户，反映的是政府逐渐取消城乡二元体制的限制，允许农民工进城落户所采取的针对全体农民工的举措。这些报道采用的方式多是宏观的大局视角，例如，《羊城晚报》2010 年 2 月 22 日的报道《深圳报告：节后缺工 90 万》从整体上介绍了春节过后深圳市缺工严重这一现象，并且根据其需求量和工作年限的要求可以看出，这种情况并不是针对某一个农民工的现象，而是针对整个农民工需求市场的，因此，这篇文字是对农民工的群体特性进行的报道。

而新生代农民工报道则注重这一群体的个性特征。媒体为了说明新生代农民工某一方面的情况，多是采访某一个或几个新生代农民工，以其切身经历来反映报道的主题，反映这一群体的代表性特征。例如，《羊城晚报》2010 年 2 月 6 日的报道《高铁乘客农民工占了四成》，介绍了农民工在春运期间乘坐高铁的情况，反映了"80 后""90 后"的农民工新潮的消费观念。文中采访了一名在番禺电子厂打工的旅客吴先生，了解其乘坐高铁返乡的原因是"主要看重它速度快，就是图个体验，看多长时间能回到家"。新生代农民工的相关报道多以个人的讲述为主，以他们的视角来看待新问题、新事物，故报道生动形象，富有表现力。

2. 传统农民工报道关注物质追求，新生代农民工报道还注重精神追求和个人价值实现

从本章数据样本统计的结果可以看出，传统农民工报道中媒体更加关注他们的工资薪酬、权益保障等物质方面的追求，这是与实际情况相符合的。传统农民工由于受到城乡二元体制的限制，能够进城务工的机会较少，进城务工的目的也十分明显，就是获取工资收入，因此，他们对工作的薪资水平的关注度非常高，因欠薪所导致的讨薪和维权的行为也时有发生。

较之于传统农民工，新生代农民工对工资薪金的要求要高于他们的父辈，他们有着新的思想和工作理念，希望在工作环境好、薪酬高的地方工作，同时还追求一定的精神生活和个人价值的实现。例如，《羊城晚报》2010 年 2 月 25 日的评论文章《"新生代农民工"提法当休矣》，认为

279

"新生代农民工"已经不再是传统的严格意义上的农民工，尽管他们像其父辈一样在年轻时就进城务工，但他们不再像其父辈一样穿着邋遢，背着蛇皮袋，眼神迷惘。他们读的书多于父辈，也更喜欢打扮穿漂亮衣服，还会利用网络聊天，也不像父辈那样担心就业。他们追求环境好、技术高、体面而有尊严的工作，希望享有与城市产业工人同等的政治和经济权利。相关报道表明，新生代农民工不仅对自己在城市的工资收入有追求，也对自己在城市的发展、城市的融入寄予了希望，在城市的工作生活中追求个人价值的实现。

3. 传统农民工报道注重选择奋斗型、技术型形象，新生代农民工报道注重选择个性突出、灵活型形象

媒体对农民工的形象建构都存在着自己的观点和态度，这些观点和态度往往通过事实的选择来体现。就传统农民工相关报道来说，1990 年，由于受国家劝阻农民工进城政策的影响，媒体建构的农民工负面形象颇多。除此之外，媒体也注意建构农民工的吃苦耐劳、艰苦奋斗的正面形象。到2010 年，传统农民工有很多已经进城务工多年，拥有较高的技术和职业能力，是用工企业争抢的对象，工资待遇也相对较高，这时，媒体便注重建构传统农民工中的奋斗型、技术能手型形象。例如，《羊城晚报》2010 年3 月 2 日的报道《去留无所谓，看重改变命运》，记叙的是一位打工能手吴绪勇的事迹，他靠打工的收入赚取了自己的第一桶金，由于他积极钻研，还拿到了国家专利。这篇报道建构的是一位以技术闯市场、靠奋斗发家的传统农民工形象。

而新生代农民工报道，媒体建构的多是生活多样化、消费观念新潮、自我观念突出、对待生活和工作态度灵活的农民工形象。如 2010 年 10 月6 日《羊城晚报》的报道《新生代农民工国庆七日假期拒绝老板"干扰"》，反映出新生代农民工的"打工观念"与传统农民工已截然不同，他们坚持"工作归工作，生活是生活"的理念，追求生活的丰富多彩，不再以单一的"养家糊口"作为唯一的生活目标。

第三节　完善两代农民工报道的建议

从上述数据分析和案例分析中，我们可以看到我国媒体对两代农民工

都给予了较为充分的关注，两代农民工的共性与个性特点得到了相应的展示，他们对城市的贡献和愿望诉求也得到了反映，尤其媒体对传统农民工的描绘已完全摆脱了 20 世纪八九十年代的肮脏邋遢、说话粗俗、行为不良的"盲流""城市入侵者"形象，而对新生代农民工的形象建构也与城市普通青年相接近。但是，我们在看到媒体对两代农民工报道取得的成绩的同时，也要看到一些不足，媒体应采取相应措施，进一步完善两代农民工报道。

一　建立农民工日常报道机制，提供有针对性的信息

由前文分析可知，不论是传统农民工还是新生代农民工，媒体对他们的报道集中分布在每年年初春运农民工返工高潮时期、两会前后、农民工子女放寒暑假期间、年末返乡时期。每个时段农民工报道的侧重点也有所差异：年初农民工返工高潮多报道春运状况、农民工求职情况、民工荒或民工潮现象等；两会前后多报道针对农民工的新的政策性议题；暑期多报道农民工子女问题、留守老人和儿童问题；年末返乡时期多报道农民工工资、权益保障等问题。在这些集中报道的时段之外，农民工报道数量很少，如《羊城晚报》2010 年 5 月、6 月、9 月、10 月这些月份对新生代农民工和传统农民工的报道篇数都很少，基本都是每个月 1—3 篇，说明媒体在报道农民工问题时，缺乏日常报道机制。

农民工群体作为一个随时被关注的群体，应该是哪里有农民工，哪里就有农民工的新闻报道。日常报道机制是一种微观层面的报道机制，是从落实的角度来促进农民工报道，目的是使农民工群体摆脱城市中"特殊群体"的身份，让他们成为城市市民中的普通人群，让农民工群体在城市市民中的形象常态化，从而提升农民工群体在城市中的被认可度，成为真正的"市民"。

建立农民工日常报道机制可以从以下两个方面着手。在人员配置方面，除加强媒体机构内部从业人员负责相关领域以外，还可以在政府农业部门、劳动与社会保障部门、农业机构、研究中心等相关涉农组织以及农民工群体内部发展和创设通讯员，这些人员或是农民工群体中的一员，或是与农民工接触最多的人，又或是农民工相关政策和方案的制定者和实施

281

者，能够获取第一手的农民工资料，记者可以与他们保持经常性的联系，获得农民工群体的最新信息和动态；在稿件安排方面，可以开设新生代农民工与传统农民工报道专栏，定期发布相关稿件，保证对农民工日常工作生活的关注。

在重大问题上，媒体可以针对两代农民工的特点策划选题，集中报道，发挥媒体议程设置的功能，积极关注两代农民工在城市化进程中的各种热点、难点问题，为农民工融入城市提供舆论上的支持。尤其在关键事件节点组织系列报道、专题报道，从而形成声势强大、吸引力强的效果，这种报道方式往往适用于重大政策出台、某一问题的深度解析等方面。

就两代农民工的信息需求的满足来说，媒体在相当程度上为农民工提供了有效的政策信息、缺工信息、居住信息、生活信息等，但是不可否认的是，这些信息有时针对性不强，实用性不足。就新生代农民工与传统农民工的信息需求而言，媒体报道的区分度低，信息往往十分笼统，不能满足新生代农民工和传统农民工的真实需求。

课题组所做的一些田野调查和深度访谈显示，传统农民工接触媒介信息的动机和需求多集中在希望媒体提供大量的用工信息、就业信息以及职业培训信息等方面，这些信息是传统农民工进城务工，进而融入城市所需的最基本的信息。从目前的情况来看，新生代农民工进城务工的工作信息来源还是老乡、亲朋好友等"乡族"关系，很少从媒体报道中获取最需要的信息。

新生代农民工接触媒介信息的动机多集中在如何提高职业技能，改善生活环境和工资待遇方面，他们更希望通过自身的努力留在城市。而目前，新生代农民工报道较多地停留在新生代农民工群体特征和政策分析等报道上，较少挖掘新生代农民工的实际信息需求，媒体报道内容与新生代农民工所需的信息不对称。如2010年的2月和3月，《羊城晚报》新生代农民工报道内容大多是政策解读，2月1日报道《首提"解决新生代农民工问题"》，提供了中央高度重视农民工总数60%的"80后""90后"农民工的政策信息；2月2日报道《农民工落户城市中央或不作统一规定》，提供了采取有效措施推进城镇化的政策导向性信息。这些报道很少涉及新生代农民工的生存状况和工作状况，很少从媒体的角度来呼吁社会改善新生代农民工的实际工作生活状况，促进问题的解决。

二　丰富报道形式，加强深度报道

从上述两代农民工报道的体裁统计数据来看，媒体报道采用最多的是消息，在消息的叙述方式上，大部分还是沿用过去的"时间＋地点＋人物＋事件"的模式，标题采用"（地点/人/组织）＋（动词）＋农民工＋其他"的形式。这种报道模式在早期传统农民工报道中广泛出现，而现在的传统农民工报道与新生代农民工报道中也延续了这种模式。如课题组收集的2010 年 8 月 26 日《北京晚报》的报道标题《农民工子弟首登大剧院舞台》，2007 年 7 月 25 日《楚天都市报》的报道标题《农家女当上千万老板》，2007 年 7 月 25 日《新民晚报》的报道标题《组织农民工子女享受快乐暑期》。这种报道模式虽然采写方便，但很难给读者留下深刻印象，不利于建构多样化的农民工形象，不利于深层次地挖掘农民工报道的内核。如 2009 年 8 月 25 日《新民晚报》的报道《中职校今年翻番招收农民工子女》，其标题采用的是"（地点/人/组织）＋（动词）＋农民工"的结构模式，内容介绍了中职校招收的热门专业机械加工、数控技术等，同时介绍了就读期间的帮困助学体系。由于这篇报道没有涉及具体的主体人物，读者无法体会到报道的真实感和现场感，也无法了解翻番招收农民工子女的正面积极作用，更无法在众多的新闻报道中凸显农民工子女培训这一重要主题的意义。

从上述1990 年和2010 年两代农民工报道的体裁比重的统计数据，我们可以看到，消息占比均超过60%，而调查性报道/解释性报道占比过少，均不超过20%。相比于消息，调查性报道/解释性报道等深度报道形式不仅报道事实本身，还报道事实发生的背景、过程、事实要素之间的联系，事实发展的趋势方向以及我们如何看待或对待。也就是说，深度报道注重揭示事实的本质和过程，展示多方面的事实属性。深度报道过少，说明媒体把农民工问题看得过于简单，把农民工报道看做一种速成式的文化消费产品。加上农民工报道中的图片新闻过少，不注意新闻配图，农民工报道就显得品种单调，内容浅薄。

要改变农民工报道体裁品种单一的情况，媒体应该加强深度报道，注

283

意新闻配图。这就要求新闻记者深入到农民工群体中，观察和体验他们的工作生活，了解他们的利益诉求和情感愿望，注意发现他们平凡中的不平凡之处，挖掘两代农民工的有典型意义的题材和有个性特点的细节，从而建构出有典型特征又有时代气息的两代农民工群像。

在具体操作上，媒体可以通过开设专栏和专版来提升农民工报道的深度和广度。专栏里面可以包括消息、通讯、调查性报道、评论、图片新闻等组合性报道，也可以对农民工问题某个方面进行连续报道，或者就是一篇大型的农民工问题的解析性报道或调查性报道。

三　引入城市化视角，促进农民工市民化

城市化，是城市急速发展和城市人口迅速扩张的历史过程。我国城市化的一个中心议题是农业人口向非农业人口转换，即农民工市民化。农民工市民化包括两个步骤：一是由安土重迁的固守土地的农民向流动就业的农民工转变；二是由农民工向城市市民转变。目前，我国农民工市民化的进程只解决了前一半的问题，大量农民进城务工，实现了从农民到农民工的转型，但从农民工转型到城市市民还需要走一段很长的路。农民工市民化，不仅要使农民工实现身份和工作职业的转化，还要使农民工在生活状态、工作方式、价值观念、社会交往等方面真正融入城市。新生代农民工作为城市建设的新力量，他们对获得城市身份的要求更强烈，是农民工市民化过程中应该要重点关注的群体。

农民工市民化需要整个社会的共同努力，而媒体作为城市化建设的推动力量，肩负着报道城市建设成就，引导市民的舆论态度，提供知识和信息等重要责任，媒体的这些功能本该在农民工市民化进程中发挥重要的作用，但实际上，我国媒体在报道新生代农民工与传统农民工时，很少采用城市化视角，在农民工市民化方面的引导较少。新闻媒体缺乏城市化视角首先体现在农民工的城市市民身份认同度不高。根据第六次全国人口普查相关数据测算，2010年广东省农民工总量为2635.89万，占全省常住人口的25.3%。而在2010年《羊城晚报》的报道中新生代农民工的报道101篇，传统农民工的报道47篇，在当年所有报道中所占的比例较低，与农民工占城市人口比例不相称。这就说明，媒体在资源分配方面给予农民工较

少，农民工获得的媒体关注度相对较低，缺乏平等的市民地位。

农民工市民化的一个重要方面，是农民工生活方式、思想观念的市民化。《羊城晚报》在这方面注重了新生代农民工市民化元素的展示，但忽略了传统农民工的市民化转变。2010年《羊城晚报》对新生代农民工报道不仅在数量上超过传统农民工报道一倍以上，而且对新生代农民工的群体特征、务工状况、婚恋情感、居住状况、理想愿望等市民化所要求的元素做了相当充分的报道，而对传统农民工报道则主要介绍的是他们的务工情况，很少涉及他们的生活状况、心理状况、留在城市的意愿等其他方面。应该看到，传统农民工已分化为几部分：一部分是能够或者已经积分入户的传统农民工；一部分是想通过继续奋斗在城市安家落户的传统农民工；还有更大一部分是只想在城市打工挣钱，年老返乡的传统农民工。新闻媒体由于缺少城市化视角，在传统农民工报道中这种区分的意识并不明显。

农民工市民化程度的一个重要显示指标是农民工与市民关系的融洽程度，市民对农民工的认可接纳的态度行为。为了促进农民工早日市民化，媒体应该多报道农民工对城市建设的贡献，对市民生活所提供的种种便利，农民工市民化的必然趋势等，以此促进城市市民在态度行为上认可接纳农民工。但是我们时常看到的是，为了吸引受众的眼球，农民工报道中存在着一些凸显趣味性、猎奇性的内容，如凶杀、暴力、犯罪、血腥、肮脏、不礼貌、不文明行为、遭受侵害等，早期的传统农民工报道在这方面的问题相当严重。21世纪以来，由于农民工政策的不断改善，媒体的责任意识增加和媒体从业人员素质的提高，这些现象已有所改善，但并未根除。此外，媒体往往容易凸显当事人的农民工身份，这种贴标签的做法对农民工的形象产生了极其恶劣的社会影响，阻碍了城市市民对农民工的正确认知和农民工自尊心的维护，使其处于社会的对立面，不利于农民工的市民化。

第十章　农民工权益维护报道研究

农民工在城市化进程中为输入地经济和社会发展做出了重大贡献，但与这种贡献不相称的是，农民工在逐渐融入城市的过程中，诸多权益仍得不到实现，在城市的工作和生活中遭受着不公正的对待。农民工问题的实质就是权益问题，农民工权益保障不到位将严重影响社会公正的实现，不利于经济与社会的协调和可持续发展。就农民工的权益维护而言，新闻媒体在普及法律知识、推动侵权事件有效处理及预防侵权等方面肩负着重要责任。做好农民工权益维护报道有利于农民工群体利益诉求的表达，促进社会公正的实现，对媒体而言则有利于提高媒体自身的公信力，塑造良好的媒介形象。

第一节　农民工权益问题及权益维护报道概述

农民工是我国城市化、工业化建设的一股强大的推动力量。但是由于种种因素的限制，农民工在城市化建设进程中只完成了职业身份的转换而并没有完成社会身份的转换，由此难以与流入地居民共同享受经济繁荣的成果，也鲜少享受平等的劳动权益、政治权益等各方面的权益保障。农民工在城市的工作生活过程中，往往面临经济、政治、社会、文化生活等方面的困境：工资普遍偏低、欠薪现象突出；超时、高强度劳动，安全条件较差；常常是工伤和职业病的受害群体；在培训就业、子女教育等方面的权益也难以得到有效保障。

研究和解决农民工问题，是一个具有鲜明中国特色的重大课题。一个文明、进步的社会应该遵循社会公正原则，让全社会、全体成员共享社会的发展和进步成果。实现社会公正意味着每个社会成员的权利都可以得到充分的维护，对农民工群体而言，更是实现他们的种种权益、体现个人尊严和实现自我价值的需要，这也是和谐社会的本质要求。

一 农民工权益及权益维护报道相关概念

（一）农民工权益

权益，是指公民受法律保护的权利和利益。对于农民工这个群体来说，他们一方面应该平等地享有《宪法》所规定的公民的政治、经济、文化、社会等各项基本权益；另一方面，农民工作为一个特殊群体还享有专门针对这一群体所设立的各项权益。

（二）农民工权益维护报道

农民工权益维护，是指依据我国法律的相关规定，依法保护农民工群体的正当权益不受侵害，并排除其他非法侵害，保障其各项权益得以实现。

农民工权益维护报道是以农民工的权益维护为中心内容的新闻报道，报道涉及政治、经济、社会、文化教育等方面，即新闻媒体对政府、社会以及农民工自身所采取的对维护农民工的正当权益不受侵犯或消除对其的非法侵犯权益等事实和观点的报道。

二 农民工权益的主要范围及缺失现状

（一）农民工权益的主要范围

1. 政治方面的权益

（1）选举权和被选举权。

《中华人民共和国宪法》第三十四条明确规定了年满18周岁的中国公民只要不被依法剥夺政治权利都享有选举与被选举的权利。

（2）依法享有参与工会的权利。

《中华人民共和国劳动法》第七条明确规定了劳动者参与和组织工会的权利；同时，《工会法》第三条也明确规定了体力劳动者和脑力劳动者都有参与和组织工会的权利。

（3）民主管理与民主监督的权利。

《工会法》明确规定了工会组织应教育职工依法行使民主权利，通过各种方式和途径参与和管理国家事务。

2. 经济方面的权益

（1）平等就业、自主择业的权利。

《中华人民共和国劳动法》第十三条规定了劳动者享有排除民族、种族、性别、宗教信仰等各方面的差异平等就业的权利。自主择业权即劳动者根据自身的体力和技术水平、生产经验等，自主地选择用人单位，[1] 同时用人单位根据自身生产、经营的需要，也可以自主选择劳动者。自主择业权促进了劳动者合理流动，合理配置了劳动力资源。

（2）报酬权、同工同酬的权利。

《中华人民共和国劳动法》第四十六条规定了劳动者通过劳动获得报酬以及同工同酬的权利。

（3）休息、休假的权利。

劳动者基于再生产、可持续劳动的需要，依法享有定期充分休息休假的权利。《中华人民共和国宪法》第四十三条规定了我国劳动者有休息的权利。此外，我国的《劳动法》第三十六条、第三十八条、第四十条对我国劳动者有关工作休整及法定节假日的休息还作出了详细具体的规定。

（4）劳动安全方面的权利。

即劳动者在劳动中获得人身安全和健康保障的权利。这是一项基本的人权，也是劳动者最基本和最重要的一项权利，重视和保障劳动者的生产安全是党和政府保障劳动者权益的重要方针。

3. 社会方面的权益

（1）社会保障。

《中华人民共和国宪法》规定了我国公民在年老、疾病或者丧失劳动能力的情况下，有从国家和社会获得物质帮助的权利。

---

[1] 石勇：《农民工权益保障问题及对策研究——以日照经济开发区为例》，硕士学位论文，曲阜师范大学，2012年，第9页。

（2）城市居住权。

农民工的城市居住权是指其作为城市居住者所享有的与住房相关的各方面的权利。随着城市化的推进、现代化的复兴，大量的农民工涌入城市务工，其城市居住权的问题已然成为整个社会的一个重点问题，与此同时，农民工的城市居住权也是农民工权益极为重要的一部分。

（3）法律救济、法律支持。

农民工法律救济方面的权利是指农民工在权利受到侵害的时候获得法律救济、法律援助的权利。

4. 文化教育方面的权益

（1）农民工享有接受技能培训的权利。

《中华人民共和国劳动法》第六十六条规定了国家通过各种途径提高劳动者素质，增强劳动者的就业能力和工作能力的权利。

（2）农民工子女的受教育权利。

当前以受教育者户口所在地就近入学的原则严重限制和损害了农民工子女的受教育权利。国家教育部出台的《流动儿童少年就学暂行办法》规定"流入地人民政府应为流动儿童少年创造条件，提供接受义务教育的机会"。[①]

（二）目前我国农民工权益缺失现状

1. 政治权益方面的缺失

"独在异乡为异客"的现实使得农民工的政治权益实现显得颇为尴尬，农民工回乡参与民主政治的比率极低。长时间远离家乡、对家乡民主政治建设不感兴趣或者不信任的心理，再加上回家乡参加选举活动需要耗费时间、往返费用等，因此他们往往不愿或无法参加远在千里之外的户籍所在地的选举活动。很多时候，请家人、朋友代替自己进行投票是目前农民工"参与村庄自治"的主要途径。

其次，农民工基本上无缘参加所在城市社区的公共管理。农民工的户籍仍在农村，现行制度只对农民工进行管理，鲜有政治参与的制度规定及

289

---

① 唐鸣、陈荣卓：《论我国农民工法律地位的双重化格局——以国家公民与地区居民为分析框架》，《内蒙古社会科学》2006 年第 9 期。

条件，因此农民工群体几乎无法参加社区委员会选举、人大代表选举、听证会等社会公共事务。

此外，农民工在打工单位的意见表达渠道也并不畅通。因为大部分农民工都在非正规部门就业，甚至部分农民工无具体单位可言，政治参与也就无从谈起。由于各方面条件限制，农民工群体甚至很难加入以维护工人合法权益为宗旨的工会组织。即使是迫于行政压力允许农民工加入，这种工会通常也沦为了空有其表的"空壳工会"。

2. 经济权益方面的缺失

（1）劳动就业权益受侵害严重。

是否签订劳动合同是农民工权益能否得到保障的一个关键因素，据国家统计局《2011年我国农民工调查监测报告》显示：农民工签订劳动合同的比例略有提高，但仍有一半以上农民工没有签订劳动合同。其中，从事建筑业、服务行业、住宿餐饮和批发零售行业的未签订劳动合同的农民工比例分别为73.6%、61.4%、64.6%和60.9%，从事制造业的农民工未签订劳动合同的占到了49.6%。[1]而建筑业、服务行业、住宿餐饮、批发零售以及制造业吸收了我国绝大部分的农民工，由此可见，我国农民工劳动权益保障方面的现状不容乐观。

（2）农民工工资被克扣、拖欠现象仍然存在。

由于目前劳动合同备案制度、企业欠薪报告制度、工资保障准备金等制度尚不完善，农民工工资被克扣、拖欠现象仍然普遍存在。中国人力资源和社会保障部副部长邱小平2012年12月底在接受新华社记者采访时直陈，"受宏观经济波动的影响，2012年度农民工工资拖欠现象有所增加"。[2]

（3）超时劳动和加班现象仍然存在。

农民工享有休假的权益，加班则应当获得加班补贴，同时，随着经济的增长农民工收入也应当不断地提高，而实际上农民工休息、休假的权益受到侵犯的现象普遍存在，农民工工资的增长也较为缓慢。

本课题组在2011年6月—2012年3月对北京、上海、广州等地的农

290

---

① 薛志伟：《调查显示：农民工"无限供给"状况正在改变》，《经济日报》2012年5月8日。

② 徐博、刘劼：《中国农民工欠薪有所反弹》，新华网，2012年12月25日，http://news.xinhuanet.com/politics/2012－12/25/c_114154531.htm，浏览日期：2014年6月20日。

民工进行了问卷调查，其中对受访者的劳动时间方面的调查结果显示：有 62.4% 的农民工每天工作时间超出 8 小时，且以每日工作 10—12 小时的居多，只有极少数农民工可以享受单休双休。

（4）农民工成为工伤、矿难、职业病多发人群。

农民工往往在乡镇企业、个体私营企业工作，一些用人单位往往只追求自身的经济利益，忽视工作环境的改善，无视职工的健康安全，一味地压缩生产成本，缺乏劳动保护措施，致使许多农民工长时间在高危环境中工作，农民工成为工伤、矿难和职业病的多发人群。

3. 社会保障权益方面的缺失

目前我国实行的医疗保障体系为：在城市实行城镇职工基本医疗保险，在农村实行新型农村合作医疗制度。然而农民工的社会保障实现情况并不乐观，《2011 年我国农民工调查监测报告》显示，雇主或单位为农民工缴纳养老保险、工伤保险、医疗保险、失业保险和生育保险的比例分别为 13.9% 、23.6% 、16.7% 、8% 和 5.6% 。[①]

4. 文化教育权益方面的缺失

（1）农民工培训任务艰巨。

接受教育培训，掌握一定的生产技术和科学文化知识，是公民谋生存图发展的必要条件。然而现实情况是：农民工受教育培训的权利基本难以实现。城市各机关、事业单位只规定在职职工享有公费继续教育的机会，农村劳动力很难享受到政府提供的免费教育和培训机会。

2003 年 10 月《2003—2010 年全国农民工培训计划》的颁布，标志着政府相关部门对农民工教育培训问题的高度重视，但是政府的财力与我国庞大的农民工群体的实际要求相差甚远。另外，就用人单位而言，为节省成本，往往在农民工上岗之前只做一些基本的技能培训，这些培训不具备计划性和长远性，只是为了应对眼前工作而进行的临时性的指导培训。

农民工自身在就业培训方面的意识也比较淡薄，并没有意识到培训学习的重要性，参加培训的农民工半途而废的现象也比较严重。此外，有报道称，目前开展的农民工培训质量也令人担忧，鲜有针对不同层次、工种

291

---

① 王春蕊：《农民工融入城市的路径与对策》，《经济论坛》2012 年第 8 期。

的农民工开展的具有针对性的培训计划，许多培训也仅仅流于形式，导致了资源的浪费。

（2）农民工子女教育问题凸显。

2013 年全国妇联发布的《我国农村留守儿童、城乡流动儿童状况报告》显示，中国大约有超过 6000 万农村留守儿童。随着外出务工的农村青壮年数量的继续增加，农村留守儿童和流动儿童的数量还将持续增长，更加凸显这一老大难问题。

当前，农民工子女教育问题主要包括流动儿童教育问题、留守儿童教育问题和失学问题。农村留守儿童因为父母长年在外打工，父母很难时常陪在身边，还有许多学龄孩子则因各种原因失学，过早进入社会。随父母一起入城的流动儿童也很难接受到高质量的教育，尤其是面对升学等问题困难更多，另外高昂的教育费用迫使很多农民工把自己的孩子留在了家乡。

第二节　农民工权益保障与媒体报道

一　农民工权益保障的法律体系及制约因素

（一）农民工权益保障的法律体系

我国对农民工权益保障的体系构建过程，深刻体现出政策对法律法规的影响和渗透，二者共同支撑着农民工权益保障的深入。进入 21 世纪以来，我国主要采取了三大举措深化劳动力市场的改革。首先，制定了以农民工群体为特定目标的一揽子政策。2006 年 3 月，国务院办公厅发布的《关于解决农民工问题的若干意见》标志着"农民工新政"呈现出系统化的特征。紧接着，2007 年颁布实施了《劳动合同法》，对劳动力市场的规范化起到了一定的作用，促使农民工群体成为劳动合同制度的覆盖对象之一，农民工在法律层面获得了与其他劳动者平等的劳动就业权利。再次，推动农民工群体参保，整合了社会保险体系。《社会保险法》已于 2011 年 7 月 1 日起施行，该法规定："进城务工的农村居民必须依照该法参加社会保险。"这意味着，农民工参与社会保险的法律地位以及相应的制度规则与城市的其他劳动者得到了统一，至此，"让农民工平等地参与城市社会保险的中央性政策"上升为国家法律。

应该看到，我国农民工权益保障的法律建设还没有形成健全的体系，许多与农民工权益密切相关的法律法规还不完善。已有的法律条文仅对相关问题做出原则性的规定，尚缺乏现实的可操作性。另外，某些法律内部比例的设置也存在失调现象，如《社会保险法》内容过多地偏向养老保险，而失业、医疗、生育等其他内容的比例则很低。而在法律的实施过程中，权益救济渠道不畅通、维权成本高昂、行政执法力度不够、行政监管职能缺位等现象的存在严重影响了法律的实际效果，使得农民工群体的实有权利与法定权利存在较大差距。

法律法规是调整社会关系的重要手段，农民工权益的法律体系构建对农民工的权益维护发挥着至关重要的作用，建立完善的法律保障体系，充分规范政府、企业及个人之间的权利义务关系以及各个群体的利益调整，才能有效促进我国农民工权益的切实维护。

（二）农民工权益保障的制约因素

农民工权益的保障是一项复杂、系统的社会工程，除前文所述的法律因素外，还包含了制度因素、劳动力市场因素、社会组织因素以及农民工自身等多方面的因素。

1. 城乡二元化的经济社会结构

城乡二元化的户籍制度与就业、社会保障、教育、住房、城市管理乃至政治制度等多重配套制度，成为制约农民工融入城市社会的强大制度性因素。[①]

户籍制度建立的初衷是在我国经济建设初期防止过多的人口流动到城市而滋生社会问题。这一城乡分割的户籍管理制度在特定的历史时期有其积极意义，但其限制了劳动力的合理配置及流动，这在城市化的快速推进过程中显得尤为突出。

293

2. 劳动力市场因素

劳动力市场不统一、劳动力过剩、缺乏完备的法律规范以及处罚措施，是农民工权益遭受损害的直接因素。我国的劳动力市场供大于求的供

---

① 石勇：《农民工权益保障问题及对策研究》，硕士学位论文，曲阜师范大学，2012年，第16—17页。

需矛盾将长期存在，并且目前的情况是农民工群体往往处于劳资关系的弱势一方，很难维护自身权益；加之现行法律保障体系尚不完备，部分企业经营者的法制观念薄弱，农民工劳动权益受损现象频发。

3. 社会组织因素

社会组织保障的缺失，是农民工群体权益遭受侵害的关键因素。虽然我国《工会法》有农民工可以参与工会组织的规定，然而在现实中，工会组织及其作用并没有得到农民工群体的充分认可，农民工参加工会组织也并不多见，因此，工会在维护农民工权益方面的作用还比较有限。

从某种程度来说，由于农民工群体的组织化程度较低，致使他们失去了参与社会活动的正式的组织依托，因此其利益诉求难以得到及时关注，在其权益受到损害时，难以及时依靠组织的力量加以维护。

4. 农民工自身因素

文化素养不高、法制观念淡薄等自身因素是农民工权益遭受损害的内在原因。由于其文化知识、法律知识、维权意识较为欠缺，导致他们一方面缺乏预防侵权的自我保护，另一方面当权益受到损害时不知如何通过合法的手段进行维护。

二 农民工权益维护与媒体报道

（一）农民工权益维护的途径

自 20 世纪 90 年代以来，农民工权益亟待保障的问题逐渐成为社会热点。为了保障农民工的权益，农民工、社会和政府多方发力，进行了形式多样的维权活动。总的来说，农民工权益的维护主要体现在以下三种途径：私力救济、社会救济和公力救济。

1. 私力救济

所谓私力救济，就是依靠农民工自身的力量来实现权益或者解决纠纷。这种维权主要通过矛盾双方的交涉、和解或者一方采用暴力、威胁的形式使对方屈服等方式进行。现实生活中常常出现采用暴力、威胁甚至自杀等极端方式进行维权的现象。

2. 社会救济

农民工权益的社会救济，是指通过第三方力量进行抗争，主要是指依靠他们自身人际关系网络能够找到的社会资源、NGO 组织、新闻媒体等。自 20 世纪末以来，国内兴起了许多农民工的非正式组织，如北京的"小小鸟打工热线"、深圳的"南山区女职工服务中心"等，他们在帮助农民工维权方面发挥了较大作用；而在借助的社会力量中，最有影响力的是新闻媒体。

3. 公力救济

公力救济，是指运用公权力来对农民工的权益进行救济，它可分为行政救济与法律救济两种方式。对农民工权益的行政救济是行政机关通过运用行政权来实现的；对农民工权益的法律救济是司法机关通过运用司法权来实现农民工权益的保护，通俗地讲就是农民工通过走诉讼程序的方式来维护自己的权益。

（二）新闻媒体与农民工权益维护

新闻传媒具有整合社会资源、协调社会发展的社会属性。尤其在现今中国，传媒生态与社会系统共生、贯通关系更是日益紧密和深化，有学者认为媒体在新的社会生活中构筑了新的"社会生活地图"。[1] 通过引导公众参与、监督政府行为、推动社会变革、倡导先进文化、化解阶层矛盾等一系列功能的发挥，新闻媒体能够为社会创造良好的舆论生态环境。伴随着 20 世纪 90 年代以来我国经济的突飞猛进，席卷而来的"民工潮"引发了新闻媒体的竞相关注。近些年来，新闻媒体对弱势群体的报道越来越多，出现了一批影响较为广泛的优秀新闻作品。其中，农民工清欠报道、职业病防治等相关报道一度引发社会热议。由此可见，新闻媒体对农民工的聚焦激发了全社会巨大的"正能量"，有力地推动了整个社会对农民工群体的关怀，使一些突出的社会问题得到了及时、较好的解决，在推动和谐劳动关系的构建方面起到了良好的作用。

295

（三）农民工权益维护报道的发展阶段

进入 21 世纪以来，随着时任国家领导人及新一届领导人对"三农"问题、农民工群体的高度关注，我国自 2000 年起出台了一系列保障农民工权益的文件和法律。国家政策层面的变动对农民工权益维护报道的议程设

---

① 罗以澄：《新闻媒介是和谐社会守望者》，《中国三峡建设》2006 年第 3 期。

置产生了直接影响，媒体对农民工的认知发生了历史性的转变，一扫之前将其视为"盲流"的印象，开始承认其弱势地位并加以关注。媒体对农民工的报道不再停留于物质生活状况、国家相关政策发布、春运流动现象等，而是转向政治、经济、社会、文化生活的方方面面。就具体的报道议题而言，有关农民工权益的议题逐年增加，且在报道的视角上呈现出逐渐深入和全面的变化趋势。

以国家政策对农民工议程的影响为牵引，权益维护报道的涵盖范围也越来越广阔和深入，具体有以下几个阶段的变化发展。

1. 2000—2002 年

由于国家在 2000 年起出台了一系列保障农民工权益的文件，改变了社会以及媒体对农民工的认知，农民工群体的"盲流"形象不复存在，整个社会开始将其视为"弱势群体"，因此，这一阶段的农民工权益维护报道视角开始聚焦于农民工群体的权益尤其是农民工劳动就业等方面的权益。

2. 2003—2004 年

2003 年是农民工报道"井喷式"发展的一年，主要源于 2003 年温家宝总理帮助农民工讨薪的新闻以及国家发布的一系列针对农民工问题的意见及通知，推动了媒体对农民工问题这一富矿的深挖开采。随着社会环境的变化，这一阶段的农民工权益维护报道在议题的广度和深度上得到了新的发展，开始聚焦于服务农民工、农民工子女教育、薪资保障等多个方面。

3. 2005—2012 年

随着社会发展，党和政府已经充分认识到我国的农民工问题是一项具有长期性、重要性和紧迫性的社会问题，因此切实解决农民工群体各方面的权益成为政府的重要议题。2006 年，《关于推进社会主义新农村建设的若干意见》《关于解决农民工问题的若干意见》等重要文件的发布，标志着农民工在政策上获得了向"新市民"转变的历史性突破。基于此，我国媒体紧跟时代节奏，农民工群体的经济权益、政治权益、社会权益、文化教育权益等在社会上引发了广泛关注和探讨。

第三节　农民工权益维护报道的现状

本章选取《南方日报》和《羊城晚报》的农民工权益维护报道作为分析样本。广东作为农民工输入大省，农民工权益维护案例较多，在农民工维权方面也有着较为成熟的体系，广东省新闻媒体的农民工权益维护报道在很大程度上能够反映这方面的主流情况。我们选取了当地党报《南方日报》和当地都市报《羊城晚报》两份报纸，从 2011 年 1 月 1 日至 2012 年 12 月 31 日期间的新闻报道中选取了 835 篇有关农民工的报道，其中农民工权益维护报道有 125 篇。通过对两份报纸农民工权益维护报道的样本进行定性和定量研究，分析我国农民工权益维护报道呈现出来的现状特点。

一　农民工权益维护报道的类别

农民工权益维护报道是新闻媒体对政府、社会以及农民工自身所采取的，对维护农民工的正当权益不受侵犯或消除对其的非法侵犯权益等事实和观点的报道。新闻媒体的农民工权益维护报道按照其报道内容和报道效果的不同可分为以下五个类别：农民工相关法律制度的宣传解读报道、农民工权益受损事件报道、农民工维权事件报道、农民工维权信息公开报道、农民工维权呼吁报道。其中农民工相关法律制度的宣传解读报道在本书第三章中已做详细论述，本章不再将其划入农民工权益维护报道进行解读。

（一）农民工权益受损事件报道

农民工权益受损事件报道，是指新闻媒体对农民工的政治、经济、社会、文化教育等方面的权益受到侵害的事实进行报道。这类报道为事实性报道，报道重点为农民工权益受损的客观情况。作为农民工权益维护报道，这类报道属于第三方维权，即新闻媒体通过对农民工权益受损事件的报道，以期得到社会及政府相关职能部门的关注。如《南方日报》2011 年 5 月 26 日对农民工加班猝死的事件报道《男子连续加班 10 天后猝死　经常工作 12 小时以上》，《南方日报》2012 年 8 月 14 日对农民工医保问题的报道《未买医保工人突发脑出血谁埋单？》，《羊城晚报》2012 年 4 月 24 日

297

对农民工劳动安全受损情况的报道《疑遭化学污染女工病重难医》等均属于农民工合法权益受损事件报道。

（二）农民工维权事件报道

农民工维权事件报道，是指新闻媒体对农民工权益维护事件的报道，这是农民工权益维护报道中最常见的一类，报道重点在于展现维权经过和维权结果，包括对私力维权、公力维权和第三方维权的报道。这类报道中不仅有对正当维权事件的报道，也有对农民工维权过激行为的报道，以事实性报道为主。与农民工权益受损事件报道不同的是，农民工维权事件报道侧重于维权的过程和结果，重点在于维护农民工合法权益的方式。例如，《南方日报》2012 年 8 月 9 日对农民工过激维权行为的报道《欠薪两千元工人跳楼亡》，《南方日报》2011 年 8 月 30 日对律师帮助农民工讨薪的报道《新疆民工讨回 68000 元工资 即兴赋诗感谢广东志愿律师邓南华》，《羊城晚报》2011 年 2 月 1 日对一位司法所所长帮助农民工维权事件的报道《伤残民工怀揣巨额赔偿金回家过年》等，均属于农民工维权事件报道。

（三）农民工权益信息公开报道

农民工权益信息公开报道，是指新闻媒体为方便农民工维权而提供的相关信息的报道。此类报道主要包括了政府或社会第三方为维护农民工权益所采取的措施、农民工维权可采用的渠道和办法、农民工权益保护的警示和教育信息等内容。与政策宣传解读报道不同的是，这类报道侧重于对农民工权益维护的实况信息、警示教育信息的公开。与农民工维权事件报道不同的是，这类报道并未反映详细的维权事件，而是侧重于突出对农民工维权的教育和预警作用，其目的在于公开政府和社会的维权力度，告知农民工权益维护的办法和渠道，为农民工权益维护提出警示。例如，2011年 2 月 16 日《南方日报》曝光企业吸纳廉价工的调查报道《节后找工：小心"被派遣"》，2011 年 1 月 20 日《南方日报》对拖欠工人工资的企业发出警示的报道《施工企业拖欠工资被通报 拖欠事件处理完毕前不得在莞接工程》，2011 年 1 月 21 日《南方日报》关于政府维权信息公开的报道《专项执法打击拖欠工资 力争 65% 外来工在小榄过春节》等，均属于农民工权益信息公开报道。

（四）农民工维权呼吁报道

农民工维权呼吁报道，是指新闻媒体作为公众意见的代言人为农民工权益维护提出呼吁，促使社会关注农民工维权问题。农民工维权呼吁报道是观点性报道，既包括农民工政策呼吁报道中关于农民工权益维护和立法方面的内容，也包括对除政策外的公力、私力和社会维护农民工合法权益的呼吁。例如，2011 年 3 月 1 日《南方日报》的评论《"恶意欠薪"入刑不是解决讨薪难的唯一途径》，呼吁"除了政策立法之外，提高劳动者法律意识、加大行政监管力度、全社会的群策群力和雇主及各行业的自觉等都是解决讨薪难的方法"。2011 年 10 月 17 日的《南方日报》的述评式报道《民意表达盼制度安排 外来工维权其命维新》中呼吁"在外来工被吸收为新市民之前，须具有一定的组织性，这对于外来工维权同样重要"。

二 农民工权益维护报道的整体特点

通过对 2011 年至 2012 年《南方日报》和《羊城晚报》的 125 篇农民工权益维护报道的样本进行数据分析和内容分析，我们可以看出农民工权益维护报道呈现出以下特点。

（一）事实类报道居多，注重报道的普法教育功能

在我们所收集的 125 篇农民工权益维护报道中，涉及农民工维权事件的报道有 52 篇，涉及农民工权益受损情况的报道有 37 篇，分别占总数的 41.6% 和 29.6%。这两类农民工权益维护报道均属事实类报道，以报道客观新闻事件为主。从表 10 - 1 中我们可以看出，事实性报道在农民工权益维护报道中占绝大多数，以述评式报道为主的农民工权益维护呼吁报道所占比重较小。

表 10 - 1　2011—2012 年《南方日报》《羊城晚报》农民工权益维护
报道类别分布

报道类别	权益受损事件报道	维权事件报道	农民工权益信息公开报道	农民工权益维护呼吁报道
数量（篇）	37	52	31	13

在有关农民工权益的事实性报道中，新闻媒介对农民工维权事件的报道居多，有 52 篇。在维权事件报道中，有 8 篇是涉及农民工维权过激行为

的报道，其余均为农民工正当维权事件的报道。无论是正面还是负面的报道，对于农民工的维权行为都具有教育和警示作用。

从表10-1中我们还能看出，除了涉及事件的事实类报道外，涉及农民工权益维护的实况信息、警示教育信息的农民工权益信息公开报道在农民工权益维护报道中也占了不小的比重。这类报道中有一部分是与农民工权益受损事件和维权事件报道重合的，即在我们所抽取的农民工权益维护报道样本中有部分新闻在报道事件的同时，也加入了对农民工权益维护的办法和渠道的告知信息以及对农民工权益维护提出的警示和教育内容。

无论是对农民工权益事件本身的报道，还是对农民工维权信息的公开，或是二者的结合，均显示出农民工权益维护报道的教育倾向，反映出新闻媒体在对农民工权益维护报道中注重其监督功能和普法教育功能的发挥。

农民工权益维护报道注重报道的普法教育功能还体现在报道提出的解决办法和专家意见。我们将125篇样本进行统计，如表10-2所示，60%的报道可见解决方案和专家意见。报道中提出解决方案或者专家建议，对于受众，尤其是农民工群体来说，有着重要的指导意义和教育功效，有助于农民工群体在遇到相似情况或事件时采取正确的权益维护方式，在权益受损的情况下把握维权的途径。

表10-2　　　　　　2011—2012年《南方日报》《羊城晚报》
农民工权益维护报道解决方案统计

是否有解决方案和专家意见	有	无
数量（篇）	75	50

（二）消息类报道居多，深度报道侧重故事化情节

通过对125篇报道样本的体裁进行分析，如表10-3所示，消息类报道占了最大比重（76%），共有95篇。

消息具有反应迅速及时、行文简短明快、用事实说话、讲究一事一报等特点。消息在农民工权益维护报道中的大量运用，体现了报道高度重视信息量和时效性。

300

表 10 – 3　　2011—2012 年《南方日报》《羊城晚报》农民工权益维护

报道体裁分布

体裁	消息	深度报道	评论
数量（篇）	95	23	7
所占比例（%）	76	18.4	5.6

对于以通讯和调查报道为代表的深度报道来说，其主要目的在于系统反映重大新闻事件和社会问题，深入挖掘和阐明事件的因果关系以揭示其实质和意义，追踪和探索其发展趋向。在这个过程中，故事化的情节对于吸引受众注意，实现新闻报道传递信息、普及知识、引导舆论的目的十分有效，尤其是在农民工权益维护报道中。①

在对 125 篇样本所涉及的农民工权益维护深度报道的分析中不难发现，故事化情节很好地呈现出了维权事件，对于增加报道的可读性和感染力，优化新闻传播效果大有益处。例如，《男子连续加班 10 天后猝死　经常工作 12 小时以上》（《南方日报》2011 年 5 月 26 日）、《住院十个月"胶毒"未除　广西女孩覃鉴至今仍被后遗症折磨》（《羊城晚报》2012 年 2 月 11日）。这两篇报道通过还原农民工权益受损情况和细节，客观生动地描述了农民工权益受到侵害后的生存境遇，既凸显了事件中隐含的信息，又攫取读者的注意力，形成舆论声援。

需要注意的是，农民工权益维护报道的故事性必须以客观性为前提。作为舆论监督报道的一种，农民工权益维护报道要打动受众、形成舆论力量最主要的还是依靠事件的客观性，故事化的报道形式只是一种手段。这就要求记者必须认真核对稿件中的每一条线索，根据完全真实的资料来构思新闻报道的框架。

301

（三）农民工经济权益报道居多，劳动报酬和安全是报道重点

通过对样本中涉及权益类型的分析，如表 10 – 4 所示，涉及农民工经济权益的报道有 96 篇，占样本总数的 76.8%；涉及农民工的社会性权益的报道有 27 篇，占样本总数的 21.6%；涉及农民工政治权益和文化教育

---

① 张宁：《农民工维权报道研究——基于〈四川工人日报〉的分析》，硕士学位论文，四川省社会科学院，2012 年，第 18 页。

权益的报道较少。我们可以看出，媒体关于农民工权益维护的报道主要聚焦于农民工经济权益方面的内容。

表 10-4　2011—2012 年《南方日报》《羊城晚报》农民工权益维护
报道涉及权益

权益类型	政治权益	经济权益	社会性权益	文化教育权益
数量（篇）	6	96	27	0

2003 年温家宝总理为农妇熊德明讨薪事件之后，全国掀起了一场声势浩大的"讨薪风暴"，全社会各个层面的力量都被调动起来。同年国务院办公厅发布了《关于切实解决建设领域拖欠工程款问题的通知》，各地政府部门纷纷制定相关政策，严厉打击拖欠农民工薪资的行为，保护农民工的合法权益特别是经济权益成为了媒体关注的重中之重。

如前文所述，农民工的经济权益包括：平等就业、自主择业的权利、报酬权、同工同酬的权利，休息、休假的权利和劳动安全方面的权利。通过对 96 篇涉及农民工经济权益的样本进行内容分析（其中有同篇报道涉及多个权益内容的情况），如表 10-5 所示，涉及农民工薪酬方面权益的报道有 62 篇，占 64.6%；涉及农民工劳动安全方面权益的报道有 25 篇，占 26%；涉及农民工就业和休假权益的内容较少，分别只占了 7% 和 4%。在涉及农民工的经济权益维护报道中，劳动报酬和劳动安全是报道的重点。薪酬和安全问题也是农民工最为关注的问题，是关系到他们切身利益的权益问题，也是城市化进程中存在的突出矛盾。

表 10-5　　农民工经济权益维护报道的样本中所涉及的具体问题

经济权益内容	就业	报酬	休息、休假	安全
数量（篇）	7	62	4	25

农民工的社会性权益包括：社会保障权益、城市居住权和法律救济、法律支持。通过对 27 篇涉及农民工社会权益的样本进行内容分析，如表 10-6 所示，涉及农民工法律救济方面权益的报道有 16 篇，涉及农民工社会保障方面权益的报道有 11 篇，而所抽取的样本中并没有对农民工城市居住权方面的报道。随着近年来我国农民工政策在引导阶段逐渐淡化对农民工流动的监管和控制，开始逐渐走向关注农民工权益、社会保障和各项服

务上，新闻媒体对农民工的法律援助权益和社会保障权益也给予了应有的关注。

表 10 - 6　　　农民工社会权益维护报道的样本中所涉及的具体问题

社会权益内容	社会保障	居住	法律支持
数量（篇）	11	0	16

（4）公力维权报道居多，同时兼顾第三方维权和私力维权

在农民工权益维护报道中，涉及的维权主体有政府和司法系统在内的公力维权，媒体和公益组织在内的第三方维权以及农民工自身的私力维权。通过对样本中所涉及的维权主体进行分析，如表 10 - 7 所示，涉及公力维权的报道占了最大比例，从侧面反映出政府部门的作为和决策在媒介议题设置中占据了相当重要的位置。

表 10 - 7　　2011—2012 年《南方日报》《羊城晚报》农民工权益维护
报道中涉及的维权主体

维权主体	私力维权	第三方维权	公力维权
数量（篇）	30	32	61

维权主体涉及公力的报道居多，其原因主要在于，在我国，政府往往是媒介议题的发起源，可以通过其"公权"的力量及行政策略为媒介设置"政府—农民工"议题，从而影响该议题的展开及深入。另外，长期以来我国媒体的新闻报道更注重宣传功能，在讲究新闻价值的重要性、显著性、接近性的同时，更注重针对性和典型性，在遵循新闻宣传工作的指导性和党性原则的过程中，习惯于融入更多的政治因素。具体来看，以政府作为及政策为重心的农民工权益维护报道，其具体内容涉及政府对农民工权益维护的政策制定、政府的维权信息公开、政府帮助农民工维权、政府和司法机关开展的维权行动等。涉及公力维权的报道能够展现出一个追求公正、亲民有为的政府形象。

从表 10 - 7 可以看出，以农民工个体作为重心的权益维护报道并不占多数，其中有三分之一的报道是关于农民工私力维权过激行为的报道。这是因为在现实生活中，农民工往往处于弱势的一方，因此通过与资方交涉、谈判来获得私力救济的成功率极小，所以他们容易采用暴力、威胁甚

至自杀等极端方式进行维权。

第四节　农民工权益维护报道的不足和改进建议

一　农民工权益维护报道的不足

（一）权益维护报道重"经济人"属性，轻"社会人"属性

"经济人"的概念来自亚当·斯密《国富论》中的一段话："我们每天所需要的食物和饮料，不是出自屠户、酿酒家和面包师的恩惠，而是出于他们自利的打算。不说唤起他们利他心的话，而说唤起他们利己心的话，不说自己需要，而说对他们有好处。""经济人"概念强调社会主体往往是以完全追求物质利益而开展某一经济活动。"社会人"是与"经济人"相对应的一个概念，"社会人假设"认为，人们最重视的是工作中与周围人友好相处，物质利益是相对次要的因素。① 即这一概念更注重人作为"社会化"主体所追求的物质利益以外的政治、精神、文化享受以及自我价值的实现。

如上文阐述，农民工权益维护报道所涉及的权益内容主要包含以下四类：政治性权益、经济性权益、社会权益、文化教育权益。通过前文的分析结果可以看到，权益维护报道对经济性权益的关注最为突出，占的比重最大。从媒体呈现的情况来看，农民工权益维护报道议题主要集中于薪资、农民工劳动安全、社会保障等"看得见"的权益，而对农民工的社会生活、城市归属感、文化精神等"看不见"的权益明显缺乏关注。对农民工群体而言，也许进入城市最直接的动力就是经济利益，倘若没有工钱，他们将无法在城市中立足和生存。因此很多情况下，他们无法自主选择良好的居住饮食、休闲娱乐等方面的社会环境。然而，大众媒体如果仅仅将这一群体简化为一个劳工群体，只在他们的经济利益受到触犯时才进行关注，就会使得这一群体的政治生活、社会生活、文化精神等利益诉求处于边缘状态，这势必与多样化社会群体的实际利益诉求相差甚远。

304

---

① 互动百科：《经济人》，http://www.baike.com/wiki/%20%E7%BB%8F%E6%B5%8E%E4%BA%BA，浏览日期：2014 年 6 月 20 日。

（二）农民工作为维权主体的地位缺失，呈现被动形象

在农民工权益维护报道中，作为维权主体的农民工，其"主体地位"其实是缺失的。报道中往往呈现的是农民工的权益受损后被救济、受帮助或求助无门等状况，而对于农民工个体的正当维权行为、个人维权诉求、主动寻求社会资源帮助的内容并不多。

农民工报道中，农民工群体往往只是作为被慰问、被关注、被帮助者存在，如：《外来工不幸工伤　司法局助其获赔偿》（《南方日报》2011年3月29日）、《人社局等五部门联动为千名工人追回工资》（《南方日报》2011年1月26日）、《法官为76名工人讨欠薪　工人们欢喜回家过年》（《羊城晚报》2012年1月19日）等。报道主体通常是政府、公益组织、新闻媒体，农民工大多数时候只是一个被提及的对象、一个被表述和被言说的客体。即使是在涉及私力维权的议题中，农民工虽然是事件的主角，但他们的维权行为很大部分呈现的是被动和较为负面的。

这种情况的出现虽然与大多数农民工自身的一些因素有关，主要表现为其文化知识、法律知识、维权意识较为欠缺。但是我们应该看到，随着时代的发展以及新生代农民工群体的壮大，农民工的文化知识、法律知识、维权意识也在逐渐提高，其正当的维权行为也在不断出现，在新闻媒体的媒介呈现中，应该更多关注公力维权之外的正当维权行为，向公众展示农民工"主动出击"的正当维权，扭转其被动地位，凸显其主体地位。

（三）农民工权益维护报道视角较为单一，深度法理性报道需加强

由上文分析可见，我国的农民工权益维护报道，呈现出政策性、实用性的趋势，报道视角较为单一，主要集中在农民工权益维护的方式方法、对农民工的指导教育意义等方面。但我们应该注意的是，农民工权益维护报道更需要凸显报道的法理性。

所谓法理性，是指报道应该从法律的角度观察问题、思考问题，并运用法律思维分析问题，从法理的层面把握新闻事件的全局。也就是说报道不能仅仅局限于告知维权信息或维权知识，还应该结合具体维权事件，从经济体制、社会环境、用工主体、政府政策法规等多个角度、多种关系中对农民工权益问题作法理性的分析和解说。这不仅能更好地普及法律知识，提高受众法律意识，还能有力地监督法律实施，维护公民合法权益，

推动法治实践完善。这种深度法理性的报道会对农民工维权产生更加深远的影响。

（四）权益维护报道供需、反馈机制存在困境

农民工权益维护报道是以农民工权益维护为主要内容的报道，以农民工为代表的基层职工群体是其目标受众。因此，要检验农民工权益维护报道所取得的传播效果，应对目标受众的媒介接触程度进行验证。

本课题就此问题对 748 名农民工进行了问卷调查，调查显示，从文化程度而言，农民工群体已基本具备部分接触媒介的条件，他们对报纸、电视、网络等媒体都有一定的接触，然而长期的、连贯的媒介接触行为还比较少，休闲娱乐、消遣放松是他们接触媒介的直接动因。相当一部分农民工的媒介接触行为只是偶尔，生活经验以及所处群体的"意见领袖"仍然是影响农民工对环境的认知与理解的主要因素。这样，很多时候媒体对农民工群体的报道似乎很难有效传达到他们身边，相应的，他们自觉地利用媒体表达自身利益诉求的概率也较小。

不过我们也要看到，随着媒体对农民工群体权益的广泛关注，特别是一些经媒体曝光的事件得到了高效处理，农民工尤其是新生代农民工通过媒体维权的信心开始增强，当农民工个体权益受到侵害时，他们向媒体求助的现象已日渐增多。不过我们也应看到，这一现象往往只是出于农民工对自身权益的关注，当事情被搁置或得到处理，后续的反馈行动就会中止。因此我们很少能看到农民工群体对日常发生的社会事件乃至发生在自身群体身上的事件在媒体上有反馈信息，目前媒体的农民工权益维护报道和农民工群体之间的良性互动尚不理想。

306

二 农民工权益维护报道的改进建议

针对目前农民工权益维护报道的问题和不足，我们对农民工权益维护报道的改进提出以下建议。

（一）媒体应积极关注农民工群体的"社会人"属性

农民工作为一个社会人，其享有的权益不只局限于经济物质方面，政治的、社会的、文化精神等方面的权益保障对他们的生活质量的提高也有着重要影响。就媒体而言，除了报道农民工的经济权益维护之外，还应积

极主动关注农民工群体作为"社会人"的其他权益。

首先，媒体应该平衡报道视角，除经济权益外，还应主动探寻农民工政治生活、社会生活、精神文化生活等多方面的权益需求。对久居城市的农民工群体而言，他们的现实生活正处在"非城非乡"的悬置状态，传统的"日出而作，日落而息"的劳动习惯已被打破，但一家老小共享天伦却较难实现，文化生活状况不尽如人意，政治参与状况也不理想。他们蜗居于城市的工棚、"城中村"，被隔离在城市精彩纷呈的社会文化生活的世界之外。中国社会科学院研究员王春光将当前农民工的生活处境形容为"孤岛"："城市并没有真正接纳这些外来者。他们远离家乡和亲人、从事高强度劳动、遭受歧视、缺乏适龄性伴侣和社交生活，就像生活在孤岛上一样。"有鉴于此，新闻媒体应该积极调整报道视角，在关注农民工"经济人"属性的同时，对农民工的政治生活、社会生活、文化精神生活方面的权益应加以关照，从而引发社会各个方面关注并改善农民工的社会权益处境。

其次，媒体应积极引导农民工真正享有健康的政治生活、社会生活、精神文化生活方面的权益。如鼓励引导农民工为社区管理献计献策，参与政府的公开听证，充分利用政府免费开放的报刊阅览室、文化体育设施，在资源条件允许的条件下组织开展农民工文化、体育活动，鼓励他们积极组织业余文艺演出、利用业余时间学习文化、补充知识，在城市社会中倡导一种吸引农民工参与政治、参加文化精神活动，主动融入城市文化的舆论氛围。

再次，媒体应积极发挥舆论监督功能，确保农民工相关权益保障落到实处。督促农民工政治、社会、精神文化等方面的权益落到实处离不开制度的保障，同时，媒体应积极发挥守望环境、监督权力的社会功能，促进政府职能部门出台并落实农民工种种权益保障的政策和措施，防止一些公益性质、免费性质的政治参与、精神文化项目流于形式或扭曲变形。

（二）农民工权益维护报道应显现农民工的主体地位

农民工权益的保障是一个系统工程，亟须政府、社会、农民工自身等各方面力量的通力协作。就农民工权益维护报道而言，除了报道有关政策法规、政府作为、社会帮扶、企业行为之外，还应在农民工维权事件中显现农民工的维权主体地位。

首先，媒体自身应培养科学的农民工权益维护报道价值观，给予农民工更多的话语权。媒体在组织农民工权益问题的报道时应该秉持客观公正的权益维护报道价值观，加强报道力度，全面展现农民工群体的社会处境，深度挖掘他们真实生活状态以及切实存在的利益诉求，在全社会营造一种深切关注农民工群体权益的舆论氛围。

其次，改变农民工权益维护"被代言""被表达"的现状。农民工这个特殊的群体身处我国城乡二元社会结构的夹缝中，这批由经济动力驱使而产生的流动人口在我国城市社会中已被边缘化。农民工群体的权益状况频频走入媒介视野，更多时候这个权益的主体被塑造成一个绝望无助、走投无路的受害者形象，媒体的关注往往停留在表层。目前农民工群体"被代言""被表达"的状态亟须扭转，新闻媒体工作者应该遵守职业道德、加强社会责任意识，在媒介资源的再分配上细化考虑这一特殊社会群体的权益诉求，主动开发与拓宽这一群体的自主表达的利益诉求渠道。在权益维护事件的报道中多引述农民工的看法和意见，开辟有关栏目开展与农民工群体的"面对面"对话和讨论，倾听农民工群体对相关维权事件的见解、看法，积极回应来自农民工群体的疑问及困惑，并以现实行动协助解决当前他们所需的权益保障问题。

（三）权益维护报道在注重政策性、实用性的同时应讲究法理性

农民工权益维护报道应该拓宽事件的内涵，在注重实用性、政策性的同时，还应讲究法理性。在保持对问题本身的关注和重视的同时，更加注意问题背后的深层法理探究，使得议题范围的广度和深度都得到拓展。这就需要农民工权益维护报道拥有专家型的记者。

要建设一支专家型的维权记者队伍，必须强化两个方面的意识：首先，维护农民工权益必须有高度的政治责任意识。权益维护报道必须是以"维权又维稳"的双赢为出发点，做到既能理直气壮地充当农民工群体的代言人和维护者，又能积极引导舆论为国家分忧，从而起到"帮忙而不添乱"的社会效果。① 其次，维护农民工合法权益必须强化法律意识，必须

308

---

① 屠小华：《从劳工权益视角看维权报道的趋势与对策》，《传媒观察》2011 年第 8 期。

掌握企业管理、《劳动法》《工会法》、社会保障、劳动保护等有关劳动关系理论的专业知识和法律知识，必须掌握民主管理、职工代表大会、平等协商集体合同、劳动争议处理等协调劳动关系渠道的知识。此外，要成为专家型的维权记者，重要的是要了解作为维权报道主体的农民工群体的现状，才能敏锐地捕捉到有价值的新闻事件。

值得注意的是，农民工权益维护是一项涉及全社会的系统工程，新闻媒体在履行维护农民工合法权益职责时，应当在准确把握自身社会定位的基础上，广泛利用各种社会资源，如借助社会上的专家、学者、律师和法律工作者等人才资源，为农民工提供法律援助服务。新闻媒体在报道这些专家、学者、律师和法律工作者的意见和法律援助行动的过程中，可以让受众更加明了相关维权事件法理上的本质内涵和维权依据，从而做出具有法理性的农民工权益维护报道。

（四）积极促进农民工权益维护报道的供需、反馈机制的平衡

要解决农民工权益维护报道供需、反馈机制的困境，对媒体而言，应加强媒介的信息补偿机制构建，促进社会对农民工的关注、引导农民工群体加强自我关注。

21世纪以来，社会对农民工群体的关注越来越多，许多保护农民工的政策、制度也不断出台并得到了实施，反应农民工权益维护的报道也常见诸媒体。不过我们也应看到，媒体对农民工这一群体的关注往往只是周期性的，缺乏连续性。此外，由于自身文化知识水平普遍偏低、培训学习欠缺、就业和经济收入的压力等因素农民工群体很少考虑自身的社会处境，维权意识不强，缺乏与媒体进行互动的动力。

309

因此，这就要求媒体注重对这一群体的信息补偿，有意识地运用广播、电视、报纸、网络、手机等多重信息传播渠道，及时、多频率地为其提供与其权益保障相关的政策、维权信息等方面的服务；积极引导他们关注自身的合法权益，在其权益受到侵害时提供信息、渠道沟通等方面的支持。媒体作为社会系统的一部分，其运行机制必然会受到其他子系统的影响和制约，因此，实现农民工权益维护报道供需、反馈机制的平衡需要来自政府、社会、媒体以及农民工自身的共同努力。

就政府而言，应从机构组织层面开辟吸收和容纳农民工群体的意见渠

道，如设立农民工工作的协调机构和信访机构，使农民工利益表达渠道合法化、制度化；政府应致力于媒介管理中信息运行机制的畅通，使得来自农民工的声音能够顺利传输、扩散；政府还应加强改善农民工的政治生活、社会生活和精神文化生活的不利处境，强化农民工继续教育及技能培训，提高农民工文化知识水平及媒介素养。

就社会而言，社会机构和公益组织应主动帮助农民工维权。如工会应积极主动地吸纳农民工入会，帮助他们解决工作生活中的种种权益问题；律师事务所应自觉地为农民工提供法律咨询和法律救济，减免相关费用；一些农民工的群益组织的成员应相互帮助，在成员权益受损时以正当的渠道和方式以集体的力量维护权益。尤其是对城市市民而言，应增强对农民工的理解与包容，对损害农民工权益的行为进行谴责，在城市社会中形成一种追求公平正义的舆论氛围。

就媒体传播而言，媒体要平衡各利益阶层对传媒资源的使用比例，协调弱势群体与社会其他阶层的关系；创新媒介传播机制，积极营造真切关注农民工群体切身利益的舆论氛围，把关注农民工群体的权益作为大众传媒的日常化议题。如发现农民工的权益受损时（如市民歧视农民工、企业主非礼农民工、农民工工作环境恶劣），应主动地对其进行揭露和批判；又如在报道农民工维权事件的过程中，要注意持续地跟踪报道，并注意农民工当事人对事件处理结果的信息反馈。

就农民工群体自身而言，应加强自身的文化修养，培养维护自身合法权益的法律意识；关注自身社会处境，积极寻求自身的利益诉求表达渠道和正当的维权渠道，尤其要强调对新闻媒体舆论监督的公开性、权威性、广泛性、及时性特点的重视，主动与媒体联系，利用媒体的力量维护自身的权益。

这样，通过政府、社会、媒体以及农民工自身的积极努力，农民工利益诉求的表达机制及反馈机制才能形成，农民工权益的全面保障才能有望真正实现。

第十一章　新闻媒体的农民工媒介形象建构研究

农民工一直是一个备受关注的群体，自其出现伊始，各类媒体便广泛参与到对其媒介形象的建构中，但由于农民工身份地位的特殊性，长期以来这一弱势群体的媒介形象并未得到正确呈现。新世纪以来随着我国城市化进程的加快，政府对农民工政策的不断完善、社会对农民工问题的普遍关注以及媒体的舆论引导，农民工群体的工作生活状况正在逐步改变，农民工的媒介形象也有了不同于以往时期的特点。研究近些年来我国媒体的农民工媒介形象，总结其形象建构的类型、特点与不足，探讨其原因并提出改进建议，不仅有助于媒体的农民工媒介形象的合理呈现，彰显媒体的公平、正义等价值取向，也有助于农民工的自我认知尤其是城市社会对农民工的认同与接纳，促进农民工市民化的顺利推进。

第一节　媒介形象建构与农民工媒介形象

大众媒介以生产符号和建构形象的方式，通过对信息的选择、加工和报道，将纷繁复杂的客观环境以媒介讯息的方式呈现给受众。这种经由大众媒体加工以及结构化而形成的"拟态环境"并不是客观环境的镜子式再现，而是经过媒体的种种框架限制而呈现出来的。因此，研究农民工媒介形象的建构，首先要厘清"建构"一词的内涵及框架分析这一形象建构理论，在此基础上运用新闻框架理论研究农民工媒介形象建构的过程和特点，辩证地看待新闻框架在构建农民工媒介形象的意义与作用。

一 "建构"及相关理论

（一）社会建构论与框架理论

美国学者彼得·伯格和托马斯·卢克曼在《现实的社会构建》一书中提出，社会现实包含"客观现实""符号现实"和"主观现实"，社会的建构过程就是三者逐一递进的转化过程，[①] 由此奠定了社会学建构论的理论基础。"客观现实"以一种"事实"的形式存在，是人类进行交流以及认知事物的起点；"符号现实"是通过文字、图像等符号呈现的真实，如文学作品、媒体讯息等；"主观现实"则是前两者在个体意识中的内化。

基于社会建构论这一角度，美国社会学家戈夫曼于1974年出版了《框架分析：关于经验组织的一篇论文》一书，首次对框架及其内涵进行界定，并将"框架"概念引入社会学。他认为，框架分析的本质就是运用符号把看似杂乱无规律的社会事件转换为个人的主观认知。[②] 换言之，"框架"是人们将客观现实转化为主观意识的重要依据，人们借助框架整合讯息，了解事实。议程设置理论的奠基人麦库姆斯把框架理论和议程设置理论进行了比较，认为议程设置理论是指媒体可以通过议题的设置来左右人们的关注点，告诉受众围绕什么而讨论；而框架分析理论则左右人们关注事件的哪些方面，引导受众如何去讨论。[③] 从这个意义上说，框架分析是议程设置理论的延伸。

（二）媒介框架与框架研究的过程模式

大众媒介的新闻报道是根据一定的新闻立场和新闻价值标准对各种事实进行取舍选择和加工传递的过程，这便是媒介建构现实的过程。1980年，美国社会学家托德·吉特林在《新左派运动的媒介镜像》一书中提出，媒介作为利益集团的宣传工具，它能将相对稳定的意识形态渗透到媒介框架的设置中，并以这种框架来进行信息选取和意义强化，从而创造有

312

---

① ［美］彼得·伯格、托马斯·卢克曼：《现实的社会构建》，汪涌译，北京大学出版社2009年版，第107~133页。

② 转引自臧国仁《新闻媒体与消息来源——媒介框架与真实建构之论述》，台北三民书局1999年版，第28页。

③ 张晓莺：《论框架理论与媒介形象之建构》，硕士学位论文，暨南大学，2008年，第47页。

利于利益集团的社会舆论环境。①

　　针对框架研究的过程模式，美国学者史辜费尔将其分为消息来源的信息输入、新闻媒介的信息处理和对受众的信息输出这三个方面。② 针对框架研究的呈现方式，潘忠党提出框架可同时通过文本和人的认知而显现。③ 因此，当前学界普遍认为，框架研究需同时考虑两个维度：一是媒体如何呈现客观现实的新闻框架；二是受众如何理解媒体真实的受众框架。但由于受众之间认知行为和信息处理方式的个体差异难以精准地测量和把握，因此，本研究主要从新闻框架角度对农民工媒介形象进行分析。

　　（三）新闻框架

　　吉特林认为，记者通过媒介框架进行信息的有效筛选、处理、包装和呈现。④ 媒体真实并不等同于客观现实，媒体对客观现实只能通过对信息"选择"与"重组"的过程进行有限还原，新闻框架在这一过程中发挥基础和主导作用。首先，媒介组织在确定新闻文本所要呈现的主题和倾向的基础上，通过新闻框架的选择机制获得新闻素材，并决定素材中与主题相关的部分客观存在转化为媒介真实。其次，在媒介形象如何具体呈现的问题上，框架重组机制通过对已选择的新闻素材使用具体的文本符号，赋予事件某一方面以显著性并引导受众关注，"再现"社会真实。

二　农民工媒介形象建构与新闻框架理论

　　（一）媒介形象的内涵

　　当前，学界普遍认可栾轶玫对于媒介形象在两个维度上的界定，即认为媒介形象可以指媒介组织个体或整体在传播活动中呈现的自身形象，也可以指社会中的具象或个体在媒介传播中呈现的公开形象。⑤ 本章所

313

---

① 张晓莺：《论框架理论与媒介形象之建构》，硕士学位论文，暨南大学，2008 年，第 48 页。

② Scheufele, D. A., "Framing as a Theory of Media Effects", *Journal of Communication*, Vol. 49, No. 1, pp. 103 – 122.

③ 李彬、杨芳、尹丽娟编：《清华新闻传播学前沿讲座录》，清华大学出版社 2006 年版，第 179 页。

④ ［美］托德·吉特林：《新左派运动的媒介镜像》，张锐译，华夏出版社 2007 年版，第 13—14 页。

⑤ 栾轶玫：《媒介形象学导论》，中国人民大学出版社 2007 年版，第 17 页。

说的媒介形象以后者为基准，即认为媒介只是一种表现形象的传播载体。

（二）农民工媒介形象

自"农民工"这一群体出现伊始，各类媒体便在对其形象建构中扮演了举足轻重的角色。农民工的媒介形象是新闻媒体在长期的报道中对农民工在我国社会发展中所起到作用的一种认识，也是农民工在社会发展过程中不断转变形象的一种反应。农民工的媒介形象对于社会对该群体的认知和农民工群体的自我认知发挥着重要作用，正确、真实地呈现"农民工"媒介形象，将有助于改善其在社会中的弱势地位，促进农民工市民化进程。

首先，媒体对农民工形象的合理建构能够发挥其舆论监督职能，在一定程度上促进政府不断完善与农民工权益相关的各项政策，有效地推动我国农民工权益维护问题的制度化建设进程。例如，2002 年的高碑店市农民工苯中毒事件引起了全社会的广泛关注，政府随即采取相应农民工权益保护措施，全国性农民工权益保护专项检查活动首次开展;① 2003 年震惊全国的"孙志刚"事件，引起了政府乃至全社会对农民工政治权利这一问题的广泛关注，媒体舆论监督职能最大限度的发挥最终促成了我国实行多年的收容遣送制度的终结;同年的"熊德明"事件中，媒体则成功地将社会关注的目光聚焦到劳动者的经济权利问题上来，并引发了全国范围内的"清欠风暴"。

其次，媒体建构的农民工形象直接影响着市民对农民工的认知和态度。相当一部分城市居民并未直接、正面接触过农民工，而主要从媒体获得相关信息。媒体对"农民工"形象的正确呈现，会在很大程度上改善市民对农民工的认知;市民在接受媒体传达的形象后会逐渐形成对农民工这一群体的相对固定的正面印象，这就在一定程度上消除了与农民工接触过程的抵触情绪，从而形成一个社会与媒介良性互动的循环链条，即"农民工行为"—"媒介形象"—"市民受众态度"—"农民工行为"，有利于城市市民对农民工的接纳。

---

① 劳动和社会保障部办公厅:《关于开展民工权益保护专项检查活动的紧急通知》（劳社厅发明电〔2002〕5 号），2002 年 4 月 1 日。

最后，媒体对农民工形象的合理建构能够改善农民工的自我认识。真实客观的农民工报道能够帮助农民工正视自己，在确认自身价值的基础上不断提高自身素养，在增加自我认同感的过程中克服不足，逐步消除与市民间的隔阂，更好地融入城市生活。

（三）新闻框架理论对媒介形象研究的实践意义

学者夏倩芳、张明新认为，新闻生产的制度化和组织化决定了新闻框架也是组织、制度、文化等因素合力的产物。[①] 因此，通过对新闻框架的分析，了解新闻的生产过程，不仅能剖析某类群体或个体的媒介形象，也可由此透视其中蕴含的意识形态和生成机制。

三　研究的问题

本文拟以新闻框架分析为理论基础，考察纸媒中农民工的媒介形象，以揭示其意识形态意蕴。研究主要采用内容分析法，通过定量与定性研究的结合，分析农民工报道的外在形态并解读农民工形象的内在特质。本文主要致力于解决以下三个问题：

1. 不同新闻信源中的农民工形象分别如何呈现？
2. 不同报道主题中的农民工形象分别如何呈现？
3. 不同媒体态度中的农民工形象分别如何呈现？

第二节　研究方法

本文的研究方法为内容分析法。内容分析法是一种定量研究方法，它通过类目构建对研究内容进行量化，从而推断出其背后蕴藏的规律和意义。台湾学者王石番认为，内容分析法的价值在于检视传播内容本质，探究内容表现的形式，分析传播来源的特质，厘测受众的特征及验证传播内容的效果等。[②]

---

① 夏倩芳、张明新：《社会冲突性议题之党政形象建构分析——以〈探究内容表现的形式〉之"三农"常规报导为例》，《新闻学研究》（台湾）2007 年总第 91 期。

② 陈虹、郝希群：《恐惧诉求视角下看媒体的控烟报道——以〈人民日报〉控烟报道为例》，《华东师范大学学报》（哲学社会科学版）2013 年第 1 期。

一 样本与分析单位

（一）目标媒体的选定

本文分别选取广东地区的党报《南方日报》和都市报代表《羊城晚报》作为研究对象。选取这两家报纸有两个原因：首先，我国的党报和都市报在媒体组织和新闻实践等方面有着天然差异，因此选取两类报纸中的典型进行交叉对比研究具有现实意义；其次，作为农民工输入大省之一，广东省在农民工报道方面的探索历时较长且较为成熟。其中，《南方日报》作为广东省委机关报，凭借其得天独厚的政治权威和区位优势确立了华南地区主流政经媒体地位，并面向全国及海外20多个国家和地区发行，曾连续17年发行量创全国省级党报之首；《羊城晚报》作为新中国成立后发行的第一份大型综合性晚报，连续22年发行量占华南地区第一，并在1989年春运期间大幅开展农民工报道，[①] 启发了整个广东媒体在这一报道领域的拓展实践。

（二）时间范围及分析单位的确定

本研究选取2011年1月至2012年12月这两年为研究时段。针对分析单位，本研究要求整篇报道以农民工（包括在文本中未出现"农民工"或相近意义的词汇但可从文本中推断出主体身份为农民工）为新闻价值的落点，且报道中出现了能明确判断农民工形象的具体描述。若报道仅提及"农民工"字样而并非以此议题为主，或是报道并不涉及农民工形象的呈现（如仅仅是对相关农民工政策的发布等），则不在考察之列。每篇报道为一个分析单位（排除图片新闻）。本研究采用人工查阅方式对样本逐一收集，在剔除不以农民工形象为主题的报道后，得到有效样本共505篇，其中，《南方日报》300篇，《羊城晚报》205篇。在分析过程中，根据需要既有数量统计的分析，也有对代表性的报道进行的个案分析。

二 类目建构

当前学界关于媒体框架的维度划分并不统一。Adoni & Mane认为新闻

---

① 陈慧：《农民工在"珠三角"地区媒体上的形象再现研究》，硕士学位论文，苏州大学，2008年，第9页。

框架包含新闻主题框架和新闻形式框架。[①] 甘耐姆认为新闻框架包含新闻话题、外在表现、认知属性和感情属性四个方面。[②] 坦卡特则把新闻框架分为主题、框架来源、报道基调等方面。[③] 框架分析虽然错综复杂，但对文本内容的分析始终是重点。我们在考察运用框架分析的现有研究成果后发现，研究者倾向于根据研究目的确定采用哪种分析维度，因此本章根据研究需要，在借鉴坦卡特的媒体框架分类基础上，建立新闻来源、报道主题、新闻体裁、媒介立场、农民工形象等五项框架指标，在此基础上对研究内容进行分类和编码。

（一）新闻来源

新闻来源即新闻素材、资料的获取途径。大众媒介对一则新闻报道的酝酿，首先基于新闻素材的获得。在此基础上，传媒从自身想要受众了解该事件某方面特质的角度出发，对新闻进行采写。新闻来源作为新闻生产的原始素材之源，其意义不仅在于为新闻报道提供客观证据，更是从根本上限定了什么样的内容可以进入新闻文本之中。一则新闻的来源或是在导语中就已被明确交代，或是需要从记者的叙述中推断出来。我们为该变量建构的类目为以下 8 个：（1）官方机构；（2）企事业单位；（3）民间机构；（4）媒体记者；（5）农民工及其亲友；（6）专家及学者；（7）市民；（8）无法判断新闻来源。[④]

（二）报道主题

报道主题是新闻的着眼点，同样的新闻素材可以通过设置不同的报道主题来凸显不同的核心内容，报道主题决定了新闻的组织架构、休裁类型、报道态势和轨迹。台湾学者臧国仁认为，报道主题的确立是框架的核心意义所在，它在一定程度上决定了新闻事实的呈现方式。[⑤] 我们为该变

---

① 转引自翁秀琪《大众传播理论与实证》，三民出版社（台湾），转引自工贵斌《媒介、社会真实与新闻史化的社会建构》，《当代记者》2004 年第 1 期。

② Gamson, William A., et al., "Media Images and the Social Construction of Reality", *Annual Review of Sociology*, Vol. 18, No. 4, 1992, pp. 373 – 393.

③ J. W. Tankard, L. Handerson, et al., "Media Frames: Approach to conceptualization and measurement", *paper presented at the AEJMC convention*, Boston, MA, 1991.

④ 基于统计的排他性原则，若一篇报道出现多个新闻来源，选择其中占据主导地位的一个为准。

⑤ 臧国仁：《新闻媒体与消息来源——媒介框架与真实建构之论述》，台北三民书局 1999 年版，第 34—44 页。

量建构的类目为以下 14 个：（1）工作经验/成就；（2）先进事迹；（3）失范违法；（4）事故与不幸；（5）社会冲突性议题（如讨薪、维权等）；（6）劳动就业；（7）农民工教育及子女教育；（8）亲人安置及待遇（含空巢老人、留守儿童妇女）；（9）农民工市民化（含户籍、居住、医疗等）；（10）文化娱乐；（11）婚恋及情感心理需求；（12）政府及社会各界关怀救助；（13）"民工潮"/"民工荒"；（14）其他。其中，在具体的案例分析中，各类目之间会有重合之处，在此我们选择最能表达报道主题的一个类目进行归纳。

（三）新闻体裁

新闻体裁即新闻媒体进行新闻报道时采用的各类载体形式。它作为新闻内容的表达方式和最常用的分类方式，往往依据新闻内容的基本性质进行划分。根据对报道样本的研究，我们为该变量建构的类目为以下 5 个：（1）消息；（2）通讯；①（3）评论；（4）读者来稿；（5）其他。

（四）媒体态度

美国学者塞伦·麦克莱认为，传媒通过新闻框架的设置，引导受众以特定方式理解信息。② 媒体在新闻报道中呈现出的态度在很大程度上影响着受众的认知，它与媒介形象呈现的"是什么"有着密切的联系。由此可见，媒体在报道中所呈现出的对农民工的态度和立场对农民工媒介形象的建构起着至关重要的作用，本文对该变量所建构的类目为以下 4 个：（1）赞扬肯定；（2）关爱、同情或担忧；（3）中立；（4）批评、质疑或厌恶。

（五）农民工形象

每一篇样本中的农民工个体/群体都有不同的形象，这事实上都是媒介在建构该形象时采用的一种框架。本研究通过分析每一份样本报道并提炼出最能体现农民工形象的 2—4 个形容词或动词，最终对该变量建构以下 11 个类目：（1）勤勉/务实；（2）敬业/奉献；（3）进取/坚毅/睿智；（4）有胆识/魄力/侠义；（5）愚昧/落后；（6）偏激/蛮横/道德败坏；（7）藐法/违法/乱纪；（8）孤独/无助/艰辛/不幸；（9）感恩/沐惠；（10）新市民、

318

---

① 为方便统计，本章把"调查性报道"等深度报道归于"通讯"类体裁中。

② ［美］塞伦·麦克莱：《传媒社会学》，曾静平译，中国传媒大学出版社 2005 年版，第 16 页。

新产业工人（转型/融入）；（11）其他。

三　编码与数据分析

本研究从 2011 年 1 月至 2012 年 12 月的《南方日报》和《羊城晚报》中共抽取 505 篇有效样本，按照消息来源、报道主题、新闻体裁、媒介立场、农民工形象等 5 项指标逐项对样本进行统计，并录入编码表。编码工作由一名本课题组成员和两名新闻学硕士完成。编码完成后，我们从所有样本中随机抽取了 50 篇报道（样本总数的 9.9%），以另两名新闻学硕士为独立编码者进行检验，检验结果显示编码员间信度值为 90%，符合信度要求。[①] 所有数据均采用 SPSS for Windows 18.0 进行处理分析。

第三节　农民工媒介形象建构的内容分析与文本分析

一　各关键变量之描述统计

（一）新闻来源：多样性与侧重性

就新闻来源的明确程度来看，在 505 篇样本中，297 篇（58.8%）的新闻来源清楚标明，124 篇（24.6%）由编码人员经过对样本阅读分析后得出，还有 84 篇（16.6%）无法判断新闻来源。新闻来源的数据如表 11 - 1 所示，来自官方机构的新闻最多，为 183 篇（36.2%）；其次媒体记者采访所得的新闻比例也相当大，为 106 篇（21.0%），再次便属来自企事业单位的新闻，共 51 篇（10.1%）。而来自民间机构、农民工及亲友、专家学者、市民的比重则很少。其中，作为报道主体的农民工群体很少成为新闻来源（6.7%），农民工发声依旧微弱。

319

由表 11 - 1 可以看出，新闻来源（$p = 0.002 < 0.05$）与报纸性质显著关联。作为行政性报纸的《南方日报》来自官方机构的报道比例高于作为都市类报纸的《羊城晚报》（39.0% *vs.* 32.2%），而来自媒体记者的报道比重则低于《羊城晚报》（15.3% *vs.* 29.3%），后者的转载量明显更高，

---

① Wimmer, R., & Dominick, J., *Mass Media Research：An Introduction* (7th Edition). Belmont, Calif.：Wadsworth Publishing Company, 2003, p. 89.

其转载来源不仅包括新华社等权威机构和主流媒体，也包括《重庆晨报》等市民报纸，这在体现新闻来源的丰富和全面性的同时，也在一定程度上反映出都市类报纸在原创性及权威性上不及党报。此外，《羊城晚报》来自农民工及亲友（8.8% *vs.* 5.3%）、市民（6.3% *vs.* 4.3%）这两类群体的新闻比重更高，统计中发现《羊城晚报》在农民工、市民群体报料的采用上更频繁，例如，春节前后农民工讨薪无果求助《羊城晚报》的频率显著上升，这从一个侧面体现出都市类报纸在群众贴近性方面更为深入。

表 11－1　　　　　　　　　　样本消息来源统计　　　　　　　　　　单位：篇

样本	新闻来源								合计
	官方机构	企事业单位	民间机构	媒体记者	农民工及其亲友	专家及学者	市民	无法判断新闻来源	
《南方日报》	117	33	11	46	16	5	13	59	300
	39.0%	11.0%	3.7%	15.3%	5.3%	1.7%	4.3%	19.7%	100.0%
《羊城晚报》	66	18	3	60	18	2	13	25	205
	32.2%	8.8%	1.5%	29.3%	8.8%	1.0%	6.3%	12.2%	100.0%
合计	183	51	14	106	34	7	26	84	505
	36.2%	10.1%	2.8%	21.0%	6.7%	1.4%	5.1%	16.6%	100.0%

注：$d.f. = 7$，$p = 0.002$。

（二）报道主题：多元化与集中化

从表 11－2 中可以看出，在选取的样本中，媒体关于农民工的报道主题分布呈现多元态势，主题涉及劳动就业、居住医疗、农民工及子女教育、文化娱乐、薪酬待遇、生活工作中遇到的种种困境（如讨薪、工伤等）等方方面面，多元化的主题建构特征在很大程度上真实还原了农民工群体的形象。在这些主题中，亲人安置及待遇（15.4%），农民工市民化（13.7%），农民工教育及子女教育（9.7%），讨薪、维权等社会冲突性议题（13.9%）所占比例较高，四类主题所占比重之和已达到 52.7%。这种报道主题的分布状况与我国的社会现实及政策背景相符合。随着城乡分隔的体制樊篱被逐步打破，外来务工人员队伍迅速扩大，农民工城市融入的一系列问题也更加凸显，如农民工户籍管理、随迁子女入学、留守儿童及空巢老人的安置等等。这些问题能否妥善解决直接关系着农民工市民化进程的顺利与否，相应地这些议题也成为媒体农民工报道的着力点。例如，

320

表11-2　样本报道主题统计

单位：篇

样本	报道主题														合计
	工作经验/成就	先进事迹	失范违法	事故与不幸	社会冲突性议题	劳动就业	农民工教育及子女教育	亲人安置及待遇	农民工市民化	文化娱乐	婚恋及情感心理需求	政府及社会各界关怀救助	"民工潮"/"民工荒"	其他	
《南方日报》	11	25	3	26	39	5	33	57	42	16	8	27	5	3	300
	3.7%	8.3%	1.0%	8.7%	13.0%	1.7%	11.0%	19.0%	14.0%	5.3%	2.7%	9.0%	1.7%	1.0%	100.0%
《羊城晚报》	6	16	14	30	31	6	16	21	27	10	4	14	6	4	205
	2.9%	7.8%	6.8%	14.6%	15.1%	2.9%	7.8%	10.2%	13.2%	4.9%	2.0%	6.8%	2.9%	2.0%	100.0%
合计	17	41	17	56	70	11	49	78	69	26	12	41	11	7	505
	3.4%	8.1%	3.4%	11.1%	13.9%	2.2%	9.7%	15.4%	13.7%	5.1%	2.4%	8.1%	2.2%	1.4%	100.0%

注：$d.f.=13$，$p=0.010$。

为了提升新生代产业工人的素质，促进其职业发展及城市融入，共青团广东省委联合北京大学等单位于 2011 年共同发起"圆梦计划·北大 100"，给新生代农民工提供免费攻读北大网络远程教育学位的机会。《南方日报》和《羊城晚报》对此都进行了持续关注及跟进报道，这一主题在样本中占了相当比重。又如，从 2010 年起，广东省先后颁布《关于开展农民工积分制入户城镇工作的指导意见》《关于进一步做好广东省农民工积分制入户和融入城镇工作的意见》（粤人社发〔2011〕306 号），《南方日报》和《羊城晚报》不仅跟进报道了这些积分入户的政策和措施，还根据农民工家庭的实际情况，把报道触角延伸到农民工子女的积分入学问题上。

由表 11 - 2 我们可以看出，报道主题（$p = 0.010 < 0.05$）与报纸性质显著关联。《羊城晚报》在失范违法（6.8% vs. 1.0%）、事故与不幸（14.6% vs. 8.7%）这两类主题中的报道比重更高，而这两类偏向负面行为的主题比重远远高于工作经验/成就、先进事迹这两种正面主题报道（21.4% vs. 10.7%），从中可以看出都市报仍无法完全规避其商业逻辑主导下的对市场份额和发行量的追求误区，商业化和娱乐化特点仍然存在，倾向于报道具有争议性和刺激性的题材来吸引公众视线。《南方日报》在失范违法主题方面的报道极少（1.0%），更倾向于报道亲人安置及待遇（19.0% vs. 10.2%），其中留守儿童及空巢老人的主题是重中之重。

（三）新闻体裁：较为单一

由表 11 - 3 可看出，新闻体裁与报纸性质之间并无显著关联（$p = 0.185 > 0.05$）。在已选择的 505 份农民工报道样本中，大部分新闻都是以消息（59.2%）的形式进行报道，其次是通讯（30.9%）、评论（7.3%），新闻体裁较为单一。

（四）媒体态度：客观冷静，态度鲜明

在社会转型的背景下，我国主流文化中的公平、正义等核心价值观愈发凸显，体现在农民工报道中，则是近些年的农民工报道一改过去的"污名化"，在态度呈现上力求客观、公正。从表 11 - 4 中可以看出，媒体以批评、质疑或厌恶等负面态度出发进行的报道比重极小（2.8%），在报道中更倾向于呈现关爱、同情或担忧的态度（53.9%），而对优秀农民工典型的赞扬肯定（15.8%）与中立报道（27.5%）也占了较大比重。媒体报道农民工生活窘迫、医疗状况差、患职业病率高、讨薪困难、合法权利遭侵犯以及政府/社会各界为农民工提供援助等"关爱同情"的态度十分鲜明。值得注意的是，中立态度也在报道中占了相当大的比重（27.5%），与此同时，媒体对农民工群体中涌现出的正面典型人物也给予赞扬，以弘扬正义、进取的时代精神。

表 11-3　　　　　　　　　　　样本新闻体裁统计　　　　　　　　单位：篇

样本	新闻体裁					合计
	消息	通讯	评论	读者来稿	其他	
《南方日报》	178	99	16	1	6	300
	59.3%	33.0%	5.3%	0.3%	2.0%	100.0%
《羊城晚报》	121	57	21	0	6	205
	59.0%	27.8%	10.2%	0.0%	2.9%	100.0%
合计	299	156	37	1	12	505
	59.2%	30.9%	7.3%	0.2%	2.4%	100.0%

注：$d.f. = 4$，$p = 0.185$。

表 11-4　　　　　　　　　　　样本媒体态度统计　　　　　　　　单位：篇

样本	媒体态度				合计
	赞扬肯定	关爱、同情或担忧	中立	批评、质疑或厌恶	
《南方日报》	53	175	69	3	300
	17.7%	58.3%	23.0%	1.0%	100.0%
《羊城晚报》	27	97	70	11	205
	13.2%	47.3%	34.1%	5.4%	100.0%
合计	80	272	139	14	505
	15.8%	53.9%	27.5%	2.8%	100.0%

注：$d.f. = 4$，$p = 0.001$。

由表 11-4 我们可以看出，媒体态度（$p = 0.001 < 0.05$）与报纸性质显著关联。在对农民工持负面态度的比重上，都市报《羊城晚报》明显高于党报《南方日报》（5.4% vs. 1.0%）。而《南方日报》的关爱、同情或担忧的态度倾向更明显（58.3% vs. 47.3%），较多报道政府的政策倾斜、党政机关、公检法等职能部门对农民工的关怀、救助。

（五）农民工形象：多样化中暗含标签化

我国媒体对农民工形象的建构呈现历史的发展过程，过去农民工形象建构多模式化、刻板化、扁平化，而当前的农民工媒介形象建构更注重全面立体细致地反映现实，注重不同类型的典型选择和个性刻画，农民工媒介形象向圆形、立体、多样化方向发展。勤勉/务实（1.4%）、敬业/奉献（3.0%）、进取/坚毅/睿智（5.3%）、胆识/魄力/侠义（3.6%）这一系列的农民工正面形象的比重明显高于愚昧/无知/落后（0.4%）、偏激/蛮横/道德败坏（1.4%）、藐法/违法/乱纪（2.0%）等负面形象。值得注意的是，在当前城市化的大背景下，农民工恶劣的生存状况已成为构建和谐社会的最不和谐音符，孤独/无助/艰辛/不幸的农民工形象（30.5%）成为媒体为农民工群体获取关注的建构重点。与此同时，社会越来越意识到农民工为城市建设和发展做出的重要贡献，"新市民""新莞人"等呼声也愈发强烈，农民工转型/融入（16.0%）成为农民工报道的重点之一。在这种新环境下，媒体逐渐以"大国民"的视角，关注农民工这一弱势群体。于是，感恩/沐惠（34.9%）这些符号和农民工联系起来，建廉租房、放宽入户政策、扩大社保覆盖面、解决子女入学等一系列"关爱农民工"的措施成了媒体大量报道的主题。

但是，在对以上这些农民工形象进行建构的过程中，农民工处于社会底层的弱势者形象仍然占据主导地位，不同性质的媒体在报道过程中均呈现出一定的模式化与标签化特征。由表 11-5 可以看出，农民工报道的报纸性质（$p = 0.000 < 0.05$）与所建构的农民工形象显著关联。以《羊城晚报》为代表的市场化报纸对愚昧/落后、偏激/蛮横/道德败坏、藐法/违法/乱纪这类农民工的负面形象的建构比例明显高于《南方日报》为代表的行政性报纸（7.8% vs. 1.0%）。针对孤独/无助/艰辛/不幸这一形象，《羊城晚报》的报道比重也明显高于《南方日报》（36.6% vs. 26.3%），而后者更倾向于建构农民工感恩/沐惠的形象（25.9% vs. 41.0%）。

二　对各研究问题的回答

1. 不同新闻信源中的农民工形象分别如何呈现？

如表 11-6 所示，农民工报道的信源与所呈现的农民工形象显著关联

表 11 - 5　样本农民工形象统计

单位：篇

样本	农民工形象											合计
	勤勉/务实	敬业/奉献	进取/坚毅/睿智	有胆识/魄力/侠义	愚昧/落后	偏激/蛮横/道德败坏	藐法/违法/乱纪	孤独/无助/艰辛/不幸	感恩/沐恩	新市民、新产业工人（转型/融入）	其他	
《南方日报》	6	10	17	11	0	0	3	79	123	49	2	300
	2.0%	3.3%	5.7%	3.7%	0.0%	0.0%	1.0%	26.3%	41.0%	16.3%	0.7%	100.0%
《羊城晚报》	1	5	10	7	2	7	7	75	53	32	6	205
	0.5%	2.4%	4.9%	3.4%	1.0%	3.4%	3.4%	36.6%	25.9%	15.6%	2.9%	100.0%
合计	7	15	27	18	2	7	10	154	176	81	8	505
	1.4%	3.0%	5.3%	3.6%	0.4%	1.4%	2.0%	30.5%	34.9%	16.0%	1.6%	100.0%

注：$d.f. = 10$，$p = 0.000$。

325

（$p = 0.000 < 0.05$）。来自官方机构的农民工报道最多（占总样本的 36.2%），这类报道更倾向呈现感恩/沐惠（53.6%）以及转型/城市融入（18.6%）的农民工形象。来自媒体的农民工报道比例居于其次（21.0%），孤独/无助/艰辛/不幸（48.1%）和转型/城市融入（21.7%）的农民工形象所占比例最高。而农民工及其亲友作为新闻来源的比例较低（6.7%），统计中发现这一群体往往是通过向媒体求助的形式成为新闻源，而这类报道中孤独/无助/艰辛/不幸的农民工形象也高达 61.8%。

表 11 - 6　　　　　　　　　　　　信源与农民工形象之关系

新闻来源	农民工形象											合计
	勤勉/务实	敬业/奉献	进取/坚毅/睿智	有胆识/魄力/侠义	愚昧/落后	偏激/蛮横/道德败坏	藐法/违法/乱纪	孤独/无助/艰辛/不幸	感恩/沐惠	新市民、新产业工人（转型/融入）	其他	
官方机构	0	7	10	0	0	2	7	25	98	34	0	183
	0.0%	3.8%	5.5%	0.0%	0.0%	1.1%	3.8%	13.7%	53.6%	18.6%	0.0%	100.0%
企事业单位	0	2	1	1	1	0	0	5	35	5	1	51
	0.0%	3.9%	2.0%	2.0%	2.0%	0.0%	0.0%	9.8%	68.6%	9.8%	2.0%	100.0%
媒体记者	3	5	8	4	1	1	0	51	6	23	4	106
	2.8%	4.7%	7.5%	3.8%	0.9%	0.9%	0.0%	48.1%	5.7%	21.7%	3.8%	100.0%
农民工及其亲友	0	0	2	2	0	1	0	21	3	3	2	34
	0.0%	0.0%	5.9%	5.9%	0.0%	2.9%	0.0%	61.8%	8.8%	8.8%	5.9%	100.0%
专家学者	0	0	0	0	0	0	0	3	0	4	0	7
	0.0%	0.0%	0.0%	0.0%	0.0%	0.0%	0.0%	42.9%	0.0%	57.1%	0.0%	100.0%
市民	1	0	0	4	0	2	1	15	2	1	0	26
	3.8%	0.0%	0.0%	15.4%	0.0%	7.7%	3.8%	57.7%	7.7%	3.8%	0.0%	100.0%
无法判断新闻来源	3	1	5	7	0	1	2	31	23	10	1	84
	3.6%	1.2%	6.0%	8.3%	0.0%	1.2%	2.4%	36.9%	27.4%	11.9%	1.2%	100.0%
合计	7	15	27	18	2	7	10	154	176	81	8	505
	1.4%	3.0%	5.3%	3.6%	0.4%	1.4%	2.0%	30.5%	34.9%	16.0%	1.6%	100.0%

注：$d.f. = 70$，$p = 0.000$。

2. 不同报道主题中的农民工形象分别如何呈现？

从表 11 - 7 中可看出，农民工报道的主题与所呈现的农民工形象显著关联（$p=0.000<0.05$）。工作经验/成就、先进事迹总是呈现正面形象，其中在先进事迹报道中倾向于呈现胆识/魄力/侠义（43.9%）和进取/坚毅/睿智（26.8%），在工作经验/成就报道中更倾向呈现敬业/奉献（41.2%）的形象。而在事故与不幸、社会冲突性、亲人安置及待遇（含空巢老人和留守儿童）主题中更多呈现孤独/无助/艰辛/不幸（80.4% & 64.3% & 26.9%）和感恩/沐惠（18.1% & 30.0% & 65.4%）的形象。

表 11-7　　　　　　　　报道主题与农民工形象之关系

报道主题	农民工形象											合计
	勤勉/务实	敬业/奉献	进取/坚毅/睿智	有胆识/侠义	愚昧/落后	偏激/蛮横/道德败坏	藐法/违法/乱纪	孤独/无助/艰辛/不幸	感恩/沐惠	转型/融入	其他	
经验成就	2	7	5	0	0	0	0	0	0	3	0	17
	11.8%	41.2%	29.4%	0.0%	0.0%	0.0%	0.0%	0.0%	0.0%	17.6%	0.0%	100.0%
先进事迹	2	5	11	18	0	0	0	0	0	5	0	41
	4.9%	12.2%	26.8%	43.9%	0.0%	0.0%	0.0%	0.0%	0.0%	12.2%	0.0%	100.0%
失范违法	0	0	0	0	2	4	9	2	0	0	0	17
	0.0%	0.0%	0.0%	0.0%	11.8%	23.5%	52.9%	11.8%	0.0%	0.0%	0.0%	100.0%
事故不幸	0	0	0	0	0	2	0	45	9	0	0	56
	0.0%	0.0%	0.0%	0.0%	0.0%	3.6%	0.0%	80.4%	16.1%	0.0%	0.0%	100.0%
社会冲突	0	0	0	0	0	1	1	45	21	1	1	70
	0.0%	0.0%	0.0%	0.0%	0.0%	1.4%	1.4%	64.3%	30.0%	1.4%	1.4%	100.0%
劳动就业	1	0	1	0	0	0	0	3	4	2	0	11
	9.1%	0.0%	9.1%	0.0%	0.0%	0.0%	0.0%	27.3%	36.4%	18.2%	0.0%	100.0%
教育	0	0	7	0	0	0	0	13	19	8	2	49
	0.0%	0.0%	14.3%	0.0%	0.0%	0.0%	0.0%	26.5%	38.8%	16.3%	4.1%	100.0%
亲人安置	0	0	1	0	0	0	0	21	51	5	0	78
	0.0%	0.0%	1.3%	0.0%	0.0%	0.0%	0.0%	26.9%	65.4%	6.4%	0.0%	100.0%
农民工市民化	0	0	1	0	0	0	0	12	11	45	0	69
	0.0%	0.0%	1.4%	0.0%	0.0%	0.0%	0.0%	17.4%	15.9%	65.2%	0.0%	100.0%
文化娱乐	0	1	1	0	0	0	0	4	17	3	0	26
	0.0%	3.8%	3.8%	0.0%	0.0%	0.0%	0.0%	15.4%	65.4%	11.5%	0.0%	100.0%

报道主题	农民工形象											合计
	勤勉/务实	敬业/奉献	进取/坚毅/睿智	有胆识/侠义	愚昧/落后	偏激/蛮横/道德败坏	藐法/违法/乱纪	孤独/无助/艰辛/不幸	感恩/沐惠	转型/融入	其他	
婚恋及心理	1	0	0	0	0	0	0	4	5	0	2	12
	8.3%	0.0%	0.0%	0.0%	0.0%	0.0%	0.0%	33.3%	41.7%	0.0%	16.7%	100.0%
关怀救助	0	1	0	0	0	0	0	2	38	0	0	41
	0.0%	2.4%	0.0%	0.0%	0.0%	0.0%	0.0%	4.9%	92.7%	0.0%	0.0%	100.0%
民工潮荒	0	0	0	0	0	0	0	0	1	9	1	11
	0.0%	0.0%	0.0%	0.0%	0.0%	0.0%	0.0%	0.0%	9.1%	81.8%	9.1%	100.0%
其他	1	1	0	0	0	0	0	3	0	0	2	7
	14.3%	14.3%	0.0%	0.0%	0.0%	0.0%	0.0%	42.9%	0.0%	0.0%	28.6%	100.0%
合计	7	15	27	18	2	7	10	154	176	81	8	505
	1.4%	3.0%	5.3%	3.6%	0.4%	1.4%	2.0%	30.5%	34.9%	16.0%	1.6%	100.0%

注：$d.f. = 130$，$p = 0.000$。

3. 不同媒体态度中的农民工形象分别如何呈现？

由表 11 - 8 得知，农民工报道的媒体态度与所呈现的农民工形象显著关联（$p = 0.000 < 0.05$）。针对农民工勤勉务实、敬业奉献等一系列正面形象，媒体的态度往往是赞扬肯定的；而对孤独/无助/不幸更容易表现出关爱/同情/担忧（47.8%）的态度。针对感恩、沐惠这种接受社会各界帮扶的形象，媒体的中立态度超过了关爱/同情/担忧（46.8% *vs.* 40.4%），报道中更倾向于采取客观冷静的旁观者视角，而非歌功颂德的宣传者，政府及社会各界的"施恩者"形象虽仍占很大比例，但相比以往有所弱化。

328

表 11 - 8　　　　　　　　　　媒体态度与农民工形象之关系

媒体态度	农民工形象											合计
	勤勉/务实	敬业/奉献	进取/坚毅/睿智	胆识/魄力/侠义	愚昧/落后	偏激/蛮横	藐法/违法/乱纪	孤独/无助/艰辛/不幸	感恩/沐惠	转型/融入	其他	
赞扬肯定	6	15	26	18	0	0	0	0	1	14	0	80
	7.5%	19.0%	32.9%	22.8%	0.0%	0.0%	0.0%	0.0%	1.3%	17.7%	0.0%	100.0%

续表

媒体态度	农民工形象											合计
	勤勉/务实	敬业/奉献	进取/坚毅/睿智	胆识/魄力/侠义	愚昧/落后	偏激/蛮横	藐法/违法/乱纪	孤独/无助/艰辛/不幸	感恩/沐惠	转型/融入	其他	
关爱/同情/担忧	0	0	1	0	0	0	0	130	110	29	2	272
	0.0%	0.0%	0.4%	0.0%	0.0%	0.0%	0.0%	47.8%	40.4%	10.7%	0.7%	100.0%
中立	2	0	0	0	0	3	2	23	65	38	6	139
	1.4%	0.0%	0.0%	0.0%	0.0%	2.2%	1.4%	16.5%	46.8%	27.3%	4.3%	100.0%
批评厌恶	0	0	0	0	2	4	8	0	0	0	0	14
	0.0%	0.0%	0.0%	0.0%	14.3%	28.6%	57.1%	0.0%	0.0%	0.0%	0.0%	100.0%
合计	8	15	27	18	2	7	10	154	176	81	8	505
	1.6%	3.0%	5.3%	3.6%	0.4%	1.4%	2.0%	30.5%	34.9%	16.0%	1.6%	100.0%

注：$d.f. = 40$，$p = 0.000$。

　　统计中发现，报道样本中针对愚昧/无知/落后、偏激/蛮横/道德败坏等一系列农民工负面形象的建构中，虽仍在较大比例上持批评、质疑或厌恶（14.3% vs. 28.6%）的态度，但在报道中更倾向以人文关怀的视角，体农民工之所苦。报道并非单纯叙述事件本身，而是着重于困境的解决，引发社会思考。例如，在《"创意讨薪"凸显谁的无力》（《羊城晚报》2012年1月17日）这篇评论中，对农民工"横幅讨薪"行为并没有进行批判，而是从更深层次的监管、维权等角度发问，深度透析农民工的维权困境："横幅讨薪"其实更像是一种"新闻讨薪"，而这凸显了谁的无力呢？作者认为，就欠薪事件的涉及者来说，也许有种种的内幕和纠缠不便明说，但毫无疑问，促使农民工们上演起一幕幕的讨薪"闹剧"或"喜剧"，则肯定是通过某些正常管道的维权不畅和不易，甚至是不抱希望所致。从这一角度来说，民间多一次"创意讨薪"的如愿以偿，何尝不是对那些负有监管之责者的嘲讽和批评？

329

三　农民工媒介形象文本分析

　　在对农民工形象这一框架类目进行建构时，我们发现，当前我国新闻媒体在对农民工媒介形象建构上更注重全面立体客观地反映现实，对农民工的形象已无法单纯以"正面/负面/中性"的分类方法进行归类，这一群体的媒介形象向圆形、立体、多样化方向发展。

（一）命运的把握者

这类农民工群体在城市中拼搏与奋斗，他们有不安现状的冲劲，通过在创业路上的摸爬滚打成为实业家、白领等；他们有提升自身素质的愿望，积极争取技能培训和文化深造；他们虽遭受不公的命运和待遇，仍能乐观向上活出自己的一片天地……"命运的把握者"这一形象框架，为广大的农民工乃至全社会传递了一种正能量，它不仅体现了农民工拼搏的精神，还彰显了当代很多城市市民欠缺却能在农民工身上找到的美好品质，鼓舞着整个社会。"命运把握者"形象如表 11 - 9 中所列。

表 11 - 9　　　　　　"命运的把握者"形象的相关报道

精打细算，从农民工到小老板	《南方日报》2011 年 3 月 3 日
足不出厂拿大专文凭　樟木头首开企业成人大专班，22 名工友饮头啖汤	《南方日报》2011 年 3 月 22 日
1700 多名新生代产业工人昨踏进广东考场欲"圆梦北大"	《南方日报》2011 年 3 月 13 日
关注外来女工：努力改变生活　笑脸面对一切	《南方日报》2011 年 3 月 8 日
加盟便利店助打工妹变老板娘	《南方日报》2011 年 11 月 2 日
"我们打工是为了学本事"	《羊城晚报》2012 年 2 月 1 日

在《外来女工剪影　幸江曼：自觉学习是超越自我的根本途径》（《南方日报》2011 年 3 月 8 日）一文中，记者选取了一名由流水线工人转型为杂志文字编辑的外来务工人员——幸江曼作为主人公，讲述了她进取拼搏，不断超越自身的励志事迹。她每天上班 12 小时，还要挤出时间学习和进行文学创作，并最终由一名企业管理人员转型为杂志社的文字编辑。报道通过外来女工的切身经历讲述一个事实：知识改变命运，努力学习、拼搏进取是重要的途径之一。

（二）心系他人的善者

农民工虽然是城市脚下不起眼的群体，但是他们却有着高尚的品质，在紧要关头毫不犹豫伸出援手；他们路见不平拔刀相救，甚至舍身取义；他们为了别人幸福默默奉献，贡献一己薄力；他们情系他人，在危难之间倾囊相助……"心系他人的善者"形象如表 11 - 10 中所列。

330

表 11 - 10　　　　　　　　"心系他人的善者"形象的相关报道

《南方日报》		《羊城晚报》	
保安"湛江仔"　浴血追贼百米	2012 年 4 月 7 日	好司机见义勇为被捅成重伤	2012 年 4 月 16 日
"托举哥"周冲：每个路人都会这么做	2012 年 6 月 12 日	爬窗救女童黄衣男找到了	2012 年 6 月 10 日
爱心为他照亮人生　5 岁男孩患眼癌，父亲工友伸出援手	2011 年 7 月 13 日	"好心路人"是这个社会"最美街景"	2012 年 6 月 11 日
长发美女欲卖头发助困难人群	2011 年 1 月 24 日	打工仔击中 604 万　想为家乡修路	2012 年 4 月 19 日
5 位深圳女工　开个公益门店　时代女工服务部无偿为女工提供服务	2011 年 3 月 7 日	农民工摔伤昏迷脑死亡家人代捐器官遗爱多人	2012 年 11 月 29 日

我们选取 2012 年因见义勇为而走红的"托举哥"事件报道为例。2012 年 6 月 3 日，来粤务工的湖北籍男子周冲，徒手爬上 3 楼防盗窗，将悬挂于 4 楼阳台的 3 岁女童足足托举了十余分钟，为营救争取到了宝贵时间，最终女童获救。《羊城晚报》于 6 月 10 日率先刊出一篇消息《爬窗救女童黄衣男找到了》，对事件的前因后果做了细致报道。随后，该报连续三天推出关于"托举哥"周冲的系列报道。新闻评论《"好心路人"是这个社会"最美街景"》（2012 年 6 月 11 日）和《"托举哥"托举着民间向善力量》（2012 年 6 月 13 日）均认为，该事件昭示了爱和责任是这个社会永远不变的道德底盘，并呼吁社会公众要更多地相互关爱和体恤。在《周冲感言：举手之劳》（2012 年 6 月 13 日）的报道中，周冲认为不要对个人过多报道，应该宣传见义勇为这种精神，这更加彰显了"托举哥"的质朴与高尚。《黄衣男周冲好人有好报》（2012 年 6 月 11 日）、《"小周，广东人民谢谢你"》（2012 年 6 月 12 日）、《黄衣男周冲获授广东青年五四奖章》（2012 年 6 月 13 日）报道广州天河区、省见义勇为基金会等机构对周冲的物质奖励以及荣誉表彰；《"托举哥"周冲青睐"圆梦计划"》（2012 年 6 月 15 日）则对其就业安置和落实情况进行后续跟进。与此同时，《南方日报》也对该事件进行了多篇报道，《"托举哥"周冲：每个路人都会这么做》《他的善良品质，正是我们想要的》（2012 年 6 月 12 日）等从当事人以及读者等视角挖掘事件本身的意义。《"托举哥"：我是能吃苦的人》（2012 年 6 月 20 日）则另辟视角，转而挖掘了周冲平时工作中勤勉耐劳的

331

朴实形象。新闻通讯《天河挽留"托举哥"就业》（2012年6月11日）报道了天河区等部门为周冲送上了奖励金和慰问金，并为其申报广州市见义勇为奖和中国好人候选人，并对其将来就业进行安排。这些系列报道的跟进与追踪，彰显了新时代社会对于健康互助的社会风气的推崇和追求。

（三）勤勉朴实的劳动者

媒体对优秀农民工优秀典型的宣传，能够引导社会舆论，进而改善农民工群体的边缘地位。农民工群体在城市建设中展示出许多闪光点：他们勤恳务实，日复一日地站好每一天岗；他们敬业奉献，无论寒冬酷暑都无怨无悔奋斗在工作第一线；他们纯粹朴实，不为不当利益所迷惑；他们恪守本分，高素质赢得社会赞赏……这种勤勉而又朴实的劳动者形象框架，框选出了一批优秀的农民工典型。例如，2012年春节期间，《羊城晚报》将目光聚焦农民工，对过年仍勤勤恳恳坚守在工作岗位上的这一群体致敬。《加水工：为火车注入生命与活力》描写了加水工用自己的辛勤劳动筑起了春运最坚实的"长城"，用自己在春节期间的岗位坚守换回春运列车满载的乡情和亲情。在随后策划并推出的《问候"守望人"》专题报道中，《清洁工在路上迎春》这则图片新闻用镜头跟踪清洁工老张，勾勒出他辛勤工作的背影；《在路上，你其实不孤单》选择"已13年没回家过年"的海珠桥保安古叔和"守着锅头过大年"的小孟为新闻人物，运用通讯体裁进行描述，塑造出这些"不归族""留守族"为生存而留下、为职责而坚守、为前程而忙碌的形象，表达出农民工群体虽为外地人，却有着一份对城市"依然是故土"的眷恋。"勤勉朴实的劳动者"形象如表11-11所列。

表11-11　　　　"勤勉朴实的劳动者"形象的相关报道

200名外来务工人员受表彰	《羊城晚报》2012年1月16日
加水工：为火车注入生命与活力	《羊城晚报》2012年1月16日
打工妹帮人买彩票中500万完璧归赵	《羊城晚报》2012年3月26日
"托举哥"：我是能吃苦的人	《南方日报》2012年6月20日
农民工地铁展素质，城里人感慨一片	《羊城晚报》2012年12月8日

（四）不幸的受难者

农民工这一弱势群体，为了生计在城市辛苦打拼的过程中往往会遭遇各种不公正待遇、意外事故甚至是人身伤害。在这种形象框架的建构过程中，农民工的弱者地位凸显，如表 11 – 12 所示。

表 11 – 12　　　　　　　农民工"受难者"形象的相关报道

4 名贵州女孩英德遇难	《南方日报》2012 年 6 月 26 日
女工带伤加班 3 天　送医院不治身亡	《南方日报》2012 年 2 月 27 日
遭拐带强迫卖淫　7 女孩五华获救	《南方日报》2012 年 6 月 4 日
扔出"救命"纸币　被困传销窝女子终脱身	《南方日报》2012 年 6 月 5 日
工厂欠薪，六百工人没钱回家	《羊城晚报》2012 年 1 月 9 日
致命"胶毒"遗祸无穷	《羊城晚报》2012 年 2 月 10 日
迟到的入户卡　破碎的入学梦	《羊城晚报》2012 年 3 月 18 日
打工诗人电脑被盗　100 万字作品失踪	《羊城晚报》2012 年 4 月 12 日
疑遭化学污染　女工病重难医	《羊城晚报》2012 年 4 月 24 日
劳动节，愁对薪水未讨回	《羊城晚报》2012 年 5 月 1 日
17 岁女孩裸死出租屋	《羊城晚报》2012 年 5 月 23 日
休学"地贫"少年渴望重返校园，却一再遭到校方拒绝	《羊城晚报》2012 年 5 月 24 日

　　在报道农民工遭遇的不幸时，媒体已不再满足于将事件单纯地社会新闻化，而是在真实还原农民工生活的艰辛与所受到的不公正待遇的基础上，深入探寻现象背后的深层原因，并努力寻求解决措施。以震惊全国的"毒胶水"事件报道为例，2011 年 12 月以来广州各医院陆续收治胶水中毒病人，患者中绝大部分是白云区各小皮具厂的外来工。这群人身权利无法得到维护的群体引起了全社会的广泛关注。《南方日报》和《羊城晚报》均做了跟踪式调查性报道。2012 年 2 月 10 日，《羊城晚报》率先在"焦点"专栏刊登出《致命"胶毒"遗祸无穷》的深度报道。报道首先详述了受害农民工的病情、医疗费用问题、维权之路的艰难现实和厂方推脱责任的冷漠态度，随后刊出对事件爆发原因的现场走访调查结果。此外，《"胶毒"只在劣质胶水中》（《羊城晚报》2 月 11 日）结合专家的视角，对"毒胶水"事件进行知识普及；《"毒胶水"二氯乙烷超标百倍》（《羊城晚报》2012 年 2 月 21 日）则是业内人士揭露胶水行业的乱象。2 月 13 日的报道《四年前中毒至今仍住院》对致命"胶毒"进行追踪调查，发现广东省职防院目前也收治了 8 例"胶毒"患者。针对事件当事人的维权状况，《羊城晚报》于 2 月 11 日发表了《住院十个月"胶毒"未除》一文，报道了当事人维权之路异常艰辛，起诉索赔仍旧未果。《南方日报》于 2012 年

333

2 月 20 日发表《避免胶水中毒事件再发生　广州专项整治皮具企业》，报道广州市质监局对全市皮具生产企业开展专项整治工作。2012 年 2 月 29 日，又通过《穗新增一疑似"胶水中毒"患者》发布对"胶水中毒"的新闻追踪。及至 2012 年 6 月，《南方日报》又发专题报道《被毒胶水粘住的青春》，详述了患者在出院与维权间进退两难的挣扎现状。此外，针对"毒胶水"事件的报道，《南方日报》和《羊城晚报》均大量刊登了受害者的大幅照片，这也是形象框架作用于新闻编辑上的突出表现。镜头前躺在病床上奄奄一息的中毒民工，他们眼神中透露出对生的渴望和与死神搏斗的艰难和痛苦，让人不忍卒睹。

（五）行为失范的打工者

有关农民工负面形象的新闻，集中于违法乱纪及道德行为失范等方面。如《为情？为财？两名男子最终放弃轻生》（《羊城晚报》2012 年 1 月 3 日）、《香火观念难抵骨肉亲情》《西安女子讨薪爬 30 米塔吊被冻僵》（《羊城晚报》2012 年 1 月 4 日）、《打工太辛苦　不如傍富婆》（《羊城晚报》2012 年 4 月 9 日）、《到事发工厂打工不到 10 天，外来工家庭发生惨案　烂赌夫杀烂赌妻后跳楼亡》（《羊城晚报》2012 年 2 月 8 日）、《东莞虐打女儿致死案开审》（《羊城晚报》2012 年 4 月 6 日）、《男子刀砍女友，庭上称是自卫》（《羊城晚报》2012 年 4 月 20 日）、《疑妻有外遇杀妻塞粪池》（《羊城晚报》2012 年 5 月 29 日）等等。从标题设置来看，报道的批判色彩浓郁，农民工负面形象被有意或无意地放大。

（六）被帮扶的沐恩者

21 世纪以来，国家发展观开始由"效率优先"转向"更加注重社会公平"。在这种新环境下，农民工越来越多以受帮扶、被关爱的形象出现，见表 11 - 13。

（七）城市的主人翁

随着城市化进程的不断加快，我国政府和社会越来越意识到农民工为城市建设和发展做出的重要贡献，提出了农民工是"新产业工人""新市民"等一系列新概念，广州地区"新广州人""新莞人"的呼声越发强烈。这种政策背景与社会背景在很大程度上影响着媒体对农民工形象的框架设置。为了增强广大农民工的归属感，加快城市化进程，提高城市核心竞争

334

力，广东省委、省政府全面贯彻党中央、国务院关于户籍改革的重要举措，从 2011 年起开始在省内各大城市对农民工实行"积分入户"政策。一系列政策的发布和落实，使得农民工城市主人翁地位开始显现，农民工群体的这种角色转变也在报道中明确反映出来。请看表 11 – 14。

表 11 – 13　　　　　　　"被帮扶的沐恩者"形象的相关报道

《南方日报》		《羊城晚报》	
关爱劳务工　深圳福彩 15.1 万资助 13 名劳务工	2011 年 7 月 1 日	沙园街摆迎新盆菜宴 恭请街内两百外来工	2012 年 1 月 5 日
关爱行动助外来工子女 "融城"	2011 年 7 月 12 日	"情暖专线"面向非公企业　春节留守工人可免费打长话	2012 年 1 月 5 日
关爱新莞人子女　大学生送知识下乡	2011 年 7 月 13 日	海珠拉开新春慰问行动	2012 年 1 月 6 日
横栏关注留守儿童暑期安全	2011 年 7 月 14 日	百余特困户喜获千元慰问金	2012 年 1 月 7 日
5 位深圳女工　开个公益门店　时代女工服务部无偿为女工提供服务	2011 年 3 月 7 日	深圳送外来工免费坐车回家	2012 年 1 月 9 日
百名"小候鸟"　免费来莞团聚	2012 年 1 月 3 日	留守广州外来工可免费上网　越秀区图书馆春节推出系列便民活动	2012 年 1 月 18 日
近千外来工在粤提前过大年　广东省内青少年宫免费向外来工开放	2012 年 1 月 8 日	街道特设奖学金　鼓励贫困留守娃	2012 年 12 月 21 日

表 11 – 14　　　　　　农民工向新市民形象转变的相关报道

《南方日报》		《羊城晚报》	
广东有意取消"农民工"称谓	2012 年 1 月 4 日	接爸妈来都市过个"奢侈"年	2011 年 1 月 28 日
住建部出台办法　外来工纳入保障房体系	2012 年 6 月 13 日	广东研究部署"十二五"农民工工作　提升农民工幸福指数　推进幸福广东建设	2011 年 5 月 10 日
积分入户名单公示　万余外来工将成深圳人	2012 年 6 月 12 日	2139 名外来工入户中山　新生代产业工人：有归属感才是幸福	2011 年 5 月 22 日

《南方日报》		《羊城晚报》	
一波三折，优秀新莞人成功入户 撰写博文感谢东莞，表达对城市及自身期许	2011 年 1 月 13 日	让新莞人更有尊严地生活	2011 年 3 月 27 日
新莞人：这里是一个有爱的大家庭	2011 年 1 月 19 日	让外来工说喜欢什么称呼	2011 年 7 月 22 日
他们就是新莞人	2011 年 1 月 28 日	你好，新广州人……	2011 年 7 月 27 日
中国（海南）改革发展研究院院长迟福林委员建议：让农民工成为历史	2011 年 3 月 6 日	千名农民工将成广州人	2011 年 7 月 31 日

　　此外，值得注意的是，农民工群体还积极参与人大代表选举、公务员考试，向公务员、人大代表等角色转型，在已有样本中，以"人大代表""公务员"为关键词的农民工形象呈现占据了相当比例。这部分成功转型的农民工群体，在新的岗位上为农民工群体谋福利，代表农民工发出底层的声音。例如，在《最年轻代表是 90 后外来工头件事》（《羊城晚报》2012 年 1 月 6 日）这则消息中，"90 后"农民工人大代表杨静对外来工最关心的子女教育等相关问题进行了反映。

　　（八）身份尴尬的"边缘市民"

　　值得注意的是，农民工群体在城市融入过程中也遭遇了各种阻碍，时代宣扬的宏伟蓝图与现实实施过程中的障碍形成鲜明对比，农民工向"新市民"这一角色转型困难重重。虽然"新市民"的呼声甚高，但这一群体是否真正享受到了市民待遇，相关政策的制订有无改善的空间，政策推行过程中遭遇哪些阻力，农民工群体是否对自身身份有认同障碍……媒体不再拘泥于对新政"歌功颂德"式的宣传，而是敏锐地捕捉到矛盾点并极具发问意识，在相关报道中深刻地还原了现实中的困难，将转型过程中的农民工群体建构成面对融入困境痛苦挣扎而又彷徨无力的"边缘市民"。其中，针对近年来反响最为热烈的"积分入户""积分入学"政策，媒体尤其注重对政策实施过程中农民工群体遭遇的现实障碍予以申诉。请看表 11 - 15。

表 11-15　　　　　　农民工转型过程中遭遇阻力的相关报道

168 户挑选 520 套保障房，25 户放弃选房　新莞人何时住上保障房	《南方日报》2011 年 3 月 14 日
颁布了新政却没配套措施，根子在教育经费该由谁拨　穗外来工子女入公校门槛未破	《南方日报》2011 年 5 月 24 日
顺德试水积分制能否圆外来工子女入学梦	《南方日报》2011 年 7 月 27 日
服务意识不摆正　新莞人政策难落实	《南方日报》2011 年 8 月 8 日
开学了，部分外来工子弟还未入学　需更多优质学位为外来工解愁	《南方日报》2011 年 9 月 2 日
他们为什么不愿做"新佛山人"？	《南方日报》2011 年 9 月 29 日
迟到的入户卡　破碎的入学梦	《羊城晚报》2012 年 3 月 18 日
新莞人子女读公校门槛降低	《羊城晚报》2012 年 5 月 15 日
"新生代产业工人身份认同"调查显示三成陷入迷茫人　近半自认外乡人	《羊城晚报》2012 年 6 月 6 日

　　我们以"积分入学"报道为例。2011 年，广东顺德率先试水"积分制"，让非户籍适龄儿童有机会入学。《南方日报》率先发问新政是否真能为"破解外来工子女入学难"提供崭新路径，刊出了《顺德试水积分制能否圆外来工子女入学梦》（《南方日报》2011 年 7 月 27 日）一文。报道明确指出"外来工子女入读积分制度，主要还是为了落实优才计划，吸引更多优秀外来务工人员落地生根"，因此只是"解决了外来工当中部分佼佼者的子女读书问题"，总结出处于试水阶段的"积分制"虽极具创新却仍让人觉得门槛过高，农民工子女入学问题仍处于非常尴尬的境地。

　　而在"积分入学"政策推行后的相当长一段时间，很多新莞人家长由于不符合计划生育政策而无法为子女申请积分入学，即使其他积分项目分值再高也不能越过这一政策屏障。东莞市政府常务会议于 2012 年 5 月 14 日审议通过了《东莞市新莞人子女接受义务教育实施办法》，将"计划生育政策"从必备申请条件调整为积分项目，新莞人子女积分制入读公校的最后一道门槛被取消。这一政策是否真能达到降低所有农民工积分入学门槛的目的呢？《羊城晚报》以辩证的视角，发布《新莞人子女读公校门槛降低》（《羊城晚报》2012 年 5 月 15 日）的报道，采集了不同的声音，指出有相当一部分农民工仍无法从中受益，其"边缘市民"的待遇并未改善。

337

第四节 完善农民工形象建构的建议

一 媒体在农民工形象建构方面的进步

以上我们以新闻框架理论为基础，考察了不同框架变量之间的相互影响，以及在这种影响下农民工媒介形象的不同呈现。媒介建构理论认为，客观现实限制了媒介的框架内容，而媒体的立场、态度等媒介框架和新闻价值要素诉求的新闻框架以及受众认知接受模式的受众框架都影响着媒体的媒介形象建构。经验数据大体上支持了这一理论，即作为新闻框架基础的新闻来源、报道主题和媒体立场，与媒体上的农民工形象显著关联。研究发现，当前我国媒体在对农民工形象建构方面的努力可圈可点，具体表现在以下三个方面。

（一）报道议题丰富多样，农民工形象立体多元

当前我国政府政策的倾斜，整个社会对农民工态度的扭转……一系列因素合力作用于农民工报道，促使媒体从各种视角抓取农民工群体或个体的全景与细节，报道主题丰富多样，范围涵盖了户籍、医疗、住宿、教育、劳动就业、文娱、婚恋、心理健康等方方面面，其中亲人安置及待遇（15.4%）、农民工市民化（13.7%）、农民工教育及子女教育（9.7%）、社会冲突性议题（13.9%）等四大主题所占报道比重突出。多元的主题在很大程度上真实建构了农民工个体或群体的媒介形象，农民工形象已不能单纯以"正面/负面/中性"的分类方法进行归类，而是向圆形、立体、多样化方向发展。例如，关于农民工先进人物、事迹，报道从不同角度投射出这一群体不同的闪光点：他们是命运的把握者，有着不安现状的冲劲和提升自身的强烈愿望；他们是心系他人的善者，可以路见不平拔刀相助，也可以为了别人的幸福默默奉献；他们是勤勉朴实的劳动者，勤恳务实，敬业奉献，纯粹朴实而恪守本分。此外，农民工作为不幸的受难者、行为失范的打工者、被帮扶的沐恩者、城市主人翁以及边缘市民等形象也在不同题材的报道中各有呈现，农民工媒介形象更加多元化。

（二）舆论导向不断倾斜，"污名化"渐趋销声

20世纪八九十年代我国曾出现过大量的负面农民工新闻报道，而随着

21世纪以来我国城市化进程的加快推进，农民工政策的不断改善和构建公平、公正的和谐社会理念的提出，舆论导向不断向农民工倾斜，农民工群体在城市化进程中的作用得到了整个社会的认可，对农民工"妖魔化""污名化"的标签式报道已趋于销声。在本文所选取的样本中，"失范违法"主题的报道数量很少（3.4%），有关农民工"愚昧/落后"（0.4%）、"偏激/蛮横/道德败坏"（2.4%）、"藐法/违法/乱纪"（1.0%）的负面形象建构所占比例也极小。而"新市民""新产业工人"的称谓正逐渐被社会接受，政府和社会正以积极、包容的态度迎接农民工群体融入城市生活，这种现状也深刻反映在农民工报道中。

（三）民本、民生理念得到彰显，"农民工"主体地位开始提升

当前我国媒体已逐渐意识到农民工作为报道主体的核心地位，开始注意归还农民工话语权，例如，让农民工以报料人、叙述者等形式直接参与新闻报道。编码过程中发现，春节前后农民工因工伤、欠薪等权益受侵求助《羊城晚报》的频率显著上升，这体现了媒体的"民本"观念已逐步得到受众尤其是农民工群体的认可，他们愿意将困境诉诸媒体寻求帮助。此外，我国媒体的农民工报道逐渐倾向于以人文关怀的角度体农民工所苦，报道视角延伸至农民工工作生活的方方面面。研究发现，即使在针对极少数农民工负面形象的建构中，媒体虽持批评的态度，但也能从体恤农民工的角度出发，由以往的单纯叙述事件本身转为着重于原因背景的呈现和问题解决途径的探讨。由此可见，"民本""民生"理念在农民工报道中得到彰显，农民工在报道中的主体地位开始提升。

339

二　农民工媒介形象建构的不足及对策

不过，我们在看到媒体农民工形象建构所取得的成绩的同时，也要看到诸多不足，媒体还应从多方面进一步完善农民工的媒介形象建构。

（一）加强观点性报道，消除农民工污名化印记

农民工的污名化，反映出作为强势群体的主流媒体及整个社会对这一弱势群体的非制度性排斥，农民工群体被动地置身于权力精英用话语暴力营造的舆论环境中，是一种社会不公平的反映。虽然当前农民工报道相较于20世纪八九十年代出现的大量贬低性报道已有很大程度的改

善，但不可否认的是，商业运营的都市报仍无法完全规避其商业逻辑主导下的对市场份额和发行量的追求误区，娱乐化和媚俗化特点仍有残留，以报道具有争议性和刺激性的题材来博取关注。研究发现，在农民工报道中，都市报的农民工违法犯罪、道德缺失、蛮横偏激等负面形象的报道数量仍大大超出党报，且都市报关于农民工负面行为的报道也多于正面行为。此外，都市报的转载量也明显高于党报，这在一定程度上反映出前者在原创性及权威性上的不足。消除农民工污名化印记，并非对涉及农民工负面行为的题材不能报道，而是要转变农民工负面行为报道的思维模式，可从以下两方面着手。

一是加强观点性报道，提升农民工报道的公共性。

媒体对农民工形象的"污名化"建构从一个侧面体现出农民工报道在权威性与贴近性结合方面的薄弱，这在都市报中体现尤为明显。都市报关于农民工的社会类新闻较多，虽贴近农民工生活，但其关注点往往有娱乐化、琐碎化倾向，即使在一些有关农民工公共议题的报道中也会呈现这种劣势，报道视角缺乏全局高度。因此，农民工报道不应只强调矛盾冲突，而应充分发挥深度报道的优势，积极挖掘新闻产生的土壤，用全方位的视野高度还原事件的来龙去脉。其次，要加强观点性报道，充分发挥媒体舆论监督功能。媒体在涉及农民工负面行为的报道中应扭转批评、质疑的立场，多提出建设性解决方案，推动解决农民工问题的相关政策措施的出台，提高农民工报道的实际效果。

二是把握低层框架，避免负面指向性词汇与农民工挂钩。

340　　　　臧国仁的"三层框架理论"将新闻框架分为高、中、低三个层次，他认为，作为低层框架的语言符号是凸显主题、强化框架的重要工具。① 由此可见，记者在农民工新闻报道中需要字斟句酌，从字里行间下功夫。样本统计中发现，在对农民工负面行为进行报道时，媒体惯用一些负面指向性明确的词汇设置标题、导语等，且与"农民工""外来工"等能明确报道主体身份的符号挂钩。媒体这种报道手法无疑强调了农民工在这类新闻

---

① 臧国仁：《新闻媒体与消息来源——媒介框架与真实建构之论述》，台北三民书局 1999 年版，第 34—44 页。

中的负面形象，此类现象在都市报中表现明显，如表 11 - 16 所示。农民工
负面行为存在吗？答案是肯定的，但这只是个体行为而非群体特质。因
此，针对农民工负面行为的报道，媒体不应刻意强调和突出当事人的社会
身份，而应将负面指向性语言符号与农民工身份区分开来，将负面形象与
农民工的群体形象区分开来，避免不加探究就给农民工群体"戴帽子"。

表 11 - 16　　　　　农民工转型过程中遭遇阻力的相关报道

刺伤两名工友继而六楼跳下	《羊城晚报》2011 年 6 月 26 日
西安女子讨薪爬 30 米塔吊被冻僵	《羊城晚报》2012 年 1 月 4 日
到事发工厂打工不到 10 天，外来工家庭发生惨案　烂赌夫杀烂赌妻后跳楼亡	《羊城晚报》2012 年 2 月 8 日
打工太辛苦　不如傍富婆　一名在惠州的东北小伙子要求媒体帮他宣传宣传	《羊城晚报》2012 年 4 月 9 日
外来工出租屋厕所生女	《羊城晚报》2012 年 7 月 29 日
称老板发薪不公　男子酒后打工友	《南方日报》2011 年 5 月 27 日

（二）多方设置议题，改变模式化报道倾向

当前媒体的农民工报道主题丰富多样，范围涵盖了农民工工作生活的
方方面面，但仔细辨析，农民工报道主题分布不均，由表 11 - 2 可看出，
亲人安置及待遇、农民工市民化、农民工教育及子女教育等合法权益的维
护等四大议题所占比重之和已达到全部报道的 52.7%。应该说，这种报道
主题的分布状况与我国的社会现实需求和政策背景相符合。随着城乡分隔
的体制樊篱逐步打破，外来务工人员队伍的迅速扩大，农民工城市融入的
一系列问题也更加凸显。解决农民工生存困境成为政府工作的重心，也成
为农民工报道的热门框架。这些报道往往紧贴政策背景，报道政府的政策
倾斜，党政机关、公检法等职能部门对农民工的救助，社会各界对农民工
的关怀，等等。这样一来，政府、职能部门、社会热心人士在农民工报道
中的"施恩者"形象依旧鲜明，农民工被关怀、被帮扶的弱者形象依旧。
农民工媒介形象虽然渐渐摆脱了"污名化"，但主体地位并不明显，报道
仍然陷在模式化的窠臼中。如何改善农民工报道模式化倾向，本文提出如
下建议。

1. 打破固定认知框架，多方设置报道议题

在新闻报道中，媒体组织和记者利用新闻框架来框选报道素材，采写

新闻报道，呈现新闻事实。但新闻框架同时又限制了客观现实在媒体中的镜像呈现。如何在这种看似矛盾的处境中寻找平衡点，从新闻工作者角度来说，就需要跳脱出个人的认知框架。与此同时，从不同角度出发挖掘事件的新闻点，全方位、立体化地建构农民工形象。例如，在报道农民工接受政府或社会各界帮扶的题材时，是否可以挖掘农民工"沐恩""无助"以外的形象？在报道农民工正面形象时，能否延伸话题转而关注其现实生活中的生存困境？在报道农民工负面行为时，是否有深层的制度性缺陷值得考究？……这些思考都会为报道开辟全新的视野。其次，在文本呈现时，要善于运用不同的报道形式，如读者来稿、深度访谈、专家述评等，这些报道形式不仅可以显示不同的信息来源渠道，也能从多个视角构建农民工的媒介形象。

2. 以城市化为背景框架，多方展现农民工建设者形象

当前，媒体对"新市民""新产业工人"这类称谓的使用越来越频繁，政府、媒体以及社会各界都对这一群体采取了包容、接纳的态度。问题在于，从态度的认可接纳到行为的真正转变接受，还有一个过程。一方面，农民工落户所工作的城市尤其是大城市还有个循序渐进的过程；另一方面，普通市民对农民工还缺乏实际的接触和真正的了解，部分市民对农民工还停留在过去的"盲流""乡巴佬"等旧有的认知形象的基础上，对农民工采取歧视排斥的态度。因此，农民工的城市融入还有个较长的过程。为了缩短这个过程，扭转部分市民对农民工的负面印象，媒体就应该以城市化为背景框架，强化农民工城市建设者的形象，多方展现农民工对城市建设的贡献以及对市民生活的积极影响。所谓城市化，其核心就是农村转移人口的市民化。媒体要让市民知晓城市化是国家现代化的必然途径，农民工转变为市民是大势所趋，从而使市民在认知、态度和行为上认可接纳农民工。框架理论认为，主观意识中用于处理信息的受众框架左右着受众个体认知和处理信息的参考架构。市民直接接触农民工形成对农民工的认知只是一种途径，更普遍的认知是由大众传媒所赋予的。因此这就需要媒体承担相应的社会责任，对受众的认知框架进行合理引导，加强主流人群对农民工群体的了解，以端正市民对自身以及对农民工群体的身份意识。这其中的关键点是媒体需要以城市化为背景，认同和强化当前农民工作为

城市的建设者、新市民、新产业工人的形象，弱化其弱势群体、边缘群体的形象，以逐渐消除部分市民对农民工的成见，发挥媒体平衡社会利益关系的作用。应该看到，在农民工报道中，不管是党报还是都市报，在报道政府、媒体、社会热心人士帮扶农民工方面做得不错，但是在报道农民工的城市融入问题上、在组织和报道农民工与市民互动活动问题上严重不足，这无形中影响了农民工的市民化进程。

（三）深入农民工生活，扭转农民工的"他者"形象

话语权作为一种表征性的工具，代表着阶级利益和社会意识形态。[①]话语权的争夺归根结底是对媒介控制权的争夺，而这一权力往往掌握在拥有较高的决策话语权、知识话语权和消费话语权的社会主流、精英群体手中。作为弱势群体的农民工，在决策话语权、知识话语权和消费话语权等方面有着天然的劣势，因此该群体在以往很长一段时间内基本是以被描绘的姿态出现。虽然当前媒体已注意在报道中让农民工发出自己的声音，让其以报料人、叙述者等身份直接参与新闻报道，但不可否认的是，在农民工报道中，作为报道主体的农民工个体或群体成为消息源的比例（6.7%）仍然很小，农民工的"他者"形象依然存在。农民工话语权的回归还有很长一段路要走，这需要政府、媒体、农民工群体乃至整个社会的共同努力。

1. 政府：政策颁布与落实合力，从根源上解除农民工生存困境

随着我国城市化进程的不断推进，城乡二元的户籍结构和对农民工城市融入的种种限制愈发显得不合理。"农民工"一词准确地概括了城乡二元体制所造成的农民工职业与身份分离的尴尬，制度的不公正是农民工饱受歧视的根源。我国媒体作为党和政府的喉舌，对农民工形象的建构轨迹是与政府的农民工政策的调整变化的轨迹相一致的。因此，只有保证农民工的政策待遇与普通市民的政策待遇相一致，才能从根本上改变农民工群体的"他者"形象。

为了拆除城乡二元户籍结构的樊篱，真正实现农民工的市民化，国家已出台各种政策，允许农民工在中小城市落户，一些大城市也出台了农民

343

---

① 陈欣：《由"80后"被批判所引发的话语权力泛滥问题》，《新西部》2009 年第 4 期。

工"积分入户"、农民工随身子女就地入学、参加中考、高考等政策措施。为了促进农民工在城市的就业，保障农民工政治、经济、文化生活上的种种权益，国家还出台了多种法律法规和政策规章。对这些制度性的安排，我国媒体都给予了及时报道和多方解读。相较于对农民工政策的宣传解读，我国媒体对政策的贯彻落实的监督反馈做得不够。如对农民工职业培训的报道、对农民工生活方式的报道、对农民工身心健康的报道显得不足，对政策执行过程中农民工的意见反馈做得不够。要从根本上解除农民工在城市工作生活的困境，建构农民工的新市民形象，政策的完善与落实是最根本的，而媒体作为一种舆论的力量在促进政策的出台与落实的合力的问题上是有很多工作要做的。

2. 媒体：报道贯穿"走转改"理念，归位农民工话语权

长久以来，媒体由于忽略了农民工在报道中的主体地位，很大程度上导致了农民工媒介形象的扭曲。农民工群体的利益诉求需要表达平台，新闻媒体作为建构农民工媒介形象的关键因素，在承认农民工主体地位的同时更应该积极为农民工群体争取话语权，并向农民工开放媒介接近权。

一方面，媒体要为农民工群体争取话语权，主动了解其工作生活现状和意见。新闻记者要深入到农民工群体中去，去发现、挖掘更多具有报道价值的新闻，这是对我国新闻宣传工作中所强调的实践观与群众路线的有力贯彻，同时也是对当前我国新闻战线开展的"走转改"活动的切实呼应。另一方面，媒体应积极向农民工群体开放媒介接近权，性质不同、目标定位有差异的媒体通过发挥自身优势来拓宽农民工发声的途径。而传统媒体与新媒体之间也可以通过互联互动强化农民工话语权，如开辟农民工热线，在各大网站设立农民工专版进行意见采集等。

3. 农民工：培养自身媒介素养，以"观念脱贫"促进身份转型

农民工媒介形象建构的基础是农民工自身的客观形象，即农民工在实际的工作生活中所体现出来的公民素质。公民素质指的是与一个国家的法律制度、政治制度等相适应的思想道德、知识技能、政治参与、体能身心等方面的水平。其中，培养农民工的媒介素养，提高农民工媒介的接触利用水平是提高农民工的公民素质的一条重要途径。

进入信息化时代，媒体在大众获取信息、积累知识过程中的作用愈发

重要，媒介素养的水平如何，很大程度上决定了其在社会交往中的主动程度甚至社会地位。当前农民工群体在媒体报道中发声微弱，对媒体的接触率和利用率偏低也是其原因之一。值得注意的是，农民工通过向媒体求助、充当报料人等形式与媒体进行互动的案例逐步增多，这是其媒介意识逐渐觉醒的表现。此外，当前新媒体发展迅猛，新生代农民工对新媒体的使用频率和力度较之传统农民工高出许多，农民工在网络平台上发表意见的趋势愈发明显，网络中农民工对于自身话语权的掌握力度与在传统媒体中有显著区别。这无疑是农民工话语权回归的一种可喜现象。对传统媒体来说，提高农民工的媒介素养，促进农民工的"观念脱贫"，增加农民工在媒体中的发声机会，还是有许多工作可做的。比如，在农民工中发展通讯员，邀请农民工参加大型的集体采访活动或访谈活动，开辟"农民工园地""打工者话语"等专栏，设立农民工微博、微信公众号等。这样，以农民工自身的事实陈述和观点提供来构建农民工自身的媒介形象也许更能反映农民工的客观形象。

第十二章　农民工媒介素养研究

本章以城市化为视角，采用实证调研的方法，结合本课题组对农民工进行抽样调查的相关信息与数据，从媒介素养的五个角度——接触媒介、认知媒介、评价媒介、参与媒介以及媒介反作用，全面评估我国农民工媒介素养现状，分析其特点与问题，探讨提升农民工媒介素养对推动我国城市化进程的重要作用，并从政府、媒体、企业等其他社会资源以及农民工自身的角度提出具体提升策略。

第一节　农民工媒介素养现状调查数据分析

2011 年是我国城市化发展史上具有里程碑意义的一年，当年我国城镇人口比重首次突破 50%，标志着城市化成为继工业化之后推动我国经济社会发展的新引擎。我国城市化进程中的核心内容是农民工的市民化，农民工是否具备市民素质是其市民化演变过程中的重要问题，而农民工的媒介素养是其中不容忽视的一个重要方面。通过调查我们发现，以信息获取、信息传播和媒介利用为主要内容的我国农民工媒介素养水平普遍较低，因此亟待提升。

一　媒介素养概念界定

"媒介"是指连接传输与接收双方的中介，是传播媒体的总称，包括报纸、广播、电视等传统媒体以及互联网、手机等新媒体;[①]　"素养"则

---

①　王英占:《新生代"农民工"媒介素养教育研究——以重庆市为例》，硕士学位论文，西南政法大学，2011 年，第 9 页。

是指具有读、写的能力，且在能读会写的同时保持独立思考的品质。因此，媒介素养可以"被引申为具有正确使用哪个媒介和有效利用媒介的一种能力"①。

"媒介素养"被严格定义是在 1992 年，在美国媒介素养研究中心召开的一次学术会议上提出："公民所应该具有的获取、分析、评价和传播各种形式信息的能力。"该定义注重信息的认知过程，被认为是媒介素养的"能力模式"。此后又有学者定义媒介素养的"知识模式"——关于媒介如何对社会产生功能的知识体系，② 媒介素养的"理解模式"——理解媒介信息在制造、生产和传递的过程中受到了来自文化的、经济的、政治的和技术的诸多力量的强制作用。③

媒介素养的"能力模式""知识模式"和"理解模式"是最具有代表性的三种定义。本章在研究农民工媒介素养的过程中认同上述的"能力模式"，即认为媒介素养是指人们对各种媒介提供的知识和信息的解读、分析和批判能力，以及利用媒介信息为个人生活、社会发展所服务的能力。④

美国学者詹姆斯·波特最先提出媒介素养存在多维度，他提出"认知领域""情感领域""审美领域"以及"道德领域"四个维度，并认为每个维度都处于一个连续统一体上，即我们以四种方式与媒介中的讯息互动，其中包含不同层次的意识和技能。⑤ 此后，评估媒介素养状况通常以多维度展开研究。比如，我国学者郑素侠认为，媒介素养作为现代公民素养的重要组成部分，其主要内容应该包括媒介认知、媒介使用、媒介评价、媒介参与四个维度。⑥ 截至目前，学界尚无评估农民工媒介素养的权威量化标准，所以本章在参考诸多相关文献资料后，决定从"接触媒介""认知媒介""评价媒介""参与媒介"和"媒介反作用"五个维度展开农

347

---

① 臧海群：《传播学教育新方向：从媒介研究到媒介素养》，《现代传播》2003 年第 6 期。
② 同上。
③ 同上。
④ 郑素侠：《城镇化进程中农民工媒介素养教育的途径》，《中国广播电视学刊》2010 年第 10 期。
⑤ ［美］斯坦利·巴兰、丹尼斯·戴维斯：《大众传播理论：基础、争鸣与未来》，曹书乐译，清华大学出版社 2004 年版，第 369 页。
⑥ 郑素侠：《农民工媒介素养现状调查与分析——基于河南省郑州市的调查》，《现代传播》2010 年第 10 期。

民工的媒介素养研究。

二　调查数据说明

（一）调查说明

为了真实、全面、详细地了解我国媒体对农民工报道的基本情况，2011 年 2 月至 2012 年 8 月，我们"城市化视角下农民工报道问题研究"课题组，使用问卷调查法、典型调查法等，邀请受访者填写问卷并进行深入访谈，对各地农民工的人口学特征、就业信息、职业培训、子女教育、工作环境、生活方式、维权意识、政策解读以及农民工典型报道等情况进行调查，调查范围涉及北京、上海、湖北、广东、四川等全国各地。共发放调查问卷总计 800 份，回收问卷 769 份，回收后采用"独立录入两遍，比较比对"的方式，对其中 748 份有效问卷进行了录入。

（二）工具变量选择

由于本次调查是关于"城市化视角下的农民工报道问题"的专项调查，旨在了解城市化背景下我国媒体农民工报道的现实状况，提升农民工报道水平，同时了解农民工、市民、媒体对农民工报道的态度和评价建议，因此，问卷所设计的问题并非完全针对农民工媒介素养相关内容，我们从全卷 47 个问题中挑选出 18 个涉及农民工接触媒介、认知媒介、评价媒介、参与媒介以及媒介反作用于农民工的问题。这 18 个问题是：

1. 如果您有休闲时间，会选择接触新闻媒介吗？

2. 下列哪一个是您最常使用的媒介？

3. 您每天关注各种媒体上的新闻多长时间呢？

4. 您通常在哪一时间段关注新闻？

5. 您主要通过什么渠道获取用工信息？

6. 进城务工之前主要通过什么渠道了解城市生活？

7. 对于新闻媒体农民工的各方面报道，您的满意程度如何？

8. 对于媒体关于农民工在城市所遭遇到的困难的报道，您觉得是否够充分、够真实？

9. 媒体上关于农民工的报道能反映你们的真实愿望和需要吗？

10. 您觉得各种媒体对于农民工形象的塑造与真实生活中农民工的形

象的相符程度如何?

11. 您希望媒体能多报道关于农民工的哪些方面?

12. 您觉得目前新闻媒体对农民工的报道还有哪些方面需要改进?

13. 您觉得自己有可能通过新闻媒体表达自己的愿望和要求吗?

14. 您如果在打工过程中遇到问题,会通过何种途径解决?

15. 如果遇到自己难以解决的问题,您是否会向媒体求助?

16. 您是否有过向媒体求助的经历?

17. 您觉得新闻媒体对于农民工的报道影响到您对农民工的看法和感受吗?

18. 如果有新闻报道说,某些地方出现民工极度短缺或是过剩的情况,这些信息对您选择工作地点会产生影响吗?

针对调查问卷的设计思路和统计分析的实际情况,本章用问卷中所提及的"新闻媒体"来代表媒介素养中的"媒介"这一泛化的研究对象,用媒体上"农民工报道"来表征媒介信息这一同样宽泛的概念。同时,我们参照上文界定的媒介素养的五个维度,对 18 个问题进行归类:问题 1—4 的内容涉及"接触媒介"这一维度,考察了农民工接触媒介的频率、时段以及媒介类别偏好;问题 5 和问题 6 涉及"认知媒介"的内容,这两个问题从侧面考察了农民工在试图满足用工信息和城市资讯的需求中,是否会使用媒介来获取对未知事物的认知与理解;问题 7—12 属于"评价媒介"的范畴,涉及这部分的问题最多,有 6 个,分别从农民工对媒体报道的满意度、可信度与现实相符度的评价,及其对媒体报道的开放式建议来进行考察,特别是考察对报道内容进行主动解读从而进行质疑和批判的能力;问题 13—16 这四个问题包含在"参与媒介"的维度中,考察了农民工是否有主动参与、充分利用媒体报道以解决自身问题的意识;问题 17 和问题 18 调查了农民工的行为和态度是否受相关新闻报道的影响,属于"媒介反作用于农民工"的内容。

349

通过上述界定和分类,我们将媒介素养这一抽象概念进行了具象表征,先是具体到媒介素养的五个维度,然后将问卷中涉及这五个维度的问题择出,排序分类,作为量化媒介素养每个维度的变量工具。而后描述媒介素养这五个维度各自所包含的调研问题的答案并对所得统计数据展开详细分析。

（三）样本特征分析

在展开分析农民工媒介素养之前，我们先对本次调研的样本特征进行分析。本研究所调查的农民工样本是调研人员在 2011 年 2 月至 2012 年 8 月期间全国各地随机采访到的在外务工的农村劳动人口。

从性别构成来看，男性多于女性，男性比例约占 69%，女性约占 31%。这对后面一些选项可能存在影响。

从年龄段来看，21—30 岁之间的农民工最多，占样本的 55%；其次是 31—40 岁的农民工，占 22%；比例最小的是 50 岁以上的年龄组，说明此番调查主要反映了青壮年农民工的媒介素养情况。

在婚姻状况方面，已婚农民工略多于未婚农民工，已婚族占 53%，未婚族占 47%；这批随机采访的已婚族中，携带配偶外出打工的与不携带配偶的各占一半，说明夫妻打工档比较常见，但在已生育的农民工里只有将近 34% 的人携带子女一同生活在城市，大部分子女仍留在老家由爷爷奶奶或其他亲友照顾；在未婚族样本中有 59% 的人没有恋爱对象，其中八成的农民工打算在老家谈恋爱结婚。本次调查所显示的婚恋情况说明农民工的家庭人口流动性趋势明显，城市归属感不强，对老家依赖度相当高。

在文化程度方面，随机抽查的结果显示：小学及以下学历的农民工数量仅占 19%，高中、中专及以上学历的农民工数量为 28%，53% 的农民工是初中文凭。农民工较高的受教育水平和文化素质，将有助于增强其利用新闻媒介搜寻信息的能力。

在地域分布上，本次调查的农民工较多分布在北京，占 19%；在武汉的农民工数量占 17%，在上海的农民工数量占 16%，在广州的农民工数量为 13%，其余零散分布在全国各地。[①]

在职业分布上，调查样本中有工厂普工、建筑工、服务员、个体户、临时工、保安、保姆等职业，由于是各个调研人员奔赴各地分头走访，所以大部分是进入工作现场进行采访的，样本比较集中分布于制造业。

---

① 各地受访农民工的比重不能代表农民工的地域分布比重。北京、武汉受访农民工比重较高，是因为在北京、武汉实习的新闻专业学生较多，因而受访的农民工比重相对较高。

综上所述，调查样本主要是初中文化水平、在城市靠体力谋生的已婚青壮年男性农民工。

三 调查数据分析

（一）接触媒介

"接触媒介"作为本文规定的媒介素养的第一个维度，侧重考察农民工对电视、报纸、广播、网络等媒介接触的频率和时间段，以及分析他们的媒介类别偏好。属于这一范畴的变量工具即为上文归类的第 1 至 4 个问题。

问题 1 和问题 2 考察了农民工接触媒介的可能性和媒介类别偏好，调查显示，仅 20% 的农民工表示在休闲时间不会接触新闻媒介，余下的大多数人都表示会接触到。其中接触使用最多的是电视，占 43%，其次占 35% 的是互联网媒介，接触最少的是广播，仅占 9%（见表 12 - 1）。

表 12 - 1	农民工接触媒介类别偏好
媒介类别	所占比例（%）
电视	43
互联网	35
报刊	13
广播	9

由进一步深度访谈得知，农民工接触报纸、广播、电视等传统媒体的主要渠道是自己购买，单位提供的较少；在接触互联网一类的新媒体时，7 成的农民工是自己花钱去网吧，6 成的人表示用手机上网，免费上网机会极少。这说明原本手头不宽裕的农民工在使用媒体时仍需支付较高的经济成本。

问题 3 和问题 4 考察了农民工接触使用电视、报纸、广播、网络这四类媒体上的新闻报道所用的时间和频率，调查中 76% 的农民工经常选择在晚上下班后关注新闻，他们通常每天花半个小时至 1 个小时的时间关注电视新闻，每次有机会上网会花半个小时左右的时间看网上新闻，看报纸的人通常每天花 10—30 分钟关注报纸新闻，听广播的人基数少，但他们听广播的时间比较长，通常在 30 分钟以上。

此次问卷设计的不足之处在于没有把作为第五媒介的"手机"单独列为选项，其实手机作为一种相对廉价、便捷的移动互联网媒体，在农民工

351

尤其是新生代农民工群体中使用得非常普遍，为他们在信息获取、社会互动以及休闲娱乐等方面带来了极大的便利。

（二）认知媒介

根据传播学"使用与满足"理论，人们接触媒介是为了满足自身的需求。农民工媒介素养的"认知媒介"表示农民工对各类媒介的性质与功能的大致理解，通常包含两层含义，一是指农民工对不同媒介功能的理解，二是指农民工对各种媒介信息的认识。在研究农民工对媒介作用的认知时，有学者将媒介功能具体划分为五类——信息传递功能、舆论监督功能、宣传教育功能、广告功能以及娱乐功能。[①]

本次调查涉及这一维度的问题仅有第 5 个和第 6 个，分别从获取用工信息和了解城市生活这两个侧面，了解农民工获取未知信息的途径，"使用媒介"是其中之一，但是这一途径使用得并不普遍。调查显示（见表 12-2），35% 的农民工是通过老乡推荐找工作的，只有 2% 的农民工通过新闻媒介获得用工信息，通过职业中介和招聘信息栏找工作的概率都比通过媒体信息的概率高。而在他们进城务工之前了解到的城市生活情况，大部分是通过一些有进城打工经验老乡的介绍，通过媒体新闻报道去了解的占 17%，通过电视剧、电影等文艺作品的略多，占 36%。这说明新闻媒介的功能，尤其是信息传递的功能，在农民工群体中发挥得还不够充分，农民工对于媒介的认知水平有待提高。

表 12-2　　　　　　　　农民工获取用工信息的渠道

信息来源	所占比例（%）
广播、电视、报纸等新闻媒介	2
职业中介	2
招聘信息栏	15
街边小广告	5
老乡推荐	35
其他	41

① 郑素侠：《农民工媒介素养现状调查与分析——基于河南省郑州市的调查》，《现代传播》2010 年第 10 期。

（三）评价媒介

"评价媒介"是媒介素养的第三个维度，需要农民工凭借独立思考的能力判断媒介信息的真伪好坏，一方面是对媒介的可信度评价，即媒体是否准确真实地反映了客观世界，另一方面是对媒介发布内容的评价，即农民工是否对信息进行主动地解读、处理和加工。[1] 本研究采用的问卷里有不少问题是从"评价媒介"的角度设计的，比较全面地考察了农民工评价媒介的能力。

问题 7 考察了农民工对新闻媒体各方面报道的满意程度。总体上看，他们中有将近一半的人对媒体的"农民工典型报道"和"农民工就业信息"是"比较满意"的，但在其余六个方面有相当多的人表示"不太满意"，甚至有 17% 的人对媒体报道的农民工"子女教育""很不满意"（见表 12 - 3）。可见媒体在农民工报道中应注意农民工实际的信息需求，反映他们实际的生活工作现状。

表 12 - 3　　　农民工对媒体关于农民工各方面报道的满意度评价

报道内容	所占比例（%）			
	很满意	比较满意	不太满意	很不满意
就业信息	11	49	34	6
工作环境	6	39	46	9
生活方式	6	41	43	10
职业培训	6	33	45	16
子女教育	3	38	42	17
政策宣传解读	8	38	42	12
农民工维权	7	36	41	16
农民工典型报道	9	46	33	12

353

问题 8 考察了农民工对新闻报道反映其所遭遇困难的真实性评价，这些困难具体包括农民工工作难找、收入低消费高、保障不健全、遭遇不公正待遇、难以适应城市生活方式及节奏、维权困难以及住宿问题等。调查显示，23% 的农民工认为媒体对自己"收入低消费高"的新闻报道"很充

---

① 郑素侠：《农民工媒介素养现状调查与分析——基于河南省郑州市的调查》，《现代传播》2010 年第 10 期。

分和真实",而5成左右的人在"农民工工作难找""收入低消费高""保障不健全""遭遇不公正待遇"和"住宿问题"的报道上选择了"比较充分和真实",更有6成的人在"维权困难"的问题上选择"不够充分和真实"(见表12-4)。因此媒体要时刻谨记"真实是新闻的生命"。

表12-4　农民工对媒体关于农民工在城市所遭遇困难报道的真实度评价

反映困难的报道	所占比例(%)			
	很充分和真实	比较充分和真实	不够充分和真实	很不充分和真实
农民工工作难找	20	54	22	4
收入低消费高	23	45	27	5
保障不健全	21	44	29	6
遭遇不公正待遇	16	42	34	8
难以适应城市生活方式及节奏	12	37	42	9
维权困难	16	17	60	7
住宿问题	14	44	34	8

问题9考察的是农民工认为自己的真实愿望和需要能否在媒体的报道中得到反映,结果44%的人选择了"反映有偏差",38%的人选择了"比较能反映";问题10考察的是农民工认为媒体对农民工形象的塑造与真实生活中的是否相符,占48%的人选择"基本相符"。美国著名传播学家拉斯韦尔认为,监视环境、反映社会是大众传播媒介的重要功能之一,调查中农民工大多认为媒介可以体现这一功能。

问题11和问题12是开放式问题,考察的是农民工对媒介报道内容的评价。农民工对媒体报道的改进建议各抒己见,一些比较出彩的建议反映出农民工的真实心声,"(农民工报道)要暗访,要贴近实际,不要扛着摄像机就采访,这样反映不了实际情况";"(媒体应该)多对我们企业放假情况及加班费用的发放情况报道,提升透明度";"农民工的称呼和城市的暂住证一样是不和谐的,没人权的,农民工需要的不是同情而是尊重,对生命的尊重"。

(四)参与媒介

"参与媒介"是指农民工是否愿意主动参与媒介信息的生产以及能够在多大程度上主动参与媒介信息的生产,是"评价媒介"的延伸。问题13

考察了农民工认为通过新闻媒体表达自己愿望和要求有无可能，将近一半的人"说不准，"35%的人选择"没有可能"，认为"有可能"的农民工只占16%。这点说明了农民工参与媒介的欲望并不强烈。

问题14、问题15和问题16正面询问了农民工能否主动参与、充分利用媒体报道以解决自身问题。在调查农民工打工遇到困难的情境下，"向媒体求助"是他们最不常用的方式，选择的人仅有6%，他们大多数人更愿意忍气吞声或找人私了，诉诸法律是部分人会考虑的方式，占21%；30%的农民工会在"实在没有其他办法的情况下再去找媒体"，只有13%的人会主动找媒体帮忙（见表12-5）。值得注意的是，89%的农民工有求助媒体的经历，但大多数农民工表示"（问题解决的）效果不是很理想，不太满意"。这说明农民工参与程度还不够，媒介参与能力较低。

表 12-5　　　　　　　　农民工遇到困难向媒体求助情况

求助情况	所占比例（%）
会积极地向媒体寻求帮助	13
实在没有其他办法的情况下再去找媒体	30
不会向媒体求助	25
说不准	32

（五）媒介反作用

本文规定媒介素养的最后一个维度即为"媒介反作用"，意为反映农民工的新闻报道在媒体上得以传播之后产生的效果，这种传播效果反过来又对农民工自身的态度和行为产生了哪些影响。

问题17考察了媒体上的农民工报道是否对农民工的态度产生影响，结果显示49%的农民工认为"没有影响"，只有15%认为"有影响"，其他人"说不准"；而问题18考察的是农民工报道是否对农民工的行为选择产生影响，结果显示，当人们面对新闻报道某地发生民工荒或民工潮时，只有34%的农民工认为这会对他工作地点的选择有"很大"或"较大"影响，有45%的农民工认为影响不大（见表12-6）。以上数据说明，无论是农民工的态度或是行为，媒体报道对他们自身的反作用并不大，报道内容并没有对农民工群体产生深刻影响，这也可以表述为大量农民工并没有遵从媒介的舆论导向，以指导其态度转变与行为选择。

355

表 12 - 6　媒体报道的民工荒或民工潮对农民工选择工作地点的影响情况

影响情况	所占比例（%）
有很大影响	6
有较大影响	28
影响不大	45
没影响	11
其他	2

四　农民工媒介素养现状分析

由上所述，我们可以分析出农民工媒介素养的现实情况，说明农民工媒介素养的主要特点，阐述农民工媒介素养方面出现的主要问题。

（一）现状特点

1. 农民工普遍会主动接触媒介，使用新媒介的能力提高且类型多样化

从"接触媒介"这一角度分析，当前农民工普遍会主动接触媒介了解信息，并有一定使用媒介的能力。电视和网络是他们最容易接触到的媒介类型，因此看电视、上网是他们最常用的了解媒介信息的方式。随着科学技术的发展，农民工使用电脑、手机等互联网工具成为普遍的现象，绝大部分被调查的农民工都有一部手机，部分人表示会上网了解资讯。随着农民工文化素质水平的提升，他们使用新媒体的能力也将不断提高。

2. 媒介信息与生活经验共同影响着农民工对环境的认知与理解

从"认知媒介"这一角度分析，媒介信息和生活经验共同影响着农民工对环境的认知和理解。对于从老家来到城市的农民工而言，对于新环境的认知和理解，一方面源于自身经历的感知、亲朋好友的看法、经验丰富的老乡提出的建议；另一方面，来自媒介所提供的各种信息。调查中发现，除了通过媒介提供的新闻资讯和影视剧等途径来了解未知的城市环境，农民工更多的是听取老乡的介绍和意见。

3. 农民工具备一定的媒介信息辨别能力，对于媒介导向不会盲从

从"评价媒介""媒介反作用"等角度分析，农民工基本上能够认识到大众传播媒介所具有的传播信息、宣传教育、监视环境、反映社会的功能。在媒介内容方面，大部分农民工比较满意"就业信息"和"典型人物

事迹"；在信息真实性方面，农民工认为大多数反映其所面临问题（比如就业难、收入低）的报道是比较充分、真实的；在媒介对农民工形象建构方面，认为与真实形象相符的农民工人数占据一半。在媒介反作用方面，媒体的民工荒等报道对大部分农民工的工作地点选择影响并不大，他们会结合自己的经验来做出选择。总之，调查表明当前农民工已经具备一定的媒介信息辨别的能力和素养。

（二）存在的问题

1. 接触媒介——消费成本制约农民工接触使用媒介

虽然如今农民工能够接触到的媒介类型越来越多元，但是因为经济成本和时间成本的制约，限制了农民工接触媒介的次数。在调查中发现，因为政府或单位提供的公共信息资源有限，七成农民工是花钱去网吧上网，六成农民工是使用手机流量上网，可见大多数情况下是农民工自己付费购买媒介信息。部分农民工因为工作时间长、强度大，没有时间和精力去进行媒介信息消费，由此可见，阻碍农民工接触媒介的主要因素是经济条件和业余时间的限制。

2. 认知媒介——农民工经常忽视大众媒介信息

调查结果显示，通过报纸、广播、电视等媒介寻找用工信息的农民工只占15%，使用招聘信息栏的农民工占20%，由职业中介找工作的有17%，通过老乡推荐工作的农民工占比最多，达到35%（见表12－2）。这就表明，媒介信息在农民工生活中并没有被充分利用和重视。从农村来到城市的农民工群体，并没有完全融入开放的城市生活，而是形成了自己的封闭性圈子，具有丰富进城务工经验的农民工成了这个圈子的"意见领袖"，大多数农民工都会忽视纷繁复杂的媒介信息，只听从"意见领袖"的建议和意见。因此，在选择需要的信息时，农民工对于大众媒介信息的认知有待提高。

3. 评价媒介——农民工尚不具备客观评价媒介信息的能力

在一定程度上，农民工能够理性评价媒介，但是质疑和批判的意识并不强烈，缺乏全面、客观评价媒介信息的能力。调查显示，农民工整体评价的"不满"略多于"满意"（见表12－3）；大多数农民工怀疑"维权困难""难以适应城市生活节奏"等报道的真实性（见表12－4）；高达44%

357

的农民工认为媒介反映农民工真实愿望和需求有所偏差；部分农民工认为报道不够客观、全面，"根本谈不上深入群众"，"太官方了"。这表明部分农民工对媒介信息持有负面评价，一旦发现报道与自身生活经验不符，便滋生偏激的负面情绪，例如，课题组成员在深度访谈调查中发现，有受访者认定新闻报道全是假的——"我十多年没见过一个记者，不和我们接触怎么说真话?"，"记者就会欺负我们外地人"。

4. 参与媒介——农民工媒介参与能力低，媒介信息呈单向传播

在城市生活中农民工的话语权总是受到抑制，在遭遇困难时会默默忍受歧视和不公，而不是向新闻媒体表达自身诉求。调查显示，农民工不太相信新闻媒体能够真实表达自己的愿望，尽管媒体多设有新闻爆料台或举报热线，但是25%的农民工表示不会向媒体求助，32%的农民工"说不准"，30%的农民工是因为"实在没有其他办法的情况下再去找媒体"，仅有13%的农民工会主动找媒体帮忙（见图12-5），他们大多选择忍气吞声、找人私了或者诉诸法律。有向媒体求助经历的农民工表示，大部分问题解决得并不理想，他们认为媒体可以曝光问题但是难以坚持追踪报道，因此事后更不愿意主动参与媒介。因此，农民工的媒介参与能力较低，媒体缺乏与目标受众的互动，信息呈现单向传播。

5. 媒介反作用——媒介信息对农民工的态度或行为影响作用过小

从"媒介反作用"角度来看，媒介信息对农民工行为和态度的影响并不大，这一方面是因为农民工对媒介信息的忽视，另一方面是农民工缺乏对媒介全面评价、客观批判和辩证思考的能力。调查结果显示，仅有15%的农民工认为新闻报道使得他们对自身看法"有影响"；只有34%的农民工认为民工潮或者民工荒的资讯对他们选择工作地点有"很大"以及"较大"影响（见表12-6）。因此，受媒介信息影响的农民工占比并不多，一方面可以说明农民工对纷繁复杂的媒介信息比较漠然，另一方面也反映出大众传媒在农民工群体中的传播效果过小。

综上所述，虽然我国农民工在媒介接触、认知环境和理性评价等方面有值得肯定之处，但从"认知媒介""评价媒介""参与媒介"和"媒介反作用"五个维度全面分析发现，农民工的媒介素养仍然有待提高。同时，我们也应看到，即使是受教育程度较高的公众中，具有较高媒介素养

的人也不多。例如，上海市大学生媒介素养的调查显示，大学生群体虽然媒介参与行为相对活跃，但是也只有 15% 的学生向媒体提供过线索，10% 向媒体投寄过新闻稿件。[①] 农民工的受教育程度不高，其媒介素养水平有待提高也是可以理解的，农民工媒介素养的提升任重道远。

第二节　提升农民工媒介素养对促进我国城市化进程的重要作用

如上所述，我国农民工的媒介素养过低，亟待提升。提升农民工群体的媒介素养对我国城市化进程具有重要作用，是十分必要和紧迫的任务。

一　有助于农民工更好地融入城市

农民工较高的媒介素养——媒介接触、认知、评价、参与能力，可以帮助他们尽快融入城市环境，既包括身份、职业、生活方式等方面的显性融入，也包括思维方式、价值观念、心理意识等方面的隐性融入。[②] 大众媒介传播的信息，不仅可以使农民工增长知识、开阔视野，还可以在潜移默化中传递城市中的公平、竞争、参与等城市价值观念，增强农民工对城市文化的价值认同，对其心理上融入城市产生积极影响。[③] 因此，提升农民工的媒介素养，可以帮助农民工更好地融入城市，实现市民化的转变。

二　有助于城市经济转型

过去三十年，农民工作为廉价劳动力的主力军为中国经济发展做出了巨大贡献，但是社会经济发展的转型需要对劳动力的素质和能力提出了更高的要求。农民工要想适应时代的发展，满足社会的需要，就必须促使自己成为具有较高文化、技术素质的劳动者。大众传媒将相关知识和技能通俗易懂地展示，有助于提升农民工就业的竞争力。因此，农民工媒介素养

359

---

① 刘佳：《上海大学生媒介素养现状调查报告》，《新闻记者》2006 年第 3 期。
② 李洁玉：《农民工网络媒介素养现状及提升对策研究——以广州市为例》，硕士学位论文，暨南大学，2011 年，第 16—18 页。
③ 同上书，第 19 页。

的提高，可以提高这一群体的整体劳动素质，促进经济的转型和产业的升级，增强城市经济的硬实力。

三　有助于城市社会文明进步

在城市中工作、生活的农民工，和本土市民一同构筑着城市文明的整体风貌，其自身形象、公共卫生、社交礼仪等都影响着城市形象，能够正确使用、参与媒介是公民文明素质的表现。农民工媒介素养的提高，不仅可以帮助农民工更好更快地融入城市生活，还有利于城市整体文明水平的进步，增强城市发展的软实力。

四　有助于统筹城乡发展

提升农民工的媒介素养可以充分发挥城市对农村的辐射和带动作用，实现"以工促农、以城带乡"的城乡一体化发展。根据罗杰斯的创新扩散理论，拥有媒介使用经验、掌握新技术的农民工，会通过人际传播等方式，将新技术和新思想传播给周边的人，这种扩散式的带动和影响，可以让没有生活在城市的农民视野更加开阔。因此，农民工媒介素养的提高，可以促进城市和乡村之间的交流和了解，缩小城乡差距，统筹城乡发展，进一步提高城市化的水平。

第三节　提升农民工媒介素养的具体策略

提高农民工群体的媒介素养，不仅需要每一名农民工自身的学习和努力，更要有良好的社会环境，需要政府、媒体、企业等社会各界共同努力，整合社会资源，一起为农民工媒介素养的提升服务。

一　政府主导

农民工提高媒介素养的根本保证，是政府对提升农民工群体的整体素质、缩小公民群体之间的"知识沟"的高度重视。

第一，强化农民工的基础教育和职业技能培训。当前，从整体上来说我国农民工受教育水平低，从小受到生活环境的制约，缺乏接触媒介的条

360

件，限制了他们媒介素养的提升，因此，政府应该加强农村的基础教育建设，让农村的孩子能够有条件、有能力读书、看报、使用电脑，引导他们科学地认识、使用、评价、参与媒介，以此缩减媒介素养上的城乡差距。同时，政府应该把媒介素养教育纳入到培训体系当中，加强对已经工作了的农民工的职业技能培训，从而提升他们在城市生活的竞争力。

第二，加强农民工媒介消费公共场所建设。农民工的收入水平较低，使用媒介获取资讯主要靠自费，媒介消费带来了一定的经济压力。政府应为农民工提供更多便利的使用媒介的公共场所，降低他们媒介消费的成本，比如多设立报刊阅览室、公共广播、电子信息公告栏、图书馆、网吧等，增加农民工接触媒介的机会，为他们提升媒介素养创造有利的环境。

第三，完善信息传播的法律法规。网络上的信息纷繁复杂、真假难辨，常常还会有色情、暴力、虚假的不良信息扰乱视听，影响了农民工对于媒介的正确认知。因此，进一步提高农民工的媒介素养，政府应该营造和谐文明的传播环境，尽快加强信息传播的相关法律法规建设，明确哪些信息属于不良信息，加大普法宣传和执法力度。

二　媒体宣导

大众传媒是人们获取知识和信息、了解社会环境和规范制度、提升完善自我的重要手段，对农民工媒介素养的提高也有明显的教育引导作用。

第一，利用媒介偏好激发农民工对信息的需求。媒介内容的制作应该满足农民工对信息的需求，符合农民工的喜好标准，这样才能达到良好的传播效果，从而激发农民工对媒介的主动接触。调查显示，农民工经常接触的媒介平台是电视，因此电视台可以制作专门为农民工群体服务的电视节目，深入调查农民工的内容偏好，在此基础上进行"议程设置"，让节目能够受到农民工的关注和喜爱，提高自身的媒介素养。

第二，在媒介平台上开展农民工媒介素养教育。媒体既是大众需要认知和了解的对象，也是媒介素养培育的实施者，担负着媒介素养的教育、宣传、提升的重任。[1] 为了提升公众的媒介素养，一方面媒体要向公众开

361

---

[1]　陈先元：《大众传媒素养论》，上海交通大学出版社 2005 年版，第 128 页。

放，让公众了解信息产品产生和推出的过程，拓展多渠道的爆料热线和投稿平台，方便公众参与到信息生产过程当中；另一方面，媒体可以开辟媒介素养教育的具体版面、栏目、频道、板块等，系统性地介绍媒介运作的相关信息，告知公众参与媒介的方式、使用媒介的方法、评价媒介的角度等内容。例如，《传媒万岁》是香港媒体制作播放的一部介绍媒介使用技能的电视节目，我国内地媒体也可以借鉴这种形式，定位于农民工受众群体，制作有关媒介素养教育的宣传片。

第三，在媒介环境中培育农民工的公民观念。根据李普曼提出的"拟态环境"理论，人们既生活在一种真实的现实环境当中，又身在大众媒体所构造的虚拟环境。因此，媒体应该营造一种真实客观的媒介环境，关注农民工群体的生活工作状况，让公众对农民工所处的环境有正确的认知，加强对农民工的正面报道，建构农民工的良好形象，宣传他们艰苦奋斗、勤劳致富的精神，让城市居民能够友好地接受农民工的融入，加强农民工的主人翁意识、独立自主的人格意识和维权意识，鼓励其积极参与国家社会的公共事务，不断完善自我提升和自身素养。

三 其他社会资源倡导

除了政府和媒体等主体发挥自身影响力提升农民工媒介素养外，企业、工会、非政府组织等其他社会资源也可以从不同的角度为农民工媒介素养的提升贡献一分力量。

1. 企业

首先，农民工的收入水平较低，无法支付太多的媒介消费费用，因此，企业应该规范农民工的用工机制，不克扣拖欠工资，让农民工可以负担得起媒介消费的成本，以获得必要的知识和资讯。同时，企业不能过分压榨劳动力，要保证农民工有读书、看报、看电视、上网的业余时间。另外，企业应该加强内部的信息设备建设，为农民工提供获取媒介信息的条件，提升农民工的文化底蕴。最后，企业可以通过培训课程、专题讲座等方式对农民工进行媒介素养教育，将媒介素养的培养融合进企业文化培训体系中。

2. 工会

工会组织是企业和职工沟通的纽带，因此应该积极主动地为农民工媒介素养的提升服务。例如，广州市总工会成立的劳工大学堂，免费为外地务工人员提供图书阅读、交友联谊、文化技能培训、法律咨询、在线学习娱乐等全方位服务，并给参与学习者 10 元/次的补贴。例如，安排员工学习办公软件、法律法规政策还有职业素养教育。本文建议，农民工职业教育的课程设计应将媒介素养教育纳入其中，作为职工综合素质教育中的重要方面。

3. 非政府组织

服务于农民工群体的非政府组织和媒介素养研究机构可以开展合作，共同推动农民工媒介素养的提升。其他社会慈善机构，也应该丰富农民工的业余文化生活，伸出援手帮扶一下处于弱势的农民工群体，如捐赠书籍、报刊、电脑等媒体设备。

四　农民工自身学习

除了社会各方创造良好的外部环境，农民工自身也应该有意识地努力学习，主动地使用并参与到媒介信息的生产发布当中，不断提高获取、分析、评价、使用媒介信息的能力。在当前社会重视不够、政府投入不足的情况下，提高农民工媒介素养的主要途径便是农民工的自我教育。

首先，农民工应增强接触使用媒介的意识。城市的媒介信息资源比农村要丰富得多，农民工应该利用好这种资源优势，主动地阅读报纸、收听广播、上网查询有益的信息，通过这种方式进行休闲放松，比打牌、聊天、逛街更加充实而有意义，这对农民工了解周围环境、融入城市生活大有裨益。形成了这种主动接触媒介的意识，可以让农民工形成更加积极的生活方式和态度，在不知不觉中提升媒介素养。

363

其次，农民工应该学习媒介的基本知识。图书馆、培训班、大众媒体都是城市中丰富的文化资源，农民工应该充分利用这些资源，了解每一种媒介的使用方法等基本知识，学习一点社会学、新闻传播学的基本观点，这对正确看待当前社会的发展、正确分析判断媒介信息都有帮助。在了解把握媒介知识的过程中，农民工会更加自信地去接触和使用媒介。

再次，农民工应该掌握媒介操作的相关技能。比如，在接触媒介方面，遇到困难时如何向媒体求助，有哪些途径和方法可以联系到媒体记者，如何突出重点地向记者讲述自己的故事；在使用媒介方面，如何快速地查阅到想要了解的信息，不同媒体发表的内容有哪些侧重点，报纸杂志电视广播等不同媒体的投稿技巧有哪些，电脑的基本操作是怎样的，等等。掌握了这些具体的基本技能，农民工在接触媒介获取信息的过程就会更为顺畅。

另外，农民工应自觉提升自己的文化素养。城市社会中的农民工，是这个社会大家庭中不可或缺的一员，农民工也应该形成主人翁意识，主动了解有关自己工作、生活的各种资讯，比如国家大事、城中小事、行业发展趋势和前沿资讯。这会让农民工的视野得到拓展，有利于提升农民工的文化素养，从而提升农民工的认知媒介、评价媒介、使用媒介的水平。

最后，加强农民工的媒介使用道德。在网络时代，每个网民都可以在网上畅所欲言，少数农民工由于文化素养不高、法律意识不强，在使用网络时会做出不正确的选择。农民工要自觉规范自己的言行，不发布不负责任的言论，不传播虚假信息，不进行低级的人身攻击。要意识到网络环境并不是没有任何制约的，不当的言行会对他人造成伤害也会受到法律的惩罚，农民工应该首先具备媒介使用的道德底线，才能够在公共领域平台恰当发表言论，正确使用媒介表达自身诉求，拥有话语空间。

第十三章　社会对农民工态度的报道分析

中国的城市化被诺贝尔经济学奖获得者斯蒂格利茨（Stiglitize）称为除高科技外的 21 世纪初期影响最大的世界性事件。[①] 城市化的核心内容是农业转移人口的市民化，而农业转移人口的主要群体是活跃在城市各个角落的庞大的农民工群体，因而农民工的市民化是我国城市化能否顺利推进的关键因素。在城市化推进的过程中，社会公众如何认识对待农民工群体，农民工群体如何认知自身，新闻媒体又如何报道反映社会对农民工的态度，所有这些都影响着农民工市民化的进程。本章利用本课题组 2011 年 6 月—2012 年 3 月对市民和农民工所做的调查问卷及访谈资料，并结合本课题组成员统计的《湖北日报》与《楚天都市报》有关社会对农民工态度报道的数据以及一些报道案例，分析社会对农民工种种态度的报道，以此为基础，提出媒体在有关农民工的报道中如何引导社会正确对待农民工的可能途径。

第一节　社会对待农民工态度的数据和深度访谈资料分析

对待农民工群体的态度涉及"社会认同"这一概念。"社会认同"最初属于心理学范畴。"认同"一般指在社会生活中，个人与一些人联系，

[①] 刘守英：《城市化与土地制度改革》，中国改革论坛网，2012 年 8 月 25 日，http://www.chinareform.org.cn/Economy/Agriculture/Report/201208/t20120825_149170.htm，浏览日期：2015 年 9 月 10 日。

但是与其他人相区分的主观意识。之后"认同"这一概念被其他涉及认同概念的学科所采纳，变化成为围绕着阐释个体与群体，或群体之间的关系问题。在此基础上，学界认为，群体在交流沟通中不断产生各种利益联系，个体从中体会到了认同的概念。如果个体不与其他群体交往互动，不通过传播媒介进行信息接触，那这一意识必然不会产生，即没有"他群"意识也就没有"我群"意识的产生。[①]

农民工从农村来到城市打工，希望能够融入城市，在成为城市建设者的同时能够被城市社会容纳。但是，由于城乡二元户籍制度的限制和市民文化的影响，他们不能及时融入市民群体，他们在为城市建设做出贡献的同时却成了城市发展过程中的边缘性群体。农民工不能真正融入城市有多种原因，其中，市民以及农民工自身对农民工身份认同问题不容忽视。

一　社会对待农民工态度的数据统计

对农民工未能融入城市的现状，目前已有的研究多是在客观现象上进行具体的分析，进而对农民工是否融入城市生活进行类型上的划分。但是，农民工入城的主观意愿、积极性和入城意图受到阻碍的现实情况并没有被纳入这些研究之中，之前的研究多忽略了融入是一个包含融入以及排斥的双向性概念。只有深入研究农民工融入这一概念，才能对农民工与城市生活之间的联系给予完整的分析与正确的阐述。[②] 本节以本课题组的调研数据为基础，结合对市民的深度访谈，以期从多方面深入了解社会对农民工群体的态度，探讨如何能使农民工更好地融入城市。

（一）针对农民工的调查问卷统计

本课题组在 2011—2012 年先后两次向农民工发放调查问卷 800 份，收回有效问卷 769 份。[③] 受访者年龄、学历分布如下：20 岁以下占 7.6%

---

① 王毅杰、倪云鸽：《流动农民社会认同现状探析》，《苏州大学学报》2005 年第 2 期。
② 陆林：《融入与排斥的两难：农民工入城的困境分析》，《西南大学学报》2007 年第 6 期。
③ 769 份有效问卷中并不是所有问题的答案都是有效的，可能存在一些问题的答案并不满足课题组要求。因此，对每个具体问题的答案进行分析时，问题的有效答案数量并不都是 769 个。后文中的 213 份有效市民问卷调查也是一样。

（57人），20—30岁占54.1%（405人），31—40岁占21.8%（163人），41—50岁占11.5%（86人），50岁以上占3.0%（23人）；没有上过学2.7%（20人），小学16.2%（121人），初中52.0%（389人），高中、中专及以上27.3%（204人）。我们选取了"您认为自己属于什么职业身份？""您认为自己对这个城市的建设贡献大吗？""您在城市是否遭遇过以下问题？""您对将来有什么打算？""如果条件允许，您愿意留在城市发展吗？"等问题进行统计。表13-1是这些问题的统计结果。

表13-1　　　　　　　　　您认为自己属于什么职业身份

	工人	农民	不清楚	无所谓
人数统计（人）	224	312	130	70
所占比例（%）	30.4	42.4	17.7	9.5

对职业认同的问题涉及了身份认同这一概念。身份认同是指个体在价值和情感意义上把自己归类于某个群体的认知，并对该群体有着强烈的归属感与认同感。其内在方面是指群体成员在主观上对所属群体所持有的归属感，表现为"我们是谁"的主观感知。①农民工对自身职业身份的认同在一定程度上影响着其工作的热情、态度以及将来的职业取向。

从表13-1可以看出，农民工在对自己的职业身份认同上，有30.4%的人认为来到城市后，自己的身份不再是农民，而是工人。在课题组所做的深度访谈中，他们认为自己和城市里其他普通的工人没有区别，都是城市的建设者，不应该因为他们从农村来而受到不公平或者不一样的对待。42.4%的农民工认为自己还是属于农民。他们认为，虽然自己来到城市打工，但是并没有因此而改变自己的农民身份，等到赚够了钱，还是要回农村去的。另外，有17.7%的农民工不清楚自己的所属群体。他们认为自己的工作不稳定性太大，经常在各个城市流动或者往返于城乡之间，因此对自身的职业身份认同有一定的模糊性。最后剩下的9.5%的农民工没有想过自己的职业归属或者对个人身份认同并不在意。

367

---

① 邹美萍：《边缘化：新生代农民工身份认同困境研究》，硕士学位论文，华中师范大学，2012年，第6页。

表 13 – 2　　　　　　　您认为自己对这个城市的建设贡献大吗

	贡献大	贡献一般	没什么贡献
人数统计（人）	120	367	185
所占比例（%）	17.9	54.6	27.5

　　农民工对城市建设贡献大小的主观感受会影响他们与城市关系的认识和工作热情。从表 13 – 2 可看出，有 70% 以上的农民工认为自己对所在的城市做出了贡献甚至很大的贡献，但 27.5% 的农民工认为自己对所在的城市没有什么贡献。由此可以看出，还有 1/4 以上的在城市生活、工作的农民工没有从自己的工作中获得自豪感或自信心。

　　农民工作为城市化建设的生力军，对城市化建设所产生的积极作用是不可否认的。但是仍有部分农民工并不能从工作中获得自信心或自豪感，这一现象值得我们探究。其中除了受他们自身工作的辛苦、劳累、收入低的影响外，周围的市民的态度也在一定程度上影响着他们的职业认同感。我们认为，农民工在工作之余不免要和工作地的市民打交道，在与市民的相处过程中，如果不能受到市民的正常或者善意接纳，甚至遭受到了不公正的对待，那么，这种情况会在很大程度上影响农民工的心理，使他们对自身所从事的工作产生自卑感。为此，本课题组对农民工在城市中的不公正遭遇进行了统计，结果如表 13 – 3 所示。

表 13 – 3　　　　　　您在城市是否遭遇过以下问题（可多选）

	被冷言恶语相对	遭到殴打	受到不公正对待	其他
人数统计（人）	205	75	303	187
所占比例（%）	26.6	9.7	39.4	24.3

　　正如有关农民工的新闻报道中所提到的，老一代农民工生在农村，长在农村，为了生存和前途，离乡背井，走进城市，走进陌生的世界。他们为老板或者包工头打工，长时间地工作，却领取微薄的工资，吃廉价的食物补充体力，靠自己的劳力打拼，却总是因为各种原因受到人们的冷眼相待，到头来连最基本的社会养老保险都无法购买。我们在调查统计和访谈问卷中发现，多数农民工都或多或少地遭受过歧视或不公正对待，其中"被冷言恶语相对"和"受到不公正对待"占统计的多数。

农民工作为城市的建设者，却在生活中受到了不公正的对待，这在相当程度上影响着农民工的去留意愿，而农民工的去留取向对我国的城市化建设有着相当大的影响。因此，本课题组对农民工的未来打算进行了问卷调查，统计结果如表 13-4 所示。

表 13-4	您对将来有什么打算				
	在城市创业	回家乡创业	继续打工	回乡务农	没有打算
人数统计（人）	133	229	246	70	39
所占比例（%）	18.5	31.9	34.3	9.8	5.4

当农民工被问及对将来的打算时，有将近53%的人选择在城市创业或者继续留在城市打工，剩下的约47%的受访者选择回乡创业、务农或没有打算，这在一定程度上显示出农民工的就业意愿与城市认同倾向。我们认为选择继续留在城市而不愿意回到农村的农民工是基于城市生活的经验和正面评价，对农村落后的生产生活方式的不认同，尤其是新生代农民工已经不再熟悉农村生活，不再具有农业生产的能力，对家乡的认同主要是基于与家乡亲人的情感，而城市文化的熏陶又消解了他们对家乡的认同以及社会记忆。[①] 与之相对，也有相当数量的农民工选择回家乡创业或务农，他们在访谈中表达出自己"落叶归根""衣锦还乡"的想法，这些人中也有一部分人害怕失去农村的宅基地等与切身利益相关的东西。老一代农民工认为，相较于在城市打工的不稳定性，农村能给他们更多的安定感，内心还是偏向农村安稳的生活。

（二）针对市民的调查问卷统计

除了对农民工进行问卷调查，本课题组还在 2011—2012 年先后两次向市民进行了问卷调查，发放调查问卷 250 份，收回有效问卷 213 份。受访者年龄、学历分布如下：20 岁以下 17.8%（38 人），20—30 岁 31.5%（67 人），31—40 岁 21.6%（46 人），41—50 岁 19.7%（42 人），50 岁以上 9.4%（20 人）；初中以下 9.4%（20 人），高中、中专 23.5%（50 人），本科、大专 62.4%（133 人），研究生及以上 3.8%（8 人）。其中，

369

---

① 邹英：《新生代农民工自我身份认同困境的社会学分析》，硕士学位论文，华中师范大学，2012 年，第 16 页。

我们选取了"你对农民工的了解主要是通过何种途径""你对农民工的总体印象""对于农民工融入你所在的城市，你的态度是怎样的"等问题进行统计，统计结果如表 13 - 5 所示。

表 13 - 5 你对农民工的了解主要是通过何种渠道

	新闻媒介	亲身接触	他人	其他
人数统计（人）	116	77	25	4
所占比例（%）	52.3	34.7	11.3	1.8

在对"你对农民工的了解主要是通过何种渠道"的回答中，52.3% 以上的市民是通过新闻媒介了解农民工的情况，34.7% 的市民通过亲身接触的方式了解农民工，还有 11.3% 的市民通过他人或者其他方式了解农民工的情况。在生活节奏日益加快的城市中，人们为生计忙碌奔波，邻里之间的关系已不复往日的亲密，市民和农民工之间的接触机会较少。当人们无法亲身接触农民工的生活时，新闻媒体便是向市民传递农民工群体生活现状的扩音器。在这种情况下，媒体所构建的农民工群体形象便是在市民脑海中的"真实形象"。

不论市民从何种途径获取有关农民工的信息，最终都会对农民工这一群体形成一定的印象。因此，本课题组对市民心中的农民工总体印象进行了调查统计，结果如表 13 - 6 所示。

表 13 - 6 你对农民工的总体印象是

	积极正面	中性，有好有坏	消极负面	说不准
对农民工总体印象	41	153	9	8
所占比例（%）	19.4	72.5	4.3	3.8

正如媒体的报道，农民工进城对城市的生产生活有正负两方面的影响，这样也使得市民在对农民工总体印象的判断上存在着一定的差异。表 13 - 6 显示，对农民工印象为"中性，有好有坏"的市民占大多数，比例为 72.5%；选择"积极正面"的约占 19.4%；选择"消极负面"的约占 4.3%；另外，还有约 3.8% 的受访者选择"说不准"。

为了更直接地了解市民心中农民工对城市发展作用的看法，我们设置了"农民工为你的生活和工作带来了方便吗"这一问题，力图用数据来说明市民对农民工进城的接纳程度。

表 13 – 7　　　　　　　农民工为你的生活和工作带来了方便吗

	提供很多方便	带来一些方便	没有带来方便	不知道
人数统计（人）	80	117	4	12
所占比例（%）	37.6	54.9	1.9	5.6

表 13 – 7 中，市民在对"农民工为你的生活和工作带来了方便吗"这一问题的回答上有将近 92.5% 的人选择了农民工为市民的生活带来了很多或者一些方便。这就说明，从总体来看，大部分市民在调查问卷的填写中认可并且承认农民工进城工作有一定的正面建设作用，对他们进城表现出认可的态度。那么市民是否认为农民工已经成为城市的一员呢？课题组就这一问题做了调查统计，结果如表 13 – 8 所示。

表 13 – 8　　　　　　　你认为农民工是你所在城市的一员吗

	是	不是	不知道	其他
人数统计（人）	157	35	15	5
所占比例（%）	74.1	16.5	7.1	2.6

统计显示，74.1% 的受访者认为农民工是其所在城市的一员，16.5% 的受访者不认为农民工是城市的一员，剩下的不到 10% 的受访者选择了"不知道"或者"其他"。

市民和农民工之间的关系与市民心理上是否接纳农民工融入其所在的城市有相当大的关系。假设市民不欢迎或者不太欢迎农民工融入城市，那么他们对待农民工群体时所表现出来的情绪、态度与行为都将被农民工所感知，农民工群体在感知这些信息时，其心理和行为也会做出相应的反应，即可能导致农民工开始排斥融入与他们格格不入的或者对他们并不友善的城市并开始重新考虑自身的社会群属。所以，研究市民对农民工融入其所在城市的态度具有一定的现实意义。本课题组在调查问卷中直接设置了这一问题，力图清晰地展现市民对农民工融入城市的态度（见表 13 – 9）。

371

表 13 – 9　　　　　　　对于农民工融入你所在的城市，你的态度是

	欢迎	不太欢迎	不能接受	无所谓
人数统计（人）	128	32	1	53
所占比例（%）	59.8	14.9	0.5	27.8

表 13 - 9 显示，约 60% 的受调查市民欢迎农民工融入其所在的城市，约 28% 的受访者选择了"无所谓"，而 15.4% 的受访者对农民工融入城市持"不太欢迎"或者"不能接受"的态度。统计结果显示，大多数市民是欢迎农民工进入城市生活的，但是在关于农民工的调查问卷中，多数农民工却认为自身遭受到了不公正的甚至是歧视性的待遇，两者在一定程度上产生了矛盾。为了深入了解这一矛盾产生的原因，我们调研组还分别对农民工和市民进行了访谈。

二 社会对待农民工态度的访谈分析

城市化的推进使得大量农民工在城市里就业和生活，不可避免地要与市民之间产生各种各样的接触，两者在接触过程中不可避免地既有和谐的一面，也有冲突的一面。在上述的统计中，本课题组的调查既显示了市民和农民工之间和谐相处的意愿，同时也显示了生活中两者出现摩擦的现象。为了深入地了解市民对待农民工的态度，本课题组还对农民工和市民分别进行了访谈。

（一）对农民工的调查访谈分析

长久以来，"农民工"一直是农村进城务工人员的代名词，但近些年也有人对"农民工"这一称谓提出了质疑。2011 年，时任河南省委书记的卢展工曾经提到，"农民工"这一代名词具有一定的歧视成分，呼吁人们少用这样的字眼。时任广东省委书记的汪洋在 2012 年时更是提出，广东省将出台各项措施，致力于取消"农民工"这一称谓，建立各项惠及农民工的制度，以促进农民工与市民之间的沟通联系与交流融合。[①] 那么，农民工自己对这一称呼的看法是怎样的？本课题组的访谈结果显示，多数受访农民工对这一称谓没有意见或觉得称他们为农民工还是比较合适贴切的，但是也有一部分受访者认为"农民工"这一称呼具有歧视色彩。以下 3 例为受访农民工的回答。

---

① 任沁沁、王攀、刘刚：《中国有意取消"农民工"称谓 广东河南率先提出》，中国新闻网，2012 年 1 月 4 日，http://www.chinanews.com/gn/2012/01 - 04/3580471.shtml，浏览日期：2015 年 5 月 4 日。

个案 1　湖北武汉人，男，18 岁，初中，理发师。当问及对"农民工"这个称呼有什么看法时，他回答道："觉得这个称呼不怎么样，感觉既不是农村娃，也不像城里的人。"

个案 2　四川到广东打工者，女，21 岁，初中，鞋工。她认为农民工这个称呼很不好听，有贬低的意思。

个案 3　海南文昌人，男，20 岁，初中，餐厅服务生。他说："我不喜欢这个称呼，总觉得和城市人不一样，有隔膜，低人一等的样子。"

上述个案访谈反映了部分农民工对"农民工"这一称呼的不满情绪。在长期似农非农的生活中，许多农民工对自己的身份已模糊不清。一方面，他们来到城市打工，认为自身不是农民身份，并且在农村种地的农民也不认可进城务工者的农民身份；另一方面，由于农民工进城后占用了一定的城市资源，与当地市民产生了一定的利益冲突，使得一些市民也不能完全接纳农民工群体。在这样身份认同的夹缝中，市民对农民工所显示的淡漠或者排挤的态度使农民工心理受到一定的伤害，并对其生活产生了消极影响；加之农民工背井离乡所产生的归乡情愫，使得部分农民工自身也对身份转化存在一定的抵触情绪；这样，农民工在城市生活中便处于一种边缘化的状态。我们认为，部分农民工对"农民工"这一称谓的不满，实际上是对他们现在所处的边缘化状态的不满，是对不公正对待感到的不满。

农民工对城市社会的不满，还表现在对城市管理的不满。近年来，大量务工人员进城，这必然对城市管理提出了新的要求。为了方便管理进城务工人员，多部门要求他们办理各种证件，缴纳各项费用。这无疑在一定程度上加大了务工人员的工作成本。以下为受访农民工的遭遇。

个案 4　河南人，女，36 岁，小学毕业，卖菜为生。她在访谈中提到："我们卖个菜真的不容易啊。这里说不给卖，那里也说不行，只给专门的一个卖菜的点儿。菜卖贵了人家不买，便宜了自己都不赚什么的，还要交各种费用。"

个案 5　湖北人，男，32 岁，初中毕业，搬运工。他说："现在打工的地方有时候不给地方住的，我们要自己租房子，但是房租越来越贵。有时候想找个近一点的地方，人家看我们是外地来打工的，都要多收费，说是交押金，明显是信不过我们。农民工怎么了，难道我们就是偷偷摸摸见不得人的了吗？"

近年来，城市中针对农民工的一些限制性政策和一些带有歧视性的收费行为正在逐步取消，但是仍有部分地方还存在此类现象。面对这种情况，多数农民工会选择沉默以对，认为"人在外地，多一事不如少一事"。这就使得对农民工的不公正待遇甚至是歧视性行为不能得到及时的遏制，反而有加剧的可能，而农民工心中的不忿也不断积聚，与市民之间的隔阂也随之加大。

在访谈中，农民工还普遍反映遭受到了区别对待的问题，尤其是农民工子女受教育问题。

个案 6　海南文昌人，女，18 岁，初中毕业，餐厅服务生。她说："媒体关于农民工的报道还蛮客观真实的，但好像子女教育这方面概括的报道比较多，个别的挺少见的，报道的也比较真实客观，就是不全面。"

个案 7　四川人，男，41 岁，上过学前班，室内装修工人。他提到，"我们做着脏累活都不要紧啊，赚钱嘛，但是孩子不一样啊。哪个父母不希望孩子好点的？来城市之后居然还有什么农民工子女学校，这不是把我们孩子区别对待么，难道我们的孩子就不能去城市孩子读书的地方了么？"

农民工子女教育问题是伴随农民工问题而来的。他们进城务工，长时间生活在城市，不少农民工更愿意将孩子留在身边，接受城市先进的教育。但是，农民工子女群体与他们的父母一样，在城市生活中处于弱势地位，他们的受教育权利难以得到平等实现。在访谈中有部分农民工家长认为："市里的人好多不愿意小孩子跟我们的孩子一起读书，好像我们的孩子会害他们的孩子一样。我们的孩子成绩也不差,论吃苦他们市里孩子都是比不上的,就是我们的条件不好。"

在子女教育问题上,有部分农民工认为现在读书花费太大,难以承担,而社会又普遍存在"毕业等于失业"的现象,在自己没有人脉关系的情况下,孩子读书后的工作也不一定会比老一代农民工的收入高,不如早点开始工作,既节省时间又可以早点做事赚钱。持这种观点的农民工不在少数,这样就可能出现市民子女和农民工子女教育程度和素质差距越来越大的现象,这显然与我国社会主义和谐社会的建设目标相违背,不利于社会的发展。

(二)对市民的调查访谈分析

在对市民的调查访谈中,市民所勾画出的农民工形象是生活节俭、能吃苦和勤劳。市民对农民工的处境多表示同情和理解,认为他们外出打工不容易,从事的又多是市民不愿意做的事情。部分受访市民认为,农民工的存在是不可或缺的,就算有什么不恰当的言行也是可以理解的。

个案8 湖南人,男,49岁,大专,集团干部。"说老实话,很多人是不得已出来干活,有些人是家里本身的条件还可以,还是想外出赚点钱。他们的文化程度不高,一般是小学、初中,技能上有缺陷。除了种地也不会别的什么,只能做一些城里人看不起不愿意做的工作,收入比较低。但这些工作必须有人做。这是城市发展的重要环节,这些工作有市场需求,没有他们从事这些工作,城市会瘫痪的。比如,北京有一年春节,找不到保姆,找不到卖菜的,都回老家去了,整个城市没法运作了。"

个案9 陕西人,男,75岁,退休职工。"我觉得农民工吃苦耐劳,生活艰苦,从事劳动强度大的脏、累、苦的工作。我认为应该给予他们同情,充分的尊重与谅解。他们以低廉的收入为城市发展做出巨大贡献,值得我们尊重。他们生存条件艰苦。一心只有想着多赚钱,行为上也许有不文明之处,城里人应当谅解。"

在本课题组的调查访问中,多数受访市民意识到城市中有部分市民歧视农民工的现象，他们认为对农民工的歧视多存在于就业、教育以及各种制度上，诸如户籍制度、工伤保险、养老保险、医疗保险等各种社会保障制度等方面。市民在访谈中表示，他们认为歧视农民工的现象是由于制度不健全造成的，并且认为这种歧视现象是部分市民非理性化的行为。访谈结果显示，几乎所有的受访市民都不认为自己存在歧视农民工的心理。

　　个案 10　湖南人，男，49 岁，大专，集团干部。"教育要公平，别搞什么打工学校，不然就搞专门的子弟学校。找好老师，自然也会有志愿者来教书。一般学校别设门槛，别搞特权下的不公平。"

　　个案 11　陕西人，男，49 岁，大专，工程管理。"其实农民工给狗下跪的事件只是极个别的情况，不代表所有人都歧视农民工，再说歧视在各个行业都是有的。"

访谈表中设置有这样的问题："您认为媒体对农民工的政策呼吁和社会呼吁的力度大么？""这些呼吁对农民工的现实困境有缓解么？"统计显示，受访市民多认为媒体的新闻至少能够在一定程度上帮助农民工维护其权利。

　　个案 12　海南人，男，55 岁，初中，下岗职工。"不错啊！像什么农民工团圆饭，对子女教育的补贴和日常生活的补贴都有很多，还有报道追踪那些拖欠农民工工资的现象是十分有效的。"

　　个案 13　湖南人，男，49 岁，大专，集团干部。"农民工负面行为报道不多，也不敢。本来农民工是弱势群体，你报道负面行为人家会骂记者、骂媒体。大家基本会认可，行为上差一点是可以的。报道还算真实，多为正面报道。这样可以帮助农民工树立信心，树立典型。"

事实上，媒体的报道确实在一定程度上起到了帮助农民工的积极作用。然而本课题组对农民工调查的 748 份问卷显示，当农民工在打工中遇到问题时，只有 45 份选择了"向媒体求助"。这让我们不得不思考，媒体的报道真的像大部分市民所想的那么有影响力么？本课题组的调查显示，虽然有超过半数的市民认为农民工的权益得到了政府的政策保护和社会各界的帮助，但仍有将近四分之一的受访市民认为，农民工的工资收入与其工作劳动输出相比有着极大的不符，新闻报道在农民工权益维护方面起到的作用是十分有限的。访问中也有市民提出了这样的问题。

个案14 青海人，女，19岁，在读本科生。"媒体的报道多是关于拖欠农民工工资的问题，但是农民工的权益无法得到保障。前几天还看到《焦点访谈》里有农民工到煤矿打工，得了肺病，找煤老板讨要医疗补助，煤老板竟根本不承认几位工人在其煤矿工作过。虽然政府给了他们一定数量的补偿，仍然不够支付医疗费用。"

正如访谈中市民所提到的，现实生活中，因为农民工对劳动合同内容的合法性等没有全面的了解和认识，所以部分包工头和老板利用农民工不具备应有的法律权利意识的缺陷，压榨他们的劳动，在农民工劳动的过程中不给予应有的工作保护措施，甚至不能给他们相对应的劳动报酬。部分受访市民认识到这个现象，并对受到不公正对待的农民工表示同情。

第二节 社会对农民工态度报道的案例分析

新闻媒体是社会的瞭望者，社会对农民工的态度在媒体的新闻报道中会得到相应的反映，而这种媒体呈现也会相应地影响社会对农民工的态度。那么，社会对农民工的态度在新闻报道中得到了怎样的反映？这正是本节要探讨的问题。

377

态度是人们在自身道德观和价值观基础上对人或事物的评价和行为倾向，社会对农民工的态度是指除农民工和农民之外的其他社会成员和组织对农民工的评价和行为倾向。为了便于分析，课题组将社会对农民工态度的报道划分为三种：赞美与支持态度的报道、偏见与歧视态度的报道、中性态度的报道。为了显示这些态度的新近性特点和大致情况，文中所举案例以近几年的报道为主，并兼以本课题组的有关数据说明。

一 赞美与支持型的态度报道分析

赞美与支持型的态度报道是指赞美农民工的劳动成果和农民工吃苦耐劳、淳朴善良、乐于助人的品格以及国家领导人、政府部门、社会组织、爱心人士等对农民工群体的支持帮助等方面的报道。

本课题组所做的 2011 年与 2012 年社会对农民工态度报道的有关统计显示,《湖北日报》共刊登了赞美和支持农民工的报道 251 篇,《楚天都市报》147 篇,在社会态度报道中的比例分别为 65% 和 51.4%。从这一数据可以看出,媒体呈现出的社会对农民工的态度多数是偏向赞美与支持的。这种态度在国家领导人参加的有关活动的报道中体现得尤为突出。国家领导人在相关活动中经常强调农民工在城市化建设中的重要作用,赞美农民工的优良品格。

> 个案 15 据中国政府网消息 2012 年,温家宝特地来到居民安置小区建设工地看望农民工。他认为,农民工对我国的城市化建设做出了极大的贡献,在城市化发展中更是至关重要的一节。①

温家宝是国务院前总理,他的这番话很有代表性,反映出国家领导人、政府对农民工在城市建设中作用的肯定,对农民工劳动成果的认可。

农民工之所以受到国家领导人的肯定,得到多数城市市民的赞美与支持,与农民工对城市建设的贡献和农民工自身的优良品格分不开。媒体在进行农民工报道时,也时常显示城市居民对农民工城市建设作用的肯定,对农民工优良品格的赞美之情。

> 个案 16 他们根在农村,却工作在城市。他们进了城,为城市建设做着贡献,却不是城里人。他们引来了关注的目光,也给了我们太多的感动。他们有一个共同的名字——农民工。

① 国务院办公厅:《温家宝元旦到湖南看望干部群众调研经济运行》,中国政府门户网站,2012 年 1 月 3 日,http://www.gov.cn/ldhd/2012-01/03/content_2036128.htm,浏览日期:2016 年 6 月 30 日。

"从进城的第一天起，农民工以其能吃苦、肯出力、勤奋进取、任劳任怨等品质，默默无闻地奋战在许多最累、最苦、最脏、最险的工作岗位。他们住所简陋，穿着朴素，食物简单，却为城市发展贡献着惊人的力量。为了亲身感受农民工的生活工作，昨日，本报记者冒着严寒，深入三门峡市区 3 个建设工地，从吃、穿、住、健康等方面，对农民工最真实的生活状态进行'扫描'，以唤起更多的人对这个群体的尊重和理解。"①

　　个案 17　他们工作在冰冷的钢筋和砖瓦间，用责任和真诚建设着我们的城市，他们有一个共同的名字："农民工"。他们干着脏活累活，任劳任怨，他们用自己勤劳的双手，用一砖一瓦描绘着城市建设的蓝图。

"苦是苦点，但是干活的时候大家都在一起，说说笑笑，劳动中也有很多快乐。"来自建昌的王师傅在工地上对记者说。

在城市中，农民工建设者是辛苦但不缺少快乐的一族。他们一改在家乡日出而作日落而息的生活方式，经常是披星戴月，随着一座座高楼大厦的崛起，他们在收获财富的同时守护着属于他们的快乐。一位来自葫芦岛的农民工告诉记者："去年在沈阳的一建筑工地干了整整一年，收获了五六万块钱，比在家种地强多了，现在在家里的地都交给亲属耕种了，今后每年只要有机会就要来沈阳干活，虽然辛苦点但在城市里生活工作得踏实快乐。"②

在众多报道中，国家领导人、政府和社会各界除了表达对农民工群体的赞美之情，还对农民工在工作生活中受到的不公正待遇给予了批评，并通过各种途径对农民工的工作生活予以关注，对农民工应享有的权利给予支持。

　　个案 18　据《解放日报》报道，中共中央总书记、中央军委主席习近平来到上海厅，共商国是。习近平在与农民工代表朱雪芹握手时

379

---

① 王旭国：《农民工，城市建设的奉献者》，《西部晨风》2013 年 11 月 27 日第 1 版。

② 孙海：《快乐农民工　城市建设者》，央视网，2012 年 3 月 16 日，http：//news.cntv.cn/20120316/106027.shtml，浏览日期：2016 年 6 月 30 日。

问到："户口是转到上海来了么？"她特别开心地给予了肯定回答。①

这则新闻不仅直接显示了国家最高领导人对农民工的亲切关怀和对农民工户籍问题的关注，而且也间接地展现了在国家户籍制度改革的过程中，农民工的城市户籍问题的解决已取得了相应的进展。

在媒体显示社会对农民工的赞美与支持的报道中，农民工的薪酬经常被拖欠甚至拒付等问题受到了强烈的社会关注，帮助农民工讨薪或维权的新闻也时常见诸报端。

> 个案 19　据央视网消息，【最高院：恶意欠薪数额较大判三年】最高人民法院今天发布了拒不支付劳动报酬刑事案适用法律的司法解释，认定拒不支付一名劳动者三个月以上劳动报酬且数额在五千至二万元以上，或拒不支付十名以上劳动者报酬且数额累计在三万至十万元以上的为"数额较大"，最高可判三年。②
>
> 个案 20　据安徽日报报道，记者从省司法厅获悉，截至 1 月 24 日，在两个月的"农民工法律援助专项维权服务活动"中，全省各级法律援助机构积极协助办理农民工讨薪案件，与政府各部门进行密切的合作，及时沟通情况，不断完善工作制度与机制，切实为每一位申请援助的农民工讨回应得的薪资，并通过各种措施，提高工作效率，以最短时间为农民工办实事。③

380

从以上报道可以看出，社会对农民工的赞美与支持型的报道不仅提升了农民工的正面形象，肯定了农民工对城市建设的贡献，鼓舞了农民工融入城市生活的信心，而且显示了上至国家领导人下至普通市民对农民工的关怀与帮助，彰显了社会的公平与正义，传递了社会的正能量。

---

① 缪毅容：《习近平参加上海团审议询问民工代表是否落户上海》，中国新闻网，2013 年 3 月 6 日，http://www.chinanews.com/gn/2013/03-06/4618612.shtml，浏览日期：2016 年 6 月 30 日。

② 奚丹霓：《最高院：恶意欠薪数额较大者最高可判三年》，凤凰网，2013 年 1 月 22 日，http://news.ifeng.com/gundong/detail_2013_01/22/21476162_0.shtml，浏览日期：2016 年 6 月 30 日。

③ 李晓群、彭继友：《专项维权服务一个多月为农民工讨薪 4700 多万元》，《安徽日报》2014 年 2 月 12 日第 12 版。

二　偏见与歧视型的态度报道分析

本课题组所做的 2011 年至 2012 年社会对农民工态度报道统计结果显示，《湖北日报》在这两年中共刊登了偏见与歧视型的态度报道 9 篇，《楚天都市报》39 篇，分别占社会对农民工态度报道的比例为 2.3% 和 13.6%。偏见与歧视型态度的报道在对农民工态度的报道中比重虽然不高，但由于报道案例典型，在社会上曾引起强烈反响。偏见与歧视是两个紧密相关而内涵不同的概念，在社会对农民工态度的报道中经常交叉，为便于分析，我们把两者分开进行分析。

（一）偏见型报道分析

偏见（英文 prejudice，源自 "prejudge"，预先判断）指的是不对别人进行公正的考查便贸然做出判断。这种判断没有任何证据，只凭先入为主的成见。《今日心理学》杂志指出，怀持偏见的人 "喜欢留意和记忆 '某' 人的行动与其所定形象的相符之处，但却拒绝与该形象相反的证据"。[①] 本章中，我们对农民工的偏见主要定义为心理层面上的刻板印象，即市民心理上对农民工有一定的不良印象，由此导致行为上不愿意与农民工接触的现象，但是这种偏见主要停留在心理层面，并不会或者较少地对农民工产生实质性的伤害。

市民对农民工心理上的偏见多来自于农民工社会地位的不平等。社会地位不平等指的是依据某种社会属性或特征，社会成员被分为不同层次的地位群体，这些群体从公认的价值上看存在着高低之别;[②] 各个地位群体对相对稀缺的社会价值物（包括经济、政治和文化各方面的收益、权利、义务、职业声望、生活质量、知识技能以及发挥能力的机会在占有量、获取机会和可能性等）在占有和享用上存在着差异性。衡量社会成员社会地位高低的指标主要有收入、职业等。[③]

①　凡懿：《偏见》，中文百科在线，2011 年 9 月 8 日，http：//www.zwbk.org/MyLemmaShow. aspx? lid = 210447，浏览日期：2016 年 6 月 30 日。

②　聂建亮、钟涨宝：《农户分化程度对农地流转行为及规模的影响》，《资源科学》2014 年第 4 期。

③　钟奕：《从劳动力市场分割原理透视当前中国社会地位不平等》，《河北旅游职业学院学报》2006 年第 1 期。

社会学家李强在《中国社会分层》一书中指出，多次社会调查显示，外来务工者处于社会阶层的底位，在 100 种职业的排位中排名第 94。① 农民工因为从事着又脏又累的工作而受到不平等对待，被人瞧不起。有的市民很少亲身接触农民工，只看到农民工衣着脏乱，便产生了高人一等的优越感，在不知不觉中发表了一些鄙视农民工的言论，甚至用含有歧视的专用词来称呼他们。

> 个案21　据报道，一位女子抱着孩子上了公交车。由于车上人多，女子抱着孩子显得特别艰难。此时，一位农民工起身让座。女子轻瞟了一眼之后，并不领情。女子怀中的孩子喊妈妈去坐。可是，女子却突然发起火来，教训孩子说那么脏，你坐了不怕得病啊!②

案例中，农民工好心体谅抱孩子的女子，为其让座，女子却恶言相向，这不禁使让座的农民工心寒。由于农民工和市民的文化程度、社会认知等的不同，他们心理上也会认为自身与市民所归属的群体不同。根据社会心理学的观点，群体一旦形成，人们就自然而然形成了喜欢内群多于外群的倾向。正如我们习惯用"我们"来称呼内群，用"他们"来称呼外群。有时候，人们认为他们自己的群体天然地优越于其他群体，这被认为是一种社会支配取向。在上述案例中，那位拒绝就座的年轻女子就是以"城里人高于乡下人"的优越心态来对待让座的农民工的，她的优越心态无疑来自于她对农民工素质低、穿着脏的刻板印象。她把这种刻板印象形成的偏见用在对待农民工让座的善举上，虽然没有伤害农民工的身体，但伤害了农民工的内心，这种由偏见引发的行为容易导致农民工对城市市民的不满，加大农民工与城市市民两大群体的心理隔阂。

按照现实群体冲突论，不同群体的成员在竞争资源时会倾向于团结一致，偏袒内群成员，同时歧视外群成员。偏好内群和贬损外群的实例更可能发生在三种特定的情形下：深处小群体之中，在群体中处于边缘地位，

① 李培林、李强等：《中国社会分层》，社会科学文献出版社 2004 年版，第 7 页。
② 常毅：《农民工公交车让座乘客嫌脏不愿坐》，阜阳新闻网，2011 年 12 月 28 日，http：// www.fynews.net/article - 30790 - 1.html，浏览日期：2016 年 6 月 30 日。

为整个群体感到自卑。这样时间长了便形成了一种刻板印象。[①] 农民工和市民对彼此的偏见和不接纳往往是受这种刻板印象的影响。例如，当农民工和市民同时做一件不文明的事情，如某一市民随地扔垃圾被其他市民看到后，他们内心会为这种行为找借口，认为扔垃圾的市民可能是出于不小心或者情况紧急下找不到垃圾桶等等原因才随地扔垃圾，这种行为是可以理解的；可是同样的事情换成农民工来做，看到的市民会觉得农民工素质低，扔垃圾破坏了城市环境，认为这种行为是可耻的。这正是内群体偏袒效应，即人通常会对内群体成员给予更积极的评价，对他们的行为做出更有利的归因，而且不论出于什么样的理由，只要有类别化的认知活动存在，就会引发这种效应。[②] 正如本课题的访谈结果显示，多数市民认为农民工从事着市民不愿意从事的脏、累、苦的工作，农民工也因为他们从事的工作而被归类为脏、素质低的群体，任何不文明的行为都只能加强市民对农民工群体的偏见，更有可能激生新的偏见，从而也使得市民对农民工群体的偏见不断加深。

（二）歧视型报道分析

本章中所涉及的歧视是指以身份、性别、种族或社会经济资源拥有量等为依据，差异化地对待不同群体成员，最终达到某种目的。对农民工歧视主要是指市民或城市组织对农民工形成一种区别对待，从而造成了不公正待遇的情况。[③] 这种歧视性的态度对农民工会造成实质上的伤害，侵害农民工的利益。

有关社会对农民工歧视型的报道多集中在出于户籍制度而产生的农民工用工政策歧视、农民工子女教育中政府职能部门的管理歧视以及市民对农民工的行为歧视等方面。

农民工在进入劳动市场方面受着严重的就业歧视。新功能主义社会学家皮奥雷的劳动力市场的二元结构理论认为在社会中存在着两种劳动力市场，一种是工作环境好、福利待遇高且工作稳定的劳动力市场，即第一劳

383

---

① ［美］金伯莉·J. 达夫：《社会心理学挑战你的成见》，李颖珊、宋文译，中国人民大学出版社 2013 年版，第 191 页。

② 阎力：《当代社会心理学》，华东师范大学出版社 2009 年版，第 235 页。

③ 马斌：《从社会学的视角探究农民工被歧视的原因》，《黑河学刊》2007 年第 5 期。

动力市场；一种是工作环境差、薪水低、工作得不到保证的劳动力市场，即第二劳动力市场。① 越是身份地位高的阶层越能进入到前者，反之，社会底层人员只能进入后者。

个案22 时任中国证监会主席郭树清曾在演讲时表示，"农民工由于来自农村，常常被区分在市民阶层之外。因此其在生活工作中的各种关系也遭受到了区别对待"。②

自1980年后，我国便有大量进城务工的农民工，他们多留在第二劳动力市场就业。到目前为止，多数农民工仍在这一劳动力市场就业。究其原因，除其自身素质无法得到较大的提升之外，还在于我国的劳动力市场是建立在户籍身份的基础之上。这样一来，户籍制度就成为了农民工长时间工作在第二劳动力市场的重要原因。即使农民工的劳动素质与技能达到了标准，但受到户籍限制，他们也不能进入到一个层次更高的劳动力市场。③ 例如，2010年出台的《武汉市使用外来劳动力管理规定》中明确提出农民工不能从事党政机关的工勤工作以及科技含量高的行业，某些职业工种少用农民工。④ 除武汉之外的其他城市也大多有关于限制农民工从事行业的规定，这在很大程度上束缚了农民工的就业选择，降低了农民工进入第一劳动市场的可能性，农民工在就业选择上面临着严重的歧视。

个案23 蓝皮书还指出，目前虽然有20多个省份开始实行居住证制度，但是对于"农民工"的歧视并没有因此得到改善。

---

① 马广海：《二元劳动力市场与对农民工的制度性歧视》，《山东省农业管理干部学院学报》2003年第5期。
② 黄锐：《证监会主席郭树清：农民工在城市依然缺少国民待遇》，中国江苏网，2011年11月14日，http://news.jschina.com.cn/system/2011/11/14/012066796.shtml，浏览日期：2016年6月30日。
③ 马广海：《二元劳动力市场与对农民工的制度性歧视》，《山东省农业管理干部学院学报》2003年第5期。
④ 姚本安：《我国劳动力市场分割的形成过程研究》，《中国证券期货》2011年第10期。

据国家统计局 2012 年调查，农民工就业长期以制造业、建筑业和传统服务业为主，2011 年这三大行业从业人员分别占 36.0%、17.7% 和 34.2%，合计达 87.9%。[①]

就业歧视是指出于非法律上的原因而对就业者采取的区别对待，侵害受歧视劳动者利益的行为。目前，我国各级政府虽然陆续出台了与农民工工作相关的法律法规，但是在一些地方私营企业劳动用工管理仍然较为混乱。部分企业过于追求经济效益，劳动保障法制观念薄弱，不重视职工的合法权益，违反国家劳动法律法规的现象十分严重，其中最主要的一个方面是超时劳动现象。《劳动法》明文规定，我国采取八小时工作制。[②] 这对正式工人是能够起到保障作用的，但农民工劳动时间过长的问题却始终没能得到解决。

在农民工子女教育方面，部分地区的农民工子女在城市就读，须交纳借读费等，这无疑侵害了他们的受教育权利。虽然近年来政府前后出台了不少政策，旨在解决农民工子女的受教育难问题，但是这些政策是否真正落实及在实施过程中遭遇的现实困境却令人担忧。农民工子女教育问题已然是我国现阶段义务教育的新难点与主要内容。

　　个案 24　据羊城晚报报道，佛山江州福宁小学里发生了一件奇怪的事儿，福宁小学由于一所学校突然入驻，教学空间不断被占据，面临着倒闭的情况。

事实上，这并非福宁小学第一次遇到这种情况。发生这样的情况主要是因为福宁小学等民办农民工子弟学校资金短缺，缺乏政府部门及社会各界的帮助。[③]

上述个案中，福宁小学由于办学资金不足，缺乏政府扶持，学生和老师都在流失。这也正是多数农民工子弟学校办学过程中的普遍问题。

385

---

① 王婷婷：《城镇化应消除"农民工"歧视》，《法制晚报》2013 年 7 月 30 日第 A19 版。
② 林直文：《浅析农民工合法权益保护的现状及对策》，《就业与保障》2015 年第 4 期。
③ 郑诚、徐浪：《佛山：两度遭逼迁，农民工子弟学校陷困境》，《羊城晚报》2012 年 10 月 25 日第 A21 版。

为此,《国家中长期教育改革和发展规划纲要》提出农民工子女自 2020 年起,可以在居住地参加升学考试。但是在此之前,如何缓解农民工子女教育不公平现象需要社会各界给予持续关注。例如,在北京的农民工子弟学校中,仅有五分之一获得政府审批,其他的都是非法学校。这些学校及老师收入低,教学质量差。即使这样,流动儿童也无法在北京参加高考。① 种种不公正、不合理的现实,使得农民工子女有被歧视的自卑心理。

此外,市民对农民工的人格侮辱歧视也经常出现在媒体的报道中。市民对农民工的人格侮辱歧视较之于前文中所述的市民对农民工的偏见,对农民工造成了更严重的伤害。这类报道常以农民工与市民直接的言语、肢体上的冲突为主,不单单表现在心理层面。

个案 25 西部网讯(陕西广播电视台《第一新闻》记者 宫茜)农民工秦先生和几个同事到公园休息,却被几个安保撵了出来,顿时气愤不已。

据安保人员解释:"并非不让进,只是他们让我们辛苦不已。每天不止要清理他们的垃圾,还要维修他们破坏的设施,实在是迫不得已。"②

个案 26 西安三名公交车司机因嫌农民工所带行李过多,联手强行将农民工拖下车。这一事件被路过的行人拍摄下来,并发布到网上,引起了不好的社会影响,涉事司机也因此受到了惩罚。③

在上述的两则报道中,无论是将农民工撵出公园的保安,还是联手将

386

---

① 何亮亮:《进城农民工数量超 2 亿 子女教育问题如何解决》,凤凰网,2010 年 3 月 26 日,http://news.ifeng.com/history/phtv/tfzg/detail_ 2010_ 03/26/406817_ 0. shtml,浏览日期:2016 年 6 月 30 日。

② 宫茜:《农民工逛陕西免费公园被撵出 安保人员称因素质太低》,凤凰网,2011 年 8 月 28 日,http://news.ifeng.com/society/2/detail_ 2011_ 08/28/8741642_ 0. shtml,浏览日期:2016 年 6 月 30 日。

③ 《嫌农民工行李过多 两公交司机把人拉下车》,《燕赵都市报》2014 年 5 月 30 日第 3 版。

农民工拉下公交的公交车司机，都是对农民工心存歧视，并毫不保留地将这种歧视付诸行动，这种行为对农民工造成了身心上的伤害。此类报道还有很多，诸如不让农民工如厕、辱骂、殴打农民工等方面的报道。这些报道在一定程度上反应了市民对农民工群体的人格侮辱歧视的现状。事实上，正如个案 25 中公园保安所讲的那样，农民工群体中确实存在一些素质不高的人，他们不讲卫生，不爱护公共设施，甚至破坏公共财产。但是我们不能因为这些个别素质不高的农民工，便将所有农民工都混为一谈，毕竟随着社会的发展，教育的普及，多数农民工已经能够遵守社会公德，并不断地在提升其个人素质。如果这种歧视甚至伤害农民工的冲突不能得到恰当地解决，市民与农民工群体之间的关系不仅不能变得融洽，反而会更加紧张，不利于我国的城市化建设。

从上面所举的报道案例来看，社会对农民工的歧视，包括农民工用工政策歧视、政府职能管理歧视、企业劳动歧视、市民人格侮辱歧视等。这些歧视体现在农民工工作生活的各个方面，造成了农民工在城市工作生活的种种困难和对城市社会的不满情绪，这也在一定程度上印证了本课题组的农民工调查问卷中农民工所填写的在城市遭遇种种不公正对待的有关数据。

三　中性的态度报道分析

所谓中性态度，是指在态度的方向上既不表示反对，又不表示赞成的心理倾向[①]。这种心理倾向体现在社会对农民工态度的问题上，则是本课题组对市民问卷调查中市民对农民工总体印象上的"有好有坏"或"说不准"。

本课题组所做的 2011 年与 2012 年社会对农民工态度报道的有关统计显示，《湖北日报》共刊登了社会对农民工中性态度报道 126 篇、《楚天都市报》100 篇，在社会态度报道中的比例分别为 32.7% 和 35.0%。在对农民工中性的态度报道中，体现的是社会成员对农民工问题的理解和对农民

387

---

① 百度百科：《社会态度》，http://baike.baidu.com/view/183657.htm，浏览日期：2016 年 6 月 30 日。

工的客观中立的评价，以及政府职能部门根据实际情况对农民工问题的弹性管理等方面。

此外，在本课题组对市民的调查问卷（表13－6）中显示，市民对农民工总体印象中"正面"的占近20%，"负面"的仅4.3%，"中性，有好有坏"占大多数。这就说明，市民虽然对农民工的态度持正面的比负面的多，但中性的态度还是占主流。市民的这种中性的态度表现在新闻报道中，往往体现的是市民对农民工进城的理解，对农民工工作生活的关注，对农民工对城市资源占有的忧虑，对农民工自身素质中优缺点的理性判断等多方面因素的融合。这种态度在对政府官员及专家的访谈中体现得尤为突出。

个案27　据东北新闻网报道，程绍德（居民）说：应该说，新生代农民工同他们的父辈不同，他们希望通过提升自己，能改变自己的命运，能在城市里扎根。

虽然现在仍有些进城务工人员的举止不够文明，但这并不能成为歧视他们的理由，毕竟他们为城市的发展贡献了很多。①

个案28　人民网大连9月12日电（记者李彤）在第七届夏季达沃斯论坛上，国家发改委城市和小城镇改革发展中心主任李铁表示，由于我国实行城市等级化管理体制，造成城市资源配置效率低下，一些城市不愿分享资源，对农民工进程表现出一定的排斥性，不利于落实以人为核心的新型城镇化发展道路。②

在城市化进程中，各级政府对农民工的态度从总体上来说是积极正面的，但由于城市资源的有限性，人口承载能力的有限性以及城市管理的需

388

---

① 张向晖：《如何看待农民工兄弟？把农民工真正当"兄弟"》，黑龙江新闻网，2008年12月17日，http：//www.hljnews.cn/fou_lsny/2008－12/17/content_264619.htm，浏览日期：2015年6月20日。

② 李彤、李铁：《一些城市排斥农民工进城落户》，人民网，2013年9月12日，http：//finance.people.com.cn/n/2013/0912/c368743－22900331.html，浏览日期：2016年6月30日。

要，城市管理部门在出台一些政策措施时，既要考虑城市市民的利益，又要照顾进城农民工的实际需求，故只得在两难之中不断权衡。比如随迁农民工的子女入学问题，在校舍、设备、师资有限的情况下，政府不得不允许开设农民工子弟学校，这虽然有歧视的色彩，但又是不得已而为之。类似的情况较多。在这种情况下，城市管理部门对农民工问题的管理便在中性的态度中采取灵活的、具有弹性的管理措施了。

个案29　几元收来的旧衣服，几十元被卖出。昨日，记者走访了一个"二手服装市场"。卖家自称大学内的工作人员，衣服都是从学生那里回收来的。卖家表示收来的衣物没有经过消毒，大多卖给了周边工地上的工人。卫生监督部门提示，来源不明的衣物可能传播多种疾病。①

个案30　一名市民讲到，"其实我们对农民工有不少误解。我曾经和几名农民工聊天，才知道他们不怕加班，而怕找不到工作；知道他们为自身文化水平低、素质差而自责，但希望得到些许尊重"。②

上述案例反映了城市管理者和市民对农民工的中性态度。前一个案例中，不仅讲述了城市管理者依法监管二手服装市场的乱象，还指出了背后的原因。他们认为这并不是针对农民工群体，他们理解农民工赚钱不易。但是农民工摆摊所卖的旧衣服有可能传染疾病，并不是一种安全健康的交易行为。此时便需要城市管理部门采取灵活的、具有弹性的管理措施。城市管理部门可为其设置专门的摊位，并对农民工商贩进行健康安全知识普及，使双方相互理解包容。后一个案例中报道了一位市民对农民工的态度以及看法。报道体现了该市民对农民工的理解，并很理性地分析农民工的生存现状，呼吁政府和市民平等地对待农民工，使农民工可以更好更快地融入城市中来。

389

---

① 何欣：《四道口旧衣摊专盯农民工》，《北京晨报》2014年5月25日第A5版。
② 曹林：《与农民工群体隔膜是阶层断裂的缩影》，《商洛日报》2013年1月10日第5版。

第三节　城市化进程中媒体如何引导
社会正确对待农民工

农民工的市民化问题是我国城市化的核心问题。农民工是工人阶级的一部分，促进农民工融入城市对我国的经济社会发展有着重要的作用。作为舆论导向的新闻媒体如何引导社会正确对待农民工，使农民工尽快融入城市社会，是一个值得探讨研究的议题。我们尝试从以下五个方面进行阐述。

一　从认知入手引导社会正确对待农民工

心理学认为，态度通常是指个人对某一客体所持的评价与心理倾向。态度的心理结构主要包括三个因素，即认知因素、情感因素和意向因素。[①]显然，认知因素在态度的形成过程中，起着基础性的作用，它影响着情感和意向的发生与方向。

新闻媒体要引导社会正确对待农民工，就应该从认知入手。从本课题组对市民的调查问卷的数据（表13－5）可知，市民对农民工的了解超过半数是从新闻媒体的相关报道中获得的。新闻媒体对农民工报道的内容、形式与情感倾向极大地影响着城市市民乃至整个社会对农民工的认知。

从认知入手引导社会正确地对待农民工，媒体就应处理好两个问题，一是对农民工的价值判断，一是对农民工的事实判断。前者关系到对农民工的地位和作用的判断，后者关系到农民工报道的事实选择和描述。

390 　　对农民工的价值判断涉及的是农民工这一特定的群体对城市建设和市民生活有无价值、有什么价值、有多大价值的判断。换言之，是人们对农民工进城这一现象、问题做出的好与坏或应该与否的判断。媒体应该认识到，农民工问题是在二元经济体制中产生的。二元经济体制作为一种制度安排，深深地影响着人们的社会心理，在实际生活中阻碍农民工的城市化进程。因此，媒体在报道农民工问题时，应该在价值观念上破除农民工是

---

① 百度百科：《"态度"的"三要素"》，http://baike.baidu.com/subview/120670/6523368.htm? fr=aladdin，浏览日期：2014年6月30日。

二等公民的社会心理，向社会公众解答农民工问题的由来，农民工在城市化、工业化建设中的重大作用，农民工给城市市民带来的生活上的种种便利，以及农民工市民化是我国现代化的必然趋势，从而引导城市市民在价值观念上认可农民工，在态度上接纳农民工。

对农民工的事实判断涉及的是对农民工工作生活事实的选择与描述。在把农民工作为我国产业工人的一部分和新市民来对待的价值观念引导下，媒体不仅要全面客观报道农民工问题，还应注意选择农民工的积极正面的言行，刻画农民工的吃苦耐劳、淳朴善良、乐于助人等方面的优良品格，突出农民工对城市建设的贡献，反映农民工在城市工作生活中种种亟须解决的问题以及他们的情感愿望、利益诉求。在报道农民工的负面行为时，要注意量的控制和避免描述上的歧视，把农民工作为一个与市民社会地位相等的群体来对待。比如，不要刻意凸显负面行为实施者的农民工身份，避免"以偏概全"；也不要把城市生活中的交通拥挤、环境污染、就业困难、住房紧张等"城市病"简单地归咎于农民工，因为"城市病"的出现更多的是城市管理问题；更不能用"乡巴佬""猪脑子""农二"等歧视性词语描述农民工，因为农民工的人格与市民是平等的。

应该看到，价值判断与事实判断两者是相互作用的。价值判断受人的理想、信仰、希望、伦理道德等价值标准的影响，由此表现出对事物对象的肯定与否、应该与否的判断；价值判断也受事实判断的影响，对以往经验性的事实的真假、状态、过程、原因等方面的描述与判断，会强化或削弱或消除原有的价值判断。就媒体引导社会在态度上正确地对待农民工这一问题来说，对农民工进城、农民工市民化等问题的价值判断都应以是否有利于现代化，是否符合时代的发展趋势，是否符合党和国家的政策这个标尺来衡量，以此标尺来衡量，媒体对农民工的价值判断就会是积极正面的，其相关报道就会在舆论上形成社会的正效应；而对农民工积极正面行为和农民工优良品格的大量报道，会在认知上有效地引导社会对农民工正面态度的产生。

391

二　增加正面农民工形象报道

李普曼在其《舆论学》中提出新闻媒体通过对某一问题进行长时间的持续性报道，可以营造一个虚拟的环境。这一环境可以影响人们关于某一话题的态度观点。①

　　根据上述拟态环境理论，我们认为，大众媒介通过对农民工大量、持续的正面报道，会形成新闻舆论场，构建出城市化建设中农民工的正面形象。媒体通过发掘展示农民工勤劳、朴实、忠厚、坚韧品行和对城市建设做出的巨大贡献的事实，能有效地引导城市居民正确对待农民工，进而认同和接纳农民工。如《新快报》自 2012 年起特别推出"湖北人在广东"的农民工报道专栏，一定程度上改变了市民对湖北籍农民工的认识，为湖北籍的农民工群体构建了良好的媒介形象。

　　为了了解媒体农民工正面形象报道的具体情况，我们对《新民晚报》和《北京晚报》两年春节前后（2011 年 12 月—2012 年 3 月、2012 年 12 月—2013 年 3 月）的新闻报道进行了搜集并加以整理，得到 136 篇有关农民工的新闻报道，其中有 17 篇是从正面宣传农民工形象的，具体报道篇名如表 13－10 所示：

表 13－10

"80 后"大厨	"90 后"小阿姨
"坚强哥"用行动证明自己还有用	北京农民首摘国家科技奖
打工妹"衣锦还乡"	大学生真的挣不过农民工
打工女孩捡到 5 万现金　王府井街头苦寻失主	五万元现金已交给警方
河北青县多年来"海选好人"	泥瓦工工资高了还是低了？
农民夫妇捡到 12 万元坐等 2 小时交还失主	农民自修成高工
收到工资农民工献出爱心	二成优秀农民工拥有发明专利
县里人都来我们村儿看病	月入 7000，瓦工凭什么
装修工月入万元算事儿吗？	

　　这 17 篇新闻报道的内容大致可分为农民工拾金不昧、农民工自强进修、农民工收入水平提高、农民工献爱心等方面。这与八九十年代农民工报道中的形象形成鲜明的对比，后者多被描绘为衣着凌乱、不讲卫生、说话粗鲁、不懂礼貌、扰乱社会秩序等负面形象。随着时代的进步，农民工素养的提高，媒体社会责任感的增加，农民工在媒体报道中的正面形象逐

---

① 宋万林：《大众传媒助推新生代农民工融入城市模式研究》，《新闻知识》2011 年第 12 期。

渐增多，体现在这 17 篇报道中，农民工的群体形象令市民刮目相看。农民工和市民一样都有自尊心和道德感，他们知道金钱的来之不易，不会浪费自己赚到的每一分钱，同时也不会多拿不属于自己的每一分钱；他们靠自己的努力赚取收入，并且获得的报酬甚至比一些大学生还要高，经济条件也不像某些报道中的那么不尽人意；他们也许自身文化水平不高，但是靠自己的实践积累，通过不同的渠道和方式进行学习，同样也可以获得相应的奖励和职称；他们还会捐钱给更需要帮助的人，展示出乐于助人的品行。

但是我们也要看到，这种正面农民工形象报道的数量偏少，在 136 篇农民工新闻报道中只有 17 篇，占所统计报道总量的 12.5%。从农民工角度来看，他们内心其实是希望城里人能用平等的眼光看待自己的。正如本课题组访谈中农民工所说："也许我们中有些人素质不高，做过一些不是很文明的事情，但是他们已经意识到了，并且在逐步改变自己的行为。谁都不想被人们用异样的眼光看待，不想受到人们的指指点点。我们工作的时候是没办法，衣服脏乱都是不可避免的，但这不代表我们永远都这样的。"受访农民工的话语真切地体现了农民工群体不断提升自身素质和希望被社会平等对待的愿望。新闻媒体要深切地认识到这一点，增加农民工正面形象报道的篇幅和数量，通过大量的正面宣传报道，营造一个农民工正面形象的信息环境，扭转农民工在市民心中旧有的刻板印象，消除部分市民对农民工群体的偏见与歧视。

三　揭露歧视行为和妥善报道冲突事件

通过前面对农民工在城市受歧视状况的统计数据（表 13 - 3）和对农民工受歧视状况的深度访谈，我们可以看到，农民工在城市中受歧视的情况是相当普遍的，这极大地影响了农民工的城市融入和我国的城市化进程。在此情形下，对种种歧视农民工的行为进行揭露和批判，是媒体义不容辞的责任。媒体应该是社会公平与正义的维护者，是社会公众尤其是弱势群体的代言人，是推动社会文明与进步的助推器，对种种农民工歧视行为的揭露和批判，既彰显了社会正义，声援了处在弱势地位的农民工，又能对歧视行为的实施者和歧视态度的持有者形成舆论上的压力。作为一个理性的社会人，都有"见贤思齐焉，见不贤而内自省也"的心理倾向。我们看到，在媒体报道诸如"农民工子女给狗下跪""农民工坐公交遭时髦

393

老太指责：穿得脏就该走路回家""农民工禁止如厕"等种种歧视农民工的新闻后，网络上的新闻跟帖几乎全是对不良行为当事人的谴责甚至痛骂。媒体应该看到公众追求公平正义和渴望公序良俗的社会心理，在报道中加大揭露和批判种种歧视农民工行为的力度和频度，维护农民工的人格尊严，培养和激发社会的正能量。

农民工是一个在城市兴起的庞大的社会群体，一个新兴群体的壮大，一定程度上会对社会结构的稳定带来冲击，而达到新的结构平衡又是一个社会不断进行矛盾与冲突的过程。在这个冲突的过程中，农民工与市民的冲突不时显现。于是，我们时常看到媒体有关农民工群体与市民群体的冲突事件报道。

在 20 世纪 80—90 年代，媒体对农民工与市民冲突事件的报道，多从市民的角度看问题，把责任大都归咎于农民工，把农民工作为"盲流"来对待，把城市的"脏、乱、差"归因于农民工。因此，媒体的态度影响了市民的态度，加剧了市民对农民工的刻板印象。21 世纪以来，随着党和政府解决农民工问题出台的一系列政策和城市化进程的大力推进，媒体在报道农民工与市民、企业主、城市管理人员等发生冲突性事件的过程中，开始公平地从冲突双方或多方的角度审视问题，客观地报道冲突性事件的缘由、过程和处理结果，探讨冲突产生的种种原因，提出解决冲突的根本性措施，从而在舆论上引导了事态的顺利平息。

最有代表性的案例是广东潮州、增城的两起冲突性事件的报道。2011年 6 月上中旬，广东潮州、增城连发两起农民工与当地市民、管理人员冲突的群体事件，参与械斗的农民工与当地市民有几百人甚至上千人。潮州事件的起因是农民工讨薪反被砍断手脚筋，增城事件的起因是有孕在身的农民工与其丈夫占道经营摆摊档，阻塞通道，不听治保工作人员的劝阻，双方因此发生争执，并发生肢体冲突，致孕妇倒在地上。这两起事件的具体起因不同，但过程大体类似，"都是外来打工者和市民产生冲突，导致了一定程度的群体矛盾，出现打砸抢的事实"。[①] 在潮州事件中，有十多人

394

---

① 张岂凡：《广东潮州、增城连发群体事件 当地部分产业几近停工》，《潮州日报》2011年 6 月 15 日。

在互殴中受伤。对这两起冲突性事件，广东的媒体如《广州日报》《南方日报》《羊城晚报》《潮州日报》和上海的媒体《东方早报》等都进行了报道。报道不仅叙述了这两起事件发生的原因、过程、处理结果，而且分析了事件发生的种种原因以及政府有关部门防止该类事件发生的后续措施，以及专家的看法与建议。在分析原因时，几家媒体都注意到了事件的几个关联主体：从企业主方面，是"一部分企业管理者缺乏责任意识、忽视人文关怀、激化劳资矛盾"；① 从农民工方面，是"工作累，收入不高，还缺乏保障，打工者心中的怨气难免在悄然堆积"；② 从当地市民方面，"农民工因为长时间在城市工作生活，不想离开，便希望在城市做些小生意，在此基础上，自然触碰到了原本市民的经济利益，两者之间的矛盾就开始升级"；从政府管理方面，是"某些地方政府在管理时忽略了外来打工者与市民的矛盾冲突，甚至在管理中有所偏颇，最终使得群体矛盾升级"。③ 应该说，媒体关于这些原因的探寻是全面、客观的，其立场是公正的。在媒体对专家学者采访的过程中，专家学者的看法和建议更具有深度和力度。如广东省政府参事王则楚认为："农民工和部分当地居民有矛盾，主要有两个原因：首先农民工不能享有相同的公共服务；其次两者的劳动收入差距较大。如果以上两点不能解决，他们之间也就难以和谐相处。"桑玉成教授认为："我们需要确保所有人有平等的权利，这样有利于不同群体在同一问题上取得相同的意见。在此基础上，他们得到了平等的权利，才愿意担当同样的责任。"④ 显然，这些专家学者的观点对问题的实质看得更透彻，对解决问题的路径说得更明确。为避免此类事件的再度发生，《羊城晚报》在 7 月 14 日报道了广东省委、省政府的根治措施。这些措施主要体现在这样几个方面：在省、市、县建立社会工作委员会，加强社会建设方面的管理；建立区域性的党组织，在农民工人多的地方，在农民工

395

---

① 张岂凡：《广东潮州、增城连发群体事件 当地部分产业几近停工》，《潮州日报》2011年6月15日。

② 于松：《广东潮州事件背后：劳动保障疲软 打工者靠同乡会出头》，《东方早报》2011年6月14日。

③ 卢雁：《剖析潮州、增城打砸烧事件："不能认为外来人口就要惹事"》，《东方早报》2011年6月20日。

④ 同上。

中设立党支部、党组织；政府购买服务，权力让步，逐步分解和转移到社会组织中去，鼓励社会组织自己管理、自己监督，自己成长，政府给予扶持；从外来工中吸收公务员，党代表、人大代表、政协委员都要适当增加在农民工当中有威信、表现好的人；[①] 加大积分入户的管理，让守法的、有贡献的、有一技之长的农民工落户广东，享受到和当地人一样的社会福利。显然，这些措施涉及了农民工的组织管理和自我管理，农民工政治声誉的提升，农民工社会地位向上通道的开通。有了这些措施的保障，农民工群体与市民群体的距离就会缩短，冲突就会大为减少。

从上述的报道案例，我们可以看到，媒体在报道农民工与市民的冲突事件时，必须注意以下几点。

一是对事实的叙述要真实准确，叙述方式要客观。比如要注意采访当事人、旁观者、政府官员等对象，从多渠道了解事实的真相，避免主观片面的判断造成冲突的加剧。

二是注意对原因的多方剖析。从与冲突事件相关的多方主体的角度观察问题，以公正的态度寻找造成矛盾冲突的种种原因，尤其要注重专家学者的观点，这些原因与观点影响着政府的决策。

三是特别要注重报道政府解决冲突的对策与措施，以防止事态的扩大和类似事件的再度发生。

四是媒体在报道冲突性事件时要树立有利于农民工市民化，有利于冲突化解的报道宗旨。倡导农民工和市民这两个群体彼此理解包容的现代城市文化，注意寻找化解农民工与市民、企业主乃至与政府冲突的共识性基础，比如都是城市建设的贡献者，都希望有和谐共处的环境，都希望人格上的尊重，都希望有各自生存的空间与上升通道，都希望共同生活的城市变得更美好等等，在此基础上提供化解冲突的参考性建议。

四　组织和报道市民与农民工沟通交流

从表 13-5 可以看出，在"你对农民工的了解主要是通过何种渠道"

---

① 薛江华：《广东创新社会管理：政府放权　外来人口可成公务员》，中国新闻网，2011 年 7 月 14 日，http://www.chinanews.com/gn/2011/07-14/3183325.shtml，浏览日期：2016 年 6 月 30 日。

的回答中，只有 34.7% 的市民是通过亲身接触的方式了解农民工，而其余的 63.3% 的市民则是通过新闻媒介或其他途径了解农民工的情况。这说明市民与农民工之间缺乏了解、沟通。在这种情况下，市民与农民工之间更容易产生偏见或误解。因此，我们认为，针对市民与农民工之间缺乏沟通交流这一问题，媒体应该利用自身作为信息传播交流的纽带、桥梁，发挥媒体整合社会的功能，尽可能地组织一些市民与农民工的互动活动，促进农民工与市民的交流。比如在社区管理中，吸收在社区生活的农民工代表参与管理组织；在街道居委会出台的涉及农民工利益的举措前，征求农民工的意见；举办农民工与市民的联欢活动；举办市民子女与农民工子女的互动娱乐活动。通过这些农民工与市民的零距离的接触交流活动，两者之间会增强彼此的信任与包容。在农民工与市民的地位关系中，农民工毕竟是弱势群体，媒体可以组织社会关爱农民工的活动，报道市民帮扶农民工的行为，这样，一方面可以让农民工群体体会到市民对他们的关爱，另一方面可以带动更多的市民加入到关怀农民工的行动中。以下分别是《北方新报》《泰山晚报》和《南国今报》在组织市民与农民工的沟通交流活动等方面的报道案例。

　　个案 31　（北方新报）"我是一名打工者，贵报举办的关爱农民工活动让我和家人感受到了首府人民给予的温暖，我想用自己的歌声来回报这些人的关爱。""我要报名参加牵手活动，用实际行动来关爱身边的农民工兄弟。"2014 年 1 月 20 日，本报刊发消息《本报关爱农民工大型公益演唱会 25 日唱响》后，连日来，不断接到农民工兄弟和热心市民给本报打来的热线电话。为了给农民工送上一份特殊的祝福，本报与呼和浩特市志愿者联合会及"紫丁香之爱"公益组织举行的"向青城建设者致敬——与农民工兄弟一起迎春天"大型公益演唱会今日奏响，100 名市民将与 100 名农民工牵手，共同迎接春天的到来。①

397

　　个案 32　（泰山晚报）"2013 春运启程，让爱回家——本报免费帮农民工秒杀火车票"活动拉开帷幕，活动开启后受到热心市民或团

---

① 奥妮莎：《今日百名市民牵手百名农民工奏响春天序曲》，《北方新报》2014 年 1 月 25 日。

体、社区的广泛关注，热心市民纷纷致电本报热线电话奉献爱心，希望加入到帮农民工秒杀火车票的活动中来。①

个案33　（南国今报）"是要去火车站么？上车吧，我免费载你。"在路上遇到有车主对你这样说，你会上车吗？在柳州，这样的"免费顺风车"真的存在。昨日，一名热心市民开着自己的车，行驶在马路上，遇到扛着行李的准备返乡务工人员就主动问好，免费载他们到车站。②

从报道内容来看，前两则报道是由媒体组织发起的农民工与市民的联系沟通活动，发起媒体也对活动的全程进行了跟踪报道，后一则报道则是媒体关注到的市民对农民工的自发的帮扶行为。三则报道均取得了良好的社会效果，活动在报道之后受到了市民和农民工群体的关注，并受到了各方的好评。

五　引导农民工提升自身的公民素质

要改变城市市民对农民工的不良印象，最根本的途径是提升农民工的公民素质，这样才能真正赢得市民对农民工群体的认同与接纳。所谓公民素质，指的是与一个国家的法律制度、政治制度等相适应的思想道德、知识技能、政治参与、体能身心等方面的水平。

从本课题组的问卷调查以及访谈资料统计来看，大多数农民工在观念上认同公民基本道德规范和职业精神。但是，对市民的调查问卷数据及访谈内容显示，大部分市民对农民工的印象持"有好有坏"的中性态度，这就说明，在现实生活中仍有相当一部分农民工在公民素养方面存在着许多不足。如在公共交通方面翻越栏杆、随意穿行马路；公共卫生习惯较差，随地吐痰，乱丢烟头、杂物；在公共场所衣着不整、大声喧哗等。

农民工中的全国人大代表胡小燕在接受记者采访时，曾就农民工素质

398

---

① 吴冰：《2013 年春运将拉开帷幕　回家的路越走越温暖》，《人民日报》2013 年 1 月 19 日。

② 黎昌政、熊伟强：《湖北"爱心接力、温暖回家"助农民工回家过年》，新华网，2014 年 1 月 24 日，http：//news.xinhuanet.com/local/2014－01/24/c_119122752.htm，浏览日期：2016 年 6 月 30 日。

的提升发表看法:"作为我们农民工朋友,首先要想自己的收入提高,那肯定你要提升自己的技能、提升自己的素质,要想得到这个城市的认可,你首先要提升自己之后,这个城市自然而然就会接纳你。"① 胡小燕虽是农民工中的人大代表,但她的看法很能反映市民的观点。市民与农民工直接的接触不多,他们对农民工态度的产生,主要依赖于两个方面,一是媒体的报道,一是自己的主观感受。其主观感受又主要来自农民工对城市建设的贡献大小,对自己生活是否便利以及农民工在公共场所的表现等方面的判断与体验。

农民工要提升自己的公民素质,应从多方面着手,比如关注时事政治,了解与自身利益相关的政策文件精神;有意识地参与社区活动,利用种种渠道表达自己或群体的意志与观点,维护自身权益;学习科学文化知识,参加职业培训,掌握一技之长;遵守公共秩序,打造自身在公共场所的良好形象等等。

在培养提升农民工公民素质方面,新闻媒体应从以下三个方面着手。

第一,媒体要发挥舆论的导向作用。媒体可利用农民工报道的专版、专栏和专家访谈、与农民工对话、新闻评论等形式对农民工进行相关的公民素质教育,引导农民工遵守市民行为准则,保护社会公共资源,养成文明守礼的生活习惯。

第二,媒体可与社会组织联合在农民工中开展文明创建活动。如媒体可与工会、共青团委、社区管委会、企业等联合,对农民工进行遵纪守法、礼仪规范、行为文明等宣传教育,开展职业培训、技能竞赛、文明施工、好人评选、募捐救助等活动,并对这些活动进行报道,培育农民工的公民素质。

399

第三,媒体要对违反社会公德行为进行舆论监督。媒体的舆论监督既体现在对公共权力的监督与制约,又反映在对公众违反社会公德行为的批评和约束。农民工作为社会公众的一员,作为城市中的新市民或准市民,如有违反社会公德行为的发生,也应受到媒体的批评。媒体要让农民

---

① 姚铁滨:《人大代表胡小燕:农民工想被城市认可需先提升技能》,中国广播网,2012年3月10日,http://china.cnr.cn/yaowen/201203/t20120310_509268216.shtml,浏览日期:2015年7月20日。

工意识到，在城市公共秩序、社会公德的维护上，农民工和市民一样，都有应尽的责任与义务。媒体舆论监督的权威性、公开性、广泛性、及时性等特点，会对违背社会公德和城市秩序的行为人产生高压，迫使其收敛或停止其行为。就农民工来说，学习和接受城市的文明行为规范，以媒体的舆论监督为镜，改变不良的行为习惯，并在生活实践中自觉履行作为城市公民的责任与义务，这样久而久之，农民工的公民素质就会得到大幅提升。

第十四章　新闻媒体对农民工报道的态度分析

对于大多数社会公众来说，了解农民工群体的工作生活状态、精神情感面貌的主要信息渠道是大众传播媒介。农民工在社会公众心目中的形象很大程度上受到媒体农民工报道的影响，而媒体的农民工报道又不可避免地受到媒体自身态度的影响。因此，了解研究新闻媒体对农民工报道的态度有助于揭示农民工报道的新闻事实与农民工工作生活的客观事实之间的偏差，帮助媒体改进态度，真实客观公正地报道农民工的工作与生活，反映农民工的诉求与愿望，以此促进城市社会对农民工的认同与接纳以及农民工的早日市民化。

本章将运用框架理论，对 2013 年 5 月至 2014 年 5 月的《湖北日报》与《楚天都市报》的农民工报道做抽样文本分析，对农民工报道的个案进行详细研究，并结合城市化视角下的农民工报道研究课题组的有关调查数据阐述分析现阶段国内新闻媒体农民工报道现状，从中探究并归纳新闻媒体对其的态度，以此来寻找不足，提出新闻媒体改进农民工报道的态度的参考性建议。

第一节　框架理论与新闻媒体农民工报道的态度分析

一　框架理论的概念界定

20 世纪 80 年代，框架理论开始兴起，社会学界和认知心理学界可以被追溯为框架理论的起源。戈夫曼 1974 年的著作——《框架分析：组织经验论》，被认为是框架分析的社会学源头。"框架"一词作为日常生活用语，通常指建筑物、家具、车辆、文章、图画等事物的结构、骨架。① 一般认为，最先赋予"框架"这个词以理论意义的是戈夫曼。他认为："所谓框架，就是人们用来阐释外在客观世界的心理模式，或只在某个特定时间用来理解社会境遇的一套特定期望，所有我们对于现实生活经验的归纳、结构与阐释都依赖于一定的框架。"② 根据戈夫曼的理解，人在认识世界、了解外界事物时，首先会通过头脑中本来存在的认知结构和认知取向来进行思考，这种结构就是一种框架，人们要认识、审视外在世界时，或者获取构建生活中的各种事物的意义时，是必须透过这种框架的。

20 世纪 80 年代以后，"框架构建"理论被引入大众传播研究中，成为传播效果研究中不可忽视的重要理论。甘姆森（Gamson）是其中的代表人物，他将"框架"概念进一步细化，将其理解成为动词和名词的复合体。在定义上，甘姆森将框架分为两类——界限和架构。界限代表一种范围，是人们平时观察事物取材时自觉不自觉会用的；而架构则指人们用框架来构建意义，解释外在世界。③ 在此定义中，作为动词的"框架"是指人们通过"界限"界定外部事实，再在心理"架构"真实的框架的过程；作为名词的"框架"则是在此基础上形成了的框架。

二 媒介框架分析与新闻媒体报道态度

通过上文，我们对媒介框架理论的内涵有了一定的了解。无论是哪种框架定义都直接指出或隐射出这样一个观点：新闻报道是大众媒体对社会现实进行重新构建的过程。在这个过程中，多少会包含新闻媒体的主观意识。这也就说明，我们可以通过对新闻报道的文本内容的分析来探究新闻媒体的报道态度。

（一）目前新闻文本框架分析方法研究

现阶段对新闻文本框架进行分析的方法主要有以下四种。

---

① ［英］霍恩比：《牛津高阶英汉双解词典》（第 7 版），王玉章等译，商务印书馆 2009 年版，第 808 页。

② 王菁菁：《框架理论视角下的〈人民日报〉西部报道研究》，硕士学位论文，山东大学，2012 年，第 53 页。

③ 同上书，第 60 页。

　　第一，坦卡德的"框架清单"方法。这是由坦卡德和他的同事们于1991 年提出的一种分析法，具体步骤为：（1）拿到某一议题时，先将可能存在的框架全部整列辨识出来；（2）将整列出的所有具有可能性的框架列成清单模式，给出具体的操作化定义；（3）为每个框架建立关联性的符号代码；（4）将文本的内容与之前建立好的框架清单相对照，进行文本分析；（5）进行编码程序，将新闻文本或其他内容编码后纳入相应的框架类目中。①

　　第二，加姆森和拉施（Kathryn Lasch）的"诠释包裹"法。主要将其步骤梳理为以下几个部分。（1）打"草稿"。在完成足够多量的选定议题的新闻文本阅读之后，对框架包裹进行初步整理，注意框架与元素，如存在哪些框架，是否有可以作为框架策略和推理策略的元素存在，尽可能详细地描述出所有可能存在的框架包裹。（2）抽样分析。在对一定数量的新闻报道样本进行文本分析后，反复推敲这些样本中框架和元素之间有没有逻辑性关联，然后再选取其中代表性最强的框架和元素，整合归纳后形成最终框架包裹。（3）以上一步得出的最终框架包裹为标准，将全部文本进行一次编码，考察框架和元素在全部文本中得到的反映程度，重点是识别每一则新闻对应的框架，统计各框架出现的频次。②

　　第三，梵·迪克（Teun A. Van Dijk）的"话语分析法"。梵·迪克将新闻结构从宏观到微观层面区分为 5 类：宏观结构、新闻模型、微观结构、风格和修辞。他将报纸新闻当成一种特别的话语结构来进行研究讨论。他的研究方法被很多人所引用，也为其他学者带来启发。臧国仁认为，其中最接近"框架"概念的是主体结构类。③

　　第四，潘忠党和柯斯基的"论述结构"方法。潘忠党和柯斯基辨识文本框架的步骤为：（1）从单篇新闻报道中提炼出若干有意义命题；（2）按照 4 类结构（分别是句法结构、脚本结构、主体结构和修辞结构）对每个

403

①　Tankard, James, Handerson, Laura, Sillbennan, Jackie, Bliss, Kriss & Ghanem, Salma, "Media Frames: Approaches to Conceptualization and Measurement", *paper presented to the annual meeting of the Association for Education in Journalism and Mass Communication*, Boston: Massachusetts, 1991.

②　徐美苓、熊培伶等：《台湾人口"问题"的建构：以少子化新闻框架为例》，《新闻学研究》（台湾）2010 年总第 103 期。

③　臧国仁：《新闻媒体与消息来源——媒介框架与真实建构之论述》，台北三民书局1999 年版，第 35 页。

命题进行编码；（3）编码之后，对其结果进行分析，即结合字词元素对上文所提的4类结构分类别进行考察；（4）综合出结果后，提炼框架重新纳入4类结构中再次检视。[①]

目前辨识新闻框架的方法众多，以上四种属于影响力较大的框架辨识分析方法。国内已有不少学者借鉴利用这些方法，而对大陆研究产生最大影响的是台湾学者臧国仁等人提出的"框架三层次结构理论"。

臧国仁在《新闻媒体与消息来源——媒介框架与真实建构之论述》一书中，将框架的基本定义浓缩为"人们或组织对事件的主观解释与思考结构"。并认为"在每一种真实的框架（名词）中，都有类似结构，分别由高层、中层，以及底层组成。而在真实转换（动词）的历程中，则又包含了框架的基本机制，包括选择与重组两者"。[②] 臧国仁的"框架三层次结构"如图14-1所示。

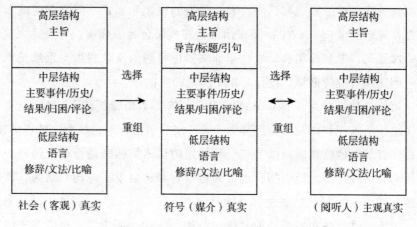

图14-1　由各种真实所形成的框架内在结构[③]

资料来源：本图改写自钟蔚文/臧国仁/陈憶宁/柏松龄/王昭敏。

框架大致可分为选择和重组两个层面。选择指新闻选择哪些素材、遗

---

① Zhongdang Pan, and Gerald M. Kosick, "Taylor & Francis Online：Framing analysis：An approach to news discourse", *Political Communication*, Vol. 10, Issue1, 1993, pp. 60 - 61.

② 臧国仁：《新闻媒体与消息来源——媒介框架与真实建构之论述》，台北三民书局1999年版，第34页。

③ 同上书，第36页。

漏（或忽略）哪些环节。重组则指用哪种符号表现已选素材，用怎样的文字体裁，用哪种文笔风格，具体用什么词语字眼来表述等等。本文试图以框架机制的选择和重组为立足点，再将各种新闻文本框架分析方法进行整合，从选择框架和重组框架的角度来研究抽样新闻文本的整体框架。而对农民工新闻报道的个案分析则将借鉴臧国仁的"框架三层次结构"方法来进行。

（二）新闻文本框架分析与新闻媒体报道态度的关系

从理论上来说，大众传播媒介所具备的更多是再现功能，新闻报道也好，人们的言论也好，其实都源自过去的经验，这种经验就是框架的源头。分析新闻文本的框架，不仅可以窥视新闻制作者的视点和立场，甚至可以探究整个社会对特定报道对象的公共形象和公众认知。一份新闻文本即使篇幅不大，但从新闻选择、新闻写作再到新闻排版等等所有的工序所蕴含的框架后面，的的确确隐藏了许多信息。解码这些信息，掌握这些信息，有利于新闻媒体了解自己目前的状态，看清自己的优缺点，审视自己的态度。因此，以新闻文本的框架分析来研究新闻媒体对农民工报道的态度是非常有价值的。

农民工作为现代产业工人的重要组成部分，是推动我国城市化进程的中流砥柱，在城市建设的经济、政治、文化、社会等方面也有着举足轻重的作用。对媒体而言，农民工一直是不可替代的焦点之一，对于社会而言，了解农民工群体最主要的信息渠道就是新闻媒体的农民工报道，而农民工媒介形象的建构又往往深受新闻媒体的态度与取向的影响。因此，了解研究新闻媒体对农民工报道的态度，有助于揭示农民工报道的新闻事实与农民工工作生活的客观事实之间的偏差，帮助媒体改进态度，促进农民工报道的良性发展。

第二节 框架理论下《湖北日报》与《楚天都市报》的农民工报道分析

本节从选择和重组两个方面的框架着手，来分析《湖北日报》和《楚天都市报》的农民工报道，以此探究隐藏在新闻文本背后的新闻媒体农民工报道态度。选择框架包括主旨选择、内容选择、消息来源选择等，重点考察形成新闻文字前，新闻媒体会依据何种框架来进行新闻选择；重组框架则包含了用语、叙事方式和视觉图片，这部分重在探讨新闻媒体运用何种符号、叙事结构，甚至精确到运用怎样的字词来重现现实。以上两个方面都能够窥探出新闻媒体对待农民工报道所持的立场、视角和态度。

一 《湖北日报》与《楚天都市报》农民工报道样本情况

我们对《湖北日报》与《楚天都市报》2013 年 5 月至 2014 年 5 月这 13 个月内的农民工报道进行了抽样。作为湖北省内最高机关报的《湖北日报》在党报中具有代表性，而《楚天都市报》自 1996 年 11 月 12 日创刊以来，已成为武汉地区暨湖北全省发行量最大的都市类报纸，在湖北省范围内的都市报中最有代表性。

《湖北日报》在该时间段内所发的农民工报道总数为 195 篇，每个月都有农民工报道刊登，并无隔断。具体情况如表 14 - 1 所示。

表 14 - 1　　　　2013 年 5 月至 2014 年 5 月《湖北日报》
农民工报道数量统计　　　　　　　　　　　　单位：篇

月份	2013 年 5 月	2013 年 6 月	2013 年 7 月	2013 年 8 月	2013 年 9 月	2013 年 10 月	2013 年 11 月	2013 年 12 月	2014 年 1 月	2014 年 2 月	2014 年 3 月	2014 年 4 月	2014 年 5 月
数量	20	14	13	16	7	10	7	20	38	25	8	6	11
所占比例（%）	10.3	7.2	6.6	8.2	3.6	5.1	3.6	10.3	19.5	12.8	4.1	3.1	5.6

《湖北日报》农民工报道在时间上有明显的高峰期。主要为 2014 年 1 月份和 2 月份，尤其以 1 月份最为突出。其他月份虽然在报道数量上有所起伏，但并不如 2014 年 1 月份和 2 月份明显。

《楚天都市报》在该时间段内所发的农民工报道总数为 220 篇，每个月也都有农民工报道刊登，并无隔断。具体情况如表 14 - 2 所示。

表 14 - 2　　　　2013 年 5 月至 2014 年 5 月《楚天都市报》
农民工报道数量统计　　　　　　　　　　　　单位：篇

月份	2013 年 5 月	2013 年 6 月	2013 年 7 月	2013 年 8 月	2013 年 9 月	2013 年 10 月	2013 年 11 月	2013 年 12 月	2014 年 1 月	2014 年 2 月	2014 年 3 月	2014 年 4 月	2014 年 5 月
数量	20	17	12	12	18	12	19	26	40	12	16	10	6
所占比例（%）	9.0	7.7	5.5	5.5	8.2	5.5	8.6	11.8	18.2	5.5	7.3	4.5	2.7

《楚天都市报》的农民工报道在数量上也有明显的时间高峰期。主要为 2013 年 12 月份和 2014 年 1 月份，以 1 月份最为突出。虽然《楚天都市报》与《湖北日报》农民工报道的高峰期有所错动，但两报数量最高的月份都为 2014 年 1 月。从报道数量上看，《楚天都市报》的农民工报道在同时间段内高于《湖北日报》，且每月的农民工报道数量较《湖北日报》要均匀密集。

《湖北日报》和《楚天都市报》的抽样情况表明：首先，两报都对农民工进行了持续报道，说明两报都将农民工群体作为其新闻报道的重要社会群体对象；其次，两报的农民工报道数量高峰期都集中在 2014 年 1 月份，按照农历计算，正是 2013 年年末接近春节来临的时间段。由此可知，在时间段上，年末春节前是新闻媒体对农民工群体关注最高、报道最密集的时间段；再次，在报道频率上，作为市民化报纸的《楚天都市报》的农民工报道要高于作为党报的《湖北日报》。

二　《湖北日报》与《楚天都市报》的选择框架分析

就新闻文本分析而言，可以从新闻五大要素入手，来探寻其较高层次的选择框架。选择框架又分为主题选择框架、消息来源选择框架和报道角度选择框架。这三个部分实际包含了记者在新闻报道前的新闻选择中对新闻来源、新闻定义、新闻价值、宣传价值等进行判断选择的基本步骤。通过这些步骤，我们可以发现媒体在新闻报道中的偏好，窥视其背后新闻制作人的态度。

（一）主题选择框架分析

台湾学者臧国仁等认为："在各种真实的内在结构（或名词的框架）中，均有高层次（macrostructure）的意义，往往是对某一事件主题的界定。"[1] 而"有关框架的中层次结构系由以下几个环节组成，包括主要事件、先后事件、历史、结果、影响、归因、评估等"。[2] 本文的主题选择框架部分包含农民工新闻报道抽样的高层次结构与中层次结构两个部分，与

407

---

[1]　臧国仁：《新闻媒体与消息来源——媒介框架与真实建构之论述》，台北三民书局 1999 年版，第 34 页。

[2]　同上书，第 37 页。

之相应，我们把它划分为主旨选择框架和内容选择框架。

1. 主旨选择框架分析

在对客观真实进行再构建形成媒介真实时，新闻媒体往往会依照某主旨来进行。根据报纸的设定，其最高主旨往往体现在栏目的界定中，农民工报道也不例外。本文试图通过对《湖北日报》和《楚天都市报》的文本样本进行栏目的汇总和梳理，来了解其主旨的选择框架。

通过数据整理，去除分布篇幅过少的栏目，只保留篇数较多的栏目，如表14-3所示，《湖北日报》农民工报道最常出现在位于报纸头几版的《要闻》《时政要闻》栏目，一般处在当日报纸的前三版以内。这些要闻类栏目主要报道湖北省内重要的新闻事件、政府政策解读等。其次，是出现在《荆楚各地》栏目，此栏目主要是刊登湖北省内各个地方的新闻。紧随其后的是《民生关注》和《农村天地》栏目，《民生关注》的主要内容是刊登贴近老百姓的社会民生新闻，而《农村天地》的内容则是聚焦湖北农村，刊登与农民相关的政府政策、农村百姓生活现状等。除以上几大栏目之外，农民工报道还分散于其他栏目。

表14-3　　　2013年5月至2014年5月《湖北日报》农民工报道
主要栏目分布统计　　　　　　　　　　　单位：篇

栏目名称	要闻时政要闻	荆楚各地	民生关注	农村天地	大武汉	国内国际	时评	时事体育	法治湖北	经济纵横
数量	64	23	18	18	14	10	9	7	5	5

从《湖北日报》农民工报道所处的栏目分布可以看出，首先，农民工是该报的重要报道对象之一，与其相关的新闻常常被放在头版及非常靠前的几版，主要原因是因为农民工问题涉及政府行为、国家政策，且妥善处理农民工问题是我国各级政府的重要任务之一。而《湖北日报》作为湖北省的省委机关报，报道农民工的主旨之一是为宣传政府行为、宣传政府政策服务。其次，贴近民生是其报道农民工的另一主旨，《民生关注》和《农村天地》栏目都是从基层出发，通过报道农民工日常生活和其留守在农村的子女家属生活状况，来关注农民工，关怀其留守子女及家属。

《楚天都市报》的农民工报道栏目分布则与《湖北日报》有所不同，如

表 14-4 所示,《楚天都市报》的栏目划分相比《湖北日报》要更为细致。

表 14-4　　　2013 年 5 月至 2014 年 5 月《楚天都市报》农民工报道
主要栏目分布统计
单位:篇

栏目名称	要闻观点焦点	武汉直击第一现场	楚天写真荆楚扫描	武汉法治	中国聚焦	武汉教育科教卫	武汉民生	呵护留守儿童	独家追访采点	武汉街坊街坊邻里	楚天评论	楚天暖冬行动	记者基层用工探访	其他
数量	56	30	29	14	12	10	7	7	6	6	5	5	4	18

　　《楚天都市报》中,农民工报道聚集最多的栏目和《湖北日报》相同,也是处于报纸版面头几版的《要闻》《今日关注》《今日焦点》等。但由于两报性质不同,头版刊登的新闻在内容上有较大差别,《楚天都市报》是以及时鲜活的新闻事件为主,政府政策类的新闻报道并不多,且不占主要位置。在农民工报道数量仅次于《要闻》等的《武汉直击》《楚天写真》栏目中,其报道的新闻体现出及时、鲜活、接地气的特点。

　　在《楚天都市报》中,《呵护留守儿童》《楚天暖冬行动》《记者基层　用工探访》三栏目属于专题栏目,其中,《呵护留守儿童》主要报道留守儿童的生活状态和政府、社会对该群体的关怀和帮助。《楚天暖冬行动》则是该报以自身为纽带和载体,联合政府、社会力量来帮助农民工讨薪的专题栏目。《记者基层　用工探访》栏目则是记者响应"走转改"活动的号召,下到基层,对已经返乡的农民工进行探访,了解其就业动向、进城务工情况等。

　　由此可见,《楚天都市报》时常主动地策划与农民工相关的主题报道,而《湖北日报》在同时间段内并没有明显的农民工主题报道策划。两相比较,对农民工群体的关怀帮助都为两报的报道主旨,但《楚天都市报》的农民工报道其主旨更倾向于时效性强、新闻性强的民生新闻。

　　2. 内容选择框架分析

　　如果说主旨是新闻媒体选择报道新闻事实的大方向和出发点,那么内容选择则涉及在主旨的框架中选择哪些主要事件进行报道,具体从哪些方面进行报道。要研究《湖北日报》和《楚天都市报》的内容框架,就有必要对其样本的新闻报道内容进行分类。

　　本章对《湖北日报》和《楚天都市报》的农民工报道内容进行了较为

409

详细的分类归纳，分为生活工作状态、讨薪维权、政府政策法规（包含政府行为）、道德风尚、就职就业、春运交通问题、工作安全问题、子女家属问题、违法犯罪、权益受侵及其他共12类。在此需要特意说明的是，由于讨薪已成为农民工报道的重要内容，可以单独挑出来形成一类。本文的讨薪维权除农民工讨薪相关报道之外，只包含极少量的类似于工伤求赔的维权报道，并且无论讨薪还是维权都是特指已经进入法律程序或已经得到社会各界援助的维权过程。而权益受侵害类是指农民工在工作和生活中的合法利益遭到侵害，其中包括被打，人格尊严受到侮辱等，以媒体报道此类事实存在为主，并未进入法律程序，以此与讨薪维权类区别开来。

《湖北日报》的农民工报道内容分类如表14-5所示，所占比例排在前三位的是政府政策法规（含政府行为）类、社会各界关怀类和讨薪维权类，分别占总体比例26.7%、20.0%和11.3%。需要指出的是，在讨薪维权类中，也是以关于政府或公检法系统协助讨薪的新闻报道居多。

表14-5　　　2013年5月至2014年5月《湖北日报》农民工报道

涉及内容分布统计　　　　　　　　单位：篇

内容	政府政策法规	社会各界关怀	讨薪维权	就业就职	工作安全问题	工作生活状态	道德风尚	子女家属问题	春运交通问题	其他	权益受侵害	违法犯罪
数量	52	39	22	16	15	14	14	11	9	2	1	0
比例（%）	26.7	20.0	11.3	8.2	7.7	7.2	7.2	5.6	4.6	1.0	0.5	0

由上表可以看出，《湖北日报》中的农民工报道的大部分内容框架是以政府为主体而展开的，其次是以社会各界为主体，包括企业、事业单位和社会团体及社会民众。真正以农民工作为主体的报道比较少，比如道德风尚类，是专指农民工个体或群体所体现出的积极向上的生活态度、良好品质和道德闪光点。在《湖北日报》整整13个月份的样本中，此类报道只有14篇，仅占总体的7.2%。

另外，《湖北日报》的内容框架虽然是以政府和社会各界为主，但是涉及农民工违法犯罪的负面新闻报道却没有出现。当然，这并不能说明农民工群体中没有这类行为发生，同时期的《楚天都市报》中就出现过此类新闻报道。这只能说明，《湖北日报》出于宣传政府农民工政策和维护农民工形象的需要，在进行农民工报道时，有意识地规避了农民工违法犯罪的负面新闻。

《楚天都市报》的农民工报道在内容上和《湖北日报》有较为明显的不同。在相同标准的内容分类下，《楚天都市报》的情况如表 14 - 6 所示，排在前三位的是农民工的工作安全问题、社会各界关怀和讨薪维权，所占总体比例分别是 18.6%、16.4% 和 14.0%。

表 14 - 6　　　2013 年 5 月至 2014 年 5 月《楚天都市报》农民工报道
涉及内容分布统计　　　　　　　　　　　　　　　单位：篇

内容	工作安全问题	社会各界关怀	讨薪维权	政府政策法规	工作生活状态	道德风尚	违法犯罪	权益受侵害	就业就职	子女家属问题	春运交通问题	其他
数量	41	36	31	25	19	17	13	13	12	7	5	1
比例（%）	18.6	16.4	14.0	11.4	8.6	7.7	5.9	5.9	5.5	3.2	2.3	0.5

农民工的工作安全问题是《楚天都市报》报道最多的新闻内容之一。工作安全问题是指农民工在工作过程中遇到的安全事故，如矿难、受伤、被困等情况。此类安全事故的发生由于多是突发性的，具有极强的新闻时效性。同时，此类事故往往涉及人员伤亡、政府反应、社会关注等，特别是如果发生在武汉地区，或者事故受害者是湖北人时，更具备了新闻报道的地域或心理上的贴近性。由于工作安全类的农民工报道具有较强的新闻价值，由此可推，《楚天都市报》的农民工报道主体选择框架是以新闻性作为出发点。第二位的社会各界关怀类农民工报道则与《湖北日报》出发点相同，把社会各界对农民工群体的关心与援助作为重要选择性内容。

综上所述，无论是《湖北日报》还是《楚天都市报》在农民工报道的内容选择上均拥有各自的框架，其内容选择的框架与其主旨选择框架相一致。必须指出，两者虽然在内容的关注点上有所不同，但都一定程度上忽略了农民工群体的主体地位，多是从较农民工群体更为强势的阶层群体出发来报道农民工，这种主体框架折射出了新闻媒体对农民工报道的态度。下文对消息来源选择框架和报道角度选择框架的分析将进一步使这种态度明晰化。

（二）消息来源选择框架分析

新闻框架的建构，有很大一部分体现在新闻媒体的消息来源选择上。消息来源的选择，一方面是考虑为新闻报道的真实性提供怎样的证据和支

411

撑，另一方面也是新闻制作者框限新闻文本的重要手段。毕竟选择不同的消息来源呈现出的事实、观点、倾向都有可能不同，当大量新闻报道中的消息来源呈现出某种一致趋势，或出现主流选择方式时，消息来源选择框架即形成。本文将对《湖北日报》和《楚天都市报》的农民工报道新闻文本中的消息来源进行归纳总结，找出其消息来源选择框架。

《湖北日报》2013年5月至2014年5月这一时间段中的农民工报道消息来源的情况如表14-7所示。

表14-7　　　2013年5月至2014年5月《湖北日报》农民工

报道消息来源统计　　　　　　　　　　　单位：篇

消息来源	政府及公检法部门	农民工及家属	媒体自采	企业事业单位	专家学者	民众	其他
数量	71	48	24	22	12	5	13
比例（%）	36.4	24.6	12.3	11.3	6.2	2.6	6.6

《湖北日报》农民工报道的消息来源为政府及公检法部门的比例高达36.4%，占到了总体的三分之一以上，农民工自身为消息来源的比例为24.6%，虽然仅次于政府及公检法部门，但作为新闻报道的主要被报道者，这种相差将近12个百分点的比例还是表现出《湖北日报》在报道时有强烈的政治宣传性。

《楚天都市报》的消息来源分布与《湖北日报》有所不同，由于其主题框架与《湖北日报》就有所差异，消息来源就继续体现了这一差异，如表14-8所示。

表14-8　　　2013年5月至2014年5月《楚天都市报》农民工

报道消息来源统计　　　　　　　　　　　单位：篇

消息来源	农民工及家属	政府及公检法部门	企业事业单位	民众	媒体自采	专家学者	其他
数量	72	48	30	23	22	18	7
比例（%）	32.7	21.8	13.6	10.5	10.0	8.2	3.2

《楚天都市报》的消息来源所占比例最重的是农民工及其家属，为32.7%，其次是政府及公检法部门，为21.8%，第三位是企业事业单位，占有13.6%。可以认为《楚天都市报》的农民工报道消息来源框架最上层的是农民工及其家属，这表明在进行农民工报道时，《楚天都市

报》会更多地对身为事件当事人的农民工及其家属进行直接采访和取料，在真正进行新闻写作时，会注重采用农民工及其家属的话语或者观点，在一定程度上给了农民工及其家属一定的话语权。这就说明，作为市民化报纸的《楚天都市报》相较于党报的《湖北日报》更愿意去反映农民工的想法。

消息来源在任何新闻中都可以视为建构框架的重要变项，能在一定程度上折射新闻制作者的报道取向。因此，研究消息来源的选择框架对研究新闻媒体对农民工报道的态度具有重要作用。

（三）报道角度选择框架分析

如果说，消息来源选择框架能在一定程度上折射新闻媒体的报道取向，那么报道角度则鲜明地表现出新闻媒体的站位与立场。本节试图从新闻文本所呈现出来的农民工形象和农民工的角色定位两个方面出发，来推论新闻媒体的农民工报道角度选择框架。

1. 农民工形象框架分析

农民工形象主要是指新闻媒体对农民工媒体形象的呈现。当然，农民工媒体形象的呈现并不等同于现实生活中真正的农民工形象。臧国仁在对框架理论的讨论中，整理提出过十一项预设，其中预设八为："框架（动词）社会实践涉及主观认知，因而必然造成偏见。"现象学认为，客观真实固然独立存在于个人之外，但也存在于自己的主观意识之中。因此，在这种内外转换的过程中，戈夫曼将其称为"逆转性"（reversibility），意指这些转换均涉及缩减原有真实或抽象化。[①] 新闻媒介所呈现的农民工媒体形象即是经过新闻媒体"再造"后的形象，这种"再造"更多是指人们在建构事实时，实际上只不过反映了自己对事实的内在看法。因而，新闻媒体通过新闻报道对农民工进行形象呈现，很大程度上包含了其自身的态度和想法。

本文拟从正面形象、中性形象、负面形象、弱势形象四个方面来解析新闻媒体的农民工形象。此处的负面形象指农民工违法犯罪、素质低下等

413

---

① 臧国仁：《新闻媒体与消息来源——媒介框架与真实建构之论述》，台北三民书局 1999 年版，第 60 页。

负面形象呈现，弱势形象则包含农民工作为社会弱势群体的新闻报道。因此，本文将社会关怀、矿工被困、农民工死在工地、帮忙讨薪等一系列从正面或侧面塑造的农民工弱势、社会底层、可怜形象的新闻报道纳入弱势形象类别中。另外，涉及政府政策解释等虽提到农民工，但并不是直接涉及农民工形象塑造的新闻报道，全部归入中性形象一类。

如表 14-9、表 14-10 所示，《湖北日报》和《楚天都市报》的农民工报道中所建构的农民工形象以弱势形象为主。我们在前文的内容框架中提到过，《湖北日报》在此时间段内，是没有农民工违法乱纪、素质低下等直截了当呈现农民工负面行为的新闻报道的，更多的是将农民工整个群体建构成一个社会弱势群体，他们需要政府关怀，需要企业关心，需要社会团体和社会民众的援助。而《楚天都市报》中，农民工正面形象的新闻报道所占比例仅达到 15.5%，直接揭露农民工违法犯罪的新闻报道有 13 篇，其他诸如安全事故、工作环境差、讨薪索赔等等弱势形象报道比《湖北日报》更多，所占比例高达 48.6%。

表 14-9　　2013 年 5 月至 2014 年 5 月《湖北日报》农民工报道中

农民工形象统计　　　　　　　　　　　　　　　　单位：篇

	正面	中性	负面	弱势
数量	47	72	0	76
所占比例（%）	24.1	36.9	0	39.0

表 14-10　　2013 年 5 月至 2014 年 5 月《楚天都市报》农民工报道中

农民工形象统计　　　　　　　　　　　　　　　　单位：篇

	正面	中性	负面	弱势
数量	34	66	13	107
所占比例（%）	15.5	30	5.9	48.6

综上所述，无论是作为党报的《湖北日报》，还是作为都市报的《楚天都市报》，都偏向于将农民工群体归类于社会弱势群体，在新闻报道时倾向于援助、关怀等从上而下的俯视视角。

2. 农民工角色框架分析

《湖北日报》和《楚天都市报》两报在 2013 年 5 月至 2014 年 5 月中，总共刊登了 415 篇农民工报道。那么在这些报道中，农民工群体及个人到底处于一个怎样的角色地位呢？在农民工的角色定位上，新闻媒体是否已经形成了一个定位模式和报道方式，从而固化成一定的角色定位框架呢？

本节将农民工的角色定位分为主体、客体和非正面涉及三种类型。农民工主体角色意味着农民工在具体新闻报道中充当的是主人公的角色，是新闻事件的行为主体，是主动实施新闻事件的人物。而客体则表示农民工在具体新闻报道中充当的是接受者的角色，即农民工在新闻事件中是被动方，是被动接受新闻事实的人物。非正面涉及是指并没有明显的主体和客体的区别，主要存在于政策解释类、评论等农民工相关新闻报道中（见表 14 - 11、表 14 - 12）。

表 14 - 11　2013 年 5 月至 2014 年 5 月《湖北日报》农民工报道中

农民工角色定位统计　　　　　　单位：篇

	主体	客体	非正面涉及
数量	48	117	30
所占比例（%）	24.6	60.0	15.4

如表 14 - 11 所示，《湖北日报》农民工报道中的农民工角色定位出现了明显的两极分化，以农民工作为主体的新闻报道只有 48 篇，所占比例仅为总体的 24.6%，而将其作为客体的新闻报道则多达 117 篇，所占比例为60.0%，高前者两倍还不止。

表 14 - 12　2013 年 5 月至 2014 年 5 月《楚天都市报》农民工报道中

农民工角色定位统计　　　　　　单位：篇

	主体	客体	非正面涉及
数量	75	112	33
所占比例（%）	34.1	50.9	15.0

如表 14 - 12 所示，在《楚天都市报》中，主体客体在比例上的差距虽然有所缩小，但不可否认的是，将农民工作为客体的新闻报道也占到了50.9%，而农民工作为主体的新闻报道则只占 34.1%。

通过对农民工形象和农民工角色定位的分析和探究，可以认为《湖北日报》与《楚天都市报》在农民工报道的报道角色上已经形成了一定的模式和框架，即此类报道的行为主体以政府部门、企业及事业单位还有社会团体为主，倾向于构建一种社会弱势阶层、生活艰辛、维权艰难的农民工群体形象。

三 《湖北日报》与《楚天都市报》的重组框架分析

臧国仁将新闻（媒介）框架区分为新闻组织框架、新闻个人（编辑、记者）框架和新闻文本框架。其中，新闻文本框架重视语言与其他符号信息如何转换为社会真实，采用语言学（话语分析）的思路。① 本节的重组框架主要从微观视角出发，分析新闻报道在经过新闻选择之后，在写作部分进行事实重组时的层次结构是怎样的，这部分与臧国仁的"三层次结构"理论中的低层结构有重叠的地方。本节主要是研究农民工报道中语言符号框架的构建，试从遣词用语、叙事方式和视觉性非语言框架的设置三个方面着手进行分析。

（一）遣词用语框架分析

新闻报道中对农民工的称呼极具隐喻意义，暗含新闻制作者在新闻报道中对被报道者农民工的态度。本文对从《湖北日报》和《楚天都市报》抽取的样本里的每篇新闻文本都进行了农民工称呼统计。主要分为以下三类。

第一，中性色彩的称呼语言。这些称呼包含了社会上对农民工群体和类似群体约定俗称的称呼，包括农民工、外来务工人员、工人、民工、流动人口等；其他对农民工家属的称呼，如留守儿童、留守妇女、空巢老人等和直接用具体职业称呼代替农民工称呼的如矿工、采茶工、城市环保工等也纳入中性色彩的称呼语言中。

416

第二，亲切色彩的称呼语言。包括对中性色彩农民工称呼的美化，如最美农民工、农民工朋友等；另外也包括直接用其他更为友好的词汇替换农民工一词的称呼，如劳动者、流动花朵、城市建设者等。

第三，贬低色彩的称呼语言。这类称呼暗含对农民工群体的敌意、不友好和轻视，如打工仔、打工女、打工妹等（见表14-13、表14-14）。

---

① 臧国仁：《新闻媒体与消息来源——媒介框架与真实建构之论述》，台北三民书局1999年版，第149—152页。

表 14 - 13　2013 年 5 月至 2014 年 5 月《湖北日报》农民工报道中

农民工称呼属性统计　　　　　　　　　　　　　　单位：篇

	中性称呼	亲切性称呼	贬低性称呼
数量	183	12	0
所占比例（%）	93.8	6.2	0

表 14 - 14　2013 年 5 月至 2014 年 5 月《楚天都市报》农民工报道中

农民工称呼属性统计　　　　　　　　　　　　　　单位：篇

	中性称呼	亲切性称呼	贬低性称呼
数量	188	20	12
所占比例（%）	85.4	9.1	5.5

如表 14 - 13、表 14 - 14 所示，通过对两报的分析可以看出，在农民工的称呼上，绝大多数报道都采用中性称呼，甚少使用贬低性称呼。特别是《湖北日报》，基本不使用贬低性词语来形容农民工群体或个体，在称呼用语上非常谨慎小心。而《楚天都市报》使用的贬低性称呼数量也不多，大多数是和农民工的负面报道相匹配。而在亲切性称呼的使用上，两报都一样，大多是与农民工的正面报道挂钩。

（二）叙事框架分析

在叙事方式上，《湖北日报》与《楚天都市报》呈现出很大的不同。

1. 《湖北日报》的叙事方式

首先，总体追求四平八稳，叙事方式严谨，遣词造句偏向正规化。通过前文的种种分析，可以得知《湖北日报》的多数与农民工相关的报道，其主体是以政府为主，其中还包含大量的政策阐述、地方模式推广等内容，这就使得其组织语言更偏向稳妥、正规化。从对《湖北日报》的抽样文本中没有发现对农民工的贬低性称呼这一现象也可以看出这一点。

其次，在进行民生类的新闻报道时，善于利用叙事中的情景构建。《湖北日报》在突出典型的新闻报道中，喜欢直接引用当事人的话语来构建事件场景，引出下文再开始做事件始末的叙述。比如 2014 年 1 月 7 日的《保康拘留 3 名恶意欠薪包工头——帮 169 名农民工讨回 650 余万元血汗钱》报道，开头就直接引用了农民工的原话："谢谢警察同志，要不是你们帮忙讨薪，我们这些农民工都不晓得怎么过年。"以此先在读者脑海里构建出一副农民

417

工面对面感谢警察的画面，再展开全文，叙述此新闻事件的来龙去脉。

2. 《楚天都市报》的叙事方式

《楚天都市报》的农民工报道整体而言更接近民生新闻的叙事风格，由于政府政策类的农民工报道相对较少，使得其在叙事风格上有别于《湖北日报》的四平八稳，倾向于使用有爆发力、生动活泼的语言，鲜活生动的场景建构以及曲折的情节设置来吸引读者的注意力。这种叙事方式主要表现在以下两个方面。

第一，喜欢"说故事"，重视情节设置和细节描写，增强现场感。在2013年5月31日的《哥哥打工17年供妹上学　妹妹"出售未来"救兄命》一文中，《楚天都市报》在综合《新民晚报》《扬州晚报》的报道后，以"说故事"的方式对此事件进行了新闻报道，中间还穿插了大量的细节描写，如"饭菜实在太差了——一碟咸菜、一碗米饭"。在描写陆军的家时，写道"几间瓦房显得格外简陋。墙只是粗粗地粉刷过，屋子里也没什么值钱的家当"。[①] 叙事时还时常挑选能够渲染情感的话语进行侧面补充，如"陆倩说，小时候家穷，买不起零食。有一次哥哥带回来的一箱方便面，让她的整个童年都充满了香味"。[②] 同时还描写了陆倩形容自己吃哥哥买来的方便面内心是如何的感动，又是如何的舍不得吃，一天只敢吃一包，等等，这些细节描写加情感渲染，刺激了读者的同情心，深深地为这篇报道中农民工兄妹的悲苦命运而喟叹、而揪心。

第二，语言直白，贴近生活，增强叙事的语言冲击力。伴随着都市类报纸民生新闻叙事的故事化，《楚天都市报》农民工报道的叙事语言也开始尝试各种文学手法的活用，比如运用拟人、比喻等修辞手法来促使新闻报道语言流畅易读。如2014年1月28日的《来年继续跟我干　否则欠薪不结清》这一新闻，首先就是以黑心包工头的话直接作为新闻标题。该新闻的第一句话就是："这年头，还真有欠钱却把自个当大爷的。"直接用平常百姓都会使用的大白话来点题，引起读者的关注。这种叙事风格简单易懂、直截了当，其直白的形式容易拉近与读者的距离。

418

① 余彬：《哥哥打工17年供妹上学　妹妹"出售未来"救兄命》，《楚天都市报》2013年5月31日第A31版。
② 同上。

（三）视觉性非语言框架分析

视觉性非语言框架指的是新闻媒体在文字内容以外，在视觉上的设置。对于纸媒而言，主要体现在版面设置和图片运用两个方面。《湖北日报》与《楚天都市报》都没有长期设置一个专属于农民工报道的版面栏目，农民工报道是根据其主旨与内容的不同分散于各个版面之中，因此，本文着重对两报农民工报道的图片运用进行分析。

1.《湖北日报》的版面设置和图片运用

《湖北日报》的版面相较于《楚天都市报》较少，最多 16 个版面，少的时候只有 6—8 个版面。其每期的栏目设置也比较少，按照该报的惯例，前 4 版的栏目多为《要闻》《时政要闻》，一般头版为《要闻》，后 2—3 版都为《时政要闻》栏目。农民工报道出现频率最多的就分布在前 4 版之中。其版面风格如图 14 - 2 所示，基本上是模块式处理，不花哨，以文字新闻报道为主，基调简洁大方、公式化。

图 14 - 2

　　《湖北日报》农民工报道的图片运用，其基本模式如图 14 - 3 所示，主要以专门的图片新闻为主，一张图片配以少量的描述文字。可以说，《湖北日报》的版面设置和图片运用都是中规中矩。

图 14 - 3

　　2. 《楚天都市报》的版面设置和图片运用

　　《楚天都市报》的头版版面有其鲜明的特点，即突出视觉效果，如图 14 - 4 所示，这显示《楚天都市报》已经毫不犹豫地迎合了当今"读图时代"的趋势，毫不吝啬地把头版的大块面积让给了图片。后两版的重要新闻的标题按照新闻媒体认为的主次顺序，以标题字体大小的形式围绕着中心图片，力求读者在第一眼看到报纸头版的时候，就能迅速了解该期报纸大概的内容，产生阅读兴趣。这种以图为中心四周环绕标题的设置思路，已经形成一种头版设置框架，当农民工报道的图片作为当日头条时，也会以此种形式呈现出来。

图 14 – 4

在对《楚天都市报》的农民工报道样本进行统计后，发现该报采取图文报道形式的篇数达到了 65 篇，占到了样本总体的 29.5%。也就是说，将近三分之一的农民工报道是加入了视觉元素的。与《湖北日报》不同，《楚天都市报》除了纯粹的图片新闻之外，更多的农民工报道是将文字作为主体，而图片在其中起到的是佐证、解释说明、情景重现的作用。如图 14 – 5 所示，在《万元大钞埋树下　如今挖出已霉烂》这一报道中，除了使用文字对农民工将工资埋树下这一行为进行描述，同时还配有图片来佐证这一新闻报道的真实性。这样的图片配置除了强化视觉的作用外，还起到了解释说明新闻，传递准确性信息的功能作用。

421

图 14 – 5

综上所述，《楚天都市报》在版面设置和图片运用方面，已经建立了
自己的视觉性非语言框架。这种框架也作用于农民工报道，以增强视觉的
冲击力和事实的说服力。

四 框架理论下农民工报道个案研究

本文对《湖北日报》和《楚天都市报》的整个农民工报道新闻框架的
分析，是从两个方面进行的——新闻选择框架与新闻重组框架。在分析具
体的农民工个案时，本文将把梵·迪克的"话语分析法"和臧国仁的"三
层次框架"理论相结合，将两者的内容归纳成9个部分。（1）标题：新闻

报道的题目，对文本内容有一定概括性，同时可对报道主题进行概括。
（2）主要事件：新闻中的主要事件内容，包括角色、行动和情节。（3）消息来源：新闻从而哪儿来的，指新闻中所引述的内容来自哪些机构或人物。（4）原因：对事件发生前因后果的推论。（5）背景情况：不一定与主要事件紧密联系，但有间接关系的背景。（6）结果：事件引起的后果，直接结果和因其所产生的间接影响都算入其中。（7）口头评论：对事件的评论，来源包括当事人和与其无关的第三方、旁观者。（8）评估：媒体自身针对事件的评价与看法。① （9）视觉元素：报道中是否运用图片、色彩等元素。

　　为了更加全面地分析农民工报道个案，我们在此选取农民工正面报道案例与农民工负面报道案例各一篇，所选取的新闻报道都是以农民工作为活动主体，以新闻框架分析的方法，探讨其背后新闻媒体的报道态度。本文在此选取《湖北日报》2013 年 10 月 28 日的《独臂环卫工人的一天》，②《楚天都市报》2014 年 2 月 14 日的《打工妹偷老板娘的钱　求脱身咬伤人变抢劫》③ 两篇新闻报道为分析对象。

　　《湖北日报》的《独臂环卫工人的一天》一文中，呈现了一个身有残疾，为了还债进城务工的农村妇女的感人形象。文中的主人公是施绪珍，她的丈夫长期在外打工，家里还背有债款。她虽然身有残疾，但是意志坚强，靠自己的努力与坚持，在城里做清洁工。文中多次引用施绪珍自己的原话来表现她倔强坚强的性格，并在文尾引用施绪珍邻居的原话从侧面烘托她的形象。在义章的最后，记者直接用"身残志坚、爱岗敬业，这位 38 岁的普通农村妇女用她的坚强，感染了一路人"这样的一句话对施绪珍做了评价，建构出一个女性农民工的正面典型形象。

423

　　①　黄燕萍：《近年来我国媒体对农民工形象的呈现——以框架理论的观点》，硕士学位论文，广西大学，2007 年，第 9—10 页。
　　②　成熔兴：《独臂环卫工人的一天》，《湖北日报》2013 年 10 月 28 日第 4 版。
　　③　李世杰：《打工妹偷老板娘的钱　求脱身咬伤人变抢劫》，《楚天都市报》2014 年 2 月 14 日第 13 版。

表 14 – 15

框架结构的各方面	《湖北日报》 《独臂环卫工人的一天》	《楚天都市报》 《打工妹偷老板娘的钱　求脱身咬伤人变抢劫》
标题	点明了文章的主要内容和文体形式	点明事件的具体内容，强调了事件的最终结果
主题内容	独臂环卫工人施绪珍从农村来城里工作一天的生活和工作状态	一位打工女性小玲为抵住宿费而在旅店打工，后起歹心偷取旅店老板娘的钱财，老板娘追上她后撕扯中她咬伤了老板娘的手，犯案性质从偷窃变为抢劫
消息来源	农民工	江汉区检察院
原因	为了还盖新房和儿子读书所欠债款，施绪珍来到城市打工还债	生活费花完，起歹心想偷钱回家
背景情况	施绪珍的家庭背景	筹钱回家，无生活费，交代小玲的犯案背景
结果	施绪珍自食其力在城里工作一年	因暴力抗拒抓捕，犯罪嫌疑人小玲被江汉区检察院以涉嫌抢劫罪批准逮捕
口头评论	"我老说她就是个'机器人'，一天到晚都在做，为工作、为家人、为儿子，从来不见为自己。"	承办检察官表示，小玲的撬锁偷钱行为原本涉嫌盗窃，但在被石女士识破并抓住后，她为能够逃走张口将石女士左手咬伤，使犯罪性质发生了转化，已涉嫌犯下抢劫罪
评估	身残志坚、爱岗敬业，这位 38 岁的普通农村妇女用她的坚强，感染了一路人	小标题：1. 筹钱回家　贪心房客当起小偷 2. 张口咬人　打工女行窃变抢劫
视觉元素	无	有图片

　　《楚天都市报》的《打工妹偷老板娘的钱　求脱身咬伤人变抢劫》一文，以第三人称的形式报道了一个打工妹在回家前期，如何从住宿到打工再到涉嫌抢劫的过程，是一篇典型的负面报道。文中在事实描述部分并没有用当事人本人的原话（估计是并没有对当事人进行采访），主要是引用了被抢劫老板娘的原话来叙述案件细节。在口头评论部分则引用江汉区检察院承办检察官的观点，讲述了打工女的犯罪性质从偷窃转变为抢劫的主要原因。同时，在此新闻报道的小标题中，也暗含了评论意味的词汇，如"贪心""行窃变抢劫"等，但总体并不明显。此篇报道运用了图片元素，以加深读者的印象。总体来说，此篇报道的批判意味并不浓，更多是暗示对该打工女行为的惋惜之情和对社会的警示教育意味。

　　从这两篇报道来看，报道的方式都采取引用当事人原话或引用第三人原话的形式，较为客观。农民工正面报道中，作者流露出了较为强烈和明显的个人情感和主观看法。但是在负面报道中，作者的主观看法和个人情感基本不表现出来，只是以个别词汇或引用他人话语来做暗示。

由此可见，媒体在报道农民工典型人物和事例时，对正面人物的态度采用的是明确的赞赏性语言，对负面人物的态度采用的是寓惋惜贬斥于客观叙述之中，避免批判痛斥的火药味。

第三节　新闻媒体农民工报道的态度分析及改进建议

一　从对媒体从业人员的调查访谈看媒体对农民工报道的态度

在运用框架理论对农民工报道中所隐含的媒体对农民工态度的分析之后，我们再来看新闻媒体从业人员本身对农民工报道所持的态度。

（一）对媒体从业人员调查问卷的数据分析

本课题组成员随机抽样对《21世纪经济报道》《第一财经》《新京报》《南国早报》《法制报》《楚天都市报》《南方周末》《中国青年报》《京华时报》《农民日报》以及中央电视台、山东卫视、焦点访谈、经视直播、新华社、南海网等媒体的总共123位从业人员进行了《城市化视角下农民工报道问题研究》的问卷（传媒）调查，[①] 这123份调查问卷全部为有效问卷，从中我们可以了解媒体从业人员对农民工的态度。

根据《城市化视角下农民工报道问题研究》（传媒）调查问卷的数据统计，我们可以看到以下几点数据。

首先，在对农民工的总体印象方面，123位受访者中有93位选择了"中性，有好有坏"这一项，占总比例的75.6%，持消极负面印象的人数不多，只有5人，而持正面印象的有21人，占到了总比例的17.1%。

其次，对"农民工在城市化过程中发挥的作用"一项的回答中，有60人觉得非常重要，56人觉得比较重要，有7个人觉得一般，没有受访者认为农民工在城市化过程中不太重要和很不重要。因此可看出，绝大部分受访的媒体从业人员是认可农民工为城市化进程做出了贡献的。

425

----

① 调查问卷详情见附录2：《城市化视角下的农民工报道问题研究》调查问卷（传媒）。

第三，媒体从业人员在对农民工的称呼上，意见也相对集中。123 名中有 87 人认为应该称呼农民工为"进城务工人员"，占到总比例的 70.7%；其次为"农民工"，有 21 人，占 17%；"打工仔（妹）"这样略带贬低性的称呼只有 4 人选择；还有 11 人选择使用其他称呼。

第四，当遇到农民工向媒体求助时，123 名受访媒体从业人员中有 75 人表明会积极帮助农民工解决问题，35 名表示不太积极，有时应付，仅有 7 人表态不会帮助农民工。可以看出，包括不太积极但会帮助的媒体从业人员在内，89.4% 的受访者都倾向于为农民工提供帮助。

第五，对于农民工身份定位，123 名受访媒体从业人员中有 55 人认为他们是准市民，23 人认为他们仍是农民，这两项加起来占到了总比例的 63.4%，为总数的大部分。另外，有 11 人表示不清楚农民工到底是什么身份。真正觉得农民工的身份跟市民相同的只有 33 人，占总比例的 26.8%，不到三分之一。

从上述调查数据可以看到，媒体从业人员对农民工群体的印象总体趋于中性和保守，对农民工群体的态度比较和缓，并没有表现出明显的歧视，对农民工在城市化进程中的贡献，总体呈现出认可的状态，并且在农民工向媒体寻求帮助时，绝大部分倾向于伸出援手。但从前文的文本分析中可以看出，尽管媒体从业人员自身对农民工并没有歧视态度，但也多少倾向于将农民工归入社会弱势群体，特别是对农民工的身份定位，有六成以上的媒体从业人员认为农民工的身份是低于普通市民的，就算他们认同农民工为城市化进程做出了很大贡献，但仍不会将农民工群体本身视为城市的一部分、市民的一部分。这也从侧面说明了大部分媒体从业人员潜意识里是默认农民工群体就是社会底层群体、弱势群体这一观点的。

对媒体从业人员农民工报道态度的相关调查统计数据，也显示了一些媒体从业人员态度上存在的问题，主要体现在以下几个方面。

第一，媒体从业人员普遍不认为农民工是其所在媒体的目标受众。123 位受访者中有 85 位认为农民工不是其所在媒体的目标受众，比例高达 69.1%，而认为农民工是其目标受众的媒体从业人员仅 22 人，仅占 17.9%，剩下的 15 位受访者则表示不清楚。总体而言，不把农民工作为目标受众的媒体从业人员占大部分，这几乎决定了媒体在报道农民工相关新闻时不会去考虑农民工的受众接受框架。

第二，媒体从业人员对农民工的了解渠道并非以亲身接触为主。在123 位媒体从业者中，通过新闻媒介来了解农民工的比例高达 49.6%，有61 位。亲身接触来了解农民工的人数有 52 位，占 42.3%，比新闻媒介渠道还要低 7 个百分点。

第三，媒体从业人员在看待新闻媒介对农民工的形象建构问题时，意见不一。123 位受访者中，有 43 位认为新闻媒介对农民工的形象建构是反映了社会真实的，有 50 位则认为说不太准，15 位认为是丑化了农民工的形象，8 位认为拔高了农民工的形象，5 位说是其他。

第四，媒体从业人员在其所在媒介做农民工新闻的取舍标准时，选择最多的是"新闻素材本身的新闻价值"，123 人中有 72 人选择，占总比例的 58.5%。有 35 人将城市化进程中媒介应担当的社会责任作为标准，只占总比例的 28.5%。另外，有 15 人选择做"农民工"新闻的标准主要是宣传主管部门的指导。

综上几点，可以发现两个最为突出的问题：第一，新闻媒体在进行农民工报道时，对农民工这一报道主体是持忽略态度的。不认为农民工是其目标受众，就意味着做出的农民工报道是为了迎合除农民工之外的社会大众口味，这无疑体现出媒体从业人员对农民工个体、群体自尊的忽视，对其话语权的无视。第二，新闻媒体的从业人员在报道农民工时并没有主动走近农民工，深入到农民工的工作生活之中。这样就使得新闻媒体的农民工报道缺乏真实性与可靠性，对农民工的看法亦多是人云亦云，随波逐流。长此以往，新闻媒体对农民工群体的变化或者动态反映就会迟钝，新闻报道中的农民工与社会现实中的农民工的差距就会越来越大，信息的质量就会越来越低。

（二）个人采访数据分析

除了对批量的媒体从业人员进行调查问卷形式的信息搜集外，本课题组成员 2011 年 3 月 21 日还采访了较为权威、有代表性的媒体从业人员个体。我们以对《楚天都市报》社会部主任张小燕的采访内容①为例进行分

427

---

① 本课题成员的采访内容详情见附录 5：专访《楚天都市报》社会部主任张小燕。

析，其采访信息主要体现在以下几个问题上。

第一，新闻从业人员对农民工群体的态度。我们在采访中询问了张小燕对新生代农民工的基本印象，张小燕表示："他们更为年轻、时尚，与老一辈农民工相比受教育程度较高，但和整个社会层次相比还是不够高。此外，他们也是社会的弱势群体，自身权利经常得不到有效保护。虽然也有些自强不息或者十分成功的个例，但毕竟是少数。因此，农民工群体更多的是被媒体作为一种问题来研究的。"

第二，对新闻媒体凸显农民工弱势群体形象现象的看法。得到的回答是："这确实是一直以来的一个问题，总体看来，报道的出发点不是为了展示他们的弱势或者被同情，而是因为问题的存在而报道。此外，报道中还是突出一些优秀案例以平衡形象的正负面问题。不仅仅是媒体，政府官员等也遇到同样的问题，他们也很委屈，觉得提供帮助反而让别人反感于'被同情'。这不仅仅是媒体的问题，而是整个社会对他们的态度可能就是同情和当成弱势比较多一点。"

第三，对农民工觉得媒体的农民工报道不真实的看法。张小燕则认为，"个人体验和群体意见还是有区别。像农民工群体中许多人认为自己不是处于一个被同情的状态，但实际上他们的社会形象却就是如此。所以他们怎么想不能够代表社会对他们怎么看，他们的生活条件与其他的人还是有差异的，虽然他们自己不承认。对于少数农民工中做出成就的人，我们不会歧视他们，但社会结构本来就是金字塔式，大多数农民工因为自身无职业规划或能力有限导致他们还是生活在比较底层的"。

（三）对新闻媒体从业人员的态度分析

通过以上对新闻媒体从业人员的调查问卷数据和采访内容的分析，我们有几点发现：

首先，新闻媒体从业人员虽然报道农民工群体，但自身并不深入接触他们，这就导致对农民工群体的变化缺乏敏感度，不了解情况。甚至媒体与媒体之间相互影响，导致主观意识里对农民工的社会定位固化，不管新生代还是传统农民工，其社会定位就是弱势群体，这一点并不会因农民工新老交替的情况而出现变化。

其次，对新闻媒体普遍凸显农民工弱势群体形象现象，调查数据显示媒体的从业人员显然知道这种问题存在，也明白新闻媒介建构的农民工形象与实际的农民工形象存在一定偏差。在调查问卷的数据中，只有 25 人认为自己所在的媒体是真实反映了农民工形象的，有相当一部分的受访者拿不准是否真实报道了农民工。媒体从业人员在"媒介建构的农民工形象是否真实"这一项上的分歧，结合其他调查问卷的数据来看，根源于他们缺少真正与农民工的接触交流。然而即使明白有偏差存在，他们也认为这并不仅仅是媒体的态度问题，而是整个社会的态度问题。

　　第三，新闻媒体从业人员主观意识里没有将农民工作为目标受众，从受众接受框架的角度出发，新闻媒体从一开始就直接忽视了农民工的主观感受。在农民工反映对媒体的农民工新闻报道存在心理落差时，媒体的从业人员表现出并不会因为农民工自身对自身的看法而改变报道的倾向。也就是说，媒体看重的是农民工在社会大众中的形象，媒体的报道要符合大众的态度观念，认为既然社会对农民工的态度是同情和当成弱势比较多一点，那么媒体的报道自然会将其定义为弱势群体。这样，作为被报道主体——农民工群体自身的感受是可以忽略的。

二　结合文本框架分析和调查访谈看媒体对农民工报道的态度

　　通过运用框架理论对农民工报道所作的新闻文本分析，以及对媒体从业人员的调查访谈分析，我们可以总结归纳出新闻媒体对农民工报道的态度，主要体现在以下几点。

　　（一）不愿深入生活，媒体报道与农民工社会现实"脱节"

　　新闻是对新近发生事实的报道，是新近事实变动的信息。[①] 然而，通过上文的调查访谈数据，我们得知，媒体从业人员对农民工的了解渠道并非以亲身接触为主，其通过其他新闻媒介来了解农民工的比例高达四成。这就表明在农民工报道问题上，媒体从业人员并没有深入到农民工群体的实际工作生活中，对于农民工实际工作生活状况并不了解。应当看到，随着时代的变化，城市化的加速推进，农民工群体的年龄结构、知识水平、利益诉求、思想观念、情感心理都在不断发生变化。如新生代农民工的价

429

---

　　① 李良荣：《新闻学导论》，高等教育出版社 2006 年版，第 13 页。

值观念和权益诉求就不同于传统农民工，而随着我国人口红利的逐渐消失，用工环境的改变，农民工工作生活的选择空间也在不断加大。媒体如果不深入农民工群体，不和他们交朋友，就难以了解他们实际的工作生活环境以及他们的思想观念、利益诉求、情感愿望，就无法保证农民工报道的真实性，由此造成农民工报道与农民工社会现实的脱节。

（二）不顾农民工感受，媒体报道对农民工话语权"漠视"

通过对新闻媒体从业人员的调查访谈得知，受访新闻媒体从业人员主观意识里并不将农民工作为目标受众，而是将城市市民、政府官员等其他阶层作为读者群。因此媒体看重的多是农民工在社会大众中的形象，这导致媒体从一开始就忽略了被报道的农民工群体的自身感受，其对农民工报道的出发点也就自然是为了迎合城市市民的口味。比如《楚天都市报》作为都市报，其出发点更多的是社会大众的态度观念，以社会大众对农民工的定义来确定农民工的报道内容。既然社会大众认为农民工群体是弱势群体，处于社会较低层，那么新闻媒体呈现出的农民工形象就是弱势群体，至于农民工自身对自己的社会定位并不在新闻媒体的考虑范围内。《湖北日报》作为党报，其农民工报道的基本出发点就是以宣传政府机关官员的行为为主，这一点非常明显。《湖北日报》的农民工报道的新闻主体大多是以政府、公检法机关、企业单位、社会团体为主，这在无形之中就强化了农民工群体的弱势形象，成为被同情的对象。从这一点上说，无论是党报还是都市报大都没有将农民工自身的诉求作为出发点，农民工自身的话语权被有意地"漠视"。

（三）侧重报道存在的问题，媒体在农民工报道内容上"偏食"

430

新闻媒体在报道农民工群体时更倾向于报道其存在的或带来的社会问题。通过上文的分析可以看到，新闻媒体对农民工的报道最主要的内容无外乎是讨薪维权、安全事故、留守儿童等。尤其是到了年末的时候，不少新闻媒体都频繁报道农民工讨薪难、维权难的新闻。纵观本文研究的新闻样本文本，农民工群体的问题报道是主要内容。在开发与农民工群体相关的新内容时，也多是从新发现的问题着手，如"农民工临时夫妻"等，这些无一不是农民工所面临的问题或者衍生出的社会问题。而对于农民工个人及群体的其他方面，媒体则显得意兴阑珊。虽然媒体的农民工报道中有一些农民工个人的正面报道，但数量较少，无法与农民工问题报道相提并论，而能够谈及农民工的日常生活和思想情感的报道更是少之又少。长期如此，就会使得社会大众把农民工当作是一个问题多多的城市里的负面社会人群。

（四）流露对弱者的关怀，媒体报道对农民工社会地位"固化"

新闻媒体在报道农民工群体时普遍持"人文关怀"态度，报道并乐意帮助农民工解决问题。这一点是在前两点的基础上建立的，在将农民工群体定义为社会弱势群体和持续报道农民工群体面临的问题后，新闻媒体除了报道新闻事实外，许多时候还会表现出对农民工群体的关怀关爱态度。比如《楚天都市报》就曾推出过《楚天暖阳行动》《呵护留守儿童》等专题报道，并在报纸上刊登求助热线，主动为农民工联系法律援助，主动派出记者和农民工一起讨薪，主动帮助农民工联系政府等等。《湖北日报》的报道则突出各级各地政府对农民工的重视与关怀，各地方企业、社会团体以及社会公众对农民工群体或者对留守儿童、空巢老人的帮助，总体基调仍是以关怀农民工群体、关怀社会弱势阶层的感情色彩为主，由此农民工弱者的社会地位无形中被"固化"。

三　改进新闻媒体农民工报道态度的建议

通过前文的分析，我们已经总结出了新闻媒体对农民工报道的大致态度。在这些态度的诸种表现中，新闻媒体将农民工作为弱势群体，予以人文关怀的报道态度有其积极的意义。这种人文关怀性的农民工报道在反映农民工的实际生活工作状况、维护农民工权益、呼吁政府、社会、企业关注并帮助农民工等方面起到了积极作用。但是必须指出的是，新闻媒体在农民工报道的态度方面仍存在上述诸多不足。针对新闻媒体农民工报道态度上的不足，确立新闻媒体对农民工报道的正确态度，本文在此提出几点改进建议。

431

（一）以城市化为框架背景，突出农民工城市建设者形象

农民工为我国城市化建设做出了巨大贡献，城市经济的发展、市政设施的完善和市民生活的改善，无不凝聚着农民工辛勤的汗水。农民工一方面是城市建设的推动者，另一方面也是城市建设的受益者，是城市化过程

中的新市民和准市民，是城市建设和城市生活的新主人。因此，新闻媒体在报道农民工问题和构建农民工媒介形象时，应把城市化作为报道的框架背景，突出农民工对城市建设的贡献，构建农民工城市建设者形象，强化农民工的市民化元素。只有这样，才能扭转市民或社会公众对农民工的偏见，改变农民工城市边缘人的社会印象。

应当承认，农民工群体相较城市原有市民来说，无疑处于弱势地位，但我们更应该看到，这种弱势正在逐步改变，近几年的"民工荒""用工荒"已说明了农民工在城市建设中的重要作用，农民工在企业用工方面的选择权越来越大，农民工的素质已越来越高，农民工中的精英人才已越来越多，新生代农民工与城市青年市民的思想观念和消费趋向越来越趋同。因此，媒体在报道农民工时要区分种种不同的情况，即使在报道农民工的弱者形象时，既要"人文关怀"，更要"人格尊重"，不应将农民工简单化地构建为需要被帮扶、被同情的弱势群体。

（二）加强农民工的主体地位，尊重和维护农民工的话语权

从对《湖北日报》《楚天都市报》的文本框架分析来看，媒体的农民工报道的信息源和主体大多是政府、社会公众和企业，是政府、社会公众、企业如何解读农民工政策、如何看待农民工问题、如何帮扶农民工、如何解决农民工问题，而报道的对象主体农民工反倒成了客体，成了被言说、被评论的对象。这样势必会造成媒体的立场态度会随政府、社会公众、企业的立场态度的变化而变化，而媒体的独立观察、判断、评价和舆论引导会随他人而左右。

媒体要正确地对待农民工报道，真实反映农民工的生活工作状况以及农民工的情感愿望，就应该加强农民工在报道中的主体地位，尊重和维护农民工的话语权，多让农民工说话，多提供农民工与政府、企业、社会公众平等对话和交流的机会与平台，以此反映农民工的真实生活工作状况和真实心声。只有这样，媒体才能平衡多种信息源，客观公正地报道农民工问题，有效地反映和引导社会舆论。

（三）深入农民工群体，缩小农民工报道的真实性落差

在本课题组对农民工的调查采访中，多数农民工认为媒体报道的农民工工作生活状态与自身的实际工作生活状态不吻合，认为自己不是处于一

个被同情的状态，因而产生接受效果上的心理落差。显然，这种心理落差是由报道事实的真实性落差造成。

媒体要真实地反映农民工的工作生活状态以及他们的思想情感、愿望诉求，就必须深入农民工群体，同他们交朋友，与他们同吃同住同劳动，这样才能真切地感受并反映农民工的所作所为，所思所想。如果仅从社会公众或市民的角度出发，预先设定农民工的边缘弱势地位和报道框架，报道出来的农民工就必然与事实不符。这正如课题组调查中有的农民工所说："我们从来没有看见过记者，他们怎么能反映我们的实际情况？"

前文所说，在框架理论中，有三种类型的框架：媒介框架、新闻框架和受众框架。而受众框架是多种多样的，就市民和农民工群体来说，市民有市民的媒介接受框架，农民工有农民工的接受框架，如果仅从市民的接受框架来描述农民工，虽然可以刺激市民的阅读兴趣，但必然损害农民工的尊严，并遭到农民工的反感，从而产生对抗式解读。应当看到，农民工较之市民，他们是弱势群体，但较之于农村工作生活的传统农民，他们又是精英，是农民中的强势群体，农民工中有不少人的收入和生活水平已高于城市中的某些普通市民。即使是一般性的普通农民工，他们虽然工作辛苦，但他们有他们的欢乐，有他们的生活追求，有他们的人生哲学，而新生代农民工与城市青年的思想观念和工作生活追求已无大的区别。媒体如果不深入农民工群体，就不会看到这些实际情况。媒体要在态度上正确对待农民工报道，最为基础的是要尊重农民工，放下身段，深入到农民工群体中，零距离地感受体察他们的工作生活以及他们的思想情感、愿望诉求，这样报道出来的农民工才能与实际生活中的农民工相吻合，才能避免农民工阅读接受效果上的心理落差。

433

第十五章　西方弱势群体报道对我国农民工报道的启示

社会资源是稀缺有限的，有些人一生下来就缺少平等的途径得到社会所提供的有价值物，因此不可避免地出现相对弱势的群体，这是任何社会都存在的一种现象。联合国开发计划署发布的《2014 年人类发展报告》指出："数以亿计的贫困群体、边缘群体和其他弱势群体仍普遍容易受到经济冲击、侵权行为、自然灾害、疾病、冲突和环境危害的影响。如果不能采取系统的方法加以确定和消除，这些长期脆弱性便有可能影响到未来几十年内人类发展进步的可持续性。"①

这种不平等造就的弱势群体对整个社会的发展至关重要，由于弱势群体在社会发展中处于不利地位，导致他们的利益诉求得不到充分表达，使问题越积越深并最终可能引发社会的动荡不安。因此，《2014 年人类发展报告》指出："国家需要特别关注这些弱势群体，并采取适当的干预措施保障他们的权益。首先需要贫困和边缘群体在决策时充分表达自己的诉求，并且当权益受到侵犯或遭到歧视时有机会求救。"②

大众媒介作为社会的传声筒，是弱势群体表达自身诉求的一个重要渠道。大众媒介对弱势群体进行报道，可以反映弱势群体生存的现状、面临的困难、存在的问题、利益的需求以及情感愿望，还可以反映国家、社

---

① 联合国开发计划署：《2014 年人类发展报告》，联合国开发计划署中国官网，2014 年 7 月 24 日，http://www.un.org/zh/development/hdr/2014/pdf/overview.pdf，浏览日期：2015 年 10 月 13 日。

② 同上。

会、媒体自身对于这一群体的关注程度、基本立场、情感态度。农民工是我国城市化进程中的一个典型的弱势群体，我国新闻媒体自农民工出现以来，就给予了其持续的关注和多方报道，推动了农民工政策的不断完善和农民工城市工作生活环境的改善。不过我们也要看到，我国新闻媒体的农民工报道在取得成绩的同时，也还存在不少问题。如何克服这些问题，进一步完善农民工报道，是我国新闻业界和学界必须正视的课题。因此，研究西方新闻媒体有关弱势群体的报道，对改进我国农民工报道不失为一条重要的途径。

目前，研究西方媒体有关弱势群体报道的专门著作和论文甚少，新闻传播领域的中西对比多局限在新闻传播史、传播观念、新闻体制、传播效果、新闻教育等方面的异同比较上，对新闻实践方面的比较研究较少。因此研究西方媒体有关弱势群体的报道，可以发现中西方新闻业务操作上的异同、观念上的差别，可以为我国媒体在报道农民工等弱势群体时，提供一些有价值的参考和值得借鉴的经验。

第一节　西方弱势群体报道概况与本章研究内容

一　"弱势群体"界定

（一）西方对弱势群体的界定及相近概念

中文的"弱势群体"，在英文中被译为 Vulnerable groups，在英语的表达中，还有其他几种译法，其意思相近，但又有不同的侧重点，如 Disadvantaged groups（劣势群体）、Excluded groups（边缘群体）、Underclass（底层阶级）。

435

Vulnerable groups（弱势群体），主要是指丧失了劳动能力，无法获得满足基本生活所需的经济来源，成为比较脆弱和易受伤害的群体，因此他们需要获得政府和社会的保护、帮助和服务。[1]

在西方社会的语义中，弱势群体侧重于从能力的角度进行界定，西方

---

[1]　Smith E. A, *Social Welfare: Principles and Concepts*, New York: Association Press, 1965, p. 116.

学者认为的弱势群体，主要是指生理上的相对弱势，因为身体健康方面的缺陷和障碍，其参与劳动市场竞争的能力和社会生活的能力也相应下降，比如残疾人、病患者、儿童、高龄老年人。

Disadvantaged groups（劣势群体）则是相对于普通民众的正常生活状况而言，这一群体因为社会结构的不合理和社会的不平等现象，造成其生活状况处于劣势地位。①

在西方国家的有关文献中，"劣势"（disadvantaged）与"弱势"（vulnerable）一样经常出现。"劣势"的对应词是"优势"（advantaged），不同于弱势群体因生理原因造成的能力上的相对弱势，劣势群体则是因为社会结构和社会制度不合理，造成他们在社会生活的各个领域长期普遍地处于一种不利地位。西方学者认为，身份地位、社会阶层、年龄、性别、教育程度、宗教信仰、种族、民族和肤色、地理区域等可能是导致劣势的因素。②

Underclass（底层阶级）是根据社会分层现象提出的一个概念，1961年，社会学家奥斯卡·刘易斯（Oscar Lewis）在《桑且和他的孩子们》中对贫民窟中一个墨西哥女性户主家庭进行研究，作者第一次使用"underclass"，并使之成为一个相对独立的群体研究。③

著名的社会学家马克斯·韦伯曾提出社会分层的三个衡量标准：财富和收入、权力、声望。④ 根据此判断标准来衡量，底层阶级主要由社会中远离财富、权力和声望的人构成，他们受教育程度低、缺乏谋生技能、失业率高、生活长期得不到保障、没有足够的社会资源改善生存状况。在内在含义上，底层阶级和劣势群体都是从社会地位的角度来衡量的，意义相近。

Excluded groups（边缘群体）是指相对于主流人群在经济结构、政治观念、宗教信仰、文化基础等方面有较大差异而难以被主流社会接纳的人群。"边缘"相对于"主流"，是从受重视程度的角度来界定的一个概念，

436

---

① Spicker, P., *Social Policy: Themes and Approaches*, London: Prentice Hall, 1995, p. 26.

② Brown, and Phillip, *Social Change and Economic Disadvantage in Britain*, Oxford University Press, 1991.

③ 胡兵：《底层抗争与基层治理——当代中国乡村社会秩序研究》，博士学位论文，华东理工大学，2013年，第57页。

④ ［美］戴维·波普诺：《社会学》（第11版），李强等译，中国人民大学出版社2007年版，第264页。

在一定程度上，弱势群体、底层阶级经常也会成为边缘群体的一部分，但边缘群体并不局限于能力的弱势和地位的劣势。

本章研究所指的弱势群体，主要是社会性弱势群体，也就是英文中的Disadvantaged groups，因社会原因所导致的处于不利地位的群体，比如劳工、穷人、移民、少数族群、黑人、失业者。

（二）我国学者对弱势群体的界定

2002 年，"弱势群体"首次出现在《政府工作报告》中，报告中提到"对弱势群体给予特殊的就业援助"，表明政府对弱势群体的高度重视，由此媒体也加强了对弱势群体的关注。

但是，"弱势群体"究竟包含了哪些人群？如何界定"弱势群体"？国内学界并没有形成统一的看法，学者们从不同的角度来阐述"弱势群体"这一概念。

从个人能力角度说，弱势群体主要指因自身的能力导致其处于弱势的群体。郑杭生、李迎生认为："弱势群体是指那些依靠自身的力量或能力无法保持个人和其家庭成员最基本的生活水准，需要国家和社会给予支持和帮助的社会群体。"[1]

从经济条件角度说，弱势群体主要是社会生活中的贫困人群。董辅礽认为："城市弱势群体就是在城市中那些被排除在社会经济发展进程之外，不能享受到社会经济发展的成果，生活处于困境的人。"[2]

从群体构成角度说，孙立平认为："弱势群体主要由二部分构成：贫困的农民、进入城市的农民工、城市中以下岗失业者为主体的贫困阶层。"[3]

从综合性的角度说，弱势群体指在社会经济地位方面处于相对弱势的群体。孙迪亮认为："弱势群体是指由于某些障碍及缺乏经济、政治、社会机会而被排除在社会进程发展之外，不能充分享受到社会经济发展的成果，在社会上处于不利地位的人群，包括生理性弱势群体和社会性弱

437

---

① 郑杭生、李迎生：《全面建设小康社会与弱势群体的社会救助》，《中国人民大学学报》2003 年第 1 期。

② 董辅礽：《城市弱势群体的成因》，《中国党政干部论坛》2002 年第 4 期。

③ 孙立平：《断裂：20 世纪 90 年代以来的中国社会》，社会科学文献出版社 2003 年版，第 64 页。

势群体。"① 薛晓明认为："弱势群体是指在物质生活条件方面、权力和权利方面、社会声望方面、竞争能力方面以及发展机会方面处于弱势地位的群体。"②

本章的研究目的，是参照西方媒体有关弱势群体的报道，为我国媒体的农民工报道提供参考和借鉴，因此我们主要参照薛晓明对弱势群体概念的综合性界定。

二 西方弱势群体报道概况

20 世纪 60—70 年代以来，西方学者便关注到了传媒和弱势群体的关系，研究表明：弱势群体（劳工、移民、穷人、少数族群）是被主流新闻媒体边缘化的。主流新闻媒体所代表的往往是强势群体的意见和声音，弱势群体的自我表达和利益诉求则被忽略和淹没；由于弱势群体所处的不利社会地位，他们缺乏渠道和机会来利用大众传媒发出自己的声音；主流媒体所描述的弱势群体也逐渐标签化、片面化，使得社会对弱势群体形成了不正确的刻板印象，进一步阻碍了弱势群体的利益实现，成为"马太效应"中的牺牲品。

那么，新闻传媒是如何报道弱势群体的？西方学者从以下几个方面进行了研究。

（一）弱势群体在大众传媒上的显著度

大众传媒在社会发展历程中发挥着重要作用，是人们获取对周围世界认知的主要信息来源，大众传媒虽然无法决定人们怎样想，却可以通过议程设置决定人们想什么。因此，大众传媒在无形中建构并影响着舆论议程、政策议程，引导社会关注哪些问题、看到哪些群体，因而新闻报道中占据显著位置的问题最受人们重视，容易得到迅速的解决，被关注的群体也能够在此中间获得利益。就弱势群体来说，社会对其的关注度，可以通过其在主流媒体报道中的显著度反映出来。

20 世纪 60 年代，有学者研究新闻媒体对"种族危机"的报道情况，

438

---

① 孙迪亮：《社会转型期城市弱势群体的特征、成因及扶助》，《理论研究》2003 年第 1 期。
② 薛晓明：《转型时期的弱势群体问题》，中国经济出版社 2005 年版，第 13 页。

发现大众传媒往往忽视黑人所面临的最重要的问题——社会对黑人的种族隔离和歧视以及黑人在教育、住房、医疗等基本权利方面缺乏基本保障。[①]在新闻媒体对劳工报道的研究中发现了同样的问题，在主流媒体的报道里，工人阶级和劳工事务的报道数量极少，媒体更关注社会经济地位高的群体和能够产生戏剧性效果的新闻事件，而处于经济社会底层的劳工很少受到媒体的报道，因此关系到劳工核心利益的工作安全和收入等情况，人们很少能够通过大众传媒了解到。[②] 即使穷人在社会中的比重数量不容忽视，贫穷是社会所面临的重要问题，但有关穷人和贫穷问题的报道却非常少，穷人被排斥在了主流媒体之外。[③]

研究发现，大众传媒通过有选择地报道，将弱势群体排除在主流媒体关注度之外，间接传达了一种"这类问题不重要"的否定信号，使得弱势群体的生存现状得不到关注，其利益需求无处可诉。

但是，这种情况自 20 世纪 80 年代以来得到了一定程度的改善。普利策新闻奖作为西方新闻界的最高荣誉，开始将奖项颁给采用"底层阶级"报道视角反映社会现实问题的新闻作品。比如《土地上的生活：一个美国农场家庭》，获得了 1986 年的特稿奖，它通过农场工人的视角，描写农场主人四季的生活和工作以及他的担忧、迷茫、不满和无奈，揭示了 20 世纪晚期美国农业现代化过程中农业危机对底层穷人所产生的影响和冲击。[④]

随着西方媒体对弱势群体的报道和关注，公众对弱势群体所面临的问题和存在的困难有了更多的了解，构建起了对于弱势群体的基本认知。

（二）弱势群体报道的视角

除了研究媒体中弱势群体的报道数量来发现这一群体的受关注程度外，

---

① Fisher, P. L. and Lowenstein, R. L. （eds）, *Race and the News Media*, New York：Praeger, 1967；Lyle, J. （ed）, *The Black American and the Press*, Los Angeles：Ward Ritchie, 1968.

② Rollings, J., "Mass communications and the American worker. In Mosco", *Ables Publishing Corporation*, Vol. 1, 1983；Vincent and J. wasko （eds.）, "The Critical Communincation Review", *Ables Publishing Corporation*, Vol. 1, 1983.

③ Iyengar, S., "Framing Responsibility for Political Issues：The Case of Poverty", *Political Behabivor*, Vol. 12, No. 1, 1990, pp. 19－40；Entman, R. M., "Television, Democratic Theory and the Visual Construction of Political Sociology", *Political Sociology*, Vol. 7, No. 3, 1995, pp. 139－160.

④ 郑素侠：《西方媒体与弱势群体的利益表达：经验与启示》，《河南社会科学》2011 年第 6 期。

西方学者还具体分析了大众传媒从哪一个角度进行弱势群体的报道。

在关于种族新闻的研究中，美国早期的新闻媒体在报道中多采取"白人视角"，经常将黑人"犯罪化"。① 这种描述常常表现出这类群体对于社会秩序的威胁，使得人们对其形成负面的刻板印象，产生抵触和反感。随着黑人反抗社会运动的影响力逐渐扩大，20 世纪后期的美国媒体对种族关系的新闻报道开始发生变化：黑人报道的数量增多，且报道的关注点不再局限于冲突和暴力，加强了对黑人日常社区生活的报道，更加注意对黑人的抗议行为的背景介绍和原因分析。②

同时，研究也发现，虽然报道上的这种变化改善了黑人的社会形象和在社会中的受关注度，但是并没有根本动摇报纸、电视等大众媒体所采用的"白人议程"。少数族群依然被视为社会的问题所在，符合主流社会所塑造的刻板印象的事件更容易得到报道，媒体并没有真正地站在弱势群体的角度诉说他们的需求并有效地维护他们的根本利益。③

（三）弱势群体报道对读者的影响

美国的传播学研究以经验学派为代表，注重实用主义的研究目的，因此传播效果研究是其关注的核心和焦点。西方有关弱势群体的报道究竟会对读者造成怎样的影响，被传播学者所关注。

恩特曼（Entman）的研究发现，新闻报道描述弱势群体所遭受的歧视问题、缺乏社会保障的问题、面临的健康问题等内容，在引起部分读者的关注和同情的同时，也能引发另一部分读者的仇恨和憎恶。因为媒体在报道时不可避免地涉及对贫穷解决办法的讨论，其中有些提议或者举措有可能会损害社会经济地位高的强势群体的利益，这便会引发强势群体对弱势群体的不满和敌对情绪。④ 因此媒体在报道弱势群体的过程中，把握好不

---

① Fisher, P. L. and Lowenstein, R. L. （eds）, *Race and the News Media*, New York：Praeger, 1967.

② 李艳红：《欧美传播研究视野中的新闻传媒与弱势社群》，《新闻与传播研究》2005 年第 11 期。

③ Wilson. C. C and Gutierrez, F., *Minorities and the Media*, Beverly Hills, CA and London：Sage Publications, 1985；Martindale, C. *The White Press and Black American*, NY：Greenwood Press, 1986.

④ Entman, R. M., "Television, Democratic Theory and the Visual Construction of Poverty", *Political Sociology*, Vol. 7, 1995, pp. 139 - 160.

同群体利益冲突的平衡点，既声张公平正义，又促进社会各阶层、各群体的沟通理解与和睦共处，是对媒体的新闻选择和意见提供的社会责任的考验。

三　样本的选取与研究的内容

（一）样本的选取

为了具体地了解西方主流媒体对弱势群体的报道情况，本章选取美国的《华尔街日报》为样本，以内容分析法为主要研究方法，以《华尔街日报》2015 年 2—4 月期间对弱势群体的报道为研究对象，探究西方媒体对弱势群体报道的内容和特点。

《华尔街日报》（*The Wall Street Journal*）是一家以财经报道为特色的综合性报纸，在国际上具有广泛影响力，日发行量达 200 万份。《华尔街日报》除了本地版外，同时出版了欧洲版、亚洲版、网络版。[①] 本文选取的是《华尔街日报》亚洲版，它以亚洲读者为主要对象，报道亚太地区、美、欧各国的政治、经济动态与时事新闻，报道内容与亚洲读者更具有接近性。选此为样本，可以在低文化障碍的情况下，更加清晰地看出西方媒体的编辑方针是如何影响新闻报道的，可以在一份具有国际影响力的报纸中，更加明确地看出西方媒体对弱势群体的关注程度。

本文的样本采集是通过 Press Display 数据库进行的，这是全世界最大的数字报纸在线服务平台，拥有来自 95 个国家，以 54 种语言编写的 2100 余种报纸，可以回溯 90 天内的报纸全文，并且能够进行全义检索。本文选取的样本是 2015 年 2 月、3 月、4 月期间出版发行的《华尔街日报》亚洲版的所有报纸文本，总共 61 期，其中 2 月 18 期、3 月 22 期、4 月 21 期。《华尔街日报》每周一到周五出版，每期平均 30 版。

441

（二）研究的内容

根据本文的研究目的和需求，本次内容分析的类目主要有报道的对象、报道的题材、报道的体裁、报道的来源、图片的运用。

报道的对象：样本中弱势群体报道描述的对象是哪类人群。弱势群体可以

---

① 李骏：《〈华尔街日报〉的多元制胜之策》，《传媒评论》2014 年第 3 期。

分为生理性弱势群体，包括残疾人（The disabled）、病患者（Patient）、儿童（Children）、老年人（The old）等；社会性弱势群体，包括劳工（Worker）、穷人（The poor）、移民（Immigrant）、少数族群（minorities）、失业者（Unemployed）等。本文以这些群体的英文表达为检索关键词，进行全文检索。

报道的题材：样本中弱势群体报道反映了哪些方面的问题。主要从生活条件、就业情状、教育培训、健康问题、社会排斥、社会保障、违法犯罪、成就贡献等几个方面进行分类。

报道的体裁：样本中弱势群体报道的文体类型，包括消息、特稿、评论、其他等。

报道的来源：样本中弱势群体报道所显示的信息来源。包括来源于政府机构或政府官员、专家或专业人士、社会组织或组织成员、一般群众、未交待或不可辨识等。

图片的运用：样本中弱势群体报道是否使用了新闻配图或插图。包括配有新闻照片、资料图片、图表、没有配图等形式。

第二节 《华尔街日报》弱势群体报道的抽样分析

一 报道的对象

报道对象一般为新闻事件的当事人。媒体对哪一类对象报道最多，往往能够体现出对哪类群体最为关注。通过对 2015 年 2 月、3 月、4 月的报纸进行关键词检索，发现《华尔街日报》最为关注老年人的话题，有 569 篇相关报道。其次是关于劳工、儿童、穷人的报道，关于失业者和残疾人的报道数量较少。

（一）生理性弱势群体

生理性弱势群体主要指因为生理原因导致劳动能力不足、生活困难的人，比如残疾人、病患者、儿童、老人等。[①]

我们对《华尔街日报》进行数据统计，发现在对生理性弱势群体的报

442

---

① 余小为：《在涉诉弱势群体执行案件中引入行政救助机制的研究》，硕士学位论文，中南民族大学，2010 年，第 6—7 页。

道上，编辑部对高龄老年人最为关注，达 569 篇，占报道总量的 64.2%；其次是有关儿童的报道，有 194 篇，占报道总量的 21.9%；对病患者的报道有 113 篇，占报道总量的 12.7%；数量最少的是残疾人报道，只有 11 篇，占报道总量的 1.2%（见表 15-1）。

表 15-1　2015 年 2 月—4 月《华尔街日报》对生理性弱势群体的报道　单位：篇

报道对象	英文关键词	2 月	3 月	4 月	总量	比例（%）
残疾人	The disabled	2	3	6	11	1.2
病患者	Patient	21	54	38	113	12.7
儿童	Children	56	74	64	194	21.9
老年人	The old	151	220	198	569	64.2

（二）社会性弱势群体

社会性弱势群体主要指由于社会不平等、社会结构不合理等问题，导致处于不利地位的社会群体，比如劳工、穷人、移民、少数族群、失业者。如我国的农民工群体就主要属于社会性弱势群体。

表 15-2　2015 年 2 月—4 月《华尔街日报》对社会性弱势群体的报道　单位：篇

报道对象	英文关键词	2 月	3 月	4 月	总量	比例（%）
劳工	Worker	87	94	110	291	48.7
穷人	The poor	45	64	55	164	27.4
移民群体	Immigrant groups	3	7	5	15	2.5
少数族群	minorities	23	36	38	110	18.4
失业者	Unemployed	7	3	8	18	3.0

对《华尔街日报》进行数据统计（见表 15-2），在社会性弱势群体报道中，编辑部最为关注的是劳工，有 291 篇，占报道总量的 48.7%；其次是贫困者，有 164 篇，占报道总量的 27.4%；再次是少数族群，有 110 篇，占报道总量的 18.4%；数量最少的是失业者和移民群体，分别为 18 篇和 15 篇，仅占 3.0% 和 2.5%。

二　报道的题材

议程设置理论表明，虽然大众传媒不能够决定人们对某件事的具体看法和意见，但却可以通过安排相关议题来提供有关的信息，通过改变人们接受到的内容来左右人们的意见，受众的重视程度与大众传媒对事实和意见的报道数量和频度成正比。因此，考察《华尔街日报》对弱势群体相关题材的报道频度，可以看出西方媒体对弱势群体进行报道的议题结构以及社会公众对弱势群体关注的重点内容。

本文将《华尔街日报》的报道题材即议题分为以下几个类别：①生活条件（living condition）；②就业情状（employment situation）；③教育培训（educational training）；④健康问题（Health problems）；⑤社会排斥（Social exclusion）；⑥社会保障（Social insurance）；⑦违法犯罪（Illegal crime）；⑧成就贡献（contribution）等。

通过 Press Display 数据库中的高级检索功能，我们设定报纸为 *The Wall Street Journal Asia*，时间跨度为 2015 年 2 月 1 日—2015 年 4 月 30 日，输入题材类别的英文关键词进行检索统计，发现在弱势群体的报道中，关注最多的是弱势群体的生活条件，有 960 篇，占报道总量的 32%；其次是弱势群体的社会保障，有 778 篇，占报道总量的 26%；对弱势群体就业情况的报道有 351 篇，占报道总量的 12%；对弱势群体教育培训的报道有 271 篇，占报道总量的 9%；对弱势群体健康问题的报道有 189 篇，占报道总量的 6%；对弱势群体社会排斥问题的报道有 32 篇，占报道总量的 1%；对弱势群体的贡献和成就的报道有 265 篇，占报道总量的 10%；对弱势群体违法犯罪行为的报道，有 118 篇，占报道总量的 4%（见图 15 - 1）。

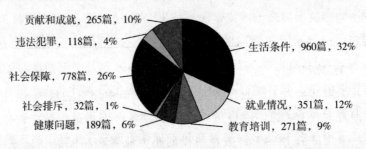

图15 - 1　2015 年 2—4 月《华尔街日报》（亚洲版）的报道题材统计

（一）对弱势群体生活条件的报道

对与弱势群体切身利益密切相关的衣食住行等生活条件，《华尔街日报》给予了最高的关注，报道量最大，这是媒体人文关怀的一种体现。而在生活条件的报道中，报道量最多的是住房问题，占生活条件类报道的63.8%，说明住房问题是人们生活条件中最为突出的问题。例如"U. S. Housing Rally Leaves Poor Neighborhoods Behind"（《美国聚集式房屋背后的贫困者》），讲述了美国贫困社区的人们购房压力巨大，他们因为房屋条件太差无法抵押贷款，从而更加无力购房改善生活状况，贫困状况难以改善。

表 15 - 3　　　　2015 年 2—4 月《华尔街日报》对生活条件的报道　　　单位：篇

报道题材	英文关键词	2 月	3 月	4 月	总量	比例（%）
住房问题	Housing problem	172	220	186	578	63.8
社区服务	Community services	60	52	55	167	18.4
饮食质量	Diet quality	7	4	10	21	2.3
婚恋家庭	Marriage and family life	10	10	11	31	3.4
休闲娱乐	Entertainment	40	38	31	109	12.1

从表 15 - 3 可以看出，西方比较注重社区服务的质量，《华尔街日报》对社区服务的报道有 167 篇，占到了 18.4%，例如 "Obama's Climate Plan and Poverty"（《奥巴马的气候计划和贫困》）中提到，美国环保署通过推行新的排炭政策进行资源的重新分配，格外关注低收入社区、有色人种社区和土著社区，通过各种措施尽量减少对贫困人口的伤害，保证他们的生活质量不下降。对饮食质量等问题的报道，共 21 篇，占 2.3%。如 "The Diet That Might Cut Alzheimer's Risk"（《饮食会降低老年痴呆症的风险》），该报道称目前美国约有 5100 万名美国人患有阿尔茨海默氏症，到 2025 年预计人数会增长到 7100 万，目前科学家正在研究如何科学搭配饮食来延缓认知衰退或防止老年痴呆症，通过提高饮食质量来降低该病患者的数量。对弱势群体婚恋家庭的报道有 31 篇，占 3.4%。如 "Scenes From Gay Marriage"（《同性恋婚姻的场景》），讲述了美国同性恋群体的社会生活和法律维护中遇到的困难，反映了这个社会弱势群体在争取婚姻合法化过程中取得的进步和遇到的困惑。有关弱势群体休闲娱乐的报道有 109 篇，占 12.1%，例如，"Parents book trips to spend time with only one child; What about a little sister left at home?"（《父母预定的旅行只能带其中一个孩子，剩下小妹妹在家如何?》）中，探讨了普通工人家庭的多子女父母由于时

间和金钱等原因，旅行时只能带其中一个孩子时，如何让所有孩子的假期都能够更加和谐多彩地度过。

（二）对弱势群体就业情况的报道

弱势群体的劳动能力和就业能力不足，导致其在市场竞争中处于不利地位，他们占有的社会资源较少、地位低下，因此常常导致经济上的贫困。一份良好的职业收入，是弱势群体改善贫困的主要途径。媒体应该注重弱势群体的就业情状，提供相应的就业信息和就业指导，以帮助弱势群体有效地参与劳动力市场，改善其生存状况。

表 15 - 4　　　2015 年 2—4 月《华尔街日报》对就业情况的报道　　单位：篇

报道题材	英文关键词	2 月	3 月	4 月	总量	比例（%）
就业信息	Employment status	28	49	33	110	31.3
就业指导	Vocational counsel	0	0	3	3	0.9
工资待遇	Wage and treatment	56	55	52	163	46.4
权利维护	Safeguard legal rights	37	38	30	75	21.4

如表 15 - 4 所示，《华尔街日报》对弱势群体的就业情况是比较关注的，从内容上可以分为就业信息、就业指导、工资待遇、权利维护四个方面。弱势群体就业过程中对工资待遇是最为看重的，这在报道中占了最大的比重，占比 46.4%。如 "America's Workers Ask：Where's My Pay Increase?"（《美国工人的困惑：我增加的薪水去哪了?》）便指出了与工人们切身利益密切相关的问题：在今年的第一季度，美国工人的工资和薪水上涨了大约 2.6%，这是自 2008 年以来的最大涨幅，但是因为通货膨胀的影响，原本工人们的年度工资能够增长 4% 或者更多，实际能够得到的收益不到 3%，这中间减少的收益对于劳工的影响是明显的，剔除通货膨胀因素，2013 年蓝领的工资水平仅比 1988 年高了 0.3%。其次是就业信息的报道，共 110 篇，占比 31.3%。如 "Job Hunting" 推荐了一个雅加达市的招聘会。再次为弱势群体权利维护报道有 75 篇，占比 21.4%。如 "Xi Turns Back Clock on Women's Rights"（《习近平再度重视妇女的主权维护》）讲到了女性群体在世界上受到的歧视、暴力等不公平待遇，本次习近平准备参加纽约的妇女论坛表明中国对于妇女权益的重视。数量最少的是对弱势群体的就业指导，仅有 3 篇，占比 0.9%。

（三）对弱势群体教育培训的报道

教育培训关乎弱势群体劳动能力的提升，可以帮助其弥补自身的不足，提高自身素质，从而获得更多的就业机会和劳动报酬，提升整个社会的劳动力水平。大众传媒具有信息传播的功能，有责任提供教育和培训的相关信息满足弱势群体的需求。

表 15 – 5　　　　2015 年 2—4 月《华尔街日报》对教育培训的报道　　单位：篇

报道题材	英文关键词	2 月	3 月	4 月	总量	比例（%）
职业培训	Vacantional training	88	79	81	248	91.5
受教育机会	Educational opportunity	7	9	7	23	8.5

我们对《华尔街日报》的数据进行统计（见表 15 – 5），发现教育培训报道中的大部分是有关职业培训的信息，共 248 篇，比例高达 91.5%，例如 "Training for a Sailor's Dream Getting in Shape for A Round-the-world Race"（《培养一名水手在环球比赛中得奖的梦想》），讲述了一支由 14 名妇女组成的赛艇团队，为了备战沃尔沃环球帆船赛，进行各种艰辛的专业训练，以求能够更加专业有效地赢得比赛。这说明西方媒体对弱势群体劳动能力的提升是相当关注的，在弱势群体职业培训的信息传递上不遗余力。相较之下，对提升劳动素质的另一途径——学校教育的关注度不够，仅 23 篇，占比 8.5%。

（四）对弱势群体健康状况的报道

弱势群体中有的是因为年龄或者疾病等生理上的原因变得脆弱，他们的身体健康状况不佳，而由失业、受排斥等社会问题导致的弱势群体中，大部分都背负着巨大的心理压力，产生焦虑、烦躁、绝望等消极情绪。因此，对于弱势群体的身体健康和心理压力，媒体应该给予足够的重视，进行客观真实的报道，推动社会医疗制度的健全和完善。

447

表 15 – 6　　　　2015 年 2—4 月《华尔街日报》对健康问题的报道　　单位：篇

报道题材	英文关键词	2 月	3 月	4 月	总量	比例（%）
身体健康	Physical condition	15	22	24	61	32.3
心理压力	Mental stress	35	51	42	128	67.7

从表 15 – 6 可以看出，《华尔街日报》对弱势群体的生理健康状况十分

重视,有 61 篇,占比 32.3%。例如, "Adolescents' Drinking Takes Lasting Toll on Memory"(《青少年饮酒对记忆的影响是持久的》),以饮酒对青少年记忆力损害的相关知识与案例来告诫青少年对饮酒与健康关系问题的重视。

另外,《华尔街日报》对弱势群体的心理问题高度重视,有关弱势群体心理压力的报道有 128 篇,占比 67.7%。例如, "How to Stop Procrastinating"(《如何停止拖延症发作》)一文指出,拖延症属于心理健康问题,习惯拖延的人群中患有抑郁、焦虑等心理问题的占据大多数;此外患有心脏病、高血压等慢性生理疾病的人也常常因为拖延而回避更健康的治疗方式,导致病情加重。该报道不仅揭示了拖延症的产生原因,阐述了拖延症的可怕后果,还介绍了为有效克制拖延症进行的一系列实验,以此探讨如何缓解社会心理压力,保障人们的身心健康等问题。

(五)对弱势群体社会排斥问题的报道

社会竞争能力不足、社会结构不平等、社会政策不平衡等原因,导致弱势群体在物质生活条件、享受权力和权利、社会声望以及发展机会等方面处在被社会排斥的地位,这种被社会的排斥又导致其更大的劣势和社会融入的困难。目前,大众传媒上常见的社会排斥现象主要体现在对弱势群体的刻板印象、偏见歧视(表 15-7)。

表 15-7   2015 年 2—4 月《华尔街日报》对社会排斥问题的报道   单位:篇

报道题材	英文关键词	2 月	3 月	4 月	总量	比例(%)
刻板印象	stereotyped image	6	5	7	18	56.2
歧视问题	discriminatio	2	6	6	14	43.8

448

人们对弱势群体的刻板印象是无能、贫困、素质低下等负面感受,这种偏见往往会引发社会歧视从而发展成为社会排斥。因此,大众传媒有责任通过建构真实的弱势群体形象,正确地引导社会舆论来促进社会融合,减少社会排斥。

从表 15-7 可以看出,《华尔街日报》在报道社会排斥现象时并不回避问题,而是尽量全面客观地展现弱势群体的困境,有关刻板印象的报道有 18 篇,占比 56.2%,有关歧视问题的报道有 14 篇,占比 43.8%。例如,美国是个移民国家,社会构成复杂,对少数族裔、黑人等弱势群体的歧视问题相当普遍,《华尔街日报》的一篇报道 "Do Two Half-Victims Make a Whole

Case?"（《两个受损一半的受害者可以组成全部的证据?》）中说，"The feds then claim discrimination in interest rates if the people they assume are minorities on average pay more than similar borrowers that the feds assume are white.（联邦调查局声称：如果人们说自己是少数种族的借款人，那么他受歧视的概率比那些说自己是白人的同等借款人的概率要高)"，反映出美国银行和消费者金融保护局等社会机构以种族来划分服务对象，不同种族（如白人、黑人、亚洲人或任何其他种族类别的成员）分别受到不同的对待，如果白人和黑人都有百分之五十的概率进入黑名单，那么在现实中则百分之百会是黑人进入黑名单。类似的不平等待遇在美国依然大量存在，这篇报道没有回避这一现象，而是通过采访相关的机构和专家学者客观描述了这个问题。

（六）对弱势群体社会保障的报道

社会保障是指国家通过立法等手段，协调各方面的社会资源，保证无收入、低收入以及遭受各种意外灾害的公民能够维持生存的制度性安排。在社会各群体中，受保障的大部分人群就是我们所指的社会弱势群体，因此社会保障的相关政策和信息与弱势群体的利益息息相关。

表15-8　　2015年2—4月《华尔街日报》对社会保障的报道　　单位：篇

报道题材	英文关键词	2月	3月	4月	总量	比例（%）
政策法规	Policies and regulations	257	206	270	733	94.2
社会福利	Public welfare	13	16	11	40	5.2
工会	Trade union	1	1	2	4	0.5
劳工部门	Department of labor	0	0	1	1	0.1

449

《华尔街日报》在弱势群体社会保障报道的量上，占据了弱势群体报道总量的很大比重，仅次于弱势群体生活条件的报道，占比26%（图15-1）。弱势群体的社会保障报道根据内容可分为四个方面：政策法规介绍、社会福利报道、工会报道、劳工部门报道（表15-8）。《华尔街日报》报道最多的是社会保障政策法规，此类报道在所有弱势群体社会保障报道中占比94.2%。社会福利报道也受到《华尔街日报》一定程度的关注，共有40篇，占比5.2%，如"Twilight of the Euro Welfare State?"（《欧洲福利社会状态的末期到了吗?》），报道讲述了目前欧洲国家实行的社会福利政策导致的一些问题，并指出某些国家正在脱离欧盟组织独自探索解决之道。数量最少的是工会或者劳工部门的报道，占比分别为 0.5% 和 0.1%，劳工或工会部门通常是作为采访对象的一部分出现在报道中，由此说明在对弱势群体的社会保障方面，政策法规最为重要，工会和劳工部门只是监督执行的问题。

（七）弱势群体成员违法犯罪和成就贡献的报道

我们通过研究西方媒体对弱势群体报道视角的变化，发现早期西方媒体在报道种族问题上经常采用"白人视角"，将黑人"犯罪化"，将少数族群视为问题人群，媒介对弱势群体呈现的多为负面刻板印象。随着反抗社会运动的开展，20 世纪 60 年代之后的三十四年中，这一现象得到了改善，大众媒体开始客观地呈现弱势群体的生活状况。

统计发现《华尔街日报》对弱势群体成员违法犯罪行为的负面报道，数量上不足弱势群体成就贡献等正面报道的二分之一，说明现阶段西方媒体已经能够客观描述这一群体的状况，对弱势群体成员违法犯罪的负面行为在报道总量上进行了控制（表 15 – 9）。

表 15 – 9　　　　2015 年 2—4 月《华尔街日报》对违法犯罪和成就贡献的报道　　　　　　　　　　单位：篇

报道题材	英文关键词	2 月	3 月	4 月	总量	比例（%）
犯罪行为	Criminal act	27	47	42	116	30.3
群体性事件	Mass incident	0	2	0	2	0.5
成就	Achievement	10	13	14	37	9.7
成功	Success	66	70	92	228	59.5

从表 15 – 9 可以看出，弱势群体成员违法犯罪行为的报道有 116 篇，多为扰乱社会治安、非法使用枪支、非法移民的黑工等方面的报道。如 "Labor's Dirty Tricks"（《劳工的肮脏伎俩》），批判了部分劳动者使用非法外国移民的现象。相对于违法犯罪负面行为的报道，弱势群体成员成功经历的介绍则有 228 篇，所取得的成就报道有 37 篇。

三　报道的体裁

新闻的体裁是新闻作品的表现形式，不同内容的新闻适用于不同的新闻体裁，体裁为新闻的内容服务。西方的新闻体裁和我国的新闻体裁具有不同之处，可以分为消息、特稿、评论等形式，本研究依据这几大体裁类别对《华尔街日报》进行了数据统计。

表 15 – 10 　　　　2015 年 2—4 月《华尔街日报》报道的体裁 　　　单位：篇

报道体裁	2 月	3 月	4 月	总量	比例（％）
消息	487	528	514	1529	31.8
特稿	891	873	829	2593	53.9
评论	136	157	143	436	9.1
其他	71	87	93	251	5.2

　　对《华尔街日报》进行数据统计（表 15 – 10），可以看出特稿所占比重最大，有 2593 篇，占到了总数的 53.9%；消息 1529 篇，占到了总数的 31.8%；而评论只有 436 篇，只占到了总数的 9.1%。其他包括图片新闻、图表及无法判断体裁的报道。

　　消息是以最快的速度报道最新发生的重要事实的新闻，语言简洁明快，篇幅较短。《华尔街日报》在报道弱势群体的过程中，对消息的使用相当普遍。如对公众关心的弱势群体法规政策的变动、弱势群体的突发性事件、弱势群体的工伤事故等都用消息的形式给予及时的报道。

　　如今，网络媒体普及，消息有了更加便捷迅速的传播渠道，《华尔街日报》等传统媒体在速度上无法与之抗衡，于是在报道的深度和广度上下工夫，这就使得特稿一类的新闻体裁占据了二分之一的比重。

　　特稿在我国被称为深度报道。它具有新闻的特性，但也有明显的区别。不同于消息的纯客观报道，特稿经常运用解释、分析、预测等方法，从历史渊源、因果关系、矛盾演变、影响作用、发展趋势等方面报道新闻事实，解释性报道、调查性报道、预测性报道、服务性报道和人物特写等都是特稿不同的报道类型。《华尔街日报》擅长深度报道，以优秀的特稿写作而闻名，著名的"华尔街日报体"就是该报常见的一种新闻写作方式。在弱势群体的报道中，这种写作方式使用得非常频繁。"华尔街日报体"经常从与新闻主题有关的当事人的细节描写入手，引出所要报道的新闻的事实主体，一步步深化新闻主题，这让新闻变得具有人情味，趣味性强，能够让受众自然地走入报道之中，身临其境般地体味新闻当事人的感

451

受。例如，"A City's Uneven Revival In Decade After Hurricane"（《飓风之后城市的不平等复苏》），便是以卡特里娜飓风之后在新奥尔良市开餐厅的 Paul McGoey 先生为采访对象，讲述了他在风暴之后如何取得餐厅营业权，见证了十年间这座城市的重建和发展，从而引出在城市复兴过程中存在的经济发展不平衡、贫富差距加大、就业难度提高、工资水平过低等问题。

新闻评论是对新近发生的有价值的新闻事实和有普遍意义的紧迫问题，运用分析和综合的方法，就事论理，就实论虚的一种新闻体裁，有着鲜明的现实针对性和指导作用。西方媒体评论中的社论是不署名的，代表了媒体的立场和观点，也有代表作者个人观点的专栏述评和时事评论。新闻评论是一种观点性新闻，最能反映媒体的立场、态度和水平，是媒体的旗帜和灵魂。每一期的《华尔街日报》都会有两个版面的评论，发表编辑部及他人的观点和看法，例如，"Emerging Market Rip Tide"（《新兴市场经济的退潮流》），华尔街日报就质疑了美联储的提高利率的政策有可能对全球的经济发展起到适得其反的作用。《华尔街日报》在评论的使用的量上比例虽不高，但它都是与消息或特写呼应配合的，由此显示了该报对弱势群体中发生的一些重大事件和重要问题的特别关注和深度思考，注意以适当的评论来影响社会舆论。

四　消息的来源

《新闻学简明词典》中将消息来源定义为："新闻事实的原始出处或提供者，包括人的消息来源与物的消息来源（物证材料）。"① 消息来源是新闻的出处，是新闻真实性的判断标准之一。本节把《华尔街日报》的消息来源分为以下几个类别：①政府机构或政府官员；②专家或专业人士；③社会组织或组织成员；④一般群众；⑤未交代或不可辨识。其中政府机构或政府官员，主要是指政府通过常规信息发布渠道（官方网站、新闻发布会、新闻采访）等发布的各类消息；专家或专业人士是指新闻报道中相关学者或行业专家提供的信息；社会组织或社会成员则是包括企业、非营利性组织机构等。

452

---

① 余家宏编：《新闻学简明词典》，浙江人民出版社 1984 年版，第 99 页。

根据对《华尔街日报》弱势群体报道的数据统计，发现消息来源以政府机构或政府官员为主，达到了 1645 篇，占报道总量的 34.2%；专家或专业人士的信源 669 篇，占报道总量 13.9%；社会组织或组织成员提供的信源 1285 篇，占报道总量的 26.7%；一般群众提供的信源 977 篇，占报道总量的 20.3%；未交代或不可辨识的 233 篇，占总量的 4.9%（表 15－11）。

表 15－11　　　　2015 年 2—4 月《华尔街日报》消息的来源　　　单位：篇

消息的来源	2 月	3 月	4 月	总量	比例（%）
政府机构或政府官员	564	547	534	1645	34.2
专家或专业人士	257	176	236	669	13.9
社会组织或组织成员	397	474	414	1285	26.7
一般群众	280	330	367	977	20.3
未交待或不可辨识	68	87	78	233	4.9

由此可见，《华尔街日报》在弱势群体报道的过程中，是十分重视官方和专业人士这些权威信息源的，两者的合计占比为总量的 48.1%。美国的社会组织发达，公益性的社会组织较多，因而这方面的消息源占比也较高。相对而言，一般群众包含了弱势群体的大多数，由于其自身资源尤其是利用媒体资源条件的限制，这一群体在媒体中发声的机会相对不足，占报道总量信息源的五分之一。

五　图片的使用

图片具有文字报道代替不了的优势——直观形象，图片与文字配合使用，就能使报道图文并茂、生动形象、一目了然。对新闻稿件进行合适的配图，不仅能够美化版面，也有助于读者对新闻内容的理解接受。配图主要有三种形式：新闻照片、资料图片、图表。

453

表 15－12　　　　2015 年 2—4 月《华尔街日报》图片的使用　　　单位：篇

图片的使用	2 月	3 月	4 月	总量	比例（%）
新闻图片	778	793	782	2353	48.9
资料图片	221	232	187	640	13.3
图表	124	153	167	444	9.3
没有配图	429	481	462	1372	28.5

对《华尔街日报》进行数据统计（见表15-2），发现《华尔街日报》在报道弱势群体的过程中，非常重视新闻配图，三分之二的报道都配有相关图片。其中配有新闻照片的有2353篇，占报道总量的48.9%；附有资料图片的有640篇，占报道总量的13.3%；配有图表的有444篇，占报道总量的9.3%。没有图片的纯文字报道的有1372篇，占报道总量的28.5%。

新闻图片的大量使用，使《华尔街日报》的弱势群体报道具象生动，能够迅速有效地抓住读者的眼球，强化对内容的理解。比如一张卫生管理者给阿富汗小孩口服疫苗的新闻，小孩紧闭双眼表现出抗拒，反映了在阿富汗当地居民对疫苗接种的敌意。

第三节　西方弱势群体报道对我国农民工报道的启示

以上我们分析了《华尔街日报》在弱势群体报道方面的有关情况，下面结合这些情况和西方一些媒体在弱势群体报道方面的典型案例以及有关规定，来探讨一下我国农民工报道从中可以获得的启示。

一　以多元化的信息源显示报道的客观与公正

通过对《华尔街日报》中消息来源的分析，我们可以看出西方媒体在新闻来源上的多元化。表15-11显示，《华尔街日报》弱势群体报道中的消息来源虽然以政府机构或政府官员居多，占报道总量的34.2%，但其他的信源占比也不少，如专家或专业人士的信源占比为13.9%，社会组织或组织成员提供的信源占比为26.7%，一般群众提供的信源占比为20.3%。多元化的信息来源表明了媒体对事实报道和意见反映的客观与公正的追求。

此外，西方媒体在信息源的采集与选择上，比较注意多样和平衡。例如，1994年美国阿克伦城获得普利策公共服务奖的《一个种族问题》系列报道，讨论了少数种群的住房生活问题、经济机会问题、教育问题和犯罪问题。这篇报道的信息来源，是民意调查机构召集众多黑人和白人读者，对每个问题进行集中的讨论，记者对讨论情况进行旁听和观察，查阅相关权威资料补充，最后成稿。这篇新闻报道来自民意调查，组织调查的并不是媒体而是中立的调查公司，报道尽可能真实、客观、公正地反映了美国的种族问题，表达了对这一问题的看法，用社会科学的调查和分析方法来采写新闻，用图表和数据来量化事实，是一篇优秀的公共新闻案例。①

在我国，由于新闻体制不同，新闻报道注重宣传解读党和国家的路线方针政策，反映各条战线上的社会主义建设的新成就新气象，同时也注意舆论监督，反映并督促解决社会中存在的种种问题，以此促进社会的进步和经济的发展。因此，我国媒体的农民工报道特别注重对农民工政策的宣传解读以及政策执行效应的反馈，官方信息源在农民工报道中占比最高，这本身无可厚非。但是，我们也应该承认，我国的农民工报道在信息源的选择上，农民工的声音过少。反观《华尔街日报》的弱势群体的报道，作为信源的一般群众占比为20%，这"一般群众"中相对社会弱势群体应该占多数。

本课题组对《南方日报》《羊城晚报》2011—2012年的农民工媒介形象建构的研究结果显示，在这两年两报的505篇样本中，除了84篇（16.6%）无法判断消息来源外，来自官方机构的消息来源最多，为183篇（36.2%），其次的消息来源为媒体记者，为106篇（21%），第三的消息来源为企事业单位，为51篇（10.1%），而作为报道主体的农民工及亲友数量很少，为34篇（6.7%），其余的消息来源为民间机构、专家学者和市民。研究发现，虽然直接引述农民工的话语进行报道的做法逐渐引起重视，但以"他者"陈述的叙述方式仍然占据主流。农民工等弱势群体在生活工作中，存在着很多的问题，他们也迫切希望改变自身的生存条件，如果新闻媒体只是从政府部门获得相关消息进行自上而下的传达，或者仅仅是为了媒体的自身需要选择相关信息源，就很难能够客观全面地反映农民工等弱势群体的生存、生活现状。因此，我们可以借鉴西方媒体对弱势群体的报道方法，广开门路，倾听农民工群体和社会各界真实的声音，运用科学的社会调查方法，采用权威的社会调查数据，以多样化的信息源来显示农民工报道的客观与公正。

二　以题材的丰富体现对弱势群体的全面关注

通过对《华尔街日报》报道题材的分析，可以看出西方媒体对弱势群

455

---

① 许向东：《西方弱势群体新闻报道的经验与技巧》，《国际新闻界》2005年第5期。

体报道的内容非常丰富，包含弱势群体的生活条件、就业情状、教育培训、健康问题、社会排斥问题、社会保障、违法犯罪、成就贡献等方面，体现了对弱势群体的全面关注。

图 15 - 1 显示，《华尔街日报》最为关注的是弱势群体的生活条件情况，占报道总量的 32%，报道中弱势群体的生活条件情况涉及了住房问题、社区服务、饮食质量、婚恋家庭和休闲娱乐等不同方面，全方位地展现了弱势群体的生活状况。较之于《华尔街日报》，我国媒体对农民工的生活条件重视不够，报道不足。本课题组对 2001—2010 年《人民日报》《湖北日报》《北京晚报》《羊城晚报》等国内八家媒体的农民工报道进行了抽样调查，对每报每年随机抽取 20 份共 829 篇农民工报道样本进行了分析，样本数据显示，对农民工生活方式的报道仅 28 篇，占农民工报道的 6.4%，报道比重严重偏低。除了对弱势群体生活条件的关注，《华尔街日报》对弱势群体社会保障问题也相当关注，其中 94.2% 是对社会保障政策法规的报道，这一点同我国媒体对农民工的报道现状十分相似。本课题组对 2010—2012 年《人民日报》农民工政策报道研究的数据显示，农民工政策报道在我国农民工报道中占比最高，其中有关农民工社会保障的政策报道的数量最多，占 26% 的比重。

《华尔街日报》对弱势群体的教育培训、健康问题、违法犯罪、成就贡献等内容都有一定数量的报道，而我国的农民工报道在这些题材上的报道数量明显偏少。以职业培训报道为例，《华尔街日报》有关教育培训的报道中，94% 的报道是职业培训报道，说明西方媒体对提升弱势群体劳动能力的重视。但是我国媒体对农民工的职业培训问题不大重视，本课题组对《南方都市报》中的农民工职业培训报道进行了研究，数据显示，《南方都市报》2011 年、2012 年、2013 年的农民工职业培训报道占当年农民工报道总量的比例分别为：8.4%，5.9%，5.8%，不仅占比低，而且呈逐年下降趋势。

由此可见，我国农民工报道的议题结构是失衡的，在突出农民工问题中的政策问题、社会保障问题等议题的同时，忽视了农民工城市化过程中农民工其他一些必须正视并亟须解决的问题。我国城市化的核心内容是农民工的市民化，而农民工的市民化不仅是户籍转变的问题，更涉及农民工的生活方式、思想观念、公民意识等方面的转变，涉及农民工在城市立足的职业技能提升，但这些重要的问题却被媒体忽视了。其他诸如农民工的身心健康问题、农民工与市民的关系问题、农民工的农村土地流转问题都是农民工问题中的重要方面，也得不到媒体应有的重视。我国媒体对农民工问题的报道要做到全面客观，就应该像《华尔街日报》对弱势群体的报道一样，以题材的丰富多样来展现农民工问题的方方面面，在突出重点议题的同时，注意议题结构的相对平衡。

三　发挥深度报道和新闻配图的作用

通过对《华尔街日报》弱势群体报道中的体裁进行数据分析，发现以深度报道见长的特稿占了53.9%的比重，以简洁快速见长的消息占了31.8%，评论占了9.1%，这说明西方媒体在弱势群体报道中比较注重对事实信息的深度挖掘和广度拓展，以引起人们对报道内容的重视，促进问题的解决。

在我国，许多媒体的农民工报道都是很浅显的蜻蜓点水式报道。本课题组对《南方都市报》2011—2013年农民工职业培训报道的体裁统计显示，三年农民工职业培训报道中消息共有28篇，占总比的78%，通讯共6篇，占总比的17%，评论共有2篇，占总比的5%，可见我国农民工报道以消息为主。消息虽然在报道中以简洁快速见长，但由于篇幅容量的限制，只能报道事实的梗概，不能全面深入地阐释事实发生的前因后果、过程本质、发展趋势和应对策略。应该看到，我国农民工问题是复杂的，其问题的体现是多方面的，其形成的原因也是多方面的，其解决的方法措施更受现实种种条件的制约，因此，我国的农民工报道在使用消息这一轻武器的同时，应该加强对深度报道这一重武器的使用，以发挥深度报道对问题原因的探寻、对事实本质的揭示、对发展趋势的展望、对办法意见的提供等多方面的作用。

与此同时，还要强化新闻评论，评论最能够反映媒体的立场和态度，作者的思想水平和专业素养，能够有效地进行舆论引导。农民工报道中评论过少，说明我国媒体对许多农民工问题和现象缺乏深度思考。实际上，农民工问题和现象中的许多新闻事实是适于用评论来点明事实本质，阐述

457

意见和看法，以此引导社会舆论的。比如农民工与市民的冲突事件、农民工的工资拖欠、农民工的高尚行为、农民工所遭受的歧视与伤害、农民工素养的提升等等，都可以用评论来评说，以此抚平社会情绪，伸张公平正义，引导社会正确看待并接纳农民工。

另外，应特别提及的是，农民工报道还应发挥新闻配图的作用。对《华尔街日报》弱势群体报道进行数据统计发现，《华尔街日报》非常重视新闻配图，三分之二的报道都配有相关图片，有新闻照片、资料图片、图表等多种形式。图片直观形象，视觉感强，能够让读者以最快的时间理解报道的内容。我国媒体已经逐步认识到新闻图片在报道中的重要作用。本课题组对《工人日报》农民工工作环境报道的数据进行统计发现，2010年《工人日报》农民工工作环境报道的图片新闻有15篇，2011年增加到了19篇，图片新闻占据越来越多的版面，不过较之于图片新闻，《工人日报》中的农民工工作环境报道的文字型报道依然占据绝对的主体地位，图片新闻和图文结合型新闻报道在报纸中所占版面较少。我国媒体在今后的农民工报道中应注意发挥新闻配图的作用，加大图片新闻或图文结合新闻的报道比例，以便能够更加直观、形象地记录和反映农民工问题，增强农民工报道的感染力和影响力。

四　把媒体角色扩展为新闻事件的发动者、组织者

新闻传媒在社会发展中的角色应该不仅仅是记录者，也是推动者。作为第四种权力的媒体，对于推动社会问题的解决具有不可忽视的力量。就弱势群体报道来说，新闻传媒可以通过事实的报道和意见的发表来吸引全社会对弱势群体的关注，动员公众参与到消除贫困、铲除歧视、呼唤正义等社会运动当中，在帮扶弱势群体的过程中提高自身，从而推动社会的良性发展。

自20世纪50年代西方媒体的社会责任理论出现以来，有良知的西方媒体便注重在社会发展的过程中主动承担起责任，用自己的名义去组织、策划一些能够推动社会发展的活动，激发公众的参与热情，动员全社会力量共同关注并商讨解决问题的良策，这就是公共新闻运动的开展。例如，1998年《圣保罗先驱报》策划的"贫困就在我们身边"系列报道获得了

成功，该报道时间持续 7 个月之久，报道了美国明尼苏达州低收入群体的贫困问题，采访了社区中的孤寡老人、单亲家庭的贫困父亲、在快餐店工作的打工妇女、身有疾病的钟点工，告诉人们贫穷离我们并不遥远，就存在于读者的身边。该报道说明了这样一种现象：贫穷不仅仅是失业问题造成的，即使工作中的很多人由于种种原因依然无法摆脱生存的困境。这篇报道引发了大规模的社区讨论。

为了扩大影响并促成问题的解决，《圣保罗先驱报》向读者讲述贫困者的故事以引发读者的共鸣；聘请专员组织对贫困问题的讨论，邀请调查贫穷问题的社会组织参加，共同探讨问题的根源和解决的建议；网站上开辟专题论坛，让网友讲述身边的贫困故事；开设读书俱乐部，探讨有关贫困现象的文学作品；组建社区行动小组，与志愿组织合作，共同为社区活动提供信息资源和联系慈善机构；邀请社团组织参与报社主办的座谈会，提出具体的解决思路和操作方法。①

该系列报道吸引了大约 2500 人参与相关讨论，将贫困问题变成全社会共同关注的公共议题，并收集到了大量有价值的反贫困建议和方案，对推动改善贫困者等弱势群体的生存条件做出了贡献。在这次的报道活动中，媒体不是被动地报道相关信息，而是积极主动地参与社会建设，一定程度上推动各群体社会差距的缩小，这对我国新闻媒体的农民工报道具有启发意义。

我国媒体的农民工报道随着城市化的不断推进和国家农民工政策的不断完善而不断发展前行，取得了多方面的成绩，但也存在诸多不足，其中一个较为突出的问题是对农民工城市融入过程中与市民的互动关系关注不够。农民工在城市工作生活的环境相当封闭，他们大多工作在封闭的工厂里，住宿生活在工厂里或周边、城中村或城乡结合部，也就是说，他们工作生活的空间大多是与普通市民隔离的，空间的隔离势必造成心理的隔离。城市社会本来就是一个陌生人社会，由此一来，更增加了农民工群体与市民社会理解沟通的困难。我们不时看到市民如何歧视农民工的报道，这种歧视性的行为很大程度上是由于平时两者的接触沟通缺乏造成的。为

459

① 许向东：《西方弱势群体新闻报道的经验与技巧》，《国际新闻界》2005 年第 5 期。

了促进两者的接触沟通理解，许多媒体组织了农民工与市民的联谊会，农民工子女与市民子女的学习生活交流会，春运为农民工买票、送行等活动，并对这些活动进行了报道，在社会上产生了很好的反响。但总体来说，媒体在这方面的活动过少，利用专门的版面和时段来报道讨论农民工问题的比重明显不足。

五　注意人性化采访和报道用语的规范

西方媒体在报道弱势群体时所采用的一些经验和技巧，非常值得我们学习借鉴。媒体会要求记者尽量使用准确的、客观的语言，避免将弱势群体描绘成被动的受害者，避免过分强调他们与普通人之间的差别，以免使公众对弱势群体形成"刻板印象"，使弱势群体产生"边缘心理"。

美国《费城问询报》的记者默里·迪宾说，当他与少数民族打交道，尤其是那些不习惯接受媒体访问和英语语言能力不是很强的人，他更喜欢在他们熟悉的地方进行面对面的采访，并且在新闻写作中尽量限制引语的使用，避免他们表述不清的尴尬。[①]

不同的称呼往往包含不一样的含义，弱势群体对描述自己身份的语言表述更为关注和敏感。比如描述"农民工"身份时的称呼——"盲流""流民""民工""打工仔""打工妹""外来务工人员""新产业工人"，最初的"盲流""流民"等词由于是在政策禁止农民工进城时期使用的，是贬义词，具有强烈的负面色彩，这类词语应该尽量避免。

在西方媒体的实际操作中，报道弱势群体是很敏感且谨慎的。一般的操作规则是首先询问采访对象，他们喜欢被怎样称呼，然后查阅参考诸如《美联社规范和防止诽谤手册》中的注意事项，少用形容词来描述人。

比如在报道残疾人的新闻时，不要把形容词当名词用，比如"the disabled"（残疾人）、"the deaf"（聋子）、"the retarded"（智障者），而应该说"people with disabilities""people who are deaf""people with mental retardation"更合适一些。另外，不要因为其成就便夸大其词地把他们写得像

460

---

① ［美］卡罗尔·里奇：《新闻写作与报道训练教程》，钟新主译，中国人民大学出版社 2009年版，第264页。

超人一样，不要把他们写得完美无缺、似乎毫无缺点，因为这样做的潜台词是他们的同类是无能的、有缺陷的，而你的采访对象是个奇迹。避免做"gee whiz"（令人惊讶的成功人士）类的报道，因为这过分强调他们在这样残疾的情况下能够有这样的成绩是多么让人惊讶，反而凸显了他们的不同寻常。

采访的人性化和报道用语的规范化，是记者职业素养的体现，也是让新闻作品蕴含人文精神的方式之一。例如，用"新市民""城市外来务工人员"等词来描述农民工，用"家政服务员"来称呼保姆会让他们感受到最起码的尊重，这是正确展现农民工群体形象的基础性因素。我国媒体在农民工报道过程中也应该注意人性化的采访，尊重农民工的人格与意愿；规范用词，不要流露出歧视和偏见；报道完稿后最好征询采访对象的意见。只有这样，才能真诚地理解和关注农民工，正确地描述他们的境况。

461

附　录

附录 1　《城市化视角下的农民工报道问题研究》调查问卷(农民工)

尊敬的农民工朋友：

为了更好地了解我国媒体对农民工报道的基本情况，也为了了解广大农民工朋友对此类报道的意见和建议，我们特设计此问卷。问卷由调查员统一发放和回收。本卷为无记名问卷，不会对您产生任何不良影响，请放心作答。请您仔细阅读此调查研究问卷，在您认可的选项上做标记，这次调查完全是为了学术研究，恳请您为科学的真实做一些贡献。诚挚地感谢您的信任、支持和无私贡献。

国家社科基金项目《城市化视角下的农民工报道问题研究》课题组

第一部分 (基本信息)

1. 您参加此次问卷的地点_____ (a. 北京　b. 上海　c. 广州 d. 深圳　e. 武汉　f. _____)

2. 您之前有没有在其他地方打工的经历？

(1) 没有　(2) 有_____ (选择此项请继续回答)

曾在哪些地方，分别从事什么类型的工作？

地点			
工作			

3. 您现在做什么工作？（　　　）

4. 您所处的年龄段是？

（1）20岁以下　　（2）21—30岁　　（3）31—40岁　　（4）41—50岁

（5）50岁以上

5. 您第一次外出务工的年龄是（　　　）

6. 您的性别是？

（1）男　　（2）女

7. 您的学历是：

（1）没有上过学　　（2）小学　　（3）初中　　（4）高中、中专及以上

8. 您受过专业技术培训，有一技之长吗？

（1）没有　　（2）有 _____（选择此项请继续回答）

通过哪种渠道获得的技术培训？

（1）传统的师傅传授　　（2）技术学校学习　　（3）在以前工作中学习到的　　（4）企业（工厂）提供的培训　　（5）政府提供的职业培训

9. 您知道政府为农民工提供的职业培训补贴吗？

（1）不知道，没听说过

_____现在您知道了，您会选择利用这项补贴参加职业培训吗？

（a. 会　b. 不会　c. 不好说，看情况）

（2）知道_____（选择此项请继续回答）

a. 你是怎样知道的？

①新闻媒体的报道（可多选：Ⅰ. 报纸　Ⅱ. 电视　Ⅲ. 广播　Ⅳ. 网络）

②听身边的人说的

③其他渠道，具体是_____

463

b. 您享受过政府提供的职业培训补贴吗？

①没有，原因是_____

Ⅰ. 领取手续太麻烦，不方便　Ⅱ. 没时间　Ⅲ. 觉得没必要

Ⅳ. 其他_____

②有，享受过，领取补贴的便利程度为_____

Ⅰ. 很方便　Ⅱ. 比较方便　Ⅲ. 不太方便　Ⅳ. 很不方便

10. 您认为从职业/社会地位上来说，自己属于_____

（1）工人 （2）农民 （3）不清楚 （4）无所谓

11. 您目前的月收入大约是_____元。

12. 您对目前的工资满意吗？

（1）很满意 （2）比较满意 （3）比较不满意 （4）很不满意

（5）无所谓

13. 您对现在的工作环境满意吗？

（1）很满意 （2）比较满意 （3）比较不满意 （4）很不满意

（5）无所谓

14. 您对现在的每天/每周工作时间长度满意吗？

（1）很满意 （2）比较满意 （3）比较不满意 （4）很不满意

（5）无所谓

15. 您平均每天的工作时间为_____小时，平均每周工作_____天。

16. 您已经在外打工多长时间了？

（1）3 年以下 （2）4—6 年 （3）7—9 年 （4）10 年以上

17. 关于居住条件（根据您的实际情况，选一项作答）：

A. 单位提供住处：

（1）房间一般是_____人间，居住面积为_____平方米。

（2）房屋结构是工棚还是普通住房？ ①工棚 ②普通住房。

（3）对居住环境满意吗？

a. 很满意 b. 比较满意 c. 比较不满意 d. 很不满意 e. 无所谓

B. 自购或租房，每月需付房租（或按揭还款）_____元。

C. 住亲戚或朋友家。

18. 关于饮食（根据您的实际情况，选一项作答）：

（1）单位提供伙食，对伙食质量：

a. 很满意 b. 比较满意 c. 比较不满意 d. 很不满意 e. 无所谓

（2）自己做饭或买饭，平均每月伙食开支约为_____元。

19. 关于婚姻情感家庭（根据您的实际情况，选一项作答）：

A. 已婚

（1）配偶是否在一起？ a. 在一起 b. 不在一起

（2）是否有子女？ a. 有 b. 没有

（3）如果有子女，子女现在是：

a. 在自己身边由自己照顾　b. 在家乡由父母照顾　c. 由家乡的其他亲友照顾　d. 由附近的其他亲友照顾　e. 其他

（4）子女现在接受的教育程度

a. 幼儿园　b. 小学　c. 初中　d. 高中　e. 高中以上

（5）子女是否曾遭遇就学难？　a. 有　b. 没有

B. 单身

（1）是否正在恋爱？　a. 是　b. 否

（2）是否存在交友困难的情况？　a. 是　b. 否

（3）如果存在交友困难，主要原因在于（可多选）：

a. 工作时间太长，无暇顾及　b. 交际圈太小

c. 受限于工作因素　d. 受限于收入因素

e. 受限于进城务工人员的身份因素

f. 受限于其他因素（请具体说明）

（4）会不会考虑回家乡寻找结婚对象？　a. 会　b. 不会

第二部分（个人行为）

1. 您平时有休闲时间吗？

（1）工作太忙，没有休闲时间　（2）有休闲时间，（选择此项请继续作答）

休息时间您的休闲方式是（可多选）

a. 聊天　b. 打牌　c. 逛街　d. 去卡拉 OK 唱歌　e. 听音乐

f. 看电影　g. 上网　h. 其他＿＿＿＿＿

休闲时间您会接触新闻媒介吗？

①不会接触

②会接触，（可多选：a. 报纸　b. 电视　c. 广播　d. 网络　e. 杂志）

2. 您看电视、读报纸、听广播、看杂志和上网接触新闻么？

	从不	很少	较少	有时	较多	多	很多	不确定
a. 看电视新闻	1	2	3	4	5	6	7	0
b. 读报纸新闻	1	2	3	4	5	6	7	0

c. 听广播新闻 | 1 | 2 | 3 | 4 | 5 | 6 | 7 | 0 |

d. 看杂志新闻 | 1 | 2 | 3 | 4 | 5 | 6 | 7 | 0 |

e. 上网看新闻 | 1 | 2 | 3 | 4 | 5 | 6 | 7 | 0 |

3. 您每天关注各种媒体上的新闻多长时间呢？

a. 电视新闻＿＿＿分钟　b. 报纸新闻＿＿＿分钟　c. 广播新闻＿＿＿分钟

d. 杂志新闻＿＿＿分钟　e. 网上新闻＿＿＿分钟

4. 通常在哪一时间段关注新闻？

a. 早上　b. 中午午休时　c. 晚上下班后

5. 下列哪一个是您最常使用的媒介？

（1）电视　（2）广播　（3）报刊　（4）电脑（互联网）

（选择前三项者请作答）A. 对以上媒介的接触通过何种途径获取？

①单位提供　②自己购买或订阅　③借用或借阅他人的　④其他

（选择第四项者请作答）B. 您通过什么方式上网？

①单位提供免费上网机会　②去网吧　③手机上网　④其他

6. 您主要通过什么渠道获取用工信息？

（1）广播、电视、报纸等新闻媒介　（2）职业中介　（3）招聘信息栏　（4）街边小广告　（5）老乡推荐　（6）其他

7. 如果有新闻报道说，某些地方出现民工极度短缺或是过剩的情况，这些信息对您选择工作地点会产生影响吗？

（1）有很大影响　（2）有较大影响　（3）影响不大　（4）没影响

（5）会参考老乡或者同路人的工作地点选择　（6）其他

8. 您在城市是否遭遇过以下问题？（可多选）

（1）被冷眼恶语相对　（2）遭到殴打　（3）受到不公正对待

（4）其他

9. 您在城市里遇到的困难主要是？（可多选）

（1）工作不好找　（2）收入低，消费高　（3）保障不健全

（4）难以融入城市人/城市生活　（5）难以适应城市的生活方式或生活节奏　（6）受侵害后维权困难　（7）其他

您认为哪些方面的保障急需完善？

10. 您如果在打工过程中遇到问题，会通过何种途径解决？（可多选）

（1）忍气吞声，或找人倾诉 （2）寻找调解人或当事人进行调解，要求私了 （3）诉诸法律，运用法律武器维护自己的正当权益 （4）向媒体求助 （5）其他方式

11. 如果遇到自己难以解决的问题，您是否会向媒体求助？

（1）会积极地向媒体寻求帮助 （2）实在没有其他办法的情况下再去找媒体 （3）不会向媒体求助 （4）说不准

12. 您是否有过向媒体求助的经历？

（1）没有 （2）有_____（选择此项请继续回答）

问题是否得到解决？是否满意？

（1）得到了解决，十分满意 （2）基本解决，比较满意

（3）效果不是很理想，不太满意 （4）很不满意

第三部分（个人态度）

1. 进城务工之前主要通过什么渠道了解城市生活？

（1）媒体的新闻报道 （2）电视剧、电影等文艺作品

（3）有进城打工经验的老乡介绍 （4）其他渠道_____

2. 城里的工作、生活条件，与以前想象的一样吗？

（1）十分相似 （2）基本一致 （3）差别较大 （4）差别很大

3. 对于新闻媒体关于农民工的各方面报道，您的满意程度如何？

报道内容	很满意	比较满意	不太满意	很不满意
就业信息				
工作环境				
生活方式				
职业培训				
子女教育				
政策宣传解读				
农民工维权				
农民工典型报道				

467

4. 对于媒体关于农民工在城市所遭遇到的困难的报道，您觉得是否够充分、够真实？

反映困难的报道	很充分和真实	比较充分和真实	不够充分和真实	很不充分和真实
农民工工作难找				
收入低、消费高				
保障不健全				
遭遇不公正待遇				
难以适应城市生活方式及节奏				
维权困难				
住宿问题				

——您觉得反映哪方面困难的报道最需要加强力度？

5. 媒体上关于农民工的报道能反映你们的真实愿望和需要吗？

（1）能反映　　（2）比较能反映　　（3）反映有偏差　　（4）不能反映

6. 您觉得自己有可能通过新闻媒体表达自己的愿望和要求吗？

（1）有可能　　（2）没有可能　　（3）说不准

7. 您觉得各种媒体对于农民工形象的塑造与真实生活中农民工的形象的相符程度如何？

（1）十分相符　　（2）基本相符　　（3）有偏差　　（4）完全不相符

——若是有偏差或是不相符，您觉得偏差在哪里？

_____

8. 您是否接受"农民工"这个称呼？

（1）能接受　　（2）不能接受　　（3）无所谓

——您更希望是怎样的称呼？_____

9. 您觉得新闻媒体对于农民工的报道影响到您对农民工的看法和感受吗？

（1）有影响　　（2）没有影响　　（3）说不准

——如果有影响，您的看法及感受的改变是什么？_____

10. 您希望媒体怎样进行农民工报道？

（1）增加报道的数量　　（2）报道内容更加全面　　（3）报道内容更加客观

11. 您希望媒体能多报道关于农民工的哪些方面？

_____

12. 您觉得目前新闻媒体对农民工的报道还有哪些方面需要改进？

_____

_____

13. 您对将来有什么打算？

（1）在城市创业　　（2）回家乡创业　　（3）继续打工　　（4）回乡务农　　（5）没有打算

14. 您对将来有信心吗？

（1）很有信心　　（2）比较有信心　　（3）没有信心　　（4）不知道，说不好

15. 如果条件允许，您愿意留在城市发展吗？

（1）愿意　　（2）不愿意　　（3）不知道

16. 您认为自己对这个城市的建设贡献大吗？

（1）贡献大　　（2）贡献一般　　（3）没什么贡献

附录2 《城市化视角下的农民工报道问题研究》 调查问卷（传媒）

尊敬的受访者：

本次调查的目的是为了更好地了解我国媒体农民工报道的基本情况。问卷由调查员统一发放、回收。本问卷为无记名问卷，不会对您产生任何不良影响，请放心作答。请您仔细阅读问卷，在您认可的项目上做标记。这次调查完全是为了学术研究，恳请您为科学的真实做一些贡献。诚挚地感谢您的信任、支持和无私贡献。

469

国家社科基金项目《城市化视角下的农民工报道问题研究》课题组

1. 您对农民工的了解主要是通过：

（1）新闻媒介　　（2）亲身接触　　（3）他人　　（4）其他

2. 您采访过农民工吗？

（1）经常采访　　（2）偶尔采访　　（3）从没有采访过

3. 您对农民工的总体印象是：

（1）积极正面 （2）中性，有好有坏 （3）消极反面 （4）说不准

4. 您认为农民工是否在以下方面对城市及城市人口产生了消极影响？

（1）治安 a. 是 b. 否 （2）卫生 a. 是 b. 否

（3）就业 a. 是 b. 否 （4）城市整体形象 a. 是 b. 否

5. 您认为农民工在城市化过程中发挥的作用：

（1）非常重要 （2）比较重要 （3）一般 （4）不太重要

（5）很不重要

6. 您认为，用下列哪个名称来称呼"农民工"更合适？

（1）农民工 （2）进城务工人员 （3）打工仔（妹） （4）其他

7. 您认为农民工的身份应该是：

（1）市民 （2）准市民 （3）农民 （4）不清楚

8. 您认为农民工报道在帮助农民工融入城市生活方面发挥的作用：

（1）非常重要 （2）比较重要 （3）一般重要 （4）不太重要

（5）很不重要

9. 对于农民工融入您所在的城市，您的态度是：

（1）欢迎 （2）不太欢迎 （3）不能接受 （4）无所谓

10. 您所在的媒体农民工报道占总报道量的比重：

（1）很大比重 （2）比重一般 （3）很少 （4）几乎没有

11. 下列哪些是您所在媒体农民工报道中报道量比较大的方面（请选择三项）？

470

（1）农民工就业信息 （2）农民工工作环境 （3）农民工生活方式

（4）农民工职业培训及子女教育 （5）农民工政策的宣传解读与政策呼吁 （6）农民工维权 （7）农民工典型报道 （8）其他

12. 您认为，国家帮助农民工融入城市方面，下列那一项是最根本、最关键的？

（1）解决城乡二元户籍问题 （2）保障农民工在医疗、教育等方面的权益，完善农民工福利待遇 （3）解决农村土地流转问题 （4）其他

13. 您认为新闻媒介的报道，对"民工荒""民工潮"的形成有影响吗？

（1）有 （2）没有 （3）说不准 （4）其他

14. 您认为农民工在城市遇到的困难主要是？

（1）工作不好找　　（2）收入低，消费高　　（3）保障不健全

（4）受歧视　　（5）难以适应城市的生活方式或生活节奏

（6）受侵害后维权困难　　（7）其他

15. 农民工向您所在的媒体寻求援助的情况多吗？

（1）多，经常遇到　　（2）不算很多　　（3）很少　　（4）不清楚

16. 遇到农民工向您所在的媒体求助你们一般：

（1）积极向求助农民工提供援助　　（2）不太积极，有时应付了事

（3）不提供援助

17. 您认为，（请填一家媒体）在农民工报道方面做得最出色。

18. 您所在的媒体有专门的人员或部门负责农民工报道吗？

（1）有　　（2）没有　　（3）曾经有　　（4）正在筹划　　（5）不清楚

19. 您所在的媒介在取舍"农民工"新闻时的标准是？

（1）宣传主管部门的指导　　（2）新闻素材本身的新闻价值

（3）城市化进程中媒介应担当的社会责任　　（4）其他

20. 您所在的媒体的农民报道。

（1）具有"季节性"，周期性　　（2）没有周期性，只在出现偶发性
新闻事件时做集中报道　　（3）兼有周期性和偶发性

21. 您觉得国内媒体在报道农民工形象时的报道作用更多的是：

（1）娱乐受众　　（2）反映社会现实　　（3）关注、帮扶弱势群体

（4）其他

22. 农民工是您所在媒体的目标受众吗？

（1）是　　（2）不是　　（3）不清楚

23. 您觉得新闻媒介对农民工形象的塑造：

（1）真实地反映了农民工的形象　　（2）丑化了农民工的形象

（3）拔高了农民工的形象　　（4）说不准　　（5）其他

24. 您的年龄是岁

25. 您的性别是？

（1）男　　（2）女

26. 您的具体工作是：

（1）新闻采写　　（2）编辑、策划　　（3）媒介经营管理　　（4）其他

27. 您从事新闻工作的时间？

（1）5 年以下　　（2）6 至 10 年　　（3）11 至 15 年　　（4）16 年以上

28. 您对农民工报道有何建议？

附录 3 《城市化视角下的农民工报道问题研究》
调查问卷（市民）

尊敬的受访者：

　　为了更好地了解我国媒体农民工报道的基本情况，我们特设计此问卷。问卷由调查员统一发放、回收。本问卷为无记名问卷，不会对您产生任何不良影响，请放心作答。请您仔细阅读此调查问卷，在您认可的项目上做标记。这次调查完全是为了学术研究，恳请您为科学的真实做一些贡献。诚挚地感谢您的信任、支持和无私贡献。

　　国家社科基金项目《城市化视角下的农民工报道问题研究》课题组

1. 您对城市化的态度是：

（1）积极，欢迎　　（2）消极，反感　　（3）无所谓

2. 您对农民工的了解主要是通过：

（1）新闻媒介　　（2）亲身接触　　（3）他人　　（4）其他

3. 您对农民工的总体印象是：

（1）积极正面　　（2）中性，有好有坏　　（3）消极反面　　（4）说不准

4. 您认为农民工在城市化过程中发挥的作用：

（1）重要　　（2）一般重要　　（3）不重要　　（4）说不准

5. 农民工为您的生活和工作带来方便了吗？

（1）为我们的生活提供了很多方便　　（2）带来了一些方便

（3）没有带来方便　　（4）不知道

6. 您认为农民工是您所在城市的一员吗？

（1）是，他们已经或者将要融入这个城市　　（2）不是，他们只是外来人员，早晚要离开　　（3）不知道　　（4）其他

7. 对于农民工融入您所在的城市，您的态度是：

（1）欢迎　（2）不太欢迎　（3）不能接受　（4）无所谓

8. 新闻媒体的报道对您认识农民工及农民工问题有影响吗？

（1）影响很大　（2）有影响，但影响不大　（3）没有影响

（4）不知道

9. 根据您的经验，最常出现在新闻中的农民工报道有：

（1）农民工就业信息　（2）农民工工作环境报道

（3）农民工生活方式报道　（4）农民工职业培训及子女教育报道

（5）农民工政策的宣传解读与政策呼吁分析　（6）农民工维权报道

（7）农民工典型报道　（8）其他

10. 您认为农民工在城市遇到的困难主要是？

（1）工作不好找　（2）收入低，消费高　（3）保障不健全

（4）受歧视　（5）难以适应城市的生活方式或者生活节奏

（6）受侵害后维权困难　（7）其他

11. 您觉得国内媒体在报道农民工形象时的报道角度更多的是：

（1）娱乐受众　（2）反映社会现实　（3）关注、帮扶弱势群体

（4）其他

12. 您觉得新闻媒介对农民工形象的塑造：

（1）真实地反映了农民工的形象　（2）丑化了农民工的形象

（3）拔高了农民工的形象　（4）说不准　（5）其他

13. 您所处的年龄段是？

（1）20岁以下　（2）21—30岁　（3）31—40岁　（4）41—50岁

（5）50岁以上

473

14. 您的性别是？

（1）男　（2）女

15. 您的学历是：

（1）初中及以下　（2）高中、中专　（3）大专、本科　（4）研究生

16. 您对农民工报道有何建议？

附录4 《城市化视角下农民工报道问题研究》 农村土地流转问题调查问卷

尊敬的农民工朋友：

　　为了更好地了解我国媒体对农民工报道的基本情况，也为了解广大农民工朋友对此类报道的意见和建议，我们特设计此问卷。问卷由调查员统一发放和回收。本卷为无记名问卷，不会对您产生任何不良影响，请放心作答。请您仔细阅读此调查研究问卷，在您认可的选项上做标记，这次调查完全是为了学术研究，恳请您为科学的真实做一些贡献。诚挚地感谢您的信任、支持和无私贡献。

　　国家社科基金项目《城市化视角下的农民工报道问题研究》课题组

　　1. 您或者您的家人有没有在其他地方打工的经历？

　　（1）没有　　（2）有_____（选择此项请继续回答）

　　2. 曾在哪些地方，分别从事什么类型的工作？

地点				
工作				

　　3. 您现在做什么工作？（　　　　　　　　　　）

　　4. 您所处的年龄段是？

　　（1）20 岁以下　　（2）21—30 岁　　（3）31—40 岁　　（4）41—50 岁

　　（5）50 岁以上

　　5. 您的性别是？

　　（1）男　　（2）女

　　6. 您的学历是：

　　（1）没有上过学　　（2）小学　　（3）初中　　（4）高中、中专及以上

　　7. 您了解国家的农村土地政策吗？

　　（1）不知道，没听说过　　（2）知道_____（选择此项请继续回答）

　　a. 您是怎样知道的？

474

①新闻媒体的报道（可多选：I. 报纸　II. 电视　III. 广播　IV. 网络）

②听身边的人说的　③政府宣传

其他渠道，具体是＿＿＿＿＿＿＿＿＿＿

8. 您对目前的国家农村土地政策满意吗？

（1）满意　满意的主要原因＿＿＿＿＿　　（2）比较满意　（3）不满

意　不满意的主要原因＿＿＿＿＿

9. 在经济条件许可的情况下，您是否愿意转为城市户口？

（1）愿意　（2）不愿意

10. 您愿意为城市户口放弃农村户口吗？

（1）愿意　（2）不愿意＿＿＿＿＿＿＿（选择此项请继续回答）

a. 不愿意的原因（可单项或多项选择）

①农村户口能够分到土地　②农村户口能够享受国家相关惠农政策

③农村生活成本较低　④担心在城市失业后，生活无保障

其他原因，具体是＿＿＿＿＿＿＿＿＿＿

11. 如果您能够转为城市户口，是自己转为城市户口，还是全家都转

入城市户口？

（1）自己＿＿＿＿＿＿＿（选择此项请继续回答）　　（2）全家人

a. 选择自己转入的原因（可单项或多项选择）

①全家转为城市户口较为困难　②家人保留农村户口仍能够保留分配

的土地　③家人保留农村户口能够享受惠农政策　④自己先转为城市户

口，再看看在城市生活的情况

12. 您愿意转为城市户口的原因是（可单项或多项选择）

（1）能够享受城市市民的各种社会福利待遇　（2）比农村户口体面

（3）不熟悉农活　（4）农民太辛苦　（5）农村落后封闭

其他＿＿＿＿＿＿＿＿＿＿＿＿

13. 您或您的家人通过外出打工的收入用于买房时，您更愿意用在哪

一项上面？

（1）在打工所在城市买房　（2）在老家所在城镇买房　（3）在农

村建房

14. 您外出打工期间，您在村组所分有的土地会怎样处理？

475

（1）给家人耕种　　（2）承包给别人耕种　　（3）一部分家人耕种一部分承包出去　　（4）放置不管

15. 您有没有发生过土地纠纷？

（1）有　　（2）没有

16. 您对将来有什么打算？

（1）在城市创业　　（2）回家乡创业　　（3）继续打工　　（4）回乡务农
（5）没有打算

17. 您会主动关注新闻媒体对于农民土地转出相关的报道吗？

（1）平时会主动关注　　（2）偶尔关注　　（3）需要的时候会关注
（4）不关注

18. 在您想要了解农民土地相关信息的时候，你偏向于用哪种方式了解？

（1）通过媒体（新闻、电视、报纸、网络）　　（2）问身边的人
（3）去政府机关了解　　（4）其他途径，具体是

19. 如果有新闻报道内容偏向于鼓励农民工土地转出，这些信息对您会产生影响吗？

（1）有很大影响　　（2）有较大影响　　（3）影响不大　　（4）没影响

20. 您对国家的农村土地政策有什么建议？

附录5　专访《楚天都市报》社会部主任张小燕

我们的本次调查是以《楚天都市报》为样本，因此，为了更深入地了解都市报对新生代农民工的报道情况以及运作理念，我们于2011年3月21日上午专门采访了《楚天都市报》社会部主任张小燕，以下是本次访谈的记录，张小燕主任简称张。

问：通过对楚天都市报的研究，我们发现在2010年2月到2011年1月期间，共有107篇报道涉及新生代农民工。您作为社会新闻版的主编，对新生代农民工有什么样的基本印象呢？

张：他们更为年轻、时尚，与老一辈农民工相比受教育程度较高，但和整个社会层次相比还是不够高。此外，他们也是社会的弱势群体，自身

权利经常得不到有效保护。虽然也有些自强不息或者十分成功的个例，但毕竟是少数。因此，农民工群体更多的是被媒体作为一种问题来研究的。

问：2010年2月，《楚天都市报》曾做过讨薪专题、经济复苏的用工潮、用工荒专题等等。你们是如何选择农民工专题的题材的？

张：因为这几个问题是中国城市化进程中出现的比较突出的问题，是值得报道、值得研究的问题。像去年前年的留守儿童问题，也是因为那段时间频繁出现，加上国家政策一直都是扶持农民工群体的，所以才会去做它。近一两年"80后"农民工数量大为增多，逐渐成为社会主体力量，他们的发展决定中国未来的发展。选材方面，还是主要以问题为主，当然也兼有对群体内特殊成功案例的报道，比如去年的湖北省十佳农民工评选活动就是正面的例子。

问：那作为主编，您是不是社会版稿件的最后把关人呢？在编辑的把关中，有没有什么问题是规定不可以报道的？

张：不能这么说。一般稿件选出来后，我们都会一起开会，有我上面的领导，也有其他编辑，都一起讨论来决定稿件的取舍。规定方面一般来说报道的依据还是看新闻性，但有些东西也不好说，如果遇到实在不能报的，我们也希望记者能够协调下私下把问题给解决了。

问：你们这些关于农民工的新闻的来源是否包括投诉电话之类？你们又是如何在众多投诉中选择问题的，是否有具体选择偏好？

张：我们这边的新闻来源有两方面，一是投诉电话，二是我们的记者本身和社会普通百姓的联系也比较密切，可以从他们身上得到线索。有些投诉听起来就是比较严重的突发性事件，这个肯定要有；那些一般性的，如果具有共性，比如说许多人都投诉同一问题，我们就去做；否则个别一般性的问题我们不可能全都顾及到。我们的记者有时也会与他们认识的农民工交流，看看情况是否属实，然后再进行选择。偏好方面我觉得主要是一些我们力所能及的可以解决的事情。有的事情媒体鞭长莫及，也就无力去插手。

问：我们调查发现，报道中个案较多，单纯报道个案能够从根本上解决问题吗？

张：其实我们除了对个案的报道，同样也有对群体问题的追踪，比如

477

今年的农民工讨薪问题，还是会对制度进行一定的追问。但是不可能说哪些系列报道能够马上促成政府的一些改变的，不能说没有，像孙志刚事件，但那只是特例。但是，一般来说这些报纸关注过的东西会造成点到面的关注，社会各方人士，有些甚至是政府的工作人员，会拿着报道去寻求解决；两会当中，人大代表也会将问题拿去形成议案，然后才能一步步推进政策转变。

问：我们在研究中发现，报道凸显其弱势群体形象。如讨薪、意外伤害、心理问题等。但新生代农民工与老一辈不同，他们的思想与消费观都"城市化"，文化程度相对较高并且作为年轻人有思想敏感的一面。调查中，有大约20%的被调查者希望报纸能够在报道中顾忌农民工群体尊严、提高其形象。您觉得在报道汇总如何平衡受众的阅读兴趣和被报道群体自身心理落差？

张：这确实是一直以来的一个问题，总体看来，报道的出发点不是为了展示他们的弱势或者被同情，而是因为问题的存在而报道。此外，报道中还是突出一些优秀案例以平衡形象的正负面问题。不仅仅是媒体，政府官员等也遇到同样的问题，他们也很委屈，觉得提供帮助反而让别人反感，觉得"被同情"。这不仅仅是媒体的问题，而是整个社会对他们的态度可能就是同情和当成弱势比较多一点。

问：我们通过调查分析，发现报道具有明显的季节性，主要是年头年尾。107篇里，12月占了64篇。平时是无事发生还是媒体关注度不够？

张：主要还是因为在年头有一个用工荒的问题，年尾有一些讨薪的问题，这些是无论新生代农民工或者老一代农民工都多多少少会遇到的问题。现在既然新生代农民工成为了农民工中的主要力量，尤其是南部沿海民企工人年轻化、新生代化了，那么在年头年尾的时候我们自然就会关注到新生代农民工身上去。至于平时，可能就是处于正常的工作、生活状态中，不会出现什么大的事件。除了一些突发个案可能涉及，至于针对群体的，应该不是关注不够，而是没有什么事情发生。

问：可没有事情发生不代表没有问题存在。对于农民工医疗、社会保险问题，还有职业培训等，这些问题是一直存在的，为什么平时不会策划报道一些专题？

478

张：有些东西不是报纸报道就能够解决问题的，这都是些复杂的社会问题，还牵扯到相关职能部门的改革等问题。报纸要做也只能够做到呼吁、倡导这一阶段，做了也是白做。我们认为这个就属于既无新闻价值也无社会作用的东西，所以我们也就不会去做。除非国家刚好有一些政策上的转变，例如医疗改革，我们关注医改的同时才能够去提一提关于农民工医疗保障的问题。

问：国家每年两会都是3月前后举行，在此之前的报道也更容易引起两会关注。这些报道增加是否有出于想推动政策出台方面的原因？

张：这个并没有考虑那么多。虽然每年是会出台一些关于农民工的政策，但是我认为这可能是因为我们国家的农民工数量庞大、不容忽视。然后年初正好有一些相关事件发生带来的报道，所以更加推动了政策的出台。

问：我们关注了报道的体裁方面，主要是消息为主，一年内一共有72篇。另外，通讯有25篇，评论6篇。深度、调查性报道比较少只有3篇。为什么会出现这种情况？

张：一个是因为都市报本来就以消息为主；二是因为深度报道占版大，也需要一定的深度和厚度才能够支持，也没有那么好做……还是以消息为主。

问：调查中，超过60%的农民工觉得媒体对他们的报道不真实的情况偏多，您如何看待这个问题？

张：我认为个人体验和群体意见还是有区别。像农民工群体中许多人认为自己并不处于一个被同情的状态，但实际上他们的社会形象却就是如此。所以他们怎么想不能够代表社会对他们怎么看，他们的生活条件与其他人的生活待遇还是有差异的，虽然他们自己不承认。对于农民工中少数做出成就的人，我们不会歧视他们，但社会工作本来就是金字塔式，大多数农民工因为自身无职业规划或能力有限导致他们还是生活在比较底层的。

问：我们调查中还发现一个新生代农民工普遍存在但媒体却忽略的问题，那就是他们存在超前消费的情况，和城市青年一样做"月光族"。在这个问题上您认为媒体需要对其进行引导吗？

479

张：我们确实没有报道过这类问题，但我觉得这个应该不是主流问题吧。我们报道过"月光族"问题，也许在那个报道上会提到一下新生代农民工群体，但我感觉这个问题没有很大的社会影响，不是报道的重点。

记：您觉得你们做这方面报道有什么优势与其他媒体不同？

张：我们做的其实其他媒体也都在做，优势可能就是我们市民性更强，更深入群众。这就使重大题材的深度报道有时候可以做出独家，比如今年年初的"回家"系列报道。

参考文献

一 著作类

[1] 毕宝德：《土地经济论》，中国人民大学出版社 2001 年版。

[2] 蔡昉：《中国人口流动方式与途径》，社会科学文献出版社 2001 年版。

[3] 蔡昉、张车伟等：《中国人口与流动问题报告》，社会科学文献出版社 2003 年版。

[4] 蔡禾：《城市社会学讲义》，人民出版社 2011 年版。

[5] 蔡禾、刘林平、万向东等：《城市化进程中的农民工——来自珠江三角洲的研究》，社会科学文献出版社 2009 年版。

[6] 陈堂发：《新闻媒体与微观政治》，复旦大学出版社 2008 年版。

[7] 郭庆光：《传播学教程》，中国人民大学出版社 2003 年版。

[8] 陈先元：《大众传媒素养论》，上海交通大学出版社 2005 年版。

[9] 程新征：《中国农民工若干问题研究》，中央编译出版社 2007 年版。

[10] 池子华：《农民工与近代社会变迁》，安徽人民出版社 2006 年版。

[11] 丛晓峰、刘溪：《社会公正与社会进步若干问题研究》，山东人民出版社 2005 年版。

[12] ［美］戴维·波普诺：《社会学》，李强等译，中国人民大学出版社 2007 年版。

[13] 戴元光：《传播学研究理论与方法》，复旦大学出版社 2003 年版。

[14] 戴元光、金冠军：《传播学通论》，上海交通大学出版社 2007 年版。

[15] 法律法规案例注释版系列编写组：《中华人民共和国农村土地承包法案例注释版》，中国法制出版社 2009 年版。

[16] ［荷］梵·迪克：《作为话语的新闻》，曾庆香译，华夏出版社 2003年版。

[17] 方晓红：《大众传媒与农村》，中华书局 2002 年版。

[18] 费孝通：《乡土中国》，上海人民出版社 2006 年版。

[19] ［美］盖伊·塔奇曼：《做新闻》，麻争旗、刘笑盈、徐扬译，华夏出版社 2008 年版。

[20] ［英］格雷姆·伯顿：《媒体与社会》，史安斌等译，清华大学出版社 2007 年版。

[21] 葛正鹏编：《农民工就业问题研究——基于浙江省新生代农民工视角》，中国水利水电出版社 2009 年版。

[22] 顾明远：《中国教育大全：马克思主义与中国教育》（下），湖北教育出版社 1994 年版。

[23] 国家人口和计划生育委员会流动人口服务管理司编：《中国流动人口发展报告 2012》，中国人口出版社 2012 年版。

[24] 国务院发展研究中心课题组：《农民工市民化制度创新与顶层政策设计》，中国发展出版社 2011 年版。

[25] 国务院研究室课题组：《中国农民工调研报告》，中国言实出版社 2006 年版。

[26] 韩俊：《中国农民工战略问题研究》，上海远东出版社 2009 年版。

[27] 韩李强：《农民工与社会分层》，社会科学文献出版社 2004 年版。

[28] 何勤华、李秀清：《民国法学论文精粹——宪政法律篇》，法律出版社 2002 年版。

[29] 何庆兰：《农村劳动力就业问题研究——以沪郊为例》，上海人民出版社 2010 年版。

[30] 何志斌：《大众媒介与公共政策——对武汉市"禁麻"政策的个案研究》，武汉大学出版社 2008 年版。

[31] 侯为民：《城镇化进程中农民工的劳动报酬与就业保障》，经济科学出版社 2015 年版。

[32] 胡杰成：《农民工市民化研究》，知识产权出版社 2011 年版。

[33] 黄旦：《传者图象：新闻专业主义的建构与消解》，复旦大学出版社

2005 年版。

［34］黄进才：《中国农民工权利保护的法律考察》，人民出版社 2011 年版。

［35］黄锟：《中国农民工市民化制度分析》，中国人民大学出版社 2011 年版。

［36］［美］埃里克·M. 艾森伯格、小 H. L. 古多尔：《组织传播——平衡创造性和约束》，白春生译，北京广播学院出版社 2004 年版。

［37］［法］加布里埃尔·塔尔德、特里·N. 克拉克：《传播与社会影响》，何道宽译，中国人民大学出版社 2005 年版。

［38］贾德裕：《现代化进程中的中国农民》，南京大学出版社 1998 年版。

［39］简新华、黄锟等：《中国工业化和城市化过程中的农民工问题研究》，人民出版社 2008 年版。

［40］［美］金伯莉·J. 达夫：《社会心理学挑战你的成见》，李颖珊、宋文译，中国人民大学出版社 2013 年版。

［41］金盛华：《当代社会心理学导论》，北京师范大学出版社 1994 年版。

［42］［美］卡罗尔·里奇：《新闻写作与报道训练教程》，钟鑫主译，中国人民大学出版社 2009 年版。

［43］［美］L. E. 戴维斯、D. C. 诺斯：《制度变革与美国经济增长》，剑桥大学出版社 1971 年版。

［44］李彬、杨芳、尹丽娟：《清华新闻传播学前沿讲座录》，清华大学出版社 2006 年版。

［45］李良荣：《新闻学概论》，复旦大学出版社 2001 年版。

［46］李明文：《和谐社会语境下的弱势群体报道研究》，武汉理工大学出版社 2013 年版。

［47］李培林：《农民工——中国进城农民工的经济社会分析》，社会科学文献出版社 2003 年版。

［48］李培林、李强等：《中国社会分层》，社会科学文献出版社 2004 年版。

［49］李强：《农民工与中国社会分层》，社会科学文献出版社 2011 年版。

［50］李强：《转型时期的中国社会分层结构》，黑龙江人民出版社 2002 年版。

［51］李学林：《社会转型与中国社会弱势群体》，西南交通大学出版社

2005 年版。

[52] 李岩：《媒介批评立场范畴命题方式》，浙江大学出版社 2005 年版。

[53] 刘传江、徐建玲：《中国农民工——市民化进程研究》，人民出版社 2008 年版。

[54] 刘华蓉：《大众传媒与政治》，北京大学出版社 2001 年版。

[55] 刘怀廉：《中国农民工问题》，人民出版社 2005 年版。

[56] 刘健娥：《中国乡——城移民的城市社会融入》，社会科学文献出版社 2012 年版。

[57] 刘建明等：《宣传舆论学大辞典》，经济日报出版社 1993 年版。

[58] 刘小年：《中国农民工政策研究》，湖南人民出版社 2007 年版。

[59] 卢亮：《城市化与农村劳动力转移就业》，湖南师范大学出版社 2008 年版。

[60] 陆学艺：《"三农论"——当代中国农业、农村、农民研究》，社会科学文献出版社 2002 年版。

[61] 陆学艺：《当代中国社会流动》，社会科学文献出版社 2004 年版。

[62] 陆晔：《媒介素养：理念、认知、参与》，经济科学出版社 2010 年版。

[63] 鲁勇：《和谐发展论新型工业与新型城市化契合》，清华大学出版社 2007 年版。

[64] 栾轶玫：《媒介形象学导论》，中国人民大学出版社 2007 年版。

[65] 吕巧平：《媒介化生存——中国青年媒体素质研究》，中国传媒大学出版社 2007 年版。

[66] [美] 迈克尔·辛格尔特里：《大众传播研究——现代方法与应用》，华夏出版社 2000 年版。

[67] 梅新林、陈国灿：《江南城市化进程与文化转型研究》，浙江大学出版社 2005 年版。

[68] 孟勤国：《中国农村土地流转问题研究》，法律出版社 2009 年版。

[69] 莫荣：《"民工潮"的背后：中国农民的就业问题》，红旗出版社 1993 年版。

[70] 《南方都市报》特别报道组：《洪流——中国农民工 30 年迁徙史》，花城出版社 2012 年版。

［71］〔美〕尼尔·哈斯：《公共新闻研究：理论、实践与批评》，曹进译，华夏出版社2010年版。

［72］钱文荣、黄祖辉：《转型时期的中国农民工——长江三角洲十六城市农民工市民化问题调查》，中国社会科学出版社2007年版。

［73］〔美〕乔恩·谢泼德：《美国社会问题》，山西人民出版社1987年版。

［74］任远：《城市流动人口的居留模式与社会融合》，上海三联书店2012年版。

［75］〔美〕塞伦·麦克莱：《传媒社会学》，曾静平译，中国传媒大学出版社2005年版。

［76］〔古希腊〕色诺芬：《回忆苏格拉底》，商务印书馆1984年版。

［77］邵培仁：《媒介生态学》，中国传媒大学出版社2008年版。

［78］沈立人：《中国弱势群体》，民主与建设出版社2005年版。

［79］盛来运：《流动还是迁移——中国农村劳动力流动过程的经济学分析》，上海远东出版社2008年版。

［80］〔美〕施拉姆：《大众传播媒体与社会发展》，金燕宁等译，华夏出版社1990年版。

［81］时蓉华：《社会心理学》，浙江教育出版社1998年版。

［82］〔美〕斯坦利·巴兰、丹尼斯·戴维斯：《大众传播理论：基础、争鸣与未来》，曹书乐译，清华大学出版社2004年版。

［83］〔英〕斯图尔特·霍尔：《表征——文化表象与意指实践》，徐亮、陆兴华译，商务印书馆2003年版。

［84］宋艳：《进城农民工弱势地位改变研究·政府人力资源管理的视角》，吉林大学出版社2010年版。

［85］孙大雄、徐增阳、杨正喜：《农民工权益的法律保障研究》，知识产权出版社2011年版。

［86］孙立平：《城乡之间的新二元结构与农民工的流动》，社会科学文献出版社2003年版。

［87］唐文金：《农户土地流转意愿与行为研究》，中国经济出版社2008年版。

［88］田松青：《农民进城就业政策变迁——兼论农民工劳动力市场地位》，

485

首都经济贸易大学出版社 2010 年版。

[89] [美] 托德·吉特林：《新左派运动的媒介镜像》，张锐译，华夏出版社 2007 年版。

[90] 王道勇：《中国农民工的未来》，云南教育出版社 2013 年版。

[91] 王静：《农民工城市就业问题及路径研究》，首都经济贸易大学出版社 2015 年版。

[92] 王同信、翟玉娟：《深圳新生代农民工调查报告》，中国法制出版社 2013 年版。

[93] 王伟光等：《社会生活方式论》，江苏人民出版社 1988 年版。

[94] 王玉波等：《生活方式》，人民出版社 1986 年版。

[95] 王竹林：《城市化进程中农民工市民化研究》，中国社会科学出版社 2009 年版。

[96] [美] 韦尔伯·施拉姆：《报刊的四种理论》，新华出版社 1980 年版。

[97] 微软（中国）有限公司、清华大学社会学系：《农民工：社会融入与就业——以政府、企业和民间伙伴关系为视角》，社会科学文献出版社 2008 年版。

[98] [美] 沃尔特·李普曼：《公共舆论》，阎克文译，上海人民出版社 2002 年版。

[99] [美] 沃纳·塞弗林、小詹姆斯·坦卡德：《传播理论：起源、方法与应用》，郭镇之译，华夏出版社 2000 年版。

[100] [美] 希伦·厄洛里、梅尔文·L. 德弗勒：《大众传播效果研究的里程碑》，中国人民大学出版社 2004 年版。

[101] 向春玲等：《城市化进程中的理论与实证研究》，湖南人民出版社 2008 年版。

[102] 谢建社：《风险社会视野下的农民工融入性》，教育社会科学文献出版社 2009 年版。

[103] 谢建社：《新产业工人阶层：社会转型中的农民工》，社会科学文献出版社 2005 年版。

[104] 谢建社：《新生代农民工融入城镇问题研究》，人民出版社 2011 年版。

［105］［美］新闻自由委员会：《一个自由而负责的新闻界》，中国人民大学出版社 2004 年版。

［106］阎力：《当代社会心理学》，华东师范大学出版社 2009 年版。

［107］严书翰、谢志强：《中国城市化进程》，中国水利水电出版社 2006 年版。

［108］阎志民：《中国现阶段阶级阶层研究》，中共中央党校出版社 2002 年版。

［109］杨继绳：《中国当代社会阶层分析》，江西高校出版社 2011 年版。

［110］杨思远：《中国农民工的政治经济学考察》，中国经济出版社 2005 年版。

［111］杨晓军：《农民工就业培训培训模式研究》，中国社会科学出版社 2011 年版。

［112］杨奕、何伟佳：《新闻传播学——考研复习题精编》，中国传媒大学出版社 2006 年版。

［113］叶兴庆：《现代化与农民进城》，中国言实出版社 2013 年版。

［114］［美］约翰·费斯克：《关键概念：传播与文化研究词典》（第二版），李彬译，新华出版社 2003 年版。

［115］［美］约翰·罗尔斯：《正义论》，中国社会科学出版社 1988 年版。

［116］臧国仁：《新闻媒体与消息来源——媒介框架与真实建构之论述》，台北三民书局 1999 年版。

［117］曾守锤：《流动儿童的社会适应》，华东理工大学出版社 2012 年版。

［118］张国良：《新闻媒介与社会》，上海人民出版社 2001 年版。

［119］张国胜：《中国农民工市民化：社会成本视角的研究》，人民出版社 2008 年版。

［120］张开：《媒介素养概论》，中国传媒大学出版社 2006 年版。

［121］张敏杰：《中国弱势群体研究》，长春出版社 2003 年版。

［122］张一名：《中国农民工社会政策研究》，中国劳动社会保障出版社 2009 年版。

［123］张占斌、丁德章：《城镇化进程中农民工市民化研究》，河北人民出版社 2013 年版。

[124] 张正河：《农业国的城市化：中国乡村城市化研究》，北京出版社 2001 年版。

[125] 郑素侠：《媒介化社会中的农民工：利益表达与媒介素养教育》，中国社会科学出版社 2013 年版。

[126] 郑兴东：《受众心理与传媒引导》，新华出版社 1999 年版。

[127] ［日］中村睦男、永井宪一：《生存权、教育权》，法律文化社 1989 年版。

[128] 中国发展研究基金会：《中国发展报告 2010——促进人的发展的中国新型城市化战略》，人民出版社 2010 年版。

[129] 钟蔚文：《从媒介真实到主观真实：看新闻，怎么看，看到什么?》，中正书局（台湾）1992 年版。

[130] 钟涨宝：《农村社会学》，高等教育出版社 2010 年版。

[131] 周秋琴：《法学视野下的农民工权益保障问题研究》，江苏大学出版社 2011 年版。

[132] 朱力：《中国民工潮》，福建人民出版社 2002 年版。

[133] 朱翔：《城市地理学》，湖南教育出版社 2003 年版。

[134] 邹晓美、高泉：《农民工权利研究》，中国经济出版社 2010 年版。

二　期刊论文类

[135] 顾朝林、吴莉娅：《中国城市化问题研究综述》，《城市与区域规划研究》2008 年第 2 期。

[136] 郭荣朝：《城镇化研究综述》，《绥化师专学报》2004 年第 1 期。

[137] 何爱国：《中国农民工问题研究述论》，《当代中国史研究》2007 年第 4 期。

[138] 黄达安：《农民工融入社区的身份认同研究》，《华南农业大学学报》（社会科学版）2008 年第 4 期。

[139] 黄典林：《从"盲流"到"新工人阶级"——近三十年〈人民日报〉新闻话语对农民工群体的意识形态重构》，《现代传播》2013 年第 9 期。

[140] 李培林：《城市化与我国新成长阶段——我国城市化发展战略研

究》，《江苏社会科学》2012 年第 5 期。

［141］刘士林：《都市化进程论》，《学术月刊》2006 年第 12 期。

［142］叶裕民：《中国流动人口特征与城市化政策研究》，《中国人民大学学报》2004 年第 2 期。

［143］郑成功、黄黎若莲：《中国农民工问题：理论判断与政策思路》，《中国人民大学学报》2006 年第 6 期。

［144］周一星：《论中国城市发展的规模政策》，《管理世界》1992 年第 6 期。

［145］徐和平：《美国与欧盟城市化政策与模式比较》，《城市发展研究》2009 年第 8 期。

［146］罗荣渠：《"现代化"的历史定位与对现代世界发展的再认识》，《历史研究》1994 年第 3 期。

［147］韩燕：《媒体对"农民工议题"的建构方式及趋势》，《传媒观察》2006 年第 2 期。

［148］雷涛：《媒体农民工报道内容分析》，《中国科技信息》2005 年第 11 期。

［149］李艳红：《一个"差异人群"的群体素描与社会身份建构：当代城市报纸对"农民工"新闻报道的叙事分析》，《新闻与传播研究》2006 年第 2 期。

［150］林晖：《"解读"时代——中国媒体新闻报道的新跨越》，《现代传播》2004 年第 3 期。

［151］潘毅、任焰：《国家与农民工：无法完成的无产阶级化》，《二十一世纪》2008 年第 6 期。

［152］谢建社、郑百灵、谢蓬勃：《社会变迁下的中国"农民工"》，《农业经济导刊》2004 年第 8 期。

［153］熊若愚、董结琴：《中国农民工问题调查报告》，《中国国情国力》2002 年第 12 期。

［154］姚上海：《中国农民工政策的回顾与思考》，《中南民族大学学报》2009 年第 3 期。

［155］朱丹：《主流文化视角下农民工媒介形象建构的实证分析——以〈人

民日报〉为例》，《江西师范大学学报》（哲学社会科学版）2012 年第 4 期。

[156] 朱力：《农民工阶层的特征与社会地位》，《南京大学学报》2003 年第 6 期。

[157] 陈军：《信息不平等：进城农民求职难的信息成因》，《情报科学》2006 年第 6 期。

[158] 方艳：《社会关系视野中的传播类型解析》，《媒体时代》2012 年第 4 期。

[159] 黄湘燕：《从"民工潮"到"民工荒"的制度经济学解析》，《湖南财政经济学院学报》2011 年第 1 期。

[160] 李红艳：《新生代农民工就业信息获取渠道中的断裂现象》，《青年研究》2011 年第 2 期。

[161] 李培林：《流动农民工的社会网络和社会地位》，《社会学研究》1996 年第 4 期。

[162] 刘宁、祝梅、杨虹：《农村劳动力转移中的政府角色与职能——对新疆政府组织型劳务转移的调查与分析》，《国家行政学院学报》2008 年第 1 期。

[163] 王建华：《农民工就业信息获取的影响因素研究——基于 243 位农民工的理论与实证分析》，《软科学》2010 年第 12 期。

[164] 郑英隆：《中国农民工弱信息能力初探》，《经济学家》2005 年第 5 期。

[165] 祝梅、肖安邦：《政府组织型劳务转移与新疆农村女性的人口流动》，《中共山西省委党校学报》2007 年第 12 期。

[166] 陈红梅：《大众媒介与社会边缘群体的关系研究——以拖欠农民工工资报道为例》，《新闻大学》2004 年第 1 期。

[167] 陈堂发：《政策议题建构中的新闻报道作用分析》，《南京社会科学》2008 年第 4 期。

[168] 董小玉、刘成文、杨晶：《谁为谁设置议程？——从农民工问题的报道看议程设置》，《新闻界》2009 年第 6 期。

[169] 韩燕：《媒体对"农民工"议题的建构方式及趋势》，《传媒观察》

2006 年第 2 期。

[170] 李艳红：《欧美传播研究视野中的新闻传媒与弱势社群》，《新闻与传播研究》2005 年第 2 期。

[171] 刘光：《大众传媒对弱势群体的歧视》，《青年记者》2006 年第 5 期。

[172] 裴立新：《农民工报道如何避免类型化》，《传媒观察》2007 年第 5 期。

[173] 乔敏、王勇：《关于农民工报道的反思》，《新闻世界》2010 年第 7 期。

[174] 盛昕：《改革开放 30 年中国农民工政策的演进及发展》，《学术交流》2008 年第 4 期。

[175] 陶建杰：《大众传媒对民工观念的影响力研究》，《新闻与传播研究》2004 年第 2 期。

[176] 童兵：《大众传媒和公共政策的关系》，《新闻传播》2008 年第 6 期。

[177] 王平：《当前农村政策报道中存在的问题解析》，《东南传播》2009 年第 11 期。

[178] 卫凤瑾：《大众传媒与农民话语权——从农民工"跳楼秀"谈起》，《新闻与传播研究》2004 年第 2 期。

[179] 吴锦才：《政策解读报道：来龙去脉皆新闻》，《中国记者》2006 年第 1 期。

[180] 武炳明：《呼吁式报道写作技巧与时机》，《记者摇篮》2008 年第 7 期。

[181] 周茂川、郁炳隆：《关于农民工报道的问题与对策》，《新闻知识》2003 年第 6 期。

[182] 周茂川、郁炳隆：《农民工报道：媒体还要做什么?》，《传媒观察》2003 年第 7 期。

[183] 朱进星：《努力开掘对农民工群体的报道深度》，《新闻传播》2009 年第 3 期。

[184] 李群：《如何做好对农民工的宣传报道》，《新闻世界》2010 年第 8 期。

[185] 孙正好：《有关农民工报道的议题分析——〈以人民日报〉2000—

491

2010 的报道为例》，《青年记者》2011 年第 7 期。

［186］王春林：《关于农民工媒体报道的思考》，《武汉公安干部学院报》2012 年第 3 期。

［187］杨红朝：《农民工工作环境权及其法律保护探析》，《中国安全生产科学技术》2011 年第 2 期。

［188］吴玉兰、张祝彬：《城市化视角下新生代农民工报道研究——以〈楚天都市报〉为例》，《中南财经政法大学研究生学报》2011 年第 4 期。

［189］张岩：《都市媒体如何突破农民工报道的误区》，《中国广播》2009 年第 9 期。

［190］张力：《华西都市报农民工报道研究——以 1997—2009 年的报道为例》，《新闻世界》2010 年第 4 期。

［191］冯占军：《从富士康事件透视新生代农民工生存困境》，《长江论坛》2010 年第 4 期。

［192］李连江：《关于农民工新闻报道的研究》，《东方企业文化》2012 年第 8 期。

［193］李建华：《农民工低工资：现状、原因和对策》，《城乡统筹与农村改革》2009 年第 5 期。

［194］贺习耀、眭红卫：《农民工的膳食调理浅析》，《消费导刊》2008 年第 7 期。

［195］吴新慧：《传统与现代之间——新生代农民工的恋爱与婚姻》，《中国青年研究》2011 年第 1 期。

［196］杨风：《生活方式视角的农民工融入城市：成都证据》，《重庆社会科学》2011 年第 4 期。

［197］张春林：《传媒产业化背景下党报受众策略的调整》，《新闻界》2005 年第 2 期。

［198］文军：《农民市民化：从农民到市民的角色转型》，《华东师范大学学报》（哲学社会科学版）2004 年第 5 期。

［199］陈映芳：《"农民工"：制度安排与身份认同》，《社会学研究》2005 年第 3 期。

[200] 张华、黄修卓：《英格尔斯人的现代化理论论略》，《湖南人文科技学院学报》2008 年第 5 期。

[201] 包晓云：《农民工报道中属性议程设置的变化》，《西南民族大学学报》（人文社会科学版）2005 年第 9 期。

[202] 陈文高：《当前农民工媒介镜像批判》，《学术交流》2007 年第 5 期。

[203] 崔婧：《突破都市媒体农民工报道误区——兼谈〈钱江晚报〉农民工系列报道的成功》，《青年记者》2006 年第 10 期。

[204] 邓达：《浅谈媒体在农民工报道中的"弱视"问题》，《时代教育》（教育教学版）2009 年第 1 期。

[205] 丁山：《农民工报道中的人文关怀》，《新闻前哨》2008 年第 5 期。

[206] 董小玉、胡杨：《都市类媒体中农民工形象流变研究》，《新闻爱好者》2010 年第 10 期。

[207] 高剑宁、祁媛、梁兰：《对农民工话语媒体表述的调查》，《甘肃联合大学学报》（社会科学版）2006 年第 6 期。

[208] 苟国旗：《农民工媒介形象与转型》，《求索》2009 年第 9 期。

[209] 韩燕：《"农民工"议题的建构方式及趋势分析》，《浙江工业大学学报》（社会科学版）2005 年第 2 期。

[210] 黄达安：《"妖魔化"与权力关系再生产：国内报纸对农民工报道的内容分析》，《西北人口》2009 年第 3 期。

[211] 贾浅浅：《弱势群体新闻报道的社会思考——以农民工报道为例》，《新闻爱好者》2008 年第 10 期。

[212] 金林、毛浩：《农民工社会角色的媒体框架构建》，《中国青年研究》2008 年第 11 期。

[213] 李金球、张兴旺、吴文娟：《农民工报道的人文视角》，《新闻前哨》2009 年第 8 期。

[214] 李明文：《关于弱势群体报道研究的分析》，《当代传播》2009 年第 3 期。

[215] 李亚琴：《兰州晚报农民工报道内容分析》，《东南传播》2005 年第 12 期。

[216] 刘隽：《大众传媒中弱势群体利益表达现状——以重庆传媒农民工

493

报道的内容分析为例》，《西南政法大学学报》2008 年第 2 期。

[217] 刘祖斌：《农民工报道的表面化、模式化问题——以〈武汉晨报〉为例》，《新闻记者》2007 年第 3 期。

[218] 祁媛、高剑宁、梁兰：《关于报纸中农民工报道的调查——兼析农民工话语权》，《新闻知识》2006 年第 9 期。

[219] 邵慧霞：《营造和谐氛围减少农民工报道问题》，《东南传播》2006 年第 4 期。

[220] 童兵、潘荣海：《"他者"的媒介镜像——试论新闻报道与"他者"制造》，《新闻大学》2012 年第 2 期。

[221] 屠小华：《论农民工报道的责任意识与策略艺术》，《新闻世界》2011 年第 9 期。

[222] 汪黎黎：《"城市边缘人"报道的边缘化倾向》，《传媒观察》2005 年第 6 期。

[223] 吴俊斐：《新媒体时代党报农民工报道分析——以〈金华日报〉为例》，《东南传播》2011 年第 5 期。

[224] 项继权：《农民工子女教育、政策选择与制度保障——关于农民工子女教育问题的调查分析及政策建议》，《华中师范大学学报》（人文社会科学版）2005 年第 3 期。

[225] 胥宇虹、蓝东兴：《"农民工"报道的媒体视阈反思》，《新闻界》2011 年第 5 期。

[226] 朱应平：《论弱势群体权利的宪法司法保护》，《云南行政学院学报》2003 年第 3 期。

[227] 徐瑞、张强：《〈楚天金报〉农民工报道分析》，《齐齐哈尔大学学报》2007 年第 11 期。

[228] 张力：《〈华西都市报〉农民工报道研究——以 1997—2009 的报道为例》，《新闻世界》2010 年第 4 期。

[229] 孔全新、康和平：《回顾与展望：我国新生代农民工培训研究》，《成教研究》2012 年第 9 期。

[230] 孙正林、郭秀秀：《农民工培训、现状、问题与对策》，《东北农业大学学报》2011 年第 11 期。

[231] 由建勋、陈留彬：《农民工培训的现实困境及对策》，《职业技术教育》2010 年第 11 期。

[232] 胡娇、洪俊：《农民工培训的原则及路径探索——基于长三角地区农名工的调查分析》，《东北师大学报》2007 年第 5 期。

[233] 刘奉越：《农民工培训的障碍因素及对策分析》，《成人教育》2009 年第 2 期。

[234] 杜永红、李鑫：《城市融入视角下新生代农民工培训、问题与对策》，《成教研究》2011 年第 4 期。

[235] 马桂萍：《农民工培训的制约因素及突破思路》，《高等农业教育》2004 年第 11 期。

[236] 雷世平、姜群英：《农名工培训工作面临的问题及对策》，《中国农业教育》2011 年第 4 期。

[237] 陈小英：《农民工培训供需失衡分析与思考》，《中南财经政法大学研究生学报》2006 年第 1 期。

[238] 刘忠明：《农民工培训问题的现状问题与对策》，《中国农学通报》2007 年第 10 期。

[239] 杨燕：《农民工培训问题研究》，《理论建设》2006 年第 4 期。

[240] 黄乾：《农民工培训需求影响因素的实证研究》，《财贸研究》2008 年第 4 期。

[241] 陈灵仙：《农民工培训中的政府职责》，《怀化学院学报》2007 年第 4 期。

[242] 洪烈平：《农民工职业培训效果的影响因素与对策》，《教育与职业》2011 年第 4 期。

[243] 何建华、孙乃纪、顾洪涛：《农民工职业培训效果及其影响因素实证研究》，《广西社会科学》2013 年第 3 期。

[244] 王华柯：《我国农民工培训研究综述》，《湖北大学成人教育学院学报》2010 年第 8 期。

[245] 张胜军：《我国农民工培训政策的回顾与前瞻》，《成人教育》2007 年第 10 期。

[246] 周盈孜：《我国职业培训体系与新生代农民工职业发展的失衡研究》，

《法制与社会》2012 年第 1 期。

[247] 刘辉、曾福生：《新农村建设时期农民工培训的理论与实践》，《湖南农业大学学报》2006 年第 5 期。

[248] 霍玉文：《新生代农民工培训的障碍因素分析及对策探究》，《河北师范大学学报》2012 年第 3 期。

[249] 唐文君：《职业院校开展农民工培训的现状、问题与对策研究》，《职业技术教育》2010 年第 4 期。

[250] 许恒周、郭玉燕、吴冠岑、金晶：《代际差异视角下农民工土地流转意愿的影响因素分析——基于天津 613 份调查问卷的实证研究》，《资料科学》2012 年第 10 期。

[251] 赵振宇、梁建强：《新媒体时代地方党报提升社会服务功能的策略探究——以湖北日报改版为例》，《新闻实践》2012 年第 7 期。

[252] 洪名勇、关海霞：《农户土地流转行为及影响因素分析》，《经济问题》2012 年第 8 期。

[253] 刘天纵、董兢、张珊妮：《经济报道如何接地气——以湖北日报春运系列报道为例》，《新闻前哨》2013 年第 8 期。

[254] 陈辉、熊春文：《关于农民工代际划分问题的讨论——基于曼海姆的代的社会学理论》，《中国农业大学学报》（社会科学版）2011 年第 4 期。

[255] 邓秀华：《新生代农民工问题及其市民化路径选择》，《求索》2010 年第 8 期。

[256] 段京肃：《社会的阶层分化与媒介的控制权和使用权》，《厦门大学学报》（哲学社会科学版）2004 年第 1 期。

[257] 贾毅：《新生代农民工媒介接触的状况与反思》，《新闻界》2012 年第 8 期。

[258] 黄俊华：《新生代农民工社会化过程中的媒体策略研究》，《新闻界》2011 年第 4 期。

[259] 黄俊华、许同文：《新生代农民工大众媒介接触研究》，《新闻传播》2011 年第 12 期。

[260] 简新华：《新生代农民工融入城市的障碍与对策》，《求是学刊》2011

年第 1 期。

[261] 林丽明：《创新新生代农民工报道的五大关键》，《中国记者》2010
年第 7 期。

[262] 栾云云：《浅析新生代农民工市民化途径》，《经济研究导刊》2010
年第 23 期。

[263] 刘传江、徐建玲：《第二代农民工及其市民化研究》，《中国人口》
2007 年第 1 期。

[264] 刘谦、刘丹：《农民工报道的新探索——评〈中国青年报〉"新生
代农民工系列报道"》，《新闻实践》2006 年第 2 期。

[265] 邵培仁：《论媒介生态系统的构成、规划与管理》，《浙江师范大学
学报》（社会科学版）2008 年第 2 期。

[266] 舒克龙：《当代农民工代际转换与新农村建设的矛盾及化解》，《哈
尔滨市委党校学报》2008 年第 2 期。

[267] 宋阳、闫宏微：《新生代农民工心理问题与价值观变迁研究述评》，
《南京理工大学学报》（社会科学版）2011 年第 6 期。

[268] 陶建杰：《民工的媒介接触状况及评价——以上海市徐汇区为例》，
《新闻大学》2003 年第 4 期。

[269] 汪堂家：《代际伦理的两个维度》，《中州学刊》2006 年第 3 期。

[270] 王春光：《新生代农村流动人口的社会认同与城乡融合的关系》，
《社会学研究》2001 年第 3 期。

[271] 王春光：《新生代农民工城市融入进程及问题的社会学分析》，《青
年探索》2010 年第 3 期。

[272] 王芳：《大众传媒与农民工的关系研究——以〈人民日报〉对农民
工的报道为例》，《开发研究》2007 年第 1 期。

[273] 王小红：《大众传媒与农村转移人员的城市化》，《武汉理工大学学
报》（社会科学版）2004 年第 4 期。

[274] 夏凌燕：《广东省农民工问题研究》，《数据》2011 年第 12 期。

[275] 夏杨玫：《城市主流媒体为农民工市民化服务的信息策略研究》，《现
代情报》2013 年第 6 期。

[276] 许向东：《试论农民工报道中传播者的偏见与歧视现象》，《国际新

闻界》2008 年第 2 期。

[277] 张思远：《农民工媒介形象传播的问题与对策》，《新闻世界》2014 年第 1 期。

[278] 朱丹：《都市报关于农民工报道的实证分析及对策建议》，《传媒》2013 年第 3 期。

[279] 甄月桥、朱茹华、陈薇等：《城镇化背景下新生代农民工价值冲突分析——以杭州新生代农民工为例》，《安徽农业科学》2011 年第 32 期。

[280] 郑欣：《新生代农民工的城市适应——基于传播社会学的视角》，《南京社会科学》2011 年第 3 期。

[281] 曹玲娟：《当代农民阶层社会角色变化分析——〈人民日报〉相关报道透析》，《徐州工程学院学报》2004 年第 20 期。

[282] 许经勇、曾芬钮：《"农民工"——我国经济社会转型期的一个特殊范畴》，《学术研究》2004 年第 2 期。

[283] 商红明：《信息、博弈与农民工权益保障》，《河北法学》2011 年第 7 期。

[284] 蔡虹：《工人报舆论监督的定位》，《新闻界》2000 年第 5 期。

[285] 范瑞先：《工人日报维权报道特色》，《新闻三昧》2007 年第 1 期。

[286] 苏世海、汪泓、刘倩、刘萍萍：《农民工维权的博弈论分析及农民工权益保护思考》，《安徽农业科学》2010 年第 33 期。

[287] 刘红云、张晓亮：《论多元视角下农民工利益表达机制的制度化建设》，《理论观察》2007 年第 4 期。

[288] 徐增阳：《谁来保障亿万农民工的选举权》，《宁波党校学报》2003 年第 6 期。

[289] 李亚琴：《〈兰州晚报〉农民工报道内容分析》，《东南传播》2005 年第 12 期。

[290] 于建嵘：《农民维权与底层政治》，《东南学术》2008 年第 3 期。

[291] 高庆华：《党报都市新闻版的价值取向》，《中国报业》2007 年第 12 期。

[292] 肖云端：《农民工健康权益保护的困境与对策——以"开胸验肺"

事件为分析视角》,《湖北社会科学》2010 年第 3 期。

[293] 李军:《中国弱势群体利益表达的路径选择:以张海涛"开胸验肺"事件为例》,《经济研究导刊》2013 年第 5 期。

[294] 孙玉双:《论强化弱势群体报道的创新思维》,《城市党报研究》2011年第 2 期。

[295] 陈欣:《由"80 后"被批判所引发的话语权力泛滥问题》,《新西部》2009 年第 4 期。

[296] 李巍:《城市化与农民工问题》,《科学教育家》2009 年第 1 期。

[297] 李雪梅:《他者视域中农民工形象的现代性缺失》,《当代文坛》2007年第 3 期。

[298] 倪炎元:《再现的政治:解读媒介对他者负面建构的策略》,《新闻学研究》第 50 期。

[299] 强月新、刘莲莲:《理论阐释:实践拓展与机制保障——推进"走转改"常态化的三个向度》,《新闻与传播研究》2013 年第 2 期。

[300] 乔同舟、李红涛:《农民工社会处境的再现》,《新闻大学》2005 年第 4 期。

[301] 王贵斌、张建中:《媒介、社会真实与新闻文化的建构》,《当代传播》2004 年第 1 期。

[302] 王星:《城市农民工形象建构与歧视集中效应》,《社会科学评论》2006 年第 3 期。

[303] 吴晓明:《媒介传播中的话语权倾向》,《烟台师范学院学报》(哲学社会科学版)2001 年第 3 期。

[304] 夏倩芳、景义新:《社会转型与工人群体的媒介表达》,《新闻与传播评论》2008 年。

[305] 夏倩芳、张明新:《社会冲突性议题之党政形象建构分析——以〈人民日报〉之"三农"常规报导为例》,《新闻学研究》(台湾)2007 年第 91 期。

[306] 曾庆香、刘自雄:《论新闻源与新闻的话语主体》,《国际新闻界》2006 年第 1 期。

[307] 减海群:《传播学教育新方向从媒介研究到媒介素养》,《现代传

播》2003 年第 6 期。

[308] 郑素侠:《农民工媒介素养现状调查与分析——基于河南省郑州市的调查》,《现代传播》2010 年第 10 期。

[309] 徐艳:《媒介资源重组与农民工媒介素养研究》,《新闻世界》2012 年第 6 期。

[310] 景江瑛:《论农民工的媒介素养教育》,《西南农业大学学报》2009 年第 1 期。

[311] 杜忠峰、史晓宇:《对农民工媒介素养现状的调查研究——以昆明大学城建筑工地为个案》,《东南传播》2011 年第 3 期。

[312] 郑素侠:《城镇化进程中农民工媒介素养教育的途径》,《中国广播电视学刊》2010 年第 10 期。

[313] 姚道武:《城市化背景下城市居民媒介素养教育刍议》,《学理论》2010 年第 33 期。

[314] 蔡楚泓:《农民媒介接触情况调查——以山西省晋中,运城,吕梁地区农村为例》,《现代视听》2012 年第 5 期。

[315] 李宁:《新生代农民工媒介使用情况调查》,《新闻爱好者》2011 年第 10 期。

[316] 刘佳:《上海大学生媒介素养现状调查报告》,《新闻记者》2006 年第 3 期。

[317] 周葆华、陆晔:《从媒介使用到媒介参与:中国公众媒介素养的基本现状》,《新闻大学》2008 年第 4 期。

[318] 刘林平:《交往与态度:城市居民眼中的农民工——对广州市民的问卷调查》,《中山大学学报》2008 年第 2 期。

[319] 王毅杰、倪云鸽:《流动农民社会认同现状探析》,《苏州大学学报》2005 年第 2 期。

[320] 朱力:《群体性偏见与歧视——农民工与市民的磨擦性互动》,《江海学报》2001 年第 6 期。

[321] 陆林:《融入与排斥的两难:农民工入城的困境分析》,《西南大学学报》2007 年第 6 期。

[322] 马广海:《二元劳动力市场与对农民工的制度性歧视》,《山东省农

500

业管理干部学院学报》2003 年第 5 期。

［323］钟奕：《从劳动力市场分割原理透视当前中国社会地位不平等》，《河北旅游职业学院学报》2006 年第 1 期。

［324］陈静茹、蔡美瑛：《全球暖化与京都议定书议题框架之研究——以 2001—2007：〈纽约时报新闻为例〉》，《新闻学研究》（台湾）2009 年第 100 期。

［325］陈阳：《框架分析：一个亟待澄清的理论概念》，《国际新闻界》2007 年第 4 期。

［326］陈阳：《青年典型人物的建构与嬗变——〈人民日报〉塑造的雷锋形象》（1963—2003），《国际新闻界》2008 年第 3 期。

［327］邓惟佳：《试论架构理论在新闻传播学的运用》，《国际新闻界》2008 年第 3 期。

［328］范明献：《对境外灾难报道的新闻框架分析——以〈中国青年报〉海地、智利地震报道为例》，《当代传播》2011 年第 3 期。

［329］方博、方刚：《"合理"的框架在"变动"的身后——对 2006—2010〈中国青年报〉大学生就业报道的框架研究》，《今传媒》2011 年第 8 期。

［330］贺蕾、黄芝晓：《媒介与民主——〈人民日报〉1978—2012"两会"报道框架分析》，《新闻大学》2012 年第 5 期。

［331］黄伟彬：《连胜文枪击案的媒体框架建构分析——以 TVBS，民视和央视为例》，《东南传播》2011 年第 8 期。

［332］惠东坡：《我国新闻修辞研究的现状与趋势》，《现代传播》（中国传媒大学学报）2011 年第 4 期。

［333］李海波、郭建斌：《事实陈述 vs. 道德评判：中国大陆报纸对"老人摔倒"报道的框架分析》，《新闻与传播研究》2013 年第 1 期。

［334］李璐：《框架理论视角下的铁路春运报道分析——以 2009—2013：〈人民日报〉为例》，《新闻世界》2014 年第 12 期。

［335］陆晔：《香港中文报纸中的中国内地新闻：新闻文本的框架研究》，《新闻大学》1998 年第 2 期。

［336］欧亚：《试析框选效果研究的现状、问题和出路》，《国际新闻界》

501

2008 年第 3 期。

[337] 邵静：《〈纽约时报〉中的中国政治形象研究》，《浙江传媒学院学报》2011 年第 6 期。

[338] 孙彩芹：《框架理论发展 35 年文献综述——兼述内地框架理论发展的问题和建议》，《国际新闻界》2010 年第 9 期。

[339] 王培培：《近年新闻传播领域框架理论研究综述》，《青年记者》2009 年第 21 期。

[340] 王秀丽、韩纲、帕梅拉·J. 休梅克：《〈新闻调查〉1996—2005：一种框架分析》，《国际新闻界》2011 年第 12 期。

[341] 薛婧、崔峰：《"图文互动"传播模式探析》，《新闻传播》2007 年第 5 期。

[342] 杨雅淇：《"7·23 动车事故"的新闻报道框架分析——以新浪网为例》，《新闻世界》2012 年第 1 期。

[343] 许向东：《西方弱势群体新闻报道的经验与技巧》，《国际新闻界》2005 年第 5 期。

[344] 杨击：《当代中国社会新生阶层媒介报道研究述评》，《新闻理论》2007 年第 3 期。

[345] 俞虹：《当代社会阶层变迁与电视传播价值取向》，《现代传播》2002 年第 6 期。

[346] 王思斌：《社会转型中的弱势群体》，《中国党政干部论坛》2002 年第 3 期。

[347] 樊葵：《当代传播中的传媒歧视》，《当代传播》2003 年第 5 期。

[348] 周春霞：《论农村弱势群体的媒介话语权》，《安徽大学学报》2005 年第 3 期。

[349] 陈朝晖：《弱势群体报道中人文精神的缺失及成因与规避》，《孝感学院学报》2006 年第 2 期。

[350] 许向东：《弱势群体新闻报道的价值取向分析》，《国际新闻界》2006 年第 8 期。

[351] 钱再见：《中国社会弱势群体及其社会支持政策》，《江海学刊》2002 年第 2 期。

［352］李云智：《转型时期的弱势群体与和谐社会构建》，《中南民族大学学报》2006 年第 4 期。

［353］工贵斌：《社会真实与新闻史化的社会建构》，《当代记者》2004 年第 1 期。

［354］许信胜：《户籍制度与我国农民工问题》，《开发研究》2006 年第 5 期。

三　学位论文类

［355］蔡江涛：《改革开放以来我国农民工政策的演进和发展》，硕士学位论文，新疆大学，2012 年。

［356］丰帆：《我国媒体对"农民工"报道的内容分析与话语探讨》，硕士学位论文，暨南大学，2005 年。

［357］沈亚英：《〈人民日报〉民工报道研究（1988—2006）》，硕士学位论文，西北大学，2007 年。

［358］唐斌：《〈人民日报〉中（1987—2007）农民工的话语再现》，博士学位论文，上海外国语大学，2010 年。

［359］唐娟：《〈人民日报〉农民工报道流变研究》，硕士学位论文，重庆师范大学，2012 年。

［360］于中涛：《媒介融合下的新闻报道方式创新》，硕士学位论文，吉林大学，2011 年。

［361］赵敏：《农民工报道的传播学研究——〈人民日报〉〈农民日报〉〈中国青年报〉为例》，硕士学位论文，北京师范大学，2005 年。

［362］周小游：《〈人民日报〉新生代农民工媒介形象研究》，硕士学位论文，湘潭大学，2013 年。

［363］张贵凯：《人本思想指导下推进新型城镇化研究——以陕西省为例》，博士学位论文，西北大学，2013 年。

［364］陈慧：《农民工在珠三角地区媒体上的形象再现研究》，硕士学位论文，苏州大学，2008 年。

［365］孙西娇：《试析网络新媒体中的农民工形象》，优秀硕士学位论文，南昌大学，2007 年。

［366］夏耘海：《北京建筑业农民工的媒介使用》，硕士学位论文，中国青年政治学院，2010 年。

［367］陈静：《长沙市农民工媒介消费研究》，硕士学位论文，湖南大学，2008 年。

［368］钟奉：《城镇化进程中的农民工媒介素养研究》，硕士学位论文，山东大学，2011 年。

［369］田慧：《北京市学龄期农民工随迁子女媒介素养研究》，硕士学位论文，中国青年政治学院，2011 年。

［370］王英占：《新生代"农民工"媒介素养教育研究——以重庆市为例》，硕士学位论文，西南政法大学，2011 年。

［371］景江瑛：《九龙坡工业园区农民工媒介素养研究》，硕士学位论文，西南大学，2010 年。

［372］李洁玉：《农民工网络媒介素养现状及提升对策研究》，硕士学位论文，暨南大学，2011 年。

［373］邹美萍：《边缘化新生代农民工身份认同困境研究》，硕士学位论文，华中师范大学 2012 年。

［374］邹英：《新生代农民工自我身份认同困境的社会学分析》，硕士学位论文，吉林大学，2007 年。

［375］关颖哲：《农民工就业歧视问题分析》，硕士学位论文，东北财经大学，2006 年。

［376］杜娟：《突发公共卫生事件报道的框架分析》，硕士学位论文，西南大学，2014 年。

［377］郭权：《现实、符号与认知——对三个世界的研究思考》，硕士学位论文，江西师范大学，2007 年。

［378］胡晓胜：《小毛驴市民农园的报道框架分析》，硕士学位论文，河北大学，2014 年。

［379］靳赫：《党报学雷锋报道的嬗变》，硕士学位论文，兰州大学，2012 年。

［380］李海波：《揪出幽灵：新闻文本框架之概念及辨识方法》，硕士学位论文，云南大学，2013 年。

［381］李倩：《穗蓉两地媒体汶川地震报道的框架分析》，硕士学位论文，

504

暨南大学，2010 年。

［382］李秀利：《环境报道的框架分析》，硕士学位论文，陕西师范大学，2011 年。

［383］罗颖凤：《医疗体制改革报道的框架分析》，硕士学位论文，兰州大学，2007 年。

［384］齐洋洋：《主流媒体塑造我国和谐大国形象的框架分析》，硕士学位论文，上海交通大学，2010 年。

［385］王菁菁：《框架理论视角下的〈人民日报〉西部报道研究》，硕士学位论文，山东大学，2012 年。

［386］武晓波：《框架理论视角下党报和都市报民生新闻的比较研究——以〈安徽日报〉和〈新安晚报〉为例》，硕士学位论文，安徽大学，2011 年。

［387］夏克余：《台湾媒体上海世博会报道的框架分析》，硕士学位论文，上海外国语大学，2012 年。

［388］谢影月：《奥运报道如何建构国家形象——以〈人民日报〉奥运报道为例》，硕士学位论文，暨南大学，2006 年。

［389］张佳佳：《中国大陆与台湾报纸之事件报道框架论析》，硕士学位论文，南京理工大学，2010 年。

［390］赵玲：《〈纽约时报〉对六轮六方会谈的框架分析》，硕士学位论文，上海外国语大学，2011 年。

［391］孙瑶：《新世纪以来媒体对弱势群体的报道研究》，硕士学位论文，渤海大学，2013 年。

［392］赵玉清：《从框架理论看弱势群体报道的客观真实诉求》，硕士学位论文，华东师范大学，2006 年。

［393］高月：《我国农民工就业及其制约因素研究》，博士学位论文，吉林大学，2011 年。

［394］王治宇：《新生代农民工就业问题研究》，硕士学位论文，江西农业大学，2012 年。

［395］王志霞：《新时期我国政策报道策略研究》，博士学位论文，华中科技大学，2008 年。

［396］徐艳：《社会公正视角下的农民工报道研究》，博士学位论文，华中科技大学，2011年。

［397］苏亚丽：《从传媒视角看我国农民工的社会身份变迁》，硕士学位论文，郑州大学，2008年。

［398］黄达安：《妖魔化农民工群体之媒介定型——国内报纸有关农民工报道的考察》，硕士学位论文，吉林大学，2007年。

［399］陈晓亚：《从农民工的维权报道看舆论监督的建设性》，硕士学位论文，河北大学，2006年。

［400］陈付军：《农村"留守儿童"教育问题研究——以河南省舞钢市尚店镇为例》，硕士学位论文，华中农业大学，2010年。

［401］罗真：《农民工媒体话语的历史变迁》，硕士学位论文，复旦大学，2010年。

［402］沈亚英：《〈人民日报〉农民工报道研究》（1988—2006），硕士学位论文，西北大学，2007年。

［403］程建林：《第二代农民工市民化研究》，博士学位论文，武汉大学，2009年。

［404］李星：《〈南方周末〉视阈下的农民工——〈南方周末〉（1984—2008）农民工报道研究》，硕士学位论文，华中师范大学，2009年。

［405］沈亚英：《〈人民日报〉农民工研究》（1988—2006），硕士学位论文，西北大学，2007年。

［406］黄燕萍：《近年来我国媒体对农民工形象的呈现——以框架理论的观点》，硕士学位论文，广西大学，2007年。

［407］曹淑惠：《对〈人民日报〉农民工实证的分析——以1993—2006的报道为例》，硕士学位论文，华中师范大学，2007年。

［408］李星：《南方周末视阈下的农民工——以〈南方周末〉（1984—2008）报道为例》，硕士学位论文，华中师范大学，2009年。

［409］王钰：《我国法制新闻报道的现状与未来发展趋势研究》，硕士学位论文，山西大学，2011年。

［410］王菲：《我国法制新闻报道的问题与对策研究》，硕士学位论文，中国传媒大学，2008年。

四　其他参考文献

[411] 冯恩大:《农民工:都市媒体的"集体盲区"——兼论现阶段大众传媒的角色、功能与责任》,中国传播学论坛论文,2004 年。

[412] 李汉林:《关系强度与虚拟社区——农民工研究的一种视角》,"民工流动:现状趋势与政策"研讨会,中国社会科学院社会学研究所主办,2002 年。

[413] 李艳红:《新闻报道常规与弱势社群的公共表达:当代城市报纸对"农民工"报道的量化分析》,中国传播学论坛论文集,2006 年。

[414] 戴敦峰:《中国遭遇到 20 年来首次"民工荒"》,《南方周末》2004 年 7 月 15 日。

[415] 蓝盾、建永、洁娜:《民工告急多米诺骨牌效应揭秘》,《温州都市报》2004 年 7 月 31 日。

[416] 刘许川、周涛:《广东民工荒是真是假,透视工人和工厂的价格博弈》,《经济观察报》2004 年 7 月 24 日。

[417] 涂萍:《我国农民工就业信息化进程中的主要问题》,《中国劳动保障报》2012 年 9 月 10 日。

[418] 王雷、王吉陆:《珠三角惊呼:民工短缺!》,《南方都市报》2004 年 8 月 3 日。

[419] 杨岷:《收入低不够消费　杭州五成外来务工者节后不回头》,《东方早报》2002 年 2 月 2 日。

[420] 徐晓风:《中国真实城市化率不到 35%》,《扬子晚报》2013 年 6 月 28 日。

[421] 国家统计局农村司:《2009 年全国农民工监测调查报告》,http://www.stats.gov.cn/ztjc/ztfx/fxbg/201003/t20100319_ 16135.html, 2010 - 03 - 19。

[422] 国家统计局住户调查办公室:《新生代农民工的数量,结构和特点》,http://www.stats.gov.cn/ztjc/ztfx/fxbg/201103/t20110310_ 16148.html, 2011 - 03 - 11。

五 外文类

[423] Cohen, M. L., "Cultural and Political Inventions in Modern China: The Case of the Chinese Peasant", *Daedalus*, 1993 (2).

[424] Fairclough, Norman, *Critical Discourse Analysis: The Critical Study Of Language*, London and New York: Longman, 1995.

[425] Fairclough, Norman, *Discourse and social change*, Polity Press, 1993.

[426] Hsieh, W, Migrant Peasant Workers In China: The PRC's Rural Crisis In An Historical Perspective. In G. T. Yu (Ed.), *China In Transition: Economic, Political, and Social Developments*, Lanham: University Press of America, 1993.

[427] Richardson. J. E, *Analysing Newspapers: An Approach from Critical Discourse Analysis*, New York: Palgrave Macmillan, 2007.

[428] Bian, Yangjie, "Bringing Strong Ties Back in Indirect Connection, Bridges, and Job Searches in China", *American Sociological Review*, 1997, (3).

[429] Cohen, Bernard, *The Press and Foreign Policy*, New Jersey: Princeton University Press, 1963.

[430] Granovetter, Mark S., "The Strength of Weak Ties", *Social Science Electronic Publishing*, 2015 (2).

[431] Mead, G. H., Mind, The Social Self, *Journal of Philosophy*, 1913, (3).

[432] Schramm, Wilbur, *How Communication Works, The Process and Effects of Mass Communication*, Urbana: University of Illinois Press, 1954.

[433] Easton, David, "The Political System Besieged by the State." *Political Theory*, 1981, (3).

[434] James E. Anderson, *Public Policymaking*, San Francisco: Wadsworth Publishing Co Inc, 2010.

[435] Yaw A. Debrah, *Migrant workers in Pacific Asia*, London: Routledge, 2002.

[436] Roberts K. D, "Rural Migrants in Urban China", *Asia Pacific Business*

Review, 2002, (4).

[437] Anthony Giddens, *Sociology*, Cambridge: Polity Press, 2006.

[438] C. Cindy Fan, *Migrant Workers*, *International Encyclopedia of Human Geography*, Elsevier Inc, 2009.

[439] Marion Joppe, "Migrant workers: Challenges and opportunities in addressing tourism labour shortages", *Tourism Management*, 2011, (3).

[440] Valerie F. Reyna, *The No Child Left Behind Act*, *Scientific Research and Federal Educational Policy*, Elsevier Inc, 2005.

[441] Stephen Mulhall, *Adam Swift. Liberals & Communitarians*, Malden: Blackwell Publishing, 1992.

[442] Brian Barry, *Theories of Justice*, Berkeley and Los Angeles: University of Cali-fornia Press, 1989.

后　记

国家社科基金项目《城市化视角下的农民工报道问题研究》历经六年的苦战，现在终于结项了！

在这六年里，课题组成员历经四项调查问卷的设计、分发、访谈到对数据的录入，然后是对十年八报的农民工报道的随机抽样和对样本的阅读整理与数据录入；在此基础上，根据分工分头撰写、修改，并发表部分研究成果；送审前根据查重情况，再反复修改打磨，最终定稿。

天道酬勤，送审一次通过。

感谢中南财经政法大学新闻与文化传播学院的领导对本项目的大力支持！感谢课题组成员中的教师对调查问卷设计、样本抽样以及研究方法的指导与帮助！感谢我的研究生这么多年的前后相继，顽强拼搏，陪伴着我进行课题研究！还要感谢新闻与文化传播学院 2010 级、2011 级、2012 级新闻传播学专业的本科生同学和研究生同学对调查问卷的发放、收集、访谈和抽样样本的计算机录入！如果没有这些帮助，本人所主持的这个项目是无法完成的。

在本项目的研究过程中，高海波教授、张颖博士参加并指导了调查问卷的设计和十年八报抽样样本的确定，研究生韩承臻同学设计制作了三项调查问卷的初稿，研究生刘思佳同学设计制作了一项调查问卷的初稿，研究生张祝斌同学参与了对媒体的访谈，研究生徐剑飞同学、袁满同学参加了统稿，研究生李萌、李爽同学负责查重打印并送审。

本人作为项目主持人，负责最终研究成果《城市化视角下的农民工报道问题研究》一书的框架大纲的制定和各章节的修改定稿。

本书具体章节的撰写人员如下：

第一章　李瑾（第一节、第二节）、刘亚（第二节）、李道荣（第三节）

第二章　彭麟竣

第三章　徐剑飞

第四章　王嶷、李道荣

第五章　吴珊珊、杨阔

第六章　陈青梅

第七章　韩春艳、李道荣

第八章　周萍、徐剑飞

第九章　刘思佳

第十章　袁满

第十一章　畅雅莉

第十二章　彭麟竣

第十三章　曹晶晶、李道荣

第十四章　刘思佳

第十五章　李萌

是为记。

李道荣

2017 年 7 月 8 日于中南财经政法大学津发小区